Stephen Greenleaf · Blutgruppe

Entertainer

STEPHEN GREENLEAF

Blutgruppe

EIN JOHN-MARSHALL-TANNER-KRIMI

AUS DEM AMERIKANISCHEN
VON
SEPP LEEB

HAFFMANS VERLAG

Die Originalausgabe ›Blood Type‹ erschien 1992 bei
William Morrow and Company, Inc., New York.

Konzeption und Gestaltung von Urs Jakob
Umschlagzeichnung von Nikolaus Heidelbach

Deutsche Erstausgabe

Gesamtherstellung: Clausen & Bosse, Leck
ISBN 3 251 30031 8

1 2 3 4 5 6 – 99 98 97 96 95 94

I

Unter anderem bin ich passionierter Trinker. Kein Alkoholiker, wohlgemerkt – ich lasse mich nicht bis zum Umfallen vollaufen, mache keine Wochenendsauftouren, wache am Morgen danach nicht mit der großen Flatter auf und habe keine Gedächtnislücken, in denen ich Dinge tue, deren ich mich später schämen müßte –, aber ich trinke fast jeden Abend. Ich mag die Orte, die mein Hirn aufsucht, wenn es mit ein paar doppelten Scotch präpariert ist, und ich mag die Person, zu der ich werde, wenn sich meine angeborenen Ketten ein bißchen lokkern – in diesem Zustand bin ich freundlicher und witziger, weniger anfällig für die Lockungen von Düsternis und Verderben. Daß ich trotzdem Genußtrinker geblieben und nicht zum Säufer abgerutscht bin, ist nach Meinung der Fachleute weniger eine Frage meines Charakters als meiner Gene. In der Theorie mag das ja durchaus zutreffen, auch wenn es nicht erklärt, warum man im Telefonbuch keine Anonymen Melanomiker oder Multiple Sklerose Watchers findet.

Grundvoraussetzung für jeden Genußtrinker ist, abschätzen zu können, welches Quantum ihn in den optimalen Zustand bringt und dort bleiben läßt. Das ist im wesentlichen eine Frage der Übung und der richtigen Einschätzung der veränderlichen Größen: augenblickliche seelische Verfassung, Art des verwendeten Getränks, Umfang und Zusammensetzung der letzten Mahlzeit, gleichgesinnte Gesellschaft oder deren Fehlen, örtliche Gegebenheiten. Dank dreißigjähriger Erfahrung auf diesem Gebiet kriege ich das mit dem Quantum fast immer richtig hin, wenn es sich nicht gerade um einen jener Abende handelt, an denen ich es ganz bewußt nicht richtig hinkriegen will. Von diesen Ausfällen abgesehen, sind für einen Genußtrinker die Säufer das größte Problem.

Meinen Erfahrungen nach sind Säufer arrogant, anmaßend und aufsässig; Säufer sind laut, lüstern und lasterhaft; Säufer sind dumm, dumpf und demoralisierend. Säufer verlangen unendliche Anteilnahme und teilen unendlichen Tadel aus. Säufer lieben die Flasche mehr als sich selbst und sich selbst mehr als alles außer der Flasche. Vor die Wahl gestellt, ständig von Säufern umgeben zu sein oder ganz mit dem Trinken aufzuhören, würde ich mich für letzteres entscheiden. Zum Glück gibt es eine dritte Möglichkeit: eine Bar zu finden, in der nur Genußtrinker verkehren. Dazu habe ich zwar selbst in einer Stadt, in der soviel getrunken wird wie in San Francisco, eine Weile gebraucht, aber vor ein paar Jahren habe ich endlich eine Bar gefunden, die diesbezüglich keine Wünsche offenläßt.

Die Bar hat keinen Namen. Sie befindet sich im hinteren Teil eines beliebten North-Beach-Restaurants, das nur zwei Blocks von meiner Wohnung den Telegraph Hill hinunter liegt und Abend für Abend von sechs bis Mitternacht von einer lärmenden Mixtur aus einheimischen Yuppies und zugereisten Touristen bevölkert ist. Das gedämpfte Brabbeln dieser nichtsahnenden Pappkameraden liefert die ideale Geräuschkulisse für jene von uns, die wie Anhänger einer geheimen Sekte einer nach dem anderen eintrudeln, um hinter der Trennwand im rückwärtigen Teil des Restaurants – der Trennwand mit den Postern von der Toskana und Tintoretto und Toscanini – im trauten Kreis der wenigen Auserwählten, die wir als unseresgleichen betrachten, unseren Zechgelagen zu frönen. Ein Dutzend Barhocker, vier Tische. Keine Bedienung, keine Farne, keine Hintergrundmusik, keine Trinkgelder. Schalen mit Erdnüssen und Popcorn, Pasta à la carte auf Anfrage, Fernseher über der Bar, auf dem Bildschirm ein Baseballmatch, der Ton gnädig abgedreht. Keine Nutten, keine Säufer und keine großmäuligen Provinzler, die gerade Fuzzy Navels für sich entdeckt haben und einem ständig irgendwas verkaufen wollen. Aber das Wichtigste ist der Barkeeper namens Guido, der nicht mal etwas sagt, wenn man mit ihm spricht, und einem ohne Aufforderung zwei Fingerbreit von dem einschenkt, was man haben will, und einem das Glas nicht leer werden läßt, bis man ihm sagt, daß man genug hat, wobei letzteres nur Sie selbst bestimmen, weil das nämlich *Ihr* Teil der Abmachung ist. Als Zeichen ihrer Wertschätzung nennen die Stammgäste die Bar Guido's, obwohl dieser Name weder an irgendeiner Stelle des Lokals noch im Telefonbuch zu finden ist. Wenn ich mir's recht überlege, bin ich nicht mal sicher, ob Guido der richtige Name des Barkeepers ist.

Die Zahl der Stammgäste beträgt etwa vierzig, von denen zu jedem beliebigen Zeitpunkt zwischen Mittag und der Sperrstunde um zwei Uhr früh etwa ein Dutzend anwesend sind. Ich kenne jeden namentlich, aber damit ist bei den meisten meine Neugier erschöpft. Es gibt auch ein paar Ausnahmen: der Strafverteidiger, der Füllfederhalter und Erstausgaben sammelt, der Banker, der geschwollene Abhandlungen über den freien Willen schreibt und seinen Sohn nach Immanuel Kant benannt hat, die dreimal Geschiedene, die sich gleich zwei Jobs aufgehalst hat, um genügend Geld für eine eigene Bar zusammenzukriegen. Das sind die Stammgäste, mit denen ich zu tun habe, manchmal mehr, manchmal weniger, jedenfalls genug, um sich nicht gleichgültig zu sein. So hat mir zum Beispiel die Geschiedene das letzte Mal, als ich krank war, eine Thunfischkasserolle gebracht. Dafür habe ich mich an ihrem Geburtstag mit einem Ausflug zum Yosemite-Park revanchiert. Es war das erste Mal, daß sie die Wasserfälle und den Half Dome gesehen hat, obwohl sie schon ihr ganzes Leben in San Francisco lebt. Sie redet ständig davon, wieder hinzufahren.

Wenn nicht gerade Charley Sleet, der Polizist, nach achtstündigem Kampf gegen Gewalt und Verbrechen im Dienst der Stadt vorbeikommt, ist Tom Crandall mein einziger richtiger Freund im Guido's. Chronologisch betrachtet, ist Tom ein Jahrzehnt jünger als ich, aber im Geist gehört er zu der Sorte Leute, die New-Age-Apostel ›alte Seelen‹ nennen. In mancher Hinsicht steckt Tom voller Widersprüche. Er lebt wie ein Mönch und ist zugleich mit einer Nachtclubsängerin verheiratet. Er verfügt über ein enorm breitgefächertes Wissen, macht aber kaum den Mund auf, wenn man ihn nicht dazu auffordert. Tagsüber fährt er einen Krankenwagen, nachts liest er Bücher über Geschichte und Philosophie, außer montags, dem einzigen Abend in der Woche, an dem seine Frau frei hat. Tom erscheint nie ohne ein Buch im Guido's, und wenn wir uns nicht in eine für beide Seiten gleichermaßen interessante Unterhaltung verbeißen, verbringt er den Abend über seinem Buch. Da wir beide eher extrovertierten Beschäftigungen nachgehen, legen wir nach Feierabend um so größeren Wert auf unsere »Ruhe« – entsprechend beschränken wir uns auf ein bis zwei Gespräche pro Woche.

Tom und ich unterhalten uns über die unterschiedlichsten Dinge, aber nur selten über unsere Arbeit. Obwohl ich in meiner mehr als zehnjährigen Laufbahn als Detektiv schon einiges an Scheußlichkeiten zu sehen bekommen habe und Tom fast täglich ein ordentliches Quantum abkriegt, haben wir eine stillschweigende Übereinkunft getroffen, im Guido's die menschenunwürdigen Aspekte unserer Existenz auszusparen. Wir waren beide beim Militär – Tom als Sanitäter, ich als Schütze –, verschonen uns aber auch mit unseren Kriegserfahrungen. Wie bereits gesagt, sind wir Genießer, keine Säufer.

Meistens lassen wir auch unser Privatleben aus dem Spiel. Meines macht ohnehin nicht viel her, so daß meinem Mitteilungsdrang zwangsläufig gewisse Grenzen gesetzt sind. Im Gegenteil, es fällt mir außerordentlich schwer, etwas Interessantes darüber zu erzählen, selbst wenn es gerade in eine ereignisreiche Phase eingetreten ist. Mit Tom verhält es sich anders. Seine Frau ist eine Art lokale Berühmtheit, Sängerin einer Nightclub-Combo vom Nob Hill. Sie ist aus der heimischen Musikszene kaum mehr wegzudenken und wird in der Presse als San Franciscos Antwort auf Julie Wilson und Barbara Cook gehandelt. Wegen ihrer unterschiedlichen Arbeitszeiten sehen sich Tom und seine Frau kaum, was zu allen möglichen Problemen geführt haben muß; wenn dem allerdings so ist, könnte ich nicht sagen, welcher Art. Ich weiß nur, daß sich Tom, wann immer ihr Name fällt, mit einem Nebel aus Geheimniskrämerei und Melancholie umgibt und das Gespräch auf ein anderes Thema lenkt. Wenn er wollte, daß ich mehr über sie weiß, würde er es mir vermutlich sagen – genauso, wie er mir sagt, was er von Tom Wolfe hält – er haßt ihn – oder Philip Glass – er liebt ihn – oder George Will – er hält ihn für einen verkappten Liberalen.

Meistens unterhalten Tom und ich uns über Politik – lokal und global, praktisch und theoretisch. Bis vor kurzem erstreckten sich unsere Diskussionsthemen vom unfähigen Management der Wasserwerke während Kaliforniens fünfjähriger Trockenperiode über die Verbreitung von Aids unter den Obdachlosen der Stadt bis hin zur deutschen Wiedervereinigung, wobei letztere unsere Gemüter ganz besonders erhitzte. Tom hält sie für eine notwendige Folge der geschichtlichen Entwicklung. Ich bin da weniger optimistisch, auch wenn sich meine Meinung auf kaum mehr stützt als auf Hitler und mein Gefühl. Dagegen basiert Toms Ansicht auf einer tiefschürfenden Analyse, die Persönlichkeiten von Karl dem Großen bis Metternich und Ereignissen vom ersten Versailler Vertrag bis zur zweiten Teilung Polens Rechnung trägt. Aber das war letzten Monat. Diesen Monat steht Krieg auf dem Programm.

Im August war der Irak in Kuwait eingefallen. Im Januar begannen wir mit den Luftangriffen. Inzwischen, fast einen Monat nach Ausbruch der, wie die Medien sie nennen, Golfkrise, drehten sich die meisten Wetten um den Bodenfeldzug – wann er beginnen und wie lange er dauern würde. Wie üblich stellte Tom den Krieg in einen gesamtgeschichtlichen Kontext, untermauert mit Zitaten aus dem Hammurapi-Kodex, der Bibel, dem Koran und der Charta der Vereinten Nationen sowie dem neuesten Stand der Ölpreise. Aufgrund meiner Erfahrungen in Vietnam tippte ich auf einen langen und für beide Seiten verlustreichen Bodenkrieg. Dagegen war Tom nach ausführlichem Studium von Janes Luftfahrt- und Waffenlexika zu der Überzeugung gelangt, daß der Krieg eine Woche nachdem wir zum Großangriff übergehen würden, zu Ende sein würde. Was ihm vor Augen schwebte, war ein Gemetzel im Stil des Krimkriegs. Und er fürchtete, daß Amerika dieses Blutbad nicht nur begrüßen, sondern sich regelrecht daran weiden würde, ähnlich einem in die Jahre gekommenen Raufbold, dessen Stern im Sinken begriffen ist und der, um sich seine Männlichkeit zu beweisen, Streit mit Schwächeren sucht. Ich war nicht sicher, wem von uns beiden ich wünschte, daß er recht behielt.

Normalerweise kommt Tom gegen neun ins Guido's. Ich bin in der Regel schon da, auf meinem Hocker am Ende der Bar. Diesmal kam es jedoch zu einer Abweichung – Tom hatte seine Büchertasche nicht dabei. Aus diesem Versäumnis schloß ich, daß sich Tom gerade mit dringenderen Problemen herumschlug als der kollektiven Seele der Teutonen oder der Zahl der an diesem Tag geflogenen Kampfeinsätze. Wenige Augenblicke später stand er mit einem Bier in der Hand vor dem Barhocker neben meinem und wartete auf eine Einladung, mir Gesellschaft zu leisten.

Als ich ihn mit einer Handbewegung aufforderte, auf dem freien Hocker Platz zu nehmen, ließ er sich darauf niederplumpsen, als hätte er Steine in den Hosentaschen und einen Rucksack auf dem Buckel. Gekleidet war er wie üblich – in Levi's und Flanellhemd –, und sowohl über als auch unter seinem dichten schwarzen Schnurrbart war seine Miene mürrisch und lincolnesk, ebenfalls wie üblich. Da Tom Crandall an chronischem Mitgefühl litt, war es nicht ungewöhnlich, ihn schwer an der Last anderer Leute Schicksal tragen zu sehen, doch das erste Mal, seit ich mich erinnern konnte, war der Gegenstand dieser Übung Tom selbst.

Bevor er etwas sagte, nahm er einen kräftigen Schluck Bier, leckte sich den Schaum von den Lippen, verschränkte seine langen, dünnen Arme auf dem Tresen und starrte mich an, aus Augen, wild wie Unkraut. »Ich habe eine Frage«, sagte er barsch.

»Schieß los.«

Da Tom selten von einem Thema läßt, ohne sich zu einer kreativen Lösung durchgebissen zu haben, nahm ich an, daß es etwas mit Bismarck oder Saddam Hussein zu tun hatte. Aber was er sagte, war: »Was zum Teufel kann man machen, wenn einem so ein Dreckskerl die Frau wegzuschnappen versucht?«

Angestachelt von Stummfilmbildern maskierter Banditen, die eine entsetzt dreinblickende Unschuld vom Lande entführen, wenn die Pacht für die Farm fällig wird, verspürte ich den Drang zu lachen. Doch als ich genauer hinschaute, um zu sehen, ob Tom das ernst meinte, schauten zwei Augen zurück, getragen von Tintenflecken der Erschöpfung und eingeklammert von feinen weißen Falten des Kummers. Ich versuchte, so ernst wie Tom zu werden, aber das gelang mir nicht ganz.

»Vor langer, langer Zeit«, begann ich leichthin, in der Hoffnung, er möge wenigstens übertrieben haben, »nannte man das ›rechtswidrigen Verkehr‹ oder ›Entfremdung von Gefühlen‹, und man konnte den Kerl, der das versuchte, verklagen oder seinem Treiben sogar vermöge einer einstweiligen Verfügung Einhalt gebieten. Wenn es schon zu spät war, um sie am Durchbrennen zu hindern, konnte man ihn auf Zahlung einer angemessenen Entschädigung verklagen.«

»Du hast eben gesagt: ›Vor langer, langer Zeit.‹ Was genau heißt das?«

»Das heißt, daß die gesetzgebenden Organe diesen Klagegrund 1939 abgeschafft haben.«

»Warum?«

»Weil sie die Gerichte nicht mit noch mehr häuslichen Disputen belasten wollten, als das ohnehin bereits der Fall war. Außerdem schmeckte das Ganze zu sehr nach staatlich sanktionierter Sklaverei: die unübersehbaren Analogien zum Viehdiebstahl, die monetäre Bemessung des Wertes der Ehefrau, der besitzrechtliche Anspruch des Ehemanns auf ihre Zuneigung – Dinge in der Art eben.«

Das weckte Toms Widerspruchsgeist. »Sie bemessen ihren Wert doch auch, wenn sie jemand mit dem Wagen totfährt?«

»Sicher, bloß geschieht das nur in den seltensten Fällen mit Einverständnis und Mithilfe der Frau.«

Obwohl sich auch dagegen etwas hätte einwenden lassen, war Toms übliche Debattierlust aufgrund des behandelten Ge-

genstands fürs erste gestillt. »Demnach gibt es also nichts, was ich tun könnte«, folgerte er niedergeschlagen.

»Zumindest nicht auf gerichtlichem Weg, glaube ich. Du könntest natürlich einen Anwalt auftreiben, der irgendeine Farce für dich inszeniert – in Form einer Klage wegen unrechtmäßiger Einmischung in den Ehevertrag oder wegen absichtlichen Zufügens von seelischem Leid oder sonst etwas in der Art. Früher oder später würden die Gerichte den Antrag zwar abschmettern, aber es könnte diese Type zumindest so weit einschüchtern, daß er die Finger von ihr läßt.«

Finster schüttelte Tom den Kopf. »Nicht *diese* Type.«

Er trank, bis sein Glas leer war. Guido sorgte für Nachschub, bevor es den Tresen berührte. Ich nahm einen Schluck Ballantine's, kaute etwas Eis und stellte eine Frage, die ich außerhalb der vier Wände meines Büros selten stelle: »Warum erzählst du mir nicht, was passiert ist?«

Toms einzige Antwort war, blind und mit keiner Wimper zuckend, die Flaschen an der Rückwand der Bar anzustieren. Die Vorstellung, seine Probleme publik zu machen, und sei es auch nur einer Ein-Mann-Zuhörerschaft, schien ihm sichtliche Pein zu bereiten.

Aber Tom war Tom, und so besann er sich schrittweise wieder auf seine Vernunft und dann auf die Rituale unserer Beziehung. »Macht es dir auch bestimmt nichts aus?«

»Überhaupt nicht.«

Sein Lächeln war nur halb erfolgreich. »Du weißt ja, daß wir so etwas nicht machen wollten.«

»Vielleicht nur, weil es bisher nicht nötig war.«

»Nötig.« Er seufzte und schüttelte den Kopf. Dann sah er sein Glas Bier an, rührte es aber nicht an. »Wirklich erstaunlich, was alles unter diesen Begriff fallen kann. Da sitze ich also, seit fünfzehn Jahren verheiratet, *glücklich* verheiratet, wie ich bisher dachte, und plötzlich habe ich es *nötig*, in meine Stammkneipe zu rennen, um meinen Kummer über die Untreue meiner Frau mit einem anderen Mann zu teilen.«

»Nur, wenn du glaubst, es hilft dir.«

Er blinzelte überrascht, als hätte er nie etwas anderes in Betracht gezogen. »Und ob es mir helfen wird. Es hilft immer, seinen Kummer bei jemand anderem abzuladen – deshalb lauert doch hinter jeder zweiten Tür in dieser Stadt jemand, der sich Therapeut schimpft.« Er versuchte ein Lächeln, das jedoch auf halbem Weg in sich zusammenfiel. »Ich fürchte, dieses Thema wird nicht annähernd so interessant werden wie unser Gespräch über die Holzindustrie und die Waldohreule. Wir legen unsere Bäume schneller um als die Brasilianer ihren Regenwald. Das habe ich erst diese Woche erfahren.«

Ich grinste. »Warum reden wir nicht lieber über deine Frau?«

Tom leerte sein Glas und wandte sich Guido zu, der bereits mit einem frischen Glas Bier unterwegs war. »Bringen Sie mir bitte einen Brandy, Guido«, sagte Tom, nachdem er sein Bier weggeputzt hatte. »Einen doppelten.«

Schon seit Monaten hatte Tom keinen Brandy mehr bestellt, nicht seit der Nacht, nach der die Zeitungen von einer besonders brutalen Vergeltungsaktion zwischen zwei rivalisierenden Crackdealerbanden unten am Cow Palace berichtet hatten, in deren Verlauf zwei der Verlierer enthauptet worden waren. Ich hatte ihn nicht gefragt, und Tom hatte von sich aus nichts gesagt, aber ich wußte trotzdem, daß er dort zum Einsatz gerufen worden war, und er hatte den Brandy gebraucht, um dieses Blutbad in eine Windung seines Gehirns zu verbannen, wo es ihm nichts anhaben konnte, zumindest nicht, bis er nach Hause kam.

Als der Brandy vor ihm stand, starrte er in seine blutroten Tiefen, als warte dort die Erlösung auf ihn. Wie die meisten Leute, die das Heil in einer Flasche suchen, fand er nicht, was er suchte.

»Bisher habe ich noch nie über den Krieg mit dir gesprochen«, murmelte er schließlich, ohne mich anzusehen, auch ohne wirklich mit mir zu sprechen. Wie die meisten Leute, die anderen ihre Sünden beichten, versuchte Tom in erster Linie, sich die Dinge selbst klarzumachen.

»Und eigentlich will ich auch jetzt nicht darüber sprechen«, fuhr er fort, »wenn man mal von der Feststellung absieht, daß ich ganz schön fertig war, als ich aus Vietnam zurückkam. Allerdings nicht nur wegen des Kriegs, muß ich sagen – da waren auch ein paar Geschichten aus der Zeit, bevor ich eingezogen wurde, die... na ja, belassen wir's mal dabei, daß ich ziemlich im Arsch war. Drogen. Alkohol. Albträume. Die ganze Latte.«

An diesem Punkt warf er mir einen verstohlenen Blick zu, nur ganz kurz, um sich zu vergewissern, daß ich mir darüber im klaren war, daß die Situation, die er mir gerade kurz geschildert hatte, nichtsdestoweniger extrem gewesen war. »Seltsam, immer wenn es mir im Leben ganz besonders dreckig ging, kam mir eine Frau zu Hilfe. Kann natürlich sein, daß das gar nicht so seltsam ist; vielleicht ist es genau das, was Frauen am besten können; mein Gott, vielleicht ist das sogar die Antwort, nach der Freud gesucht hat – vielleicht wollen die Frauen gar nichts anderes, als Männern zu Hilfe kommen. Ist ja auch nicht unbedingt das Schlechteste, oder?«

Er hielt inne, um über seine Einsicht nachzudenken. Als sie ihn nicht zufriedenzustellen schien, kehrte er zu seiner Geschichte zurück. »Als ich auf der High School eine Phase hatte, in der ich ziemlich wirr und verrückt war, kam ein Mädchen daher und gab mir, na ja, was ich eben brauchte. Achtung, vermutlich. Oder Verständnis. Letztlich lief es wohl darauf hinaus, daß sie mich aus den richtigen Gründen mochte, während alle anderen nur Dinge an mir wahrnahmen, auf die es gar nicht ankam. Sie war so richtig lieb – mein Gott, wie ich sie mag, wenn sie lieb sind. Sie hat mir immer –«

Am anderen Ende der Bar begann jemand zu lachen, und Tom brach seine Träumerei ab. Er schaute die Bar hinauf, dann wandte er sich wieder mir zu. »Aber es ist nichts daraus geworden«, sagte er nüchtern. »Ich ging zum Militär, zu Hause passierte verschiedenes, und...« Er zuckte mit den Achseln. »Jedenfalls, als ich aus Vietnam zurückkam, war ich sogar noch verkorkster als zuvor, und prompt lief mir Clarissa über den Weg. Das war genug, um mich an Gott glauben zu lassen.« Er warf mir wieder einen verstohlenen Blick zu. »Fast.«

Ich lächelte über die Einschränkung. Im Lauf der Jahre hatten wir über religiöse Fragen bis zur Bewußtlosigkeit diskutiert. Tom wollte eindeutig an eine höhere Macht glauben, vielleicht mußte er es sogar, aber sein bereits vorhandener Glaube an die Götter der Vernunft und Wirklichkeit ließen ihn den Sprung nicht machen, zumindest noch nicht. Was mich betraf, schlug ich mich noch immer mit dem Problem herum, aber da ich häufiger die Zeitung las als die Bibel, tendierte ich generell mehr in die andere Richtung.

Ich erwog noch immer theologische Unwägbarkeiten, als Tom mit der Hand auf den Tresen hieb. »Wie konnte ich nur so *blöd* sein?«

Die Frage war rhetorisch, aber ich antwortete trotzdem. »Ich weiß zwar noch immer nicht, wovon du eigentlich redest, aber du bist so ziemlich der *unblödeste* Mensch, den ich kenne.«

»Das ist nicht ganz richtig«, knurrte er bitter. »Was ich bin, ist *informiert*. Ich weiß eine Menge, *Unmengen* sogar – nutzlose Fakten, irreführende Statistiken, unnütze Daten. Mein Schädel ist so voll davon, daß er jeden Augenblick aus den Nähten zu platzen droht.«

»Was soll daran so schlimm sein?«

»Das Schlimme ist, daß ich wesentlich mehr über die Welt zu wissen scheine, als ich über meine *eigene Frau* weiß.«

Die Worte waren undeutlich, weniger wegen des Quantums an Bier und Brandy als wegen der Schmerzhaftigkeit der Einsicht. Die veränderlichen Größen wuchsen ihm über den Kopf, und er stand kurz davor, betrunken zu werden.

»Vermutlich bist du nicht der erste Ehemann, dem es so geht«, sagte ich.

»Natürlich nicht. Und eine Menge von ihnen vergeudet ihr Leben in Bars wie dieser.« Seinem Gesichtsausdruck nach zu schließen, hätten wir uns einen Hahnenkampf ansehen können.

Erschrocken über seinen Gefühlsausbruch, dann bestürzt über die darin inbegriffene Verurteilung von Personen, die er als Freunde betrachtete, sah sich Tom in der Bar um, als trüge er eine neue Brille. Was er sah, schien ihn zu beunruhigen.

»Natürlich war es wie ein Wunder, daß sie mich geheiratet hat«, fuhr er fast im selben Moment fort, nachdem die Beunruhigung in Nachdenklichkeit umgeschlagen war. »Bis zum heutigen Tag weiß ich nicht, warum sie ja gesagt hat. Wir sind so unterschiedlich, wie zwei Menschen nur sein können. Sie ist mit Leib und Seele Entertainerin, Herrgott noch mal. Ich muß mir schon einen abbrechen, bloß um den Mut aufzubringen, einen Tankwart zu bitten, den Reifendruck zu prüfen.«

Das Bild, das er von seiner Ehe gezeichnet hatte, ließ Tom wieder in den Sumpf zurückgleiten, der ihn ursprünglich ins Guido's getrieben hatte und der sich nicht mit den gängigen Depressionen vergleichen ließ, die uns beide umlauerten wie Tauben einen Park. Obwohl tausend Gründe dagegensprachen – darunter der Wunsch, meine Freundschaft mit Tom nicht zu gefährden, und die Tatsache, daß ich mir schon den ganzen Tag die Probleme genügend anderer Leute angehört hatte, um mir das auch noch nach Feierabend anzutun –, beschloß ich, so lange weiterzubohren, bis ich die Quelle seiner Leiden gefunden hatte. Außerdem hatte ich für den Rest des Abends nichts mehr vor. Oder auch für den Rest der Woche.

»Wie hast du sie kennengelernt?« half ich ihm auf die Sprünge.

»Im College. Sie studierte an der State University, und ich war gerade aus Vietnam zurück, lebte von meiner GI-Pension und belegte verschiedene Seminare in asiatischer Geschichte in der Hoffnung, in dem, was ich in Vietnam erlebt und getan hatte, einen Sinn zu entdecken, wenn ich es mal unter anderen Gesichtspunkten als denen von State Department und CIA betrachtete. Clarissa hatte im Hauptfach Musik – sie wollte schon Sängerin werden, seit sie acht war und ihre Eltern sie bei jeder passenden und unpassenden Gelegenheit »Alice Blue Gown« und »You'll Never Walk Alone« singen ließen.«

Tom machte eine Pause, um sich an einem Bild zu ergötzen, in dem er, wie ich annahm, seine Frau als eine Art angehende Shirley Temple sah. Aber die Vision war nicht von langer Dauer. »Ich versuchte herauszufinden, was der Krieg bedeutete – ob er für uns alle die ewige Verdammnis bedeutete, weil die unausrottbare Unmenschlichkeit des Menschen gegen seine Mitmenschen unausweichlich mit dem Stigma der Erbsünde behaftet ist, oder ob er nur eine weitere Übung in Barbarei war, so routiniert und alltäglich, daß es vielleicht trotz allem noch einen Platz auf dieser Welt für mich gab und ich noch keineswegs mein Recht verwirkt hatte, als vollwertiges Mitglied einer sogenannten zivilisierten Gesellschaft zu gelten, obwohl es mir nicht gelungen war, die Kastrationsrituale zu verhindern, an denen bestimmte Angehörige meiner Einheit solchen Gefallen gefunden hatten.« Er blinzelte. »Im übrigen muß ich sagen, daß mich die jüngsten Ereignisse am Golf zu letzterer Ansicht neigen lassen.«

Die Pause, die Tom an dieser Stelle machte, war lange genug, um mir Zeit zu lassen, darüber nachzudenken, was zwanzig Jahre körperlicher und seelischer Exzesse der menschlichen Psyche antun konnten und was Tom offensichtlich hatte werden müssen, um so ein Leben nicht nur zu ertragen, sondern sogar darin aufzublühen, und ob das besser oder schlechter war als das, was aus mir geworden war. Wie bei den meisten Dingen, über die ich mir den Kopf zerbreche, gab ich auf, bevor ich eine Antwort gefunden hatte.

»Clarissa«, wiederholte er leise. »Wir nahmen am selben Seminar für globale Studien teil, kannten uns aber nur vom Sehen, bis wir uns zufällig bei einem Konzert in Stern Grove über den Weg liefen. Wenn ich nicht gerade bis oben hin mit irgendwelchen Drogen vollgepumpt war, jobbte ich als Roadie einer Rockband, und sie war die halbprofessionelle Sängerin einer Gruppe, die sich Ozymandias nannte. Damals wollte sie noch eine zweite Janis Joplin werden, obwohl ihre Talente eher in Richtung Lena Horne gingen.«

Tom seufzte, mehr vor Wohlbehagen als seinem Gegenteil. »Es war an einem Sonntag. Sie stand hinter der Bühne und wartete auf ihren Auftritt, und ich plagte mich mit einem störrischen Verstärker und einem betrunkenen Schlagzeuger herum. Wir kamen ins Gespräch. Ich muß wohl einen guten Tag erwischt haben, denn als ich sie fragte, ob sie nach dem Konzert was mit mir trinken gehen wollte, sagte sie ja. Wie sich herausstellte, wohnten wir nicht weit voneinander – kauften in denselben Geschäften ein und so –, und wir fingen an, uns regelmäßig zu treffen.«

»Hört sich ja richtig romantisch an.«

Er fing meinen Blick auf. »Letztlich lief es darauf hinaus, daß sie mir das Leben gerettet hat. Clarissa war diejenige, die kapiert hat, daß ich mit all dem Ballast, den ich seit Vietnam mit mir rumschleppte, nur dann eine Überlebenschance hatte, wenn ich das weitermachte, was mich in Vietnam vor dem Durchdrehen bewahrt hatte – anderen Menschen das Leben zu retten. Und das meinte sie ganz wörtlich: als erster am Unfallort sein, die Blutung zum Stillstand bringen, den Bruch provisorisch richten, den Schock lindern und die Innereien wieder dorthin zurückstopfen, wo sie hingehören, damit anschließend jemand die nötigen Schritte ergreifen kann, den Schaden dauerhaft zu beheben. Und sie sollte recht behalten. Die Medizin – oder genauer: die Erste Hilfe, die ich als Rettungssanitäter leistete – gab mir genau die Art von Perspektive, die ich brauchte, um mir von den Kompromissen, die ich im Krieg eingegangen war, nicht den letzten Glauben an mich und die Welt rauben zu lassen. Wie recht sie damit hatte, meine Clarissa; das werde ich ihr nie vergessen.«

Toms Lippen verzogen sich zu einem schiefen Lächeln. »Natürlich betrachtete sie diese Sanitäterphase nur als Übergangsstadium. Schon ziemlich bald nach unserer Heirat kam sie damit an, ich solle mehr aus meinem Leben machen – ein Medizinstudium, ein Job in der Krankenhausverwaltung, eine Ausbildung zum Osteopathen, *irgend etwas*. Ab und zu fängt sie auch jetzt noch damit an; aber ihre Ambitionen sind keineswegs nur egoistischer Natur.« Sein Lächeln wurde nachsichtig. »Clarissa glaubt, daß alles möglich ist, wenn man es nur wirklich will. Dagegen bin ich der Überzeugung, daß niemand von uns wirklich über seinen Schatten springen kann. Ich meine, wenn an *est* oder TM wirklich was dran wäre, hätte doch kein

Mensch je von Joseph Campbell oder diesem Bradshaw gehört, oder? Während ich also durchs Leben stolpere, unentschieden in allem, ob es nun die Konsequenzen des Haushaltsdefizits oder die Unbedenklichkeit bestrahlter Lebensmittel sind, hat Clarissa so ziemlich über alles eine feste Meinung. Und im Augenblick glaubt sie, ihr Verstand sagt ihr, daß sie in einen anderen Mann verliebt ist.«

Tom knallte den Cognacschwenker mit solcher Wucht auf den Tresen, daß ich mir Sorgen machte, er würde ihm in der Hand zerbrechen. Als er das nicht tat, machte ich mir wieder Sorgen, es könne seiner Seele jeden Moment so ergehen.

Nachdem Tom das Verschüttete weggewischt, das Übriggebliebene ausgetrunken und Nachschub geordert hatte, sah er mich an und zuckte mit den Achseln. »Ich liebe sie, Marsh. Darüber haben wir zwar bisher noch nie gesprochen, aber was mich – oder mein Wesen – letztlich ausmacht, ist, daß *ich meine Frau liebe*. Ich möchte jede Minute mit ihr zusammensein. Im Gegensatz zu einigen der anderen Stammgäste komme ich nicht ins Guido's, um meiner Frau aus dem Weg zu gehen; ich komme hierher, weil ich es ohne sie zu Hause nicht aushalte. Es bringt mich im wahrsten Sinn des Wortes um, daß sie sich sechs Abende die Woche für einen Haufen besoffener Fremder die Seele aus dem Leib singt. Mir ist selbstverständlich klar, daß ich mich daran inzwischen gewöhnt haben sollte. Aber das habe ich nicht. Vermutlich werde ich das nie schaffen – was vermutlich ein Teil des Problems ist.«

Guido brachte den nächsten Brandy. Tom roch daran und nahm einen Schluck. Einen Augenblick war ich ganz sicher, er würde in Tränen ausbrechen.

»Wir hatten eine gute Ehe, weißt du? Eigentlich ziemlich verrückt, das Ganze – sie arbeitet nachts, ich tagsüber, so daß wir uns nicht allzuoft sehen –, aber wenn wir zusammen sind, ist es rundum schön. Der Sex, die Gespräche, die Freizeitaktivitäten – alles. Natürlich hatten wir auch Probleme – die ständige Geldknappheit; sie will ein Kind, ich nicht; ich will aufs Land, sie will in der Stadt bleiben; ich möchte, daß sie weniger arbeitet, sie meint, sie muß alles geben, solange ihre Stimmbänder noch mitmachen. Aber wir reden miteinander und einigen uns auf einen Kompromiß. Das hat bisher noch jedesmal geklappt. Oder zumindest fast. Wie viele gute Ehen kennst du, Marsh? Auch von früher?«

Ich dachte kurz nach. Harry und Ruthie Spring. Die Kottles, vielleicht. Und... »Drei oder vier«, sagte ich optimistisch.

»Tja, wir haben auch dazugehört. Bis *er* kam.«

»Und wer ist dieses Monster?«

Tom seufzte. »Richard Sands.«

Ich blinzelte, um ihn richtig scharf zu sehen. »*Der* Richard Sands?«

»Genau der.«

»Er ist der Kerl, der hinter deiner Frau her ist?«

»Ja.«

»Warum?«

Tom hob die Schultern. »Weil er sie angeblich liebt. Weil er hingerissen war, als er sie zum erstenmal singen hörte.« Seine Lippen verzogen sich sarkastisch. »›Weil er sie braucht, um seinem Leben einen Sinn zu geben.‹ Ich zitiere.«

Ich hob eine Augenbraue. »Hast du mit ihm gesprochen?«

Tom schüttelte den Kopf. »Clarissa erstattet mir genauestens Bericht. Nicht, daß sie irgend etwas hinter meinem Rücken täte – sie erzählt mir alles, was sie machen. Das Ganze scheint wohl ziemlich nach Schema F abzulaufen – er holt sie nach ihrem zweiten Auftritt im Hotel ab und lockt sie in seinen Privatclub, wo er sie mir mit aller ihm zu Gebote stehenden Tücke abspenstig zu machen versucht, bis sie irgendwann genug hat und ihn bittet, sie nach Hause zu bringen, wo sie in das Bett steigt, das ich gerade freigemacht habe, und sich ihren Schönheitsschlaf holt. Zwölf Stunden später fängt das ganze Theater wieder von vorne an. Und das macht mich noch wahnsinnig.«

»Wie lange geht das schon so?«

»Sechs Monate. Zumindest, soviel ich weiß. Hast du ihn schon mal im Fernsehen gesehen?«

Ich nickte.

»Was hältst du von ihm?«

»Sehr von sich eingenommen, sehr selbstbewußt. Sehr reich, sehr erfolgreich.«

»In anderen Worten: ein Mann, der bekommt, was er will.«

Ich nickte, bevor ich mir klargemacht hatte, was das bedeutete.

»Tja«, seufzte Tom. »Was er will, ist meine Frau, verdammt noch mal. Aber wie soll ich ihn daran hindern?«

3

Obwohl ich sowohl hoffte wie argwöhnte, daß Tom seine Probleme übertrieb, war die seinen Befürchtungen zugrundeliegende Panik unschwer zu verstehen: Sein Rivale um die Gunst seiner Frau war nicht irgend jemand. Richard Sands war ein Bonze, wie er im Buche steht, ein Wirtschaftshai, ein Mann, der sich die laxe Handhabung der geltenden Gesetze und die von der Reagan-Regierung geförderte Freibeutermentalität zusammen mit dem ihm eigenen Aplomb und Unternehmergeist zunutze gemacht hatte, um eine ganze Reihe von Vorstandsetagen die Westküste rauf und runter einzuschüchtern, zu bedrohen, zu erpressen und schließlich einzunehmen. Seine teils angedrohten, teils wahrgemachten Attacken auf marode Firmen und lasche Managements hatten ihm ein Vermögen eingebracht, das ihn auf der *Forbes*-Liste der reichsten Männer der Welt ziemlich weit oben ansiedelte und ihn, je nachdem, mit wem man sich über ihn unterhielt, zum Gegenstand von Neid oder Entrüstung machte.

Sands war nicht publicitygeil wie Trump oder von missionarischem Eifer besessen wie Lorenzo; eher tendierte er wie Lungren oder Buffett dazu, sich mit einem Hauch von Geheimnis zu umgeben. Von seiner Vorgeschichte war nicht viel bekannt, zumindest nicht mir, aber ich wußte immerhin soviel, daß Sands' kometenhafter Aufstieg nicht nach dem altbewährten Vom-Tellerwäscher-zum-Millionär-Strickmuster erfolgt war – sein Vater war Inhaber einer kleinen, aber gutgehenden Lebensmittelfirma gewesen, die sich auf Snacks spezialisiert hatte. Nach der Ausbildung in Stanford und an der Wharton School hatte Sands mehrere Jahre in Europa verbracht, wo er die Hamburger Filiale des Familienunternehmens leitete und dem scheinbar unersättlichen Heißhunger der Deutschen auf Popcorn und Erdnüsse Vorschub leistete. Aber schon bald wurde dem jungen Richard die Knabbergebäckbranche zu langweilig, und er brach auf zu größeren Taten.

Seinen ersten großen Erfolg verbuchte er mit einer Form von erlaubter Erpressung, bekannt als »unfreundliche Übernahme«. In den frühen achtziger Jahren hortete Sands mit einem Teil des Familienvermögens umfangreiche Aktienanteile einer Firma, die sich auf die Herstellung einer modernen Variante von Murphy-Betten und Schlafsofas spezialisiert hatte. Zwei Monate später war er um zwölf Millionen Dollar »Lösegeld« reicher, nachdem ihn besagtes Unternehmen ausgekauft hatte, um zu verhindern, daß er den Vorstand unter seine Kontrolle brachte.

Mit dem Kapital und der Publicity aus dieser Transaktion war Sands' Aufstieg nicht mehr zu bremsen. Zwei weitere unfreundliche Übernahmen brachten ähnliche Gewinne, zusammen mit einem Schuß negativer Publicity, weil sich der Gründer eines der betroffenen Unternehmen lieber das Leben nahm, als mitanzusehen, wie Sands sein Lebenswerk zerstörte. Auf der Jagd nach dem ganz großen Geld tat sich Sands mit einem Protégé von Michael Milken zusammen, und diese beiden überredeten nun mit dem Verweis auf Sands' kurze, aber eindrucksvolle Vorgeschichte eine Gruppe von Aktienfonds-Managern und jungdynamischen Bankvorständen, deren Jobs vor allem davon abhingen, daß sie ungeachtet der Langzeitrisiken kurzfristig hohe Ertragssteigerungen erzielten, für mehr als eine Milliarde Dollar sechzehnprozentige Ramsch-Aktien zu kaufen, um die Kriegskasse für die Beutezüge von Richard Sands aufzufüllen. Gut gerüstet und voller Tatendrang zog Richard Sands in den Kampf.

Als die unfreundlichen Übernahmen selbst für die Freibeutermentalität der achtziger Jahre zu unverschämt wurden, verlegte sich Sands auf Leverage-buy-outs: In einer Reihe blitzschneller Transaktionen, von denen zahlreiche etablierte Westküstenunternehmen betroffen waren, war Sands deren Managements dabei behilflich, die Firmen in ihren Privatbesitz zu bringen, indem sie die Aktienanteile zu einem Preis aufkauften, der über dem Marktwert, aber unter dem Buchwert lag. In anderen Worten, sie stellten die Interessen des Managements über die der Aktionäre, die zu vertreten sie eigentlich verpflichtet gewesen wären. Sobald das Geschäft über die Bühne gegangen war, unterstützte Sands die neuen Firmeninhaber dabei, so viel Firmenvermögen abzustoßen, daß sie sowohl die Verbindlichkeiten bedienen konnten, die durch den Erwerb der Firma entstanden, als auch die saftigen Honorare zahlen konnten, die Sands und seine Armada von Anwälten und Wirtschaftsberatern dafür forderten, daß sie das Management auf diese einmalige Gelegenheit aufmerksam gemacht und ihre Finanzierung ermöglicht hatten. Es bedurfte nur weniger Jahre solcher Manöver, um Sands in den Genuß eines achtstelligen Vermögens und eines geradezu legendären Rufes zu bringen.

Ganz offensichtlich war Sands nicht dumm, und nach den moralischen Maßstäben, die neuerdings angelegt wurden, war er nicht einmal ein Gauner. Er hatte nach Regeln gespielt, die aus fünfundzwanzigjährigen Investmentbankern Millionäre machten und Milliardäre aus Leuten wie Boesky und Milken, die im Grunde genommen nichts anderes taten, als die Regierung davon zu überzeugen, daß es ausgesprochen dumm war, sich noch an die alten Ideale aus der Zeit der Wirtschaftskrise zu halten, wie das Verbot von Kartellabsprachen und Insider-Geschäften oder Wahrheitsliebe und Fleiß, ganz zu schweigen von noch wesentlich älteren Tugenden, wie man sie zum Beispiel in der Bibel finden kann, wenn man dort auch andere Stellen nachschlägt als solche, die von schmierigen Fernsehpredigern zitiert werden, die im Buch der Bücher weniger einen Verhaltenskodex sehen als ein Lockmittel.

Soweit ich wußte, war Sands nie vor Gericht gestellt, verurteilt oder auch nur ernsthaft kritisiert worden, schon gar nicht von den Zeitungen und Politikern, die aus dem ziemlich umfangreichen Dunstkreis von Sands' Konzernzentrale heraus operierten, einem langen und flachen Kasten aus Schiefer und Zedernholz, der auf einem zurückgeforderten Streifen Land an der San Francisco Bay lag, ziemlich genau östlich von dem Hügel, auf dem ich lebe. Im Lauf der Jahre waren Sands und sein schneeweißer Hubschrauber, seine perlmuttgraue Limousine und sein silberner und goldener Gulfstream-Jet für die Bewohner von San Francisco ebenso zu einem festen Bestandteil ihrer Stadt geworden wie die Golden Gate Bridge, und allem Anschein nach riefen sie auch ein ähnliches Maß an ehrfürchtiger Bewunderung hervor, wenn sich Sands darin aufmachte, seiner umfangreichen Sammlung von Wirtschaftstrophäen ein neues Beutestück hinzuzufügen.

Richard Sands war der Titan San Franciscos. Nachdem er fast die halbe westliche Welt erobert hatte, wollte er nun anscheinend die Frau des bedrückten jungen Mannes mir gegenüber haben, dessen Tränen endlich zu fließen begonnen hatten.

Ich tätschelte seine Hand, die zwischen uns auf dem Tresen lag, so hilflos wie ein Fisch auf dem Trockenen. »Jetzt nimm das Ganze doch nicht gleich so tragisch. Immerhin hat sie dich noch nicht verlassen, oder?«

Tom Crandall blinzelte gegen die Tränen an, allerdings ohne Erfolg. Als er sie mit dem Handrücken wegwischte, schimmerte der feuchte Streifen auf seiner Wange im Schein der Barbeleuchtung metallisch. »Weißt du, wo ich heute nachmittag war?« brachte er nach einer Minute hervor.

»Wo?«

»Unten im Tenderloin. Mein Partner und ich haben irgend so ein armes Schwein aus einer billigen Absteige in der Eddy Street geholt und ins S. F. General gebracht, obwohl ich genau wußte, daß er Aids hatte und die opportunistische Infektion, die ihn erwischt hatte, bereits so weit fortgeschritten war, daß er, selbst wenn er noch durchhielt, bis wir ihn dort einlieferten, nicht mehr lange zu leben hatte.«

»Bitter.«

»Sicher – mit so was bist du heutzutage ständig konfrontiert. Aids ist so ziemlich der schlimmste Tod, den man sich vorstellen kann. Aber darum geht es mir nicht. Als ich unten in der Eddy Street war, rate mal, wo meine geliebte Clarissa war?«

»Wo?«

»In Los Angeles.« Sein Grinsen wurde verschlagen, fast fies. »Mr. Sands hat sie hinfliegen lassen. Zum *Lunch*.«

»Du machst wohl Witze?«

»Schön wär's. Anlaß war die feierliche Eröffnung eines Lokals in Malibu, das ein paar Talentsuchern und Filmstars gehört. Sie meint, es könnte einen enormen Karriereschub für sie bedeuten, wenn sie sich ein bißchen unter die Colony-Größen mischt. So nennen sie Malibu da unten: die Colony. Sehr interessant, findest du nicht auch? Glaubst du, das ist so eine Art *Lepra*-Kolonie? Und ist es nicht geradezu rührend, welch ausgeprägtes Interesse der große Mr. Sands an der Karriere meiner Frau zeigt?«

Das gequälte Flattern in Toms Stimme veranlaßte verschiedene Köpfe an der Bar, sich in unsere Richtung herumzudrehen, was schon einiges besagen will – eines Abends stach im Vorderzimmer eine Frau ihrem Mann in den Hals und bekam ihrerseits von seiner Geliebten eine ins Gesicht geboxt, ohne daß sich im Guido's jemand von der Stelle rührte.

Ich versuchte ihn zu trösten, so gut es ging. »Vielleicht ist ja auch gar nichts weiter, hast du daran schon mal gedacht? Vielleicht will Sands Clarissa nur zum Durchbruch verhelfen.«

Toms Stimme senkte sich auf Begräbnislautstärke, allerdings auf die eines irischen. »Du kommst mir vor wie Chamberlain in München; du umreißt nicht annähernd die Tragweite des Problems. Sands hat ihr einen *Heiratsantrag* gemacht. Hast du nun endlich kapiert? Er will nicht nur mit ihr schlafen oder sie in irgendwelchen schicken Promi-Treffs herumzeigen oder sie zu seinem Privatspielzeug machen; er will sie heiraten.«

»Ich dachte, er hat bereits eine Frau.«

»Hat er; aber offensichtlich ist sie, wie ich, nur das fünfte

Rad am Wagen. Entweder das oder er nimmt sie beide mit nach Utah und wird Mormone. Howard Hughes hatte übrigens auch eine Schwäche für Mormonen, wußtest du das? Vielleicht üben die auf Reiche eine besondere Anziehung aus.«

Ich lachte. »Eines spricht zumindest noch für dich – Clarissa steht im Moment nicht für eine Heirat zur Verfügung.«

Tom machte eine wegwerfende Handbewegung. »Das dürfte für Sands kein Problem sein. Sicher hat er sich schon jeden seiner Schritte genauestens überlegt – einverständliche Scheidung, sämtliche anfallenden Kosten übernimmt er; die Anwälte werden von ihm gestellt, für jeden einer; eine Abfindung, die wesentlich höher ist, als der arme Schlucker, mit dem sie verheiratet ist, je erwarten könnte – alles sehr korrekt und zivilisiert. Herrgott noch mal, am Ende mache ich sogar ein Geschäft bei der Sache, womit meine Ehe die einzige vernünftige Investition wäre, die ich je gemacht habe. In der Zwischenzeit schafft er sich auch seine bessere Hälfte vom Hals, so daß die Bahn frei ist für Eheschließung Nummer zwei. Erst nach einer geziemenden Anstandsfrist, versteht sich.«

Ich ließ Toms Verbitterung eine Weile im Raum stehen in der Hoffnung, die Luft würde sie absorbieren oder zumindest abschwächen. Aber seinem Gesichtsausdruck und seinen geballten Fäusten nach zu schließen, war sich sein Ärger selbst Zündstoff genug, und Schweigen war Öl auf seine Flammen.

Ich sprach hastig, ohne zu überlegen, wohin das führte, was sich als Fehler entpuppte. »Das könnte doch nur Gerede sein, Tom. Vielleicht glaubt Sands, er muß ihr was von Heirat erzählen, um sie...«

»Was? Ins Bett zu kriegen?« Toms Lippen zuckten gehässig. »Ich hab dir doch *gesagt*, daß er sich damit nicht zufriedengibt. Er will es offiziell haben – verdammt noch mal, er hat sogar schon den Ring. Fünf Karat, soviel ich gehört habe; ehedem am Finger von Barbara Hutton.«

Gegen meinen Willen war ich baff. »Sie trägt bereits seinen Ring am Finger?«

Tom schüttelte den Kopf. »Noch nicht. Aber er liegt für sie bereit, wenn sie ihn haben will.«

»Hat dir das alles Clarissa erzählt?«

»Wer denn sonst? Jeden Abend kommt sie mit einem neuen Kapitel nach Hause; aus ihrem Mund hört es sich an wie ›Héloise und Abélard in Hillsborough‹. Vergangene Woche hat er ihr versprochen, ihr jedes Haus zwischen San Diego und Seattle zu kaufen. Und wenn sie eines wollte, das nicht zu verkaufen war, wollte er die erforderlichen Schritte unternehmen, daß das der Fall würde.«

»Alles nur Gerede – ein Bonze, der mit seinem Reichtum angeben will. Vermutlich können die gar nicht anders.«

»Meinst du? Und wie findest du das? Er will ihr einen eigenen Club kaufen. Clarissa's, mit der Chefin persönlich am Mikrophon. Und das ist noch nicht alles. Wie es scheint, ist unter seinen zahlreichen Holdings eine kleine Plattenfirma in L. A., die sich auf Neuaufnahmen alter Jazz-Standards spezialisiert hat – genau ihre Kragenweite. Er wird ihr nicht nur eine feste Auftrittsmöglichkeit bieten, er wird sie auch unsterblich machen. Und wie zum Teufel soll ich dagegen ankommen?«

Seine Stimme hob sich an den Rand einer Hysterie. Ich sagte das einzige, was mir einfiel. »Wenn sie dich liebt, zählt alles andere nicht.«

Tom schloß die Augen. »Marsh, ich bitte dich. Bleib auf dem Teppich. Die Liebe ist schlampige Sentimentalität, unreifes Sichgehenlassen. Dafür verzichtet man doch nicht auf ein Leben in Wohlstand und Luxus.«

»Ich glaube kaum, daß Clarissa zu der Sorte Frauen gehört. Wenn das so wäre, hättest du sie nicht geheiratet.«

Angesichts des darin enthaltenen Lobes, schien sich Toms Zorn etwas abzukühlen. Als er weitersprach, war es ein Summen des Erinnerns. »Sie hat mich mal geliebt. Sehr sogar, auch wenn das schwer zu glauben sein mag. Dann kam *dieser* Heini daher. Er hat ihr den Kopf verdreht, Marsh; da gibt es nichts zu rütteln.« Tom blinzelte und schwelgte in Rhetorik. »Wer kann ihr das verdenken? Keine halbwegs vernünftige Frau würde sich angesichts des Lebens, das ihr Sands bietet, für mich entscheiden.«

»Immerhin hat sie sich einmal für dich entschieden.«

»Aber das war, bevor sich ihr eine Chance wie diese bot. Schau. Ich weiß, daß es ihr nicht nur um sein Geld geht – sie interessiert sich nicht für Cadillacs und Burgen am Rhein – es geht ihr um das, was sein Geld für sie bewirken kann.«

»Und das wäre?«

Tom schloß die Augen. »Als wir jung waren, waren wir beide voller Ideale. Ich wollte eine freie Klinik gründen. Clarissa wollte ein Star werden und jede Menge Benefiz-Konzerte für die Armen geben. Alles sehr sozial und fortschrittlich. Nur kam es ganz anders, für jeden von uns; wir mußten uns gewaltig abstrampeln, nur um uns über Wasser halten zu können. Aber wir haben uns damit abgefunden, oder zumindest dachte ich das. Wir haben unsere Ansprüche heruntergeschraubt und uns so akzeptiert, wie wir tatsächlich sind. Das war nicht ganz einfach – Clarissa hat Angst, daß ihre Stimme nachläßt, bevor sie ihre besten Sachen auf Platte festgehalten hat, und dann ist da noch das uralte Problem, was aus mir werden soll. Aber wir haben es ganz gut gepackt, dachte ich zumindest, weil unsere Ehe für jeden von uns das Wichtigste in seinem Leben war. Doch jetzt ist das nicht mehr so. Zumindest nicht für sie. Oder hätte sie mir das sonst angetan?«

»Was meint Clarissa dazu?«

»Sie sagt, sie weiß selbst nicht mehr, was sie will; sie weiß nur, daß sie herausfinden muß, wer sie ist.«

»So geht es neuerdings einer Menge Frauen ihres Alters.«

»Genau das ist der springende Punkt. Sands wird ihr keine Zeit lassen, sich selbst zu finden; er wird sie total vereinnahmen, bevor sie überhaupt dazu kommt zu suchen. Oder schlimmer noch: Er wird sie davon überzeugen, daß das, wonach sie die ganze Zeit gesucht hat, er ist.« Tom verschluckte sich und geriet kurz ins Stocken. »Dabei dachte ich, sie wüßte bereits, wer sie ist. Ich dachte, sie wäre meine Frau.«

Während Tom um Beherrschung rang, kramte ich ein paar

tröstende Worte hervor. »Sie hat aber noch nicht angedeutet, daß sie sich scheiden lassen möchte? Sie hat nur gesagt, daß sie sich nicht sicher ist.«

Tom zuckte mit den Achseln. »Und in der Zwischenzeit fährt Sands sämtliche Geschütze auf. Er behauptet, er hätte den ewigen Kampf ums Geld satt, er möchte eine Stiftung zur Gründung einer Klinik für Obdachlose ins Leben rufen, und ich – jetzt kommt das Schöne daran – ich soll die Leitung des Rettungsdienstes übernehmen oder zumindest eine Art Beraterfunktion, falls dafür laut den gesetzlichen Bestimmungen nur ein Arzt in Frage kommt.«

Ich konnte nicht anders, als über soviel Unverfrorenheit zu grinsen, und Tom konnte nicht anders, als sich davon anstekken zu lassen.

»Der Kerl versucht Clarissa weiszumachen, sie ist ihm wichtiger als alles, was er hat, was sich, soviel ich letztens gelesen habe, auf fast fünfzig Millionen beläuft.« Er massierte sich das Gesicht so fest, daß ich dachte, er würde es blutig reiben. »Du mußt mir helfen, dem Spuk ein Ende zu machen, Marsh.«

Seufzend schüttelte ich den Kopf. »Hast du zufällig den Film *Roger und ich* gesehen?«

Tom schüttelte den Kopf.

»Das ist ein Dokumentarfilm; der Kerl, der ihn gedreht hat, heißt Moore. Er –«

Das erste Mal wütend auf mich, sah mich Tom finster an. »Hör zu, ich bin jetzt nicht in der Stimmung, mich über *Filme* zu unterhalten, Herrgott noch mal.«

Ich gab nicht nach. »Dieser Moore hatte sich in den Kopf gesetzt, Roger Smith, den Präsidenten von General Motors, zu interviewen, weil er wissen wollte, warum GM die Fertigungsanlagen in Flint, Michigan, stillegte und damit die Stadt in den Ruin trieb. In dem Film ging es nur um die Tricks, mit denen Moore an Smith ranzukommen versuchte.«

»Und wie hat er es geschafft?«

»Gar nicht. Und meine Chancen, an Richard Sands ranzukommen, wären etwa genausogroß wie die von Moore, den Chef von GM vor die Kamera zu bekommen. Außerdem glaube ich nicht, daß dein Problem Sands ist; dein Problem ist *Clarissa*.«

Er schüttelte den Kopf. »Sie kann nichts für das, was sie tut. Er hat sie hypnotisiert.«

»Aber wenn er tatsächlich in sie verliebt ist, sehe ich keine Möglichkeit, wie du oder ich oder sonst jemand ihn bremsen soll. Mit Geld wirst du die Sache jedenfalls nicht regeln können, und ich weiß beim besten Willen nicht, wie ich dir helfen könnte, selbst wenn ich es wollte.«

Ausdruckslos sah Tom mich an. »Ihm vielleicht ein bißchen Angst machen? Mit einem Prozeß drohen?«

»Ich habe dir bereits gesagt, daß ehebrecherischer Geschlechtsverkehr kein Vergehen mehr ist, und er hat Anwälte, die auch jeden anderen Trick sofort durchschauen. Außerdem, wenn du ihn verklagst, wird das Ganze publik, und die Presse stellt es als die schmierigste Geschichte seit Liz und Dick hin, oder seit Madonna und wie immer der Typ hieß, mit dem sie eine Minute verheiratet war. Es ist schon hart genug, wenn man so was privat ausfechten muß, aber wenn die ganze Geschichte auch noch Tag für Tag in der Presse breitgetreten wird, gebe ich weder dir noch deiner Ehe eine Chance.«

Tom sah sich im Raum um, als könnte auf einer Rauchwolke eine rettende Idee vorbeigeschwebt kommen. »Vielleicht könntest du ihn ja, äh, ein bißchen bedrohen? Körperlich. Nicht richtig natürlich. Nur so weit, daß er –«

»Jetzt hör aber mal, Tom – Typen von der Sorte sind auf Schritt und Tritt von einer Horde Leibwächter umgeben. Ich würde im Krankenhaus oder im Gefängnis landen, und Sands' Erfolgschancen stünden noch besser.«

»Was *kann* ich dann überhaupt tun?«

»Vielleicht solltest du ihn zum Duell fordern«, sagte ich. Aber als Tom meinen Vorschlag ernsthaft in Erwägung zu ziehen schien, überlegte ich mir rasch eine Antwort. »Das einzige, was mir im Moment einfällt, ist: Du sprichst mit Clarissa und versuchst sie davon zu überzeugen, daß Sands nichts für sie ist. Sogar ich weiß, daß mit so einem Mann jede Frau baden geht. Nach einem Monat mit ihm wird sie tatsächlich nicht mehr wissen, wer sie ist.«

»Das habe ich ihr bereits klarzumachen versucht. Aber sie meint, sie hätte bei dem vergeblichen Versuch, *mich* glücklich zu machen, schon so viel durchgemacht, daß sie inzwischen nur noch eines wüßte: daß sie *davon* genug hat.«

»Das hört sich an, als hätte sie Probleme, die weder mit dir noch mit Sands zu tun haben.«

»Natürlich hat sie die. Sie wird alt, Marsh – sie geht bereits auf die Vierzig zu. Eine Nachtclubsängerin in dem Alter ist fast ein Widerspruch in sich.«

»Vielleicht sollte sie sich auf was anderes verlegen.«

»Darüber hat sie bereits gesprochen – Unterrichten, Komponieren, vielleicht sogar irgendwas im sozialen Bereich. Das Problem ist nur, daß sie sich mit diesen Möglichkeiten nicht auseinandersetzt, weil sie das will, sondern weil sie Angst hat, daß sie es eines Tages *muß*. Wenn sie Sands heiratet, braucht sie sich darüber keine Gedanken zu machen.«

Dem hatte ich nichts hinzuzufügen, weshalb ich Tom eine Weile mit seinen Gedanken allein ließ. »Eigentlich tut sie mir sogar leid«, sagte er nach einer Weile. »Trotz allem, was sie getan hat. Das Showbusiness ist weiß Gott kein Zuckerlecken. Sie ist ganz allein auf sich gestellt, hat selten ein Engagement, das länger als sechs Wochen dauert, und muß sich ständig gegen neue Talente behaupten, die jedes Jahr auftauchen. Für die Jahre, die sie nun schon im Geschäft ist, hat sie nicht viel vorzuweisen – keine Altersvorsorge, keinen Plattenvertrag, keine langfristigen Engagements –, und *ich* bin ja weiß Gott auch keine große Sicherheit. Sie hat sich Sands an die Brust geworfen, weil sie denkt, ihre Probleme ließen sich mit Geld aus der Welt schaffen, aber da täuscht sie sich. Clarissa ist nicht der Typ Frau, die ihr Glück an der Seite eines Mannes findet, aber bis sie das kapiert, ist es längst zu spät. Zumindest für uns. Ich meine, ich liebe sie, aber dennoch gibt es gewisse Dinge, die ich einfach nicht hinnehmen kann. An manchen Dingen muß ein Mann festhalten, oder er darf sich nicht mehr einen Mann nennen.«

Tom, der Brandy war noch immer sein letzter Halt, wurde von stummem Schluchzen geschüttelt. »Da ist etwas, was du besser wissen solltest«, sagte ich, sobald er sich wieder unter Kontrolle hatte. »Ich übernehme keine Scheidungsfälle. Schon seit Jahren nicht mehr. Ich habe schon so vielen Freunden, die mich in einer Ehekrise um Beistand gebeten haben, nein gesagt, daß ich jetzt schlecht –«

»Das ist kein *Scheidungs*fall, das ist ein *Mord*fall.«

Seltsamerweise glaubte ich, daß Tom es genau so sah. Er konnte sich so wenig auf die Dinge stützen, an denen andere Männer Halt fanden – Geld, Macht, Ruhm –, daß seine Ehe das einzige war, von dem er zehrte. Tom hatte sich über seine Verhältnisse verheiratet, hatte er mir selbst immer wieder versichert – eine Einschätzung, in der die Angst mitschwang, Clarissa würde sich dessen eines Tages bewußt werden und die Situation berichtigen.

Ich widerstand der Versuchung, von meiner Weigerung, Tom zu helfen, Abstand zu nehmen, als er, plötzlich unendlich ruhig und ungeheuer vernünftig, erklärte: »Ich verstehe deinen Standpunkt, Marsh. Und ich weiß, daß es tatsächlich nichts gibt, was du tun könntest. Ich habe nur mal jemanden gebraucht, mit dem ich mich gründlich aussprechen kann.« Er schob den Cognacschwenker beiseite und schaute sich mit einem verklärten Lächeln auf den Lippen um. »Schöne Zeiten waren das hier. Mit dir... Guido... den anderen.«

Als er etwas Geld auf den Tresen warf, spendete ich ihm allen Trost, den ich finden konnte. »Falls dir irgendwas Konkretes einfällt, was ich für dich tun kann«, sagte ich, »oder falls du dich wieder mal mit jemandem aussprechen möchtest, du weißt, ich bin jederzeit für dich da.«

Tom antwortete mit beängstigender Gelassenheit. »Danke, Marsh. Für alles.«

»Halt mich auf dem laufenden, wie es weitergeht.«

»Klar.«

»Wenn ich in ein paar Wochen nichts von dir höre, werde ich nachsehen kommen, wie es dir geht.«

»Gut.«

»Dann also, viel Glück.«

Er schaffte ein kurzes Grinsen. »Ich glaube, da habe ich meine Zuteilung schon in Vietnam aufgebraucht.«

4

Die nächsten paar Tage verbrachte ich im Sumpf der Depressionen, die meine Unterhaltung mit Tom Crandall ausgelöst hatte. Ein Teil meiner Stimmung war durch Mitgefühl hervorgerufen – Tom war so arm dran wie nur irgend jemand, den ich außerhalb der Mauern einer Anstalt gesehen habe, obwohl ich in meinem Job mit jeder Menge Elend in Berührung komme, und ich konnte mir kein Szenario vorstellen, in dem er verdient hätte, was ihm allem Anschein nach angetan wurde. Ein anderer Teil war Frustration – Tom hatte Hilfe bei mir gesucht, hatte buchstäblich darum gebettelt, obwohl Betteln seinem Wesen so fremd war wie Sadismus, und mir fiel beim besten Willen nichts ein, was ich an der Tatsache hätte ändern können, daß ihm seine Frau offensichtlich unter der Nase weggeschnappt wurde. Aber der größte Teil meines Problems war selbstbezogen. Toms Nöte hatten meine Gedanken weniger aufgrund dessen so sehr in Beschlag genommen, was sie über Tom verrieten, als aufgrund dessen, was sie über mich verrieten.

Mein Unvermögen, einen Schlachtplan für Toms Privatkrieg gegen Richard Sands zu entwerfen, ließ wieder eine alte Malaise zum Ausbruch kommen, die mich mit Unterbrechungen schon seit einigen Jahren heimsucht. Charley Sleet nennt es meine Midlife-Crisis, und weil Charley nun mal Charley ist und deshalb immun gegen die Schwächen normaler Sterblicher, lacht er bloß, wenn ich etwas sage, das darauf hindeutet, daß ich gerade einen inneren Wertewandel durchlaufe. Charley mag recht haben – dieser Zustand mag lächerlich sein, und ich mag nur ein weiteres Exempel eines Syndroms sein –, aber das bedeutet nicht, daß mein Leiden nicht real ist.

Lange neigte ich zu der Auffassung, mein Zustand wäre rein psychisch und somit empfänglich für Selbsthilfe. Analysiere das Problem, braue dir eine Lösung zusammen, setze die Theorie in die Praxis um: Falls sich keine sofortige Wirkung einstellt, die Bücherregale sind voll von Gebrauchsanweisungen. Aber Selbsthilfe hat nichts gebracht, ebensowenig wie Selbstmitleid, und seit neuestem fange ich an zu glauben, daß ich mich getäuscht habe – das Thema Depressionen hat in letzter Zeit Schlagzeilen gemacht, vor allem in Zusammenhang mit Medikamenten wie Prozac, die affektive Störungen vermittels einer qualitativen wie quantitativen Veränderung der Neurotransmitter oder sonst irgendeines biochemischen Hokuspokus der Vergangenheit angehören lassen. Berichte wie der von William Styron, von Kämpfen gegen die Stürme der Niedergeschlagenheit, finden zusehends mehr Resonanz, nicht unbedingt immer mit der Eloquenz Styrons, aber nichtsdestoweniger bewegend. Notfalls könnte auch ich mit einer prosaischen Schilderung meiner eigenen Erfahrungen aufwarten, voller Wellen von Wertlosigkeit, die jede Episode aus meiner Vergangenheit unehrenhaft und unfähig erscheinen lassen, voller Tage der Lethargie, an denen nichts und niemand der geringsten Mühe wert zu sein scheint, und voller Anwandlungen von Selbstekel, die Selbstmord nicht nur verlockend, sondern als eine Pflicht erscheinen lassen.

An besonders schlimmen Tagen kommt mir der Gedanke, daß ich mich in psychiatrische Behandlung begeben sollte. Das Problem ist, für eine autarke Seele wie mich, daß ein solcher Schritt ein Eingeständnis meines Versagens ist, zusätzlicher Beweis einer Unfähigkeit, die mich bereits über Gebühr belastet. Und so habe ich davon Abstand genommen, in der Hoffnung, daß sich meine Stimmung von selbst bessern wird, daß meine Depressionen wie ein Schnupfen verfliegen werden und daß ich das Rezept, das mich zu dem macht, was ich bin, nicht würde ändern müssen. Aber wie eine verschleppte Erkältung ist mir meine Stimmung auf die Brust geschlagen, und nun sind mein Kopf und mein Herz davon befallen.

Natürlich hat Charley recht – was ich durchgemacht habe, ist keine Ausnahme. Viele Menschen meines Alters, vielleicht sogar die meisten, durchlaufen in ihrer Lebensmitte eine solche Neuorientierung. Ich könnte ein halbes Dutzend Ehen aufzählen, in denen es nach mehr als zwanzig Jahren zu kriseln beginnt, weil es einer oder beide Partner infolge eines leeren Nests oder einer stagnierenden Karriere oder der unansehnlichen Erschlaffung des Alters mit der Angst zu tun bekommen, daß das Arrangement, das sie so weit hat kommen lassen, nicht mehr ausreicht, sie auch noch über das letzte Drittel ihres Lebens zu bringen. Und ich kenne mehrere alleinstehende Personen, die mehr oder weniger aus demselben Grund bei Drogen und sonstigen Exzessen Zuflucht suchen.

An diesem Punkt beschließen die Leute in der Regel, etwas zu unternehmen, bevor es zu spät ist, und das erste, was sie tun, zumindest die Frauen, ist, mit jemandem darüber zu sprechen. Meistens sprechen sie mit anderen Frauen, aber weil ich nie geheiratet habe, unterstellt man mir gelegentlich mangelndes Interesse an der Institution Ehe, weshalb manche Frauen beschließen, mit mir zu sprechen. In meinem Job habe ich gelernt zuzuhören, und ich versuche zu helfen, so gut ich kann, aber die Dynamik der Ehe ist so anders als meine unilaterale Existenz und die Kur für eine angeknackste Beziehung so drastisch, daß ich ihnen in der Regel rate, nicht aufzugeben, sich auszusprechen und die Sache durchzustehen; was Sie auch tun, springen Sie auf keinen Fall von Bord, denn die See ist rauh im Land der Singles. Mit anderen Worten, ich bin diesen Frauen ebensowenig eine Hilfe, wie ich es Tom Crandall war.

Umgekehrt sind auch sie mir keine große Hilfe, obwohl sie das oft sein möchten. Das ist nicht ihre Schuld – mit Ausnahme gelegentlicher Klagen im Beisein von Charley Sleet oder Tom gehe ich mit meinen Problemen selten hausieren. Wie die meisten Männer vermeide ich, wenn irgend möglich, jede Form von Beichte, aus Angst, meine Schwächen könnten gegen mich verwendet werden, und weil ich das Gefühl habe, daß, weil ich mein eigener Herr bin, von keinen offenkundigen Schrecken heimgesucht werde und phasenweise ein aufregendes Leben führe, manche Leute denken, ich würde eine beneidenswerte Existenz führen und müßte extrem anspruchsvoll oder eminent verwöhnt sein, wenn ich auch nur anzudeuten wage, es könnte für mich besser laufen, als es läuft.

Aber wie jeder Mensch mittleren Alters weiß, ist die Sache nicht so einfach. *Jedes* Leben kann der Person, die es führt, trivial erscheinen, und monatelang haben sich meine Gedanken um so elementare Fragen gedreht wie: Würde ich produktiver sein, wenn ich meinen Stolz hinunterschluckte und wieder als Anwalt zu arbeiten anfinge; vollständiger, wenn ich meine Freundin Betty bitten würde, mich zu heiraten, obwohl wir beide kein Hehl daraus machen, daß wir mit dem Stand der Dinge, so wie sie sind, zufrieden sind; bedeutender, wenn ich ein Buch schreiben, ein Boot bauen oder Spanisch lernen würde; nützlicher, wenn ich zum Peace Corps gehen, mich als freiwilliger Helfer in St. Anthony's melden oder für Legal Aid arbeiten würde.

Die Antwort auf solche Fragen hängt allerdings von ähnlich vielen Faktoren ab wie die Frage, wie man nicht betrunken wird, so daß ich meine Entscheidung meistens aufs Geratewohl treffe, mich eine Weile damit herumschlage und schließlich feststelle, daß es mir in meinem neuen Leben keinen Deut besser ginge als in meinem alten. In jedem Fall macht das Trägheitsprinzip solche Veränderungen entweder sehr unwahrscheinlich oder rückt sie in weite Ferne. Im Augenblick erhoffte ich mir noch am ehesten einen Stimmungsumschwung, wenn ich meinen Prinzipien der Nichteinmischung in Ehestreitigkeiten abschwor und es statt dessen wie die Kavallerie machte und im Galopp über die Hügel sprengte, um einem Tom Crandall zu Hilfe zu kommen.

Obwohl ich Tom seit unserem letzten gemeinsamen Abend im Guido's nicht mehr gesehen hatte, hatte er mich über seine seelische Verfassung, die sich rapide zu verschlechtern schien, auf dem laufenden gehalten. In einer Reihe von Anrufen in meiner Wohnung und in meinem Büro – keiner länger als zwanzig Sekunden und wenige, außer der Begrüßung, mit einer Wortmeldung von mir – bombardierte mich Tom mit Beobachtungen.

Der erste Anruf, in seiner Gesamtheit, verlief in etwa so:

»Hallo?«

»Er schreibt ihr Liebesbriefe. Woher ich das weiß? Sie liest mir Passagen daraus vor. Sie sagt, sie hat ein Recht auf ein eigenes Leben, auf eigene Freunde, sowohl Frauen wie Männer, ein Recht, alles, was sie mit ihnen spricht oder tut, als ihre Privatangelegenheit zu betrachten. Kann das angehen? Kann eine Ehe solche Geheimnisse überstehen?«

»Vermutlich schon, wenn beide Beteiligten das wollen.«

»Woher willst du das wissen?«

Natürlich hatte er recht. Woher wollte ich das wissen? Wie bereits gesagt, Tom Crandall war smart. Smart genug, um einen Freund zu verletzen; smart genug, um eine Frau zu verletzen.

Da waren auch noch andere Anrufe, Hunderte wie es mir schien, obwohl es wahrscheinlich weniger als ein Dutzend waren. Nach und nach begann ich sie so ähnlich zu betrachten wie die Einsatzbesprechungen der Generäle Kelly und Neal – als Meldungen aus einem Krieg, an dem ich zum Glück nicht als Kombattant teilnahm.

Manchmal sprach Tom direkt mit mir, aber häufiger hinterließ er auf meinem Anrufbeantworter knappe Essays, die jedesmal etwas von seinem Schmerz bei mir abluden, damit ich ihn mir auf die nicht ganz so akute Version meines eigenen streuen konnte. Zum Beispiel:

»Sie macht mir wegen meiner Einstellung Vorhaltungen. Sie behauptet, ich vergöttere die Frauen, aber respektiere sie nicht. Sie nennt mich einen Viktorianer – sie sagt, ich halte Frauen für schwach, überemotional und unfähig zu großen Leistungen. Das von einer Frau, die ihren Respekt vor ihrem Ge-

schlecht beweist, indem sie mit dem Mann einer anderen Frau anbändelt.«

Und:

»Glaubst du, das ist eine Art Prüfung? Wenn ja, was soll ich lernen? Wo wird die Prüfung abgehalten? Und vor allem: Wer benotet sie?«

Und:

»Ich habe sie gebeten, mir zu sagen, was in unserer Ehe schiefgelaufen ist. Sie meinte, wir sollten uns mehr Zeit nehmen, miteinander zu sprechen. So weit, so gut. Allerdings steht jetzt schon fest, einziges Thema dieser Gespräche wird sein, was ist mit Tom nicht in Ordnung.«

Und:

»Ich trage mich mit dem Gedanken, mein eigenes Telefon anzuzapfen. Ist das erlaubt? Wieviel würde ein Apparat kosten, mit dem man alles aufzeichnen kann, was sie mit ihm spricht? Bekämst du auf so ein Gerät Rabatt? Was kann sie tun, wenn sie es herausfindet?«

Und:

»Sie hat die totale Erinnerung an unsere gemeinsame Vergangenheit. Natürlich ist das, woran sie sich erinnert, weniger eine Ehe als eine Feudalherrschaft.«

Und:

»Es tut mir leid, daß ich sie dazu getrieben habe.«

Und:

»Hast du mal Chaucer gelesen? Kannst du dich an den Begriff ›Hahnrei‹ erinnern? Weißt du noch, was für eine abstoßende Kreatur er beschrieb? Hast du je gedacht, du könntest selbst einer werden?«

Und:

»Wie lange, glaubst du, kann ich ihr noch glauben, wenn sie mir erzählt, sie sind bloß gute Freunde? Das Sexuelle spielt bei ihnen nur eine untergeordnete Rolle. Ich möchte doch eher annehmen, sie hat sich mehr auf körperlicher als auf geistiger Ebene mit ihm ausgetauscht.«

Und:

»Sind Männer wirklich so schrecklich, wie die Frauen behaupten? Sind wir das, Marsh? Sind wir das?«

Und, erst kürzlich und äußerst beunruhigend:

»Wie du weißt, war ich beim Militär. Neun Monate davon bei den Special Forces: neun Monate im Hochland mit den bestausgebildeten Kämpfern, die dieses Land hervorgebracht hat. Ich kenne einen Mann, der Richard Sands für fünfzig Dollar umlegen würde, ohne lange Fragen zu stellen – bloß um zu beweisen, daß es möglich ist. Tatsache ist, daß er's vermutlich sogar umsonst tun würde.«

An diesem Punkt beschloß ich einzuschreiten. Toms Stimmung schien von selbstmörderisch nach mörderisch umzuschlagen, und obwohl ich ihm keinen dieser Schritte zutraute, konnte ich nicht mehr länger nur tatenlos rumsitzen und den Dingen ihren Lauf lassen. Nachdem ich Toms jüngste Nachricht gehört hatte, ließ ich mir für den Rest des Abends meine Möglichkeiten durch den Kopf gehen, und am Morgen rief ich einen Seelenklempner an.

Max Rosenfall ist Gerichtspsychiater, arbeitet mit den besten Strafverteidigern der Stadt zusammen und ist eine zuverlässige Stütze der geistig Zerrütteten, ob es nun um Unzurechnungsfähigkeitsanträge oder Einlieferungsverfahren geht. Obwohl weiß Gott kein Mangel ist an Vertretern seiner Zunft, ist Max einer der wenigen, die ich respektiere: Er ist nicht einer dieser käuflichen Papageien, die den Standpunkt eines jeden nachplappern, solange er sie nur entsprechend bezahlt; Max sagt, was er denkt, was vermutlich der Grund ist, weshalb sich die Geschworenen bisher immer von seinen Diagnosen und Prognosen haben überzeugen lassen, so seltsam sie sich auch oft anhören mögen – einmal überzeugte Max die Geschworenen davon, daß ein junger Mann seine Mutter stranguliert hatte, weil er wegen eines Videospiels vorübergehend durchgedreht hatte. Und was noch erstaunlicher ist: Max ist bekannt dafür, daß er selbst gegen die verlockendsten Honorare immun ist, wenn er den Eindruck hat, daß der Angeklagte simuliert oder die Gründe der Angehörigen, Tante Frieda in die Klapsmühle abzuschieben, mehr habgieriger als mitfühlender Natur sind. Leider beschied er auch mich mit einem klaren Nein, nachdem ich ihn an den Fall erinnert hatte, bei dem wir für denselben Anwalt gearbeitet hatten, und ihm anschließend Toms Lage schilderte.

»Eigentlich kann ich da keine pathologischen Elemente erkennen, Marsh. Es sei denn, Sie nehmen diese Killer-Geschichte für bare Münze, und selbst dann ist seine Reaktion verständlich, oder nicht? Der arme Kerl hat ein Problem – er liebt eine Frau, die ihm plötzlich ordentlich heimzahlt, was er ihr, wie sie glaubt, all die Jahre über angetan hat. Leider eine nur zu häufig anzutreffende Situation, aber eine, in der meine spezielle Sparte moderner Hexerei wenig mehr an Brauchbarem anzubieten hat, als ihm zu raten, sich von ihr zu trennen und die entsprechenden Schritte zu unternehmen, wieder mit sich ins reine zu kommen.«

»Das ist genau die Art von Situation, die Othello in den Wahnsinn getrieben hat, Doktor. Und er hat sich alles nur eingebildet.«

Max lachte. »Das ist natürlich richtig. Deshalb sollten Sie Ihren Freund vielleicht besser im Auge behalten, um sicherzugehen, daß er keine Dummheiten macht.«

»Gibt es tatsächlich nichts, was Sie tun können?«

»Natürlich gibt es etwas. Ich kann tun, was Sie getan haben: mir seine Leidensgeschichte anhören, ihm eine Möglichkeit bieten, sich seinen Schmerz und sein Gefühl des Betrogenwerdens von der Seele zu reden, ihm schließlich Verständnis und Mitgefühl entgegenbringen und ihm ein paar Möglichkeiten aufzeigen, sein Selbstwertgefühl wieder aufzubauen. Allerdings mit einem Unterschied: Ich müßte ihm dafür zweihundert Dollar die Stunde abknöpfen, obwohl ich nicht sicher bin, daß ich mehr erreichen würde, als Sie bereits erreicht haben oder erreichen könnten, wenn Sie sich voll auf ihn einlassen. Vielleicht sollten Sie ein Gespräch mit einem Familientherapeuten arrangieren. Vereinbaren Sie einen Termin, den im Idealfall auch seine Frau wahrnehmen sollte. Das wäre billiger und vermutlich auch effektiver als eine langwierige Analyse, wie ich sie mache. Aber posaunen Sie bitte nicht gleich überall herum, daß ich das gesagt habe, sonst werde ich noch meine Zulassung los.«

Ich dankte Max für seinen Rat und fragte ihn, ob er mir ein paar Therapeuten empfehlen könne. Er nannte mir drei. Zwei davon rief ich an, verglich ihre Honorare und Methoden und bereitete meinen Anschlag auf Tom vor. Ich notierte mir sogar ein paar Stichworte, Klischees meistens, Phrasen wie »die verstopften Kommunikationskanäle wieder zum Fließen bringen«, »sich mit dem darunterliegenden Trauma auseinandersetzen« und noch mehr solches Blabla. Als ich mir dann jedoch Toms Gesicht vorstellte, wenn ich von meinem Merkzettel abzulesen begann, warf ich ihn weg.

Überdies waren meine Vorbereitungen umsonst. Die Nachricht von Tom, die auf meinem Anrufbeantworter wartete, als ich von Dr. Rosenfall zurückkam, war schrill und theatralisch:

»Ich hatte recht – an der Sache ist mehr, als ich dachte. Geradezu labyrinthisch, Marsh; die Verästelungen sind von beängstigender Komplexität. Das Ganze läuft praktisch darauf hinaus, daß Richard Sands das personifizierte Böse ist; ich bin auf eine blutige Spur gestoßen, die unter anderem auch zu meinem eigenen Bruder führt. Mach dich auf ein paar Überraschungen gefaßt.«

Ich versuchte Tom im Verlauf dieses Tages und am Tag danach mehrere Male anzurufen, erreichte ihn aber nie. Ein paar unruhige Nächte später kämpfte ich mich aus dem Bett und suchte in der Morgenzeitung Ablenkung. In einem Fünf-Zentimeter-Einschub unten auf Seite 9 und in einem umfangreicheren Nachruf im zweiten Teil informierte die *Chronicle* mich und den Rest ihrer Leserschaft, daß mein Freund Tom Crandall tot war.

5

Eines der verräterischeren Anzeichen des Alters ist, daß man die Todesanzeigen genauer studiert als die Baseballtabellen. Viel zu oft stoße ich dabei auf einen Namen, der mich, im Fall einer Persönlichkeit des öffentlichen Lebens, mit Trauer erfüllt oder, in dem zunehmend häufigeren Fall eines persönlichen Bekannten, mit tiefem Schmerz. Acht Tage nach unserem Abend im Guido's und vierzehn Stunden, nachdem ich zum letztenmal seine Stimme gehört hatte, stieß ich auf den meines Freundes Tom – Thomas Clarence Crandall in der Überschrift des Nachrufs –, eines Mannes, den die *Chronicle* schlicht als Held bezeichnete.

Und ein Held war er gewesen, nicht einmal, sondern zweimal. Der erste Vorfall hatte sich im Krieg zugetragen, während eines kurzen, aber verlustreichen Gefechts, das Tom für die medizinische Hilfe, die er einem in einen Hinterhalt geratenen Stoßtrupp geleistet hatte, zwei Purple Hearts und einen Silver Star eingetragen hatte. Um im Sprachduktus der Zeitungsmeldung zu bleiben, hatte Sanitäter Crandall trotz zahlreicher Gefahren und ohne Rücksicht auf seine persönliche Sicherheit unter dem Beschuß eines zu allem entschlossenen Feindes ein Minenfeld überquert, die Verwundeten ausfindig gemacht und medizinisch versorgt und ihnen, obwohl selbst zweimal verwundet, so lange Hilfe und Beistand geleistet, bis Verstärkung eintraf, die feindliche Übermacht zurückschlug und die Toten und Verwundeten in die Etappe brachte. Sanitäter Crandalls Verhalten stand in Einklang mit höchsten militärischen Traditionen und trug maßgeblich zum Erfolg sowohl der Mission seiner Einheit wie der Mission der freiheitlichen Kräfte in der Republik Vietnam bei.

Doch damit war es noch keineswegs getan, da der Mut, den Tom Crandall in Friedenszeiten bewiesen hatte, selbst seine Tapferkeit vor dem Feind verblassen ließ. In diesem Fall war die Bedrohung nicht von Menschen ausgegangen, sondern von der Natur – in der Nacht und an dem Tag nach dem Erdbeben im Oktober 1989 standen Tom und sein Partner über einen Zeitraum von mehr als vierzig Stunden bis zu den Hüften in den Trümmern des Marina Districts, um Verschüttete aus den Gebäuden zu befreien, die eingestürzt waren, als die Erde unter ihnen zu zittern und zu beben begonnen hatte.

Es war Tom nicht gelungen, seinen beispielhaften Einsatz geheimzuhalten – das Fernsehen hatte ihn »auf frischer Tat« ertappt. Immer wieder war Tom, festgehalten in den wackligen Bildern einer Channel-4-Handkamera, in einem Berg aus Putz, Ziegeln und Stützbalken verschwunden, hatte losen Schutt zu seinem Partner hochgereicht, um sich zu einem Hilferuf vorzuarbeiten, der ihm aus dem Berg von Trümmern entgegendrang, und hatte dabei ein weiteres Einstürzen des Gebäudes, die Explosion einer defekten Gasleitung und unzählige andere Gefahren auf sich genommen, durch die sich außer Tom alle vom Eingreifen abhalten ließen.

Durch seinen beispiellosen Einsatz gelang es ihm, einen Toten zu finden und vier Verschüttete zu befreien, womit er Rettungserfolge erzielte, die wenig andere auch nur in Erwägung gezogen hätten. Ohne Übertreibung eine grandiose Leistung – ein Arzt, der in einem der eingestürzten Häuser wohnte und die ganze Rettungsaktion mitverfolgte, wurde mit der Äußerung zitiert, Tom Crandall sei der tapferste Mann, der ihm je begegnet sei. Im Gegensatz dazu war das einzige, was ich Tom je über den Vorfall äußern gehört habe, ein Ausdruck des Bedauerns, daß er nicht schnell genug gewesen war, um den Mann zu befreien, den er nur noch tot hatte bergen können.

Es überraschte mich nicht, daß mir Tom fast nichts von all dem erzählt hatte oder auch von seinem Silver Star. Oder daß er, obwohl unverändert reserviert und wenig einnehmend, anerkanntermaßen ein Held war. Meiner Erfahrung nach handelt es sich bei solchen Leuten oft um Personen, die nicht von Natur aus tapfer sind – ganz im Gegenteil –, sondern bloß von Natur aus pflichtbewußt. Ob diese Veranlagung erblich bedingt ist oder lediglich eine Frage der richtigen Erziehung – durch die Sonntagsschule, Batman-Hefte oder bloß den Stammbaum –, dürfte schwer zu sagen sein. Zum Glück für den Rest von uns hat der Filter, den wir als Zivilisation kennen, irgendwie nur wenige solche Menschen überleben lassen.

Zu meiner Genugtuung stellte ich beim Lesen des Nachrufs fest, daß Tom für seine Leistungen gebührend gewürdigt wurde – ein Gefühl, das rasch getrübt wurde, als ich zu der Zeitungsmeldung kam und von den Begleitumständen seines Todes las. Toms Leiche war im Tenderloin gefunden worden, in einem aufgelassenen Flughafenbusbahnhof an der Ecke von Taylor und Ellis. Der Tod war irgendwann Donnerstagnacht eingetreten, aber die Leiche war erst am nächsten Tag entdeckt worden. Da es Toms Job war, den Opfern von Krankheit und Gewalt zu helfen, und da es in diesem Teil der Stadt mehr solcher Opfer pro Quadratzentimeter gab als sonst irgendwo, war Toms Anwesenheit im Tenderloin nichts Ungewöhnliches. Außer daß Tom, als er starb, anscheinend allein gewesen war und nicht im Einsatz und daß er zur mutmaßlichen Todeszeit, um ein Uhr früh, normalerweise nicht Dienst hatte.

Noch seltsamer war, daß die Zeitungsmeldung eingangs angedeutet hatte, Tom sei Opfer eines Überfalls geworden – seine Leiche wurde an einer Stelle gefunden, wo solche Übergriffe an der Tagesordnung sind, seit harte Drogen in der Stadt Einzug gehalten haben –, aber im letzten Abschnitt wurde die Polizei dahingehend zitiert, daß nichts auf ein Verbrechen hindeute, obwohl am Tatort eine Waffe gefunden worden sei. Mit anderen Worten: die *Chron* brachte damit durch die Blume zum Ausdruck, daß es sich um Selbstmord handeln müsse.

Vielleicht das Seltsamste war, daß sich jemand von der *Chronicle* die Mühe gemacht hatte, so viele Einzelheiten über Toms Leben auszugraben und dafür zu sorgen, daß sie auf der Seite mit den Nachrufen eine Hervorhebung erfuhren, wie sie sonst anerkannten Stützen der Gesellschaft und Filmstars vorbehalten war. Und während ich mich in Gedanken mit der Frage zu beschäftigen begann, was meinem Freund wirklich zugestoßen war, beschloß ich unter anderem auch herauszufinden, wer das gewesen war.

Laut Todesanzeige fand die Trauerfeier am nächsten Tag in der Friedhofskapelle von Danville auf der anderen Seite der Bucht statt, wo Toms Mutter lebte. Ich habe für Begräbnisse genausowenig übrig wie sonst jemand, aber ich beschloß trotzdem hinzugehen. In seinem Durst nach einem tieferen Verständnis der Welt und in seinem Beharren auf einem moralischen Standpunkt war Tom Crandall für mich genauso ein Held gewesen wie für die Allgemeinheit, und gefallene Helden verdienen Anerkennung. Außerdem muß ich gestehen, daß ich wissen wollte, ob seine Frau zu der Trauerfeier erscheinen würde und ob sie, wenn ja, am Arm des legendären Richard Sands kommen würde. In der Zwischenzeit versuchte ich Charley Sleet zu erreichen, um mir einen Eindruck darüber zu verschaffen, wie sich Toms Tod aus der Sicht der Polizei darstellte, aber Charley war, wo er immer ist – vorübergehend nicht erreichbar.

6

Der Tag war viel zu real für ein Begräbnis, und die dürreknisternde Hitze über dem San Ramon Valley erinnerte viel zu deutlich an das Fegefeuer, um Heiligen oder Sündern Trost zu spenden. Nachdem ich auf dem Parkplatz hinter der Kapelle im Norden von Danville angehalten hatte, schmorte ich zu den unregelmäßigen Herzschlägen meines im Leerlauf vor sich hin schnurrenden Buick in der Hitze und beobachtete, wie sich die Nadel der Temperaturanzeige unerbittlich auf den roten Bereich zu bewegte, in einem Bogen, wie ich ihn jedesmal zu sehen bekomme, wenn ich auf die Waage steige.

Drei Minuten und einen durchgeschwitzten Hemdkragen später gab ich meinen Gewissensbissen nach und beschloß, auf die Trauerfeier in der Kapelle zu verzichten und statt dessen am Grab von Tom Abschied zu nehmen, wenn nicht der Kühler explodierte, bis ich dort ankam. In der Zwischenzeit genoß ich das Präludium, das durch die schweren Eichentüren des kleinen Ziegelbaus zu mir herüberwehte, mit den besten Empfehlungen der Kapellenorgel. Als sich die Trauergemeinde vom Parkplatz auf den Kapelleneingang zu bewegte, nahm ich sie unauffällig unter die Lupe.

Die Trauergäste waren zahlreicher als erwartet. Obwohl Tom Crandall mehr oder weniger wie ein Einsiedler gewirkt hatte, hatte er offensichtlich einen nachhaltigeren Eindruck hinterlassen, als er hatte durchblicken lassen oder sich vielleicht bewußt gewesen war. Ich war mir natürlich nicht sicher, aber als ich beobachtete, wie der Trauerzug in der Kapelle verschwand, ging ich davon aus, daß darunter mehrere Bekannte seiner Mutter waren sowie ein paar seiner ehemaligen, inzwischen pensionierten Lehrer, vielleicht sogar der eine oder andere ehemalige Trainer oder Vorgesetzte beim Militär, wahrscheinlich eine alte Freundin und ein paar notorische Grantler, die wie Tom ein Leben in Friedenszeiten gefährlicher fanden als ihr Gegenteil. Ich machte auch ein paar arme Seelen aus, die lediglich wußten, daß an diesem Tag ein Begräbnis war, und vorbeizuschauen beschlossen hatten, um zu sehen, ob entweder der Verstorbene oder die Hinterbliebenen Stoff für Tratsch abgaben. Obwohl ich sehr aufmerksam nach dem zerknitterten Äußeren und dem alkoholisierten Tran eines Nachrufschreibers der *Chronicle* Ausschau hielt, entdeckte ich keinen Kandidaten.

Zehn Minuten nach zwei kam mit röhrendem Auspuff und ausgeschalteter Sirene ein Krankenwagen angebraust. Kaum hatte er mit laut quietschenden Scheibenbremsen angehalten, sprang der Mann auf dem Beifahrersitz nach draußen, strich mit der einen Hand die Falten seiner blauen Uniform glatt, mit der anderen seine dichten schwarzen Locken, zog ein Stethoskop aus seiner Tasche und warf es auf den Sitz, den er gerade freigemacht hatte. Nach einem kurzen Wortwechsel mit dem Fahrer hastete er in die Kapelle, ohne sich die Mühe zu machen, die Tür zu schließen. Sein Partner blieb, wo er war, hinters Steuer geflezt. Als einziges Zugeständnis an den traurigen Anlaß machte er sich die Mühe, seine Augen zu schließen.

Der Krankenwagen war von Atlas, einem Rettungsdienst aus

San Francisco, was nur heißen konnte, daß der Sanitäter, der in die Kapelle geeilt war, Toms Partner sein mußte. Soweit ich mich erinnern konnte, hieß er Tony. Ich wußte, daß er und Tom einiges erlebt hatten und daß ihn Tom sowohl wegen seiner nonchalanten Art Frauen gegenüber als auch wegen seiner unerschütterlichen Gemütsruhe im Angesicht von Gefahr und Elend beneidet hatte.

Ich wollte gerade dem Beispiel des Krankenwagenfahrers folgen und mir ebenfalls ein bißchen Ruhe gönnen, als ein Pick-up vor dem Eingang der Kapelle anhielt. Verbeult und zerschrammt, der Lack nur noch ein undefinierbarer Schlammton, die übliche Altersgrenze weit überschritten, sah die Kiste genau wie die Sorte Fahrzeug aus, das Tom gefahren hätte, um seine Verachtung für die Unterwerfung der Gesellschaft unter die Tyrannei der Verbrennungsmotoren zu demonstrieren. Aber der Mann, der aus dem abgenippelten Dodge stieg, hatte so gar keine Ähnlichkeit mit Tom, weder im Aussehen noch im Auftreten.

Von fleischiger Statur und selbstherrlichem Habitus, mit einem Zug ums Kinn und einem Leuchten in den Augen, wie sie die Querköpfigen und Engstirnigen kennzeichnen, stürmte der Mann weniger ehrfürchtig als ungestüm in die Kapelle, sichtlich auf Zoff aus. Als ich mir den Grund seines Ärgers oder den Gegenstand seines Zorns vorzustellen versuchte, fiel mir nichts Gescheites ein.

Erst als der Mann in der Kapelle verschwunden war, bemerkte ich eine zweite Person in dem Pick-up, so klein, daß ihr straff geknoteter grauer Dutt kaum über die Sitzlehne ragte, so starr, daß sie ebenfalls als Kandidatin für den Weg zur letzten Ruhe hätte in Frage kommen können: In den Minuten, die der Mann weg war, bewegte sich ihr Kopf nicht den Bruchteil eines Zentimeters. Erst als die Kapellentür wieder aufging und der Mann zum Wagen zurückstapfte und die Beifahrertür aufriß, drehte sich der graue Kopf herum. Als er das tat, fand er sich dem tränenüberströmten Gesicht der Frau gegenüber, die der Mann aus der Kapelle gezerrt hatte.

Sie war Mitte dreißig, unscheinbar in Richtung altbacken und trug ein schwarzes Kleid, das vom Saum bis zum Kragen geknöpft war, dazu flache schwarze Pumps mit abgetretenen Absätzen. An dem grauen Band um ihren Hals, ähnlich dem, mit dem sie ihr glattes schwarzes Haar aus dem Gesicht gebunden hatte, hing ein großes goldenes Kreuz. Aus ihren weit aufgerissenen Augen sprach tiefe Bestürzung über das, was zwischen ihr und dem Mann vorgefallen war, der sie vom radioaktiven Niederschlag des Begräbnisses fernhalten wollte.

Als die junge Frau auf den Pick-up zuging, warf sie mit einem Ausdruck, den man als sehnsüchtig hätte bezeichnen können, einen letzten Blick zurück auf die Kapelle und blieb stehen, als hätte sie beschlossen umzukehren. Aber der Mann ließ ihr keine Chance. Er sagte etwas, was ich nicht hören konnte, packte sie unsanft am Arm und zerrte sie auf die offene Tür des Pick-up zu. Die Frau schien zusammenzuzucken, dann Widerstand zu leisten und sich schließlich der stärkeren Kraft zu beugen.

Mit einem flüchtigen Blick in die Richtung, die mich einschloß, stieg die junge Frau widerstrebend in den Pick-up. Die grauhaarige Dame rutschte in die Mitte, um ihr Platz zu machen, der Mann warf die Tür so heftig hinter ihr zu, daß die Stoßstangen schepperten, stieg dann auf der Fahrerseite ein und brauste davon. Die Wolke, die er zurückließ, war schadstoffhaltig genug, um den Krankenwagenfahrer die Augen öffnen, die Nase rümpfen und einen hörbaren Fluch ausstoßen zu lassen.

Ich versuchte noch immer, das Psychodrama, das ich gerade beobachtet hatte, zu entschlüsseln, als der Star der Show eintraf. Ihre Karosse war eine lange, schwarze Limousine, von der ich erst annahm, sie wäre vom Bestattungsunternehmen zur Verfügung gestellt worden, bis ich das Nummernschild bemerkte – RS-2 – und daraus schloß, daß wir ihren Auftritt Richard Sands zu verdanken hatten. Das machte sie mir nicht unbedingt sympathischer, ebensowenig wie das ihr Kleid tat, dessen tiefer Ausschnitt eher für einen Premierenabend mit

Tony Bennett im Venetian Room geeignet schien als für das Begräbnis ihres Mannes.

Clarissa Crandall – groß, dunkel, üppig, aber alles andere als dick – entstieg der Limousine, betupfte ihre Kumuluswolke Haar, zupfte ihr Oberteil auf einen dem Anlaß angemesseneren Sitz über ihren Brüsten zurecht, glättete mit der Spitze eines Zeigefingers die Wölbung einer Braue, leckte etwas Glanz auf ihre scharlachroten Lippen und betrat die Kapelle mit der Zielstrebigkeit eines Politikers auf dem Weg zu einer Pressekonferenz. Womit der Chauffeur der Limousine, der Krankenwagenfahrer und ich wieder uns allein überlassen blieben und uns in aller Ruhe der Frage widmen konnten, wer hier wer war. Es dauerte keine Minute, bis wir zu der Einsicht gelangten, daß es uns egal war.

Zwanzig Minuten später setzten die Orgelklänge wieder ein und scheuchten die Trauergäste mit einem flotten Postludium zu ihren Autos zurück. Auf dem Weg nach draußen wurde so manches Augenpaar betupft, allerdings keines, das der Witwe gehörte, und so manche Hand gedrückt, begleitet von gemurmelten Beileidsbekundungen an eine untersetzte Dame mit lila gefärbtem Haar, die im Kapelleneingang stand, gleichzeitig stoisch, gedrückt und leutselig, wie es der Anlaß gerade erforderte. Ich nahm an, daß sie Toms Mutter war. Als ich nach Ähnlichkeiten suchte, fand ich sie um Kinn und Mund.

So unaufdringlich wie möglich lauerte ich einem der Objekte meines Interesses auf – Toms Partner, dem Rettungssanitäter. Er sah gut aus, Marke Filmschönling, und wußte es, neapolitanisch bis ins Mark. Ich erreichte ihn, als er gerade in den Krankenwagen steigen wollte. »Könnte ich Sie kurz sprechen?«

Stirnrunzelnd sah er auf seine Uhr. »Warum?«

»Wegen Tom Crandall.«

Seine schwarzen Augen taxierten mich, ohne eindeutiges Ergebnis. »Was soll mit ihm sein?«

»Ich dachte, Sie könnten mir vielleicht erzählen, was er in der Nacht, in der er starb, in der Taylor Street getan hat.«

Interesselos zuckte er mit den Achseln. »Tom hatte ne

Schwäche für, na ja, eben Abschaum. Wenn es einen an der Stelle juckt, dann kratzt man sich am besten im Loin.« Tony wischte sich einen Schweißtropfen von der Schläfe und sah mich gelassen an. »Wer sind Sie eigentlich? Ein Cop?«

»Ein Freund von Tom.«

»Haben Sie auch einen Namen?«

»Tanner.«

Seine Augen verengten sich auf die Breite eines Skalpells. »Der PD?«

»Ja.«

»Aus dem Guido's?«

»Ja.«

»Ganz gemütlicher Laden vermutlich. Ich stehe allerdings mehr aufs Vesuvio oder das Bohémian.«

Er wollte noch etwas sagen, aber sein Partner drückte auf die Hupe. »Mach schon endlich, Tony. Wenn die rauskriegen, daß wir hier sind.«

»Jetzt reg dich mal wieder ab, Harris.« Tony wandte sich wieder mir zu und verdrehte die Augen. »Dieser Scheißneue, macht sich jedesmal gleich in die Hosen, wenn wir was außer der Reihe unternehmen. In der Zentrale denken sie, wir sind im Chan's chinesisch essen.« Er stieg in den Krankenwagen und schlang sich das Stethoskop um die Schulter. »Ich meine, was macht das schon für einen Unterschied? Wir karren keine Leichen weg, das ist Sache der Stadt oder von Healthways. Ist ja nicht so, daß wir das auf Provision machen. Ganz zu schweigen davon, daß heute Sonntag ist.«

»Wenn Sie mal Zeit haben, würde ich mich gern ausführlicher über Tom mit Ihnen unterhalten. Wie kann ich Sie erreichen?«

»Tony Milano, im Telefonbuch stehe ich allerdings unter Anthony. In der Greenwich neben dem Spielplatz. Rufen Sie mich aber nicht während der Arbeit an. Wenn ich nämlich im Dienst bin, sitze ich in der Kiste hier, und da stellt Sie die Zentrale nicht durch.«

»Sind Sie heute abend zu Hause?«

»Nicht, wenn ich Glück habe«, sagte er, strich sich das Haar glatt und rieb sich den Zwickel. »Und Tony Milano hat noch jedesmal soviel Glück gehabt, wie er gerade gebraucht hat.«

Der Fahrer knallte mit der Peitsche, und der Rettungswagen brauste davon. Ich sah ihm mit dem Gewissensbiß nach, den ich immer bekomme, wenn ich jemanden eine Arbeit tun sehe, für die ich selbst nicht den Nerv hätte.

Als ich zur Kapelle zurücksah, formierte sich bereits der Trauerzug. Der Leichenwagen mit Toms Sarg an der Spitze, dahinter seine Mutter in einem Chrysler, als nächstes die Witwe in ihrer Privatlimousine, der Rest von uns als Nachhut. In der Hoffnung, nicht vor Hitze zu zerlaufen, bevor wir ankamen, hängte ich mich mit meinem Buick ans Ende.

Zehn Minuten später schlängelten wir uns in einen kleinen Friedhof, der sich an eine kleine Anhöhe schmiegte, unter einer Eichen- und Walnußwaldung gleich neben dem Danville Highway und nicht allzu weit vom Tor House, wo Eugene O'Neill zwanzig Jahre gelebt und seine besten Stücke geschrieben hatte. Bis ich den Bach überquert und meinen Wagen geparkt und zum Grab gewandert war, war der Sarg bereits über dem frisch ausgehobenen Loch plaziert und mit einer Fahne drapiert worden. Eine Ehrenwache stand Gewehr bei Fuß, bereit, einen kurzen Salut zu schießen. Ich stand am Rand der Trauergemeinde und verfiel in meine gewohnte Trance, während der Geistliche sein Ding abzog.

Ein paar Minuten später riß mich die Salve der Ehrenwache wieder heraus. Während der einsame Akkord von Krachern in der Ferne verhallte, wurde die Fahne zusammengefaltet und der Witwe überreicht, die sie ohne ein Wort oder einen Blick der Mutter gab, die sie an ihr Herz drückte. Die Ehrenwache stand wieder Gewehr bei Fuß, der Geistliche sprach ein Gebet, der Sarg wurde in sein Grab hinabgelassen. Vermutlich im Auftrag des Bestattungsunternehmens, überreichte eine junge Frau Clarissa Crandall eine schneeweiße Rose. Ich bin zwar in Fragen des Bestattungsprotokolls nicht sehr firm, aber ich glaube, sie hätte sie ins Grab werfen sollen. Statt dessen starrte sie sie an, als sei sie irgendein Unkraut, und ließ sie zu Boden fallen.

Wenige Augenblicke später schickte uns der Geistliche unserer Wege. Meiner führte mich den Hügel hinunter zu Sands' Limousine Nummer zwei, und ich sorgte dafür, daß ich vor der Witwe dort ankam.

»Mrs. Crandall«, sprach ich sie an, nachdem sie sich von der Traube Mitfühlender losgerissen hatte, die sie drangsalierten.

Eine Braue wölbte sich. Ihre Lippen waren so rot wie die Streifen auf ihres Mannes Fahne. »Ja?«

»Mein Name ist Tanner. Ich war ein Freund von Tom.«

Sie sah mich an, wie das meine Klienten manchmal tun – Klienten, die Privatdetektive für unappetitlich halten, auch die, die für sie arbeiten. »Kennen wir uns nicht?«

Ich nickte. »Wir haben uns mal im Guido's getroffen. Vor etwa einem Jahr.«

Sie ließ das goldene Schmuckstück kreiseln, das es sich zwischen ihren Brüsten gutgehen ließ. »Ach, richtig. Mein erster und letzter Abstecher in die Abgründe der menschlichen Existenz. Auch eine gebrochene Seele, Mr. Tanner?«

»Ich würde Toms Seele nicht als gebrochen bezeichnen, Mrs. Crandall. Eher als überfordert.«

Ihre Lippen knitterten wie Folie. »Von mir vermutlich.«

Ich zuckte mit den Achseln. »Das zu beurteilen, steht mir nicht zu.«

»Nein, wohl kaum. Ebensowenig wie seiner Mutter oder den Besitzern der durchdringenden Blicke, die ich in dieser vermaledeiten Kapelle über mich ergehen lassen mußte.«

Ich senkte den Blick zu Boden. »Vielleicht liegt das an Ihrer Aufmachung.«

Ihr Achselzucken machte die Aufmachung noch skandalöser. »In Sack und Asche hätte ich gewiß einen besseren Eindruck gemacht, aber ich habe heute nachmittag einen Fototermin, und zum Umziehen hätte die Zeit nicht mehr gereicht.« Sie imitierte meinen früheren Blick. »Sie haben sich für den

Anlaß ja auch nicht gerade von Wilkes Bashford einkleiden lassen.«

Ich faßte an mein Revers und verneigte mich. »Volltreffer, Mrs. Crandall.«

»Ab sofort bitte Duncan. Ich trete jetzt bei allen Anlässen wieder unter meinem Mädchennamen auf.«

»Einschließlich Totenwachen und zweiten Eheschließungen.«

Sie wußte nicht, was das bedeuten sollte, und ich selbst war mir auch nicht ganz sicher. Nachdem sie zu der Einsicht gelangt war, daß es nichts zur Sache tat, sah sie über meine Schulter hinweg, um sich zu vergewissern, daß die Limousine bereitstand, sie jederzeit von hier fortzubringen. »Was kann ich für Sie tun, Mr. Tanner? Ich habe in zwanzig Minuten einen Termin in der Stadt. Das heißt, ich habe genau zehn Sekunden für Sie Zeit.«

»Ich habe mich nur gefragt, was Ihnen die Behörden über den Tod Ihres Mannes erzählt haben.«

»Sie haben gesagt, daß sie nicht sicher sind, was passiert ist.«

»Geben sie Ihnen Bescheid, wenn sie das wissen?«

Sie schüttelte den Kopf. »Sie scheinen sich deswegen nicht sonderlich ... Gedanken zu machen.«

»Sie machen sich eigentlich nie sonderlich Gedanken über etwas, was im Tenderloin passiert. Haben sie eine Autopsie vorgenommen?«

»Das weiß ich nicht. Warum sollten sie?«

Darauf hatte ich keine Antwort, die ich ihr zu geben bereit war. »Hatte Tom gesundheitliche Probleme?«

»Nein.«

»Hat er sich in letzter Zeit gründlich untersuchen lassen?«

»Soviel ich weiß, mußten sie das beim Rettungsdienst jedes Jahr.«

»Und bei ihm war alles in Ordnung?«

»Soviel ich weiß, ja. Was wollen Sie damit sagen, Mr. Tanner?«

»Ich will damit sagen, die Wahrscheinlichkeit, daß er in

einem offengelassenen Busbahnhof tot umgefallen ist, ist nicht sehr hoch.«

»Aber es kann vorkommen.«

»Gewiß. Genau wie ein Überfall. Oder ein Selbstmord. Es fällt mir nur schwer zu glauben, daß in *diesem* Fall irgendeine dieser Möglichkeiten zutrifft.«

Ihre Augen leuchteten auf wie die eines Tieres in der Nähe eines Feuers, und ihre Lungen stießen einen Schwall heißen Atems aus. »Einen Punkt können Sie jedenfalls jetzt schon von Ihrer Liste streichen – mein Mann trug sich nicht mit Selbstmordgedanken.«

Ich fing ihren Blick auf. »Da bin ich uneingeschränkt Ihrer Meinung.«

»Gut. Sonst noch etwas?«

»Hatte Tom einen Grund, sich an besagtem Abend im Tenderloin herumzutreiben?«

Sie schien über die Frage verärgert. »Nicht daß ich wüßte.«

Ich beschloß, sie noch ein bißchen mehr zu ärgern. »Wo waren *Sie* an dem Abend, an dem er starb, Mrs. Crandall?«

»Arbeiten. Nicht, daß Sie das etwas …«

»Und wo war Ihr Freund?«

Sie hob eine Braue. »Sollte ich wissen, wer damit gemeint ist?«

Ich deutete auf die Limousine. »Mr. Sands.«

»Was soll das mit der Sache … ach, jetzt verstehe ich. Sie wollen andeuten, Richard hätte etwas mit Toms Tod zu tun.« Ihr Blick war vernichtend. »Darauf gibt es eine kurze Antwort: Warum sollte er das nötig haben? Mr. Sands hat bisher immer bekommen, was er haben wollte, ohne sich seinen schönen Kopf über meinen *Mann* zerbrechen zu müssen.« Sie überließ es mir zu entscheiden, ob auch sie zu Sands' Trophäen gehörte. »Wenn Sie mich jetzt bitte entschuldigen würden, ich muß schön sein für meinen Fotografen. Und ich würde sagen, *Sie* sehen sich nach einer besseren Beschäftigung um, als Ihr Geschäft anzukurbeln, indem Sie aus einem tragischen Unfall eine schmutzige Geschichte zu machen versuchen.«

Clarissa Crandall wirbelte so rasch herum, daß ihr Kleid ein gutes Stück ihre Schenkel hinaufflog, duckte sich in den Fond der Limousine und verschwand hinter einer Wand aus schwarzem Blech und getöntem Glas. Ich dachte, der Wagen würde gleich in Richtung böse, große Stadt davonrauschen, aber im selben Augenblick winselte ein Motor und das hintere Fenster glitt nach unten.

Ihre Miene war eine ganz andere als die, mit der sie in den Wagen gestiegen war. »Da ist etwas, was Sie besser wissen sollten«, sagte sie ruhig.

»Was ist das?«

»Ich habe meinen Mann geliebt. Angesichts dessen, was Ihnen Tom vermutlich über mich erzählt hat, werden Sie das zwar nicht glauben, aber ich wollte Sie trotzdem darauf aufmerksam machen, daß seine Geschichte auch noch eine andere Seite hat.«

»Die würde ich bei Gelegenheit gerne hören.«

»Warum?«

»Weil es helfen könnte.«

Sie schaute an mir vorbei auf die Grabsteine, die den Hügel hinaufmarschierten, darunter auch ein paar, die mit Folienballons und Plastikwindmühlen geschmückt waren, als ob die Ewigkeit eine Studentenfete wäre. »Wem helfen? Oder wobei?«

»Mir helfen herauszubekommen, was mit Tom passiert ist.«

»Was würde das noch ändern?« Sie seufzte und schloß die Augen, müde im Schoß des Luxus. »Wozu die Mühe?«

»Weil Dinge herauszufinden das einzige ist, worin ich gut bin.«

»Ist das nicht ein bißchen wenig?«

»Für mich nicht.«

Wir sahen uns eine Weile an, mit einer Mischung aus Trauer und Erwartung. Dann ging das Fenster hoch, und die Limousine war weg, und ich blieb in einer Zwickmühle und einer Staubwolke zurück.

Ich schaute mich um. Die anderen Trauergäste waren gegangen, nur Toms Mutter stand noch am Grab, als wüßte sie aus gutunterrichteter Quelle, daß es eine Neuauflage der Auferstehung geben würde. Unter den feindseligen Blicken eines Totengräbers, der es, über den langen Stiel seiner Schaufel gebeugt, kaum erwarten konnte, Staub zu Staub zu befördern, schlenderte ich an ihre Seite. »Mrs. Crandall?«

Die untersetzte, propere Frau sah zu mir auf, die Augen trüb von Schmerz und Erinnerung. Ihre Hände klammerten sich an die Fahne an ihrer Brust; ihr Verstand klammerte sich an ein Wunder. »Ja?«

»Mein Name ist Tanner. Ich war ein Freund Ihres Sohnes.«

Sie blinzelte, erst wegen der Störung, dann wegen der stechenden Sonne. »Aber ich kenne Sie gar nicht. Waren Sie in Toms Klasse in San Ramon?«

Ich schüttelte den Kopf. »Wir waren Mitglieder desselben Clubs, sozusagen.«

»Ach, Sie kennen sich aus dem Krieg?«

»Nein, nur Freunde aus dem Viertel. Drüben in San Francisco. Während der letzten paar Jahre habe ich mich ein- bis zweimal die Woche mit Tom getroffen.«

Sie seufzte. »Tom war ein guter Junge.«

»Ja, das war er.«

»Die Guten sterben früh, heißt es.«

»Das bestätigt leider die Regel.«

Ihre Augen verengten sich. »Glauben Sie, er war glücklich am Ende?«

»Ich weiß nicht«, wich ich aus.

Als ich dem nichts hinzufügte, beantwortete sie sich ihre Frage selbst. »Ich glaube nicht, daß er glücklich war«, erklärte sie bestimmt.

»Wissen Sie, was schuld daran war?«

Sie seufzte. »Zum Teil der Krieg. Tom hat sich immer Sorgen wegen des Krieges gemacht.«

»Wegen was genau?«

Sie sah einer vorüberziehenden Wolke nach. »Wer kann das schon sagen? Ob es richtig war, daß er daran teilgenommen hat, nehme ich an; Tom hat immer versucht, das Richtige zu tun.« Sie verzog das Gesicht, als hätte sie Schmerzen. »In meiner Jugend hat *niemand* daran gezweifelt, daß Kriege richtig sind. Niemand hat damals etwas bezweifelt. Aber vermutlich ist es besser so, wie Tom es gemacht hat.«

»Besser – nicht einfacher.«

Sie blinzelte eine Träne fort.

»Hat ihn sonst noch etwas belastet? Außer dem Krieg?«

Ihre Lippen verhärteten sich, als sie sich auf dem Friedhof umschaute, und entspannten sich, als sie sah, daß wir allein waren. »Diese Frau.«

»Clarissa?«

Sie nickte knapp. »Sie war nichts für Tom. Sie war zu... modern. Zu fordernd. Ich habe ihm das immer wieder klarzumachen versucht, aber...« Ihr Achselzucken deutete an, daß ihre Bemühungen ebenso unermüdlich wie erfolglos gewesen waren.

»Haben Sie Tom in den letzten paar Jahren oft gesehen, Mrs. Crandall?«

Sie schüttelte den Kopf. »Er war immer so beschäftigt. Und sie wollte nicht mit ihm hier raus kommen, deshalb...« Wie gebrochene Flügel hoben sich ihre Hände und fielen wieder. »Sie stellte ihn vor die Wahl, und er entschied sich für sie.«

»Hatte Tom Freunde, die noch hier leben? Leute, mit denen er noch Kontakt hatte?«

Sie schüttelte den Kopf. »Nur Ellen.«

»Wer ist Ellen?«

Ihr Kinn straffte sich. »Ellen Simmons. Die Frau, die er *wirklich* geliebt hat. Die Frau, die er hätte heiraten sollen. Die Frau, die dieser unmögliche Mensch aus der Kapelle geholt hat, bevor die Trauerfeier überhaupt begonnen hatte. Als ob Tom etwas mit dieser alten Geschichte zu tun gehabt hätte.«

»Mit welcher alten Geschichte?«

Sie sah mich zum erstenmal an, endgültig in der Überzeugung bestärkt, daß ich im Grunde ein Fremder war. »Nichts, was Sie betrifft. Oder Tom.«

7

Unter dem nicht gänzlich vorgeschobenen Vorwand, mehr über die Herkunft meines toten Freundes wissen zu wollen, blieb ich am Grab und versuchte mehr aus seiner Mutter herauszubekommen, die Stimme gesenkt, so daß nicht einmal die Bäume und Grabsteine mithören konnten. Den Blick auf das noch nicht zugeschüttete Grab geheftet, ihre Stimme ein bleiernes, aber mütterliches Leiern, sang Mrs. Crandall ein simples Loblied: Tom war ein aufmerksamer Sohn gewesen.

Eine glückliche Kindheit, eine vielversprechende Jugend und ein patriotischer Eintritt in die Armee waren Vorstufen eines zunehmend als schmerzlich empfundenen Daseins. Unter den Belastungen seiner Kriegserlebnisse, seiner Arbeit und seit kurzem auch seiner Ehe war Tom ins Straucheln geraten. Allerdings nicht so sehr, daß er keine Zeit mehr gefunden hätte, wenigstens einen Sonntag im Monat seine Mutter besuchen zu kommen, um mit ihr in die Kirche zu gehen, dann zum Mittagessen ins Lyons in Walnut Creek und schließlich zum Friedhof, um frische Blumen auf das Grab ihres Mannes zu legen, das keine zehn Meter von dem entfernt war, in das ihr Sohn gerade gebettet worden war.

»War übrigens Toms Bruder auch da?« fragte ich, als ihre Litanei erstarb.

Sie umklammerte ihre Handtasche noch fester, als verbärgen sich Geheimnisse in ihr. »Tom hat keinen Bruder.«

»Wollen Sie damit sagen, ihm ist etwas zugestoßen?«

»Damit will ich sagen, Tom *hat* keinen Bruder.«

Ich versuchte mich genau an die Nachricht auf meinem Anrufbeantworter zu erinnern. »Dabei dachte ich, Tom hätte ihn erst kürzlich erwähnt. Ich muß mich wohl verhört haben.«

Mrs. Crandall hatte genug von mir. »Ich muß jetzt nach Hause, Leute werden vorbeikommen. Die kann ich nicht warten lassen.«

Ich schickte mich zum Gehen an, drehte mich aber noch einmal um. »Die Frau, die Sie erwähnt haben, diejenige, die Tom hätte heiraten sollen. Lebt sie noch hier in der Gegend?«

Mrs. Crandall nickte, wenn das überhaupt möglich war, noch bekümmerter als zuvor. »Leider wohnt Ellen immer noch zu Hause. Sie arbeitet in einer Bank in Oakland, aber sie wohnt bei ihren Eltern drüben am alten Highway. Fragen Sie nicht, wie sie das aushält – Orson Simmons ist nicht ganz dicht im Kopf; das war schon immer so. Die arme Gertrude sieht aus, als wäre der Tod eine Erlösung für sie.« Mrs. Crandall schüttelte den Kopf mit einem Gesicht, noch immer dazu angetan, tiefe Anteilnahme zu wecken, obwohl die Leute, von denen sie gesprochen hatte, undiskutabel waren. »Tom hat Ellen das Herz gebrochen, als er nach dem Krieg nicht zu ihr zurückkam. Das ist das einzige Schlechte, das er je getan hat.«

»Abwesenheit stimmt das Herz nicht immer geneigter.« Umgebung und Sentiments hatten eine wandelnde Glückwunschkarte aus mir gemacht.

Ihre Lippen verhärteten sich. »Das Herz, das Tom hatte, als er nach Hause kam, war nicht dasselbe, das er hatte, als er nach Vietnam ging. War das schon schlimm genug, geriet er auch noch in die Fänge dieser *Frau*.« Sie stellte Clarissas Einfluß so verderblich dar wie den einer Sekte.

Nachdem sie mir den Weg zum Haus von Ellens Eltern beschrieben hatte, begann Mrs. Crandall auf den Chrysler zuzugehen, der sie zum Bestattungsinstitut zurückbringen sollte. Der Marsch zu der Limousine verlief schleppend; sie suchte an meinem Arm Halt, während ich mir einzureden versuchte, daß ich ihr Beistand leistete, anstatt sie auszuhorchen; unterwegs fiel ich fast über einen Grabstein, in den ein Golfsack eingemeißelt war. Nachdem ich Mrs. Crandall auf den Rücksitz des Chrysler geholfen hatte, bedankte ich mich bei ihr und kehrte zu meinem Buick zurück, froh, in eine andere Richtung zu gehen.

Das San Ramon Valley hat eine geradezu magnetische Anziehungskraft auf die Vermögen ausgeübt, die im Zuge der wirtschaftlichen Polarisierung der achtziger Jahre abgeschöpft wurden, angefangen bei der Rodeo-Drive-Imitation der Downtown von Walnut Creek über die unerklärlich teuren Häuser, die sich Bauch an Bauch im Stadtteil Blackhawk drängen, bis hin zu der partyfreudigen Kolonie von ehemaligen Sportgrößen, die um die Nobellokale von Danville entstanden ist. Aber das war nicht immer so gewesen, und Mr. und Mrs. Simmons und ihre Tochter Ellen lebten in einem Lattenwerk-Bungalow, der, in der Ecke eines mit Nußbäumen bestandenen Gartens versteckt, in der Senke nicht weit vom Freeway stand, ein Haus, das zweifellos zu einer Zeit gebaut worden war, als Danville so ländlich war wie Delano.

Was dem Haus der Simmons' an Stil und Raffinesse fehlte, versuchte es mit Akkuratesse wettzumachen. Der Garten war schlicht, aber tadellos gepflegt – die Hecken gestutzt, der Rasen gemäht und an den Rändern ausgestochen, die Blumenbeete mit geometrischer Präzision bepflanzt. Jeder einzelne Kiesel in der Einfahrt schien von Hand an seinen Platz gelegt; die Möbel auf der Veranda waren um ewiger Symmetrie willen am Boden festgenagelt; die Jalousien waren alle gleich weit heruntergelassen: einen derartigen Ordnungsfimmel hatte ich seit meiner Entlassung aus der Army nicht mehr erlebt. Trotz dieses Bemühens um Billig-Respektabilität hatte ich das Gefühl, daß es sich hier um ein Haus handelte, dessentwegen nach Meinung der später zugezogenen Bewohner des Valley etwas unternommen werden sollte.

Als ich klopfte, ging die Tür sofort auf, als hätte jemand am Highway Wache gestanden und vor meinem Kommen gewarnt. Die unverhohlene Neugier, mit der mich Ellen Simmons durch das Fliegengitter ansah, konnte ich mir nur damit erklären, daß sie bemerkt hatte, daß ich sie und ihren Vater beim Verlassen der Kapelle beobachtet hatte, und sich durch mein Interesse geschmeichelt fühlte. Oder vielleicht war sie einfach an allem interessiert, was sie auch nur für einen Moment aus diesem Haus zu holen versprach, selbst etwas so Schäbiges und wenig Verheißungsvolles wie ein Privatdetektiv.

Sie trug noch immer Trauer – schwarzes Kleid und rotgeränderte Augen – und zerdrückte noch immer ein Taschentuch in ihrer Faust. So, wie ihr Kleid sich an Brust und Hüften spannte, wäre ich jede Wette eingegangen, daß sie es, wenn sie es auszog, reinigen und bügeln lassen würde und der Person zurückgeben, von der sie es sich geborgt hatte. Das Rot in ihren Augen loszuwerden, würde etwas länger dauern.

Ich stellte mich vor, sagte, daß ich sie bei der Kapelle gesehen hatte, und fragte, warum sie so schnell wieder gegangen sei.

Sie beantwortete meine Frage mit einer Gegenfrage: »Kannten Sie Tom?« Die Augen traten hoffnungsvoll hervor, die Frisur wurde rasch zurechtgetupft: sie konnte doch einen Freund von Tom nicht enttäuschen.

Ich nickte. »Wir haben drüben in der Stadt nicht weit voneinander gewohnt.«

Sie rang ihr Taschentuch und lächelte, kurz und tapfer. »Sie sind sicher der Detektiv.«

»Leider ja.«

»Er hat viel von Ihnen gehalten.«

»Und ich von Tom. Sie offensichtlich auch.«

Ihre Augen wässerten ein bißchen mehr, aber daran war sie inzwischen so gewöhnt, daß sie nicht mehr darauf achtete. »Sie haben wohl mit Mrs. Crandall gesprochen.«

Das gab ich zu.

»Sie ist ein Engel.«

»Sie denkt, Sie waren Toms große Liebe.«

»Ich weiß.«

»Was denken Sie?«

Sie zögerte. »Ich denke, er hatte eine Frau.«

»Liebe hält sich nicht immer an das Gesetz.«

Hinter ihrem Blick stand die Absicht, mich in die Schranken zu weisen. »Für Tom schon.« Zeichen der Trauer wurden von Zeichen des Widerstands verdrängt. »Und außerdem geht es Sie nichts an, was zwischen Tom und mir war.«

»Da haben Sie vermutlich recht.« Genauso recht, wie Toms Frau und seine Mutter gehabt hatten.

Ich ließ meine Entschuldigung einwirken. Als sie das getan hatte, entspannte sich ihre Miene wieder zu ihrer Ursprungsversion, die gequält und melancholisch und zugleich so treuherzig wie die eines kleinen Hundes war. »Mrs. Crandall hat mir erzählt, Tom hat oft auch bei Ihnen vorbeigeschaut, wenn er sie besuchen kam.«

Achselzuckend biß sie sich auf die Lippe. »Letztes Jahr war er ein paarmal hier. Aber nicht oft genug.«

In dieser kargen und blutleeren Umgebung war die Nacktheit ihres Verlangens sehr fleischlich. »Was wäre oft genug gewesen?«

Sie sah mich an. »Ich glaube, das können Sie sich selbst denken, wenn Sie wirklich so ein guter Detektiv sind.«

Das ließen wir erst mal eine Weile auf sich beruhen. Ellen Simmons machte sich mit ihrem Taschentuch an ihren Augen zu schaffen, während ich das, weniger sichtbar, mit meinem Taktgefühl tat. Keiner von uns machte nennenswerte Fortschritte.

Da Ellen wohlerzogen war, besann sie sich schließlich auf ihre Manieren und fragte mich, ob ich nach drinnen kommen wolle, war jedoch erleichtert, als ich dankend ablehnte. Aus der Nervosität, mit der sie die Einladung ausgesprochen hatte, schloß ich, daß sie seit der Nachricht von Toms Tod ihre hausfraulichen Pflichten etwas vernachlässigt hatte. Trotzdem fand ich das ganz reizend. Ich hatte schon seit Jahren keine Frau mehr kennengelernt, die sich wegen ihres Haushalts Gedanken machte.

»Ich habe ein paar Fragen an Sie, wenn es Ihnen nichts ausmacht«, sagte ich und stellte mich in die Schattenseite der Veranda. Sie drückte die Fliegengittertür auf und folgte mir.

»Warum? Was soll das jetzt noch nützen, wo er... nicht mehr unter uns ist.«

»Ehrlich gestanden, weiß ich das selbst nicht.«

»Was wollen Sie dann überhaupt?«

»Mir alle Möglichkeiten offenhalten, vermutlich.«

Sie zögerte, als wolle sie meine Fähigkeit abschätzen, auf ihre nächste Frage zu reagieren. »Glauben Sie, er wurde ermordet?« fragte sie unvermutet.

Ich versuchte, meine Überraschung nicht zu zeigen. »Ich weiß nicht. Glauben Sie?«

»Ja.« Das kam unerschrocken und tiefempfunden.

»Von wem?«

»Das weiß ich nicht. Vielleicht von diesem Sands.«

»Darüber wissen Sie also auch Bescheid.«

Sie nickte und griff Toms Worte auf: »Was dieser Mann getan hat, hat sein Leben zerstört.«

»So einseitig würde ich das nicht unbedingt sehen. Was Sands wollte, schien durchaus in Clarissas Sinn zu sein. Warum also hätte er in Tom ein Hindernis sehen sollen? Und außerdem, ein so bekannter Mann wie er, warum hätte er ein solches Risiko eingehen sollen?«

Ellen zuckte mit den Achseln. »Es ist vermutlich dumm von mir, aber ich kann mir nicht vorstellen, daß Tom einfach... gestorben ist. Völlig sinnlos. Das sagen sie doch? Daß es ein Überfall oder so war?«

»Im Moment tappen sie, glaube ich, noch im dunkeln.«

»Tom war Soldat. Er hätte gemerkt, wenn er sich in Gefahr befunden hätte, und hätte etwas dagegen unternommen.«

»Angriffe erfolgen manchmal von unerwarteten Seiten, Miss Simmons. Man bekommt nicht unbedingt eine Warnung.«

Meine Entgegnung entlockte ihr ein spöttisches Grinsen. »Tom Crandall war kein typisches *Opfer*, Mr. Tanner. Nach allem, was er durchgemacht hat, hätte er sich nicht einfach niederschlagen lassen. Er war *vorsichtig*. Tapfer und dumm manchmal; aber vorsichtig.«

»Was wollen Sie damit sagen?«

»Ich glaube, jemand hat ihm etwas angetan. Jemand, den er kannte; jemand, mit dem er sich an diesem Platz treffen wollte.« Sie hielt inne, überdachte, was sie gerade gesagt hatte, und schien mehr denn je davon überzeugt, daß ihr die Liebe ihres Lebens absichtlich genommen worden war. »Sie müssen doch dasselbe denken. Weshalb wären Sie sonst hier?«

»Ich habe zumindest das Gefühl, daß da irgend etwas nicht mit rechten Dingen zuging«, gab ich zu. »Aber das sind nur Spekulationen. Ich habe nicht die leiseste Ahnung, wo ich anfangen soll –«

»Natürlich wissen Sie das«, unterbrach sie mich.

»Wie bitte?«

»Sie fangen mit dem an, was Sie gerade tun – Fragen stellen.«

Ich errötete wie ein Schuljunge, der vor versammelter Klasse verbessert wird. »Auf jeden Fall werden wir mehr wissen, wenn der Obduktionsbefund mit der Todesursache vorliegt. Er könnte durchaus eines natürlichen Todes gestorben sein. Das kommt vor.«

»Nicht so«, sagte sie bestimmt. »Und nicht bei Tom.«

»Warten wir erst mal ab.«

Sie legte eine Hand auf meinen Arm. »Werden Sie mich anrufen und mir sagen, was die Obduktion ergeben hat? Wir haben keine Zeitung abonniert – Vater sagt, sie ist voll von Aufwiegelei und Gotteslästerung –, und sie während der Arbeit zu lesen, habe ich nicht immer Zeit.«

Ich schaute in den Raum hinter ihr, um mich zu vergewissern, daß Vater nicht unterwegs war, um aufwieglerische Sünder wie mich vom Erdboden zu tilgen, dann schrieb ich mir ihre Telefonnummer auf und versprach anzurufen. »War das Ihr Vater, der Sie aus der Kapelle geholt hat?« fragte ich.

Sie nickte.

»Warum hat er das getan?«

»Daddy mag die Crandalls nicht.«

»Warum nicht?«

Sie zögerte, und ihr Blick wurde ziellos. »Es hat mal Ärger gegeben. Vor langer Zeit. Darüber ist Vater nicht hinweggekommen.«

»Was für Ärger?«

Aus dem Innern des Hauses ertönten Schritte, dann sickerte Paul Harveys Stimme aus einem nahen Radio, und Ellens Trance war beendet. »Was damals passiert ist, ist unwichtig«, erklärte sie bestimmt. »Es hat mit *dieser* Geschichte nichts zu tun.«

Ich wartete auf mehr, aber es kam nichts. Daß von Toms Mutter ein ähnliches Dementi abgegeben worden war, machte ihren Standpunkt entweder aufrichtig oder provozierend.

»Sind Sie und Tom zusammen aufgewachsen?‹ half ich ihr auf die Sprünge.

Sie nickte. »Von der zweiten Klasse bis zu seiner Einberufung.« Sie deutete. »Wir gingen in die kleine Schule, die dort unten war, wo jetzt die Kirche steht. Als wir auf der Junior High waren, hat er mich jeden Tag nach dem Unterricht nach Hause begleitet. Ich hab uns dann Limonade gemacht, aus richtigen Zitronen. Wir unterhielten uns über Vögel und Baseball.« Sie versuchte zu schlucken, schaffte es aber nicht ganz. »Als er in den Krieg mußte, hat er meine Bibel und meine Jungfräulichkeit mitgenommen. Beides habe ich nicht mehr zurückgekriegt. Nicht, daß mir das was ausgemacht hat«, fügte sie wehmütig hinzu. »Die Bibel hat ihren Zweck erfüllt – Tom hat nach ihr gelebt. Nur mit meiner Jungfräulichkeit ist das so eine Sache.«

Wir tauschten lange Blicke aus, meine verlegener als ihre. Schließlich nickte sie in Beantwortung einer Frage, die ich nicht gestellt hatte. »Mein erstes und einziges Mal. Ziemlich ungewöhnlich in der heutigen Zeit, finden Sie nicht? Und jetzt bin ich im wahrsten Sinn des Wortes eine alte Jungfer. Das war allerdings das letzte, was ich in meiner Zukunft sah, als ich mit Tom befreundet war.« Sie wollte mehr sagen, überlegte es sich dann aber anders. »Ich sollte lieber wieder ins Haus gehen; solches Gerede schickt sich nicht.«

»Noch zwei Minuten.«

Hinter ihr sagte jemand etwas. Sie verkrampfte sich und zog sich zum schützenden Fliegengitter zurück. »Ich muß jetzt gehen. Wenn das Abendessen nicht rechtzeitig auf dem Tisch steht, gibt's Ärger. Aber wenn Sie sich noch mal mit mir unterhalten wollen, ich bin jeden Abend ab sechs zu Hause – und das ganze Wochenende.«

»Wo kann ich Sie tagsüber erreichen?«

Sie schüttelte den Kopf. »In der Bank sehen sie es nicht gern, wenn ich privaten Besuch bekomme.«

Die Befürchtung, Ellen Simmons könnte ihre Arbeitsprivilegien mißbrauchen, war schwer nachvollziehbar. »Nur noch eine Sache«, sagte ich. »Hat Tom vielleicht irgend etwas Ungewöhnliches gesagt, als Sie ihn zum letztenmal gesehen haben? Machte er sich wegen irgend etwas Sorgen, oder hatte er Angst oder –«

»Tom hatte *immer* Angst. Er hielt die Welt für komplett verrückt und jeder Bösartigkeit fähig. Deshalb war es auch so bemerkenswert, daß er sich zwang, sich um die Schlechtesten zu kümmern.« Sie stockte. »Nein, nicht um die Schlechtesten. Nur um die, die am schlechtesten dran waren.«

»Aber da war nichts, was ihn diesmal ganz besonders stark beschäftigt hat?«

»Eigentlich nicht. Nur... Bedauern ist, glaube ich, das Wort dafür.«

»Bedauern worüber?«

Sie errötete. »Über mich vermutlich. Über mein Leben und was daraus geworden ist. Aber auch über sein Leben, glaube ich. Er hatte ein schlechtes Gewissen, daß es für uns beide nicht besser gelaufen ist.« Ihre Augen suchten die Ferne ab; was sie fanden, war Tom. »Er hat immer wieder gesagt, er hätte getan, was er damals für richtig hielt, und daß er, wenn er damals gewußt hätte, was er jetzt wußte, alles anders gemacht hätte. Aber das hat er nicht, und das ist, was dabei herausgekommen ist: Zwanzig Jahre, einfach den Bach hinunter.«

»Was hat er damit genau gemeint – was hätte er anders gemacht?«

»Daß er nach dem Krieg nicht mehr zu mir zurückgekommen ist, glaube ich. Daß er mir keine Chance gegeben hat...« Hilflos zuckte sie mit den Achseln, als lasse sich die Vergangenheit nicht in Worte fassen.

»Eine Chance für was?«

»Ihm zu zeigen, daß sich nichts geändert hatte, ganz gleich, was passiert war. Ihm zu zeigen, daß wir genau da würden weitermachen können, wo wir aufgehört hatten, als er wegging.«

»Hat er sonst etwas erzählt? Über seine Ehe zum Beispiel?«

Sie schüttelte den Kopf. »Letztes Mal nicht.«

»Und Geld? Kam dieses Thema zur Sprache? Hatten Sie den

Eindruck, daß er bei irgendeiner Art von Geschäft mitmischte?«

Sie schüttelte den Kopf. »Tom war der Ansicht, daß sich Geld und Korruption direkt proportional zueinander verhielten. Ich habe ihn nie anders als abfällig darüber sprechen hören.« Sie blinzelte. »Manchmal glaube ich, er hat mich nur deshalb nicht öfter besucht, weil ich bei einer Bank arbeite.«

Erst dachte ich, sie meinte das im Spaß, aber dann kamen mir doch Zweifel. »Können Sie sich vorstellen, daß er in irgendwelche kriminellen Machenschaften verwickelt war? Als Sanitäter hatte er zum Beispiel Zugang zu Drogen.«

Sie nahm eine Haltung ein, so martialisch wie die Soldaten, die über Toms Grab ihre Gewehre abgefeuert hatten. »Nie im Leben.«

»Glauben Sie, er hat selbst Drogen genommen?«

»Ich bin ganz sicher, daß er keine genommen hat.« Sie sah mich an. »Sie etwa nicht?«

Da ich keinen Sinn darin sah, ihre Illusionen zu verbeulen, sagte ich ihr nicht, daß Tom nach seiner Rückkehr aus Vietnam zugegebenermaßen Drogen genommen hatte. Angesichts der seelischen Belastung, unter der er zum Schluß gestanden war, könnte er ohne weiteres wieder an dieser Krücke Halt gesucht haben.

Ellen schickte sich an, mir und meinen ziellosen Spekulationen die Tür vor der Nase zuzuschlagen. »Tom war ein außergewöhnlicher Mensch, Mr. Tanner«, brachte sie in Würdigung seiner Person vor. »Falls ihn jemand ermordet hat, sollte der Verantwortliche zur Rechenschaft gezogen werden.«

Ich nickte. »Warten wir trotzdem den Obduktionsbefund ab. Sollte er darauf hindeuten, daß bei seinem Tod etwas nicht mit rechten Dingen zuging, können Sie und ich vielleicht dafür sorgen, daß ihm Gerechtigkeit widerfährt.« Als ich sie wieder ansah, merkte ich, daß ich nicht der einzige war, der diesen Vorschlag als ein feierliches Gelöbnis auffaßte.

»Noch ein letztes«, sagte ich. »Hat Tom nun einen Bruder oder nicht?«

Ellen Simmons sah mich mehrere Sekunden lang an. »Das weiß ich nicht«, sagte sie rätselhaft. Bevor ich sie bitten konnte, das zu erklären, knallte die Fliegengittertür wie ein Gewehrschuß zwischen uns zu.

8

Ich stieg in meinen Buick und fuhr in Richtung Highway. Unterwegs wurde mein Kopf überschwemmt von Erinnerungen an Tom und Fetzen aus Gesprächen mit ihm.

»Amerika hat einen ordentlichen Schuß vor den Bug nötig«, hatte er einmal gesagt. »Das ist das einzige, was uns zur Besinnung bringen kann. Das Problem ist nur, wir sind so mächtig, daß wir ihn uns nur selbst geben können.« Und: »Die Japaner werden sich alles unter den Nagel reißen, was wir ihnen zu verkaufen bereit sind, und wir sind bereit, ihnen alles zu verkaufen. Das ist, weil wir nicht mehr wissen, was die Dinge wert sind. Die Achillesferse des Kapitalismus ist, daß er nur einen einzigen Wert kennt: Geld.« Und: »Der heilsamste Schritt, den ein Politiker tun könnte – und er könnte unter Umständen unsere einzige Hoffnung sein –, wäre die Abschaffung des kommerziellen Fernsehens. Aber wie würde er andererseits gewählt werden, ohne etwas zu *sagen*?« Bis ich die Auffahrt zum Highway erreichte, waren diese und ähnliche Aphorismen so beherrschend geworden, daß ich beschloß, zum Friedhof zurückzufahren und Abschied von Tom zu nehmen – ganz allein.

Der kleine Friedhof war von Angehörigen und Bekannten verlassen; nicht einmal der Totengräber trieb sich noch herum: Niemand hielt Wache über den Toten, die sich wahrscheinlich nichts dabei dachten. Als ich zum Grab kam, rechnete ich damit, die Schaufel hätte ihr Werk verrichtet und Tom der Erde anheimgegeben, doch was ich erblickte, war das Loch, dem ich vor einer Stunde den Rücken gekehrt hatte, mitsamt dem dazu gehörigen Erdhaufen. Ich verschränkte die Arme und ging einmal um das Grab herum und dann noch einmal. Sorgsam darauf bedacht, keinen Blick auf seinen Inhalt zu werfen, ließ ich meine Gedanken fort von aller Vernunft und Realität ins Transzendente schweifen. Gleichzeitig versuchte sich ein Teil von mir etwas einfallen zu lassen, das ich jemandem sagen konnte, von dem ich in weniger emotionsbestimmten Momenten sicher war, daß er mich nicht mehr hören konnte.

Was am Ende dabei herauskam, war: »Schade.« Und: »Du wirst uns im Guido's fehlen.« Und schließlich: »Es wäre leichter, wenn ich wüßte, warum.« Aber offensichtlich waren sämtliche Leitungen besetzt; ich bekam keine Rückmeldung.

In einer Mischung aus Einsamkeit und dem seltsam erhebenden Gefühl, das eine spirituelle Anwandlung begleitet, sah ich mich ein letztes Mal um, um mir die Stelle einzuprägen, falls ich eines Tages zurückkommen wollte, und machte mich auf den Weg zu meinem Wagen. Doch als ich vom Grab zurücktrat, stolperte ich über einen Brocken Erde, der von dem Haufen gekullert war, der darauf wartete, Toms Zudecke zu werden. Ich rang um mein Gleichgewicht und warf versehentlich einen Blick nach unten. Was ich auf dem Boden des Grabes sah, ließ mich in die Knie gehen, an seinen Rand kriechen und seinen Inhalt genauer in Augenschein nehmen.

Auf dem Sarg, der friedlich in seiner Grube ruhte, lagen, so exakt aufgereiht wie in Erwartung der wöchentlichen Inspektion, ein paar schlichte Militärutensilien: eine verblichene Kampfanzugmütze, ein Paar Dschungelstiefel und, selbst in den Tiefen der länglichen Grube so strahlend wie sein himmlisches Vorbild, ein einsamer Silver Star. Ich hatte keinen Zweifel, daß diese Gegenstände Tom gehörten, keinen Zweifel, daß sie in Ehrfurcht in das Grab gelegt worden waren, und keinen Zweifel, daß dies heimlich geschehen war. Was ich nicht wußte, war, wer den Ritus vollzogen hatte oder warum.

Zurück im Büro, rief ich bei Atlas Ambulance an, dem Rettungsdienst, für den Tom gearbeitet hatte. Als sie merkten, daß ich nicht in den letzten Zügen eines medizinischen Notfalls lag, ließen sie mich erst einmal fünf Minuten warten. Schließlich kam jemand an den Apparat, der sich zuständig fühlte, aber nur lange genug, um mir zu sagen, er wisse die Antworten auf meine Fragen nicht – er wisse nicht, warum Tom in der Nacht, in der er gestorben war, im Tenderloin gewesen sei, er wisse nicht, ob es bei einem Einsatz in diesem Stadtteil oder anderswo mal irgendwelche Probleme gegeben habe, er habe zwar Unterlagen, in denen jeder Einsatz mit Ort und Zeitpunkt registriert sei, daß diese Unterlagen aber streng vertraulich seien, weshalb ich ohne entsprechenden Gerichtsbeschluß auf keinen Fall Einsicht in sie nehmen könne.

Langer Rede kurzer Sinn, wenn ich etwas über Toms Arbeit herausfinden wollte, mußte ich mich an Tony halten. Ich hinterließ meinem Atlas-Widersacher eine Nachricht für Tony, er möge mich bitte nach Dienstschluß anrufen, aber der Mann am anderen Ende der Leitung gab mir zu verstehen, die Wahrscheinlichkeit, daß Tony meine Nachricht erhielt, sei etwa genausogroß wie die, daß mir an meiner kahlen Stelle am Kopf wieder Haare wachsen würden.

Der Hickhack mit den Rettungsdienstleuten war so nervenaufreibend gewesen, daß ich fast erleichtert war, als ich mit keinem meiner anderen Anrufe durchkam. Clarissa Crandall ging nicht nur nicht ans Telefon, sondern hinterließ in ihrer Abwesenheit auch noch eine Prise Übernatürliches: Die Stimme auf ihrem Anrufbeantworter war noch die ihres Mannes, fest und sachlich und sehr lebendig, bereit, wenn nicht sogar begierig, meine Nachricht entgegenzunehmen. Diese unerwartete Heimsuchung versetzte mich ein paar Minuten mehr an Toms Grab zurück. Danach war meine Stimmung so miserabel, daß ich sicher war, seine Frau hatte seinen Geist absichtlich von der Leine gelassen.

Als nächstes versuchte ich Charley Sleet zu erreichen, aber wieder einmal war er nicht in der Central Station, und niemand wußte, wo er steckte oder wann er zurück sein würde, was bei Charley nichts Ungewöhnliches war. Die Person, die bei der *Chronicle* ans Telefon kam, tat so, als wüßte sie nicht einmal, was ein Nachruf war, geschweige denn, wer den auf Tom verfaßt hatte. Und wie ich bei meinem letzten Gespräch mit Tom im Guido's prophezeit hatte, kam ich nicht einmal über die erste Verteidigungslinie hinaus, als ich in der Konzernleitung von Sandstone Enterprises anrief und den Vorstandsvorsitzenden zu sprechen verlangte.

Der Anruf bei Sandstone kostete mich meine letzten Energiereserven. Nachdem ich mir Kaffee gemacht hatte, lehnte ich mich in meinen Sessel zurück und ließ mich treiben.

Falls Sie an einem Begräbnis teilnehmen können, ohne Betrachtungen über den Tod anzustellen, sind Sie ein unerschütterlicherer Charakter als ich, oder vielleicht sind Sie auch nur abgestumpft. Jedenfalls hatte ich ziemlich ausführlich über den Tod nachgedacht, als ich über die Oakland Hills, über die Bay Bridge und schließlich durch die tückischen Straßen der Stadt zu meinem Büro am Jackson Square unterwegs war, und jetzt dachte ich wieder darüber nach. Ich dachte an friedlichen Tod und gewaltsamen Tod, an anonymen Tod und heroischen Tod, an Tod in all seinen Erscheinungsformen und Abstufungen, kulminierend in der Tatsache von Toms Tod und der Unausweichlichkeit meines eigenen.

Vor einigen Jahren war ich ihm nur mit knapper Not entronnen, einem Tod der gewaltsamen Sorte. Bei meinem allerersten Fall – ich war gerade von der Juristerei auf das, was immer ich jetzt mache, umgestiegen – hatte ich in einem Hinterhof südlich vom Broadway einen Bauchschuß abgekriegt, von jemandem, den ich davor und danach nie mehr gesehen habe, und mehr oder weniger aus Versehen, wie ich nach zweimonatigen Nachforschungen feststellte. Es hatte eines sechswöchigen Krankenhausaufenthalts und einer einmonatigen häuslichen Rekonvaleszenzphase bedurft, bis meine Innereien wieder ordentlich funktionierten und ich halbwegs zu gewohnter Form auflief.

Ich hatte keinerlei außerkörperliche Erfahrungen, als ich blutend in diesem Hinterhof lag, und ich sah weder ein himmlisches Licht noch hörte ich die Engel singen; ich wand mich nur unter ziemlich unhimmlischen Schmerzen auf dem Boden und versuchte den Blutfluß zu stoppen. Aber während meiner Genesung hatte ich ein paar Dinge gelernt. Ich lernte, daß meine

Toleranzschwelle bei Schmerzen enorm hoch und bei Ärzten extrem niedrig ist. Ich lernte, daß ich lieber das Risiko einging, noch einmal die Unbill eines Bauchschusses über mich ergehen zu lassen, als mich den noch schlimmeren Torturen einer Anwaltstätigkeit auszusetzen, auch wenn letztere Schmerzen rein psychischer Natur sind. Und ich lernte, daß ich trotz aller Kindheitsindoktrination durch ein Jahrzehnt von Predigten und Sonntagsschulbesuchen nicht an ein Leben nach dem Tod glaube – nicht im Himmel, in der Hölle oder im Fegefeuer, nicht in Form von Wiedergeburt oder Auferstehung oder sonst einem der tröstlichen Unsterblichkeitsangebote, die sich Menschen ausgedacht haben, um sich selbst Halt zu geben. Ich glaube, wenn uns der Lebenssaft ausgeht, sind wir genauso tot wie unsere Hunde und unsere Gänseblümchen.

Dennoch muß von meiner Sonntagsschulerziehung etwas hängengeblieben sein, die Sache mit Anstrengung und Erfolg, Opfer und Verantwortung, Recht und Anstand, dem Kamel und dem Nadelöhr und einer Reihe anderer Maximen, die ich sogar noch mehr verinnerlicht habe als Tom, womit ich mir zwar sämtliche Bürden der Doktrin aufgehalst habe, ohne in den Genuß auch nur eines einzigen ihrer Vorteile zu kommen. Als Folge davon bin ich mir selbst eine ständige Enttäuschung, an manchen Tagen mehr als an anderen. Vermutlich geht das vielen Leuten so; zu dumm, daß sie in der Sonntagsschule nicht mehr Zeit darauf verwenden, einem beizubringen, was man tun soll, wenn man nicht ganz so vollkommen wird.

Zum Glück ertönte an diesem Punkt eine Sirene und riß mich aus meinen Gedanken. Ich sah auf meine Uhr. Es war fünf vorbei – Zeit für einen Drink, also genehmigte ich mir ein paar. Tony hatte nicht angerufen. Ebensowenig wie Clarissa Crandall oder Charley Sleet oder irgend jemand von der *Chronicle*. Im Radio gab es nichts Neues über den Krieg, der noch ziemlich unsichtbar war.

Als ich Tony im Telefonbuch nachschlug, fand ich einen Eintrag für einen Milano in der Greenwich, der vermutlich ihm gehörte. Aber alles, was ich dranbekam, war sein Anrufbeantworter mit einer Macho-Botschaft an das andere Geschlecht, das anscheinend nichts anderes im Kopf hatte als Tony Milano. Ich hinterließ meinen Namen und meine Nummer, erinnerte ihn, wer ich war, und bat ihn zurückzurufen. Da ich nicht in der Stimmung war, Toms entkörperte Stimme noch einmal zu hören, sparte ich mir seine Frau für später auf und versuchte mein Glück in der Central Station.

Charley Sleet hörte sich stinksauer an. Angesichts der Personalprobleme bei der Polizei war Charley in letzter Zeit ziemlich oft sauer. Als er sich beruhigte, fragte ich ihn, ob er schon zu Abend gegessen hätte. Er sagte, er hätte sich vor etwa drei Stunden unterwegs einen Burrito reingeschoben. Ich sagte, ich hätte Lust auf eine Portion Pasta bei Capp's, falls er sich für eine halbe Stunde aus dem Büro schleichen könnte. Er sagte, er hätte aufgehört irgendwo rumzuschleichen, seit er mit zwölf erwischt worden war, wie er in der Unterwäsche seiner Schwester rumgeschnüffelt hatte, weil er endlich mal wissen wollte, wie ein Büstenhalter aus der Nähe aussah. Ich sagte, ich würde mich in zwanzig Minuten im Capp's mit ihm treffen.

Er war schon da, als ich das Lokal betrat, breit, bärenhaft, kahl, und saß auf seinem Stuhl am Gemeinschaftstisch wie eine Kugel Eis auf der Tüte. Wie um zu verhindern, daß ich es mir anders überlegte, hatte er schon bestellt, bevor ich mich gesetzt hatte. Ich entschied mich für die Gnocchi, und wir ließen uns gemeinsam eine Karaffe Chianti kommen, den einzigen Wein, den ich trinke. Ich hatte bei einer Messerstecherei schon weniger Rot gesehen, als der Kellner auf seiner Schürze hatte, aber der Wein und die Gemüsesuppe standen in weniger als zehn Sekunden auf dem Tisch. Fünf Minuten später war die Karaffe fast leer.

Links von uns unterhielten sich ein Mann und eine Frau über Filme. Charley hörte eine Minute zu, dann brummte er: »An sich bin ich kein großer Kinogeher, aber diesen Dick-Tracy-Film habe ich mir angesehen.«

»Sehr lobenswert. Kämpfer gegen Gewalt und Verbrechen sollten ihre Erfahrungen austauschen.«

»Hast du ihn gesehen?«

»Ja.«

»Wie fandst du ihn?«

»Schrecklich.«

Charley nickte. »Ich konnte weder sehen, wer sie waren, noch habe ich kapiert, was sie gesagt haben. Lag das nur an mir, oder war das tatsächlich so?«

»Das ist ziemlich, wie es war.«

»Wenn dieser Fatzke Beatty so alt ist, daß er nicht will, daß man sein Gesicht sieht, warum hat er dann den Film überhaupt gemacht?«

»Wegen der fünf Millionen Dollar vermutlich.«

»Gibt es etwas, was diese Hollywoodfritzen für Geld nicht machen würden?«

»Woher soll ich das wissen? Ich kenne keine Hollywoodfritzen.«

Das Paar rechts von uns diskutierte über den Krieg. Wir lauschten auch hier eine Minute, dann sah ich Charley an. »Wir werden zu unseren Lebzeiten keinen demokratischen Präsidenten mehr erleben. Außer der Bodenkrieg fährt sich fest.«

Charley fluchte. »Glaubst du, das Ganze bringt irgendwas? Die hauen sich da drüben schon seit dreitausend Jahren die Köpfe ein; seit '47 ist kein Tag vergangen, an dem die Araber und die Juden nicht im Clinch miteinander gelegen haben. In einem Jahr wird die Lage in Nahost wieder genauso beschissen sein wie eh und je – weder Bush noch Quayle noch sonst jemand wird sich deswegen auf die Schulter klopfen können, und Schwarzkopf wird so tun, als wäre er Gefreiter gewesen.«

Nach einer Handvoll Bissen war Charleys Teller fast leer, und er kam zur Sache. »Du würdest mich nicht einladen, wenn du nichts wolltest«, brummte er.

»Der Polizeidienst hat dich zum Zyniker gemacht.«

»Das liegt nicht am Polizeidienst, sondern an dir.«

»Ich bin Steuerzahler. Ich habe ein Recht, mich über die

Vorgänge in der Stadt auf dem laufenden zu halten. Ich zahle dein Gehalt, Herrgott noch mal.«

»Einen Dreck zahlst du«, sagte Charley um den letzten Mundvoll Linguini. »Was willst du?«

»Den Obduktionsbefund für einen gewissen Crandall.«

»Wer ist das?«

»Ein Freund von mir. Wurde am Dienstag im Tenderloin gefunden.«

»Mord?«

»Das versuche ich rauszufinden. In der *Chronicle* war von Selbstmord oder natürlichen Ursachen die Rede.«

»In der *Chronicle* steht doch nur Scheiße.«

Charley findet, die Zeitung ist zu streng mit der Polizei. Ich finde, sie ist nicht streng genug.

»Crandall«, murmelte er nachdenklich. »Moment mal. Kenne ich den nicht? Rettungssanitäter, richtig?«

»Richtig.«

»Hat für ein paar meiner Leute Einsätze gefahren. Ganz in Ordnung, der Typ.«

Charley nennt die Opfer der Fälle, die ihm zugeteilt werden, ›meine Leute‹. »Ja, Tom war schwer in Ordnung.«

»Allerdings furztrocken, als ob er Hämorrhoiden hätte oder so. Aber bei dem Job ist das vermutlich kein Wunder.«

Genausowenig wie bei Polizisten – oder Privatdetektiven.

Charley schlang ein Stück Brot hinunter. »Woher kennst du ihn?«

»Aus dem Guido's.«

»Tatsächlich? Sah mir eigentlich gar nicht wie ein Schluckspecht aus.«

»War er auch nicht; er war ein Philosoph. Ein einsamer.«

»Ich dachte, er war verheiratet.«

»War er.«

Verwundert schüttelte Charley den Kopf – Charley hatte keine Sekunde Einsamkeit gekannt, bis seine Frau gestorben war, und kannte seitdem nichts anderes mehr – und tunkte mit einem weiteren Stück Brot die letzten Soßenreste von seinem

Teller. Ich versuchte mit ihm Schritt zu halten, so gut es ging – niemand ißt so schnell wie Charley – und goß den letzten Rest Chianti in unsere Gläser.

»Wie waren die Linguini?«

»Genau, wie ich sie mag.«

»Wie ist das?«

»So, wie sie letztes Mal waren. Was willst du wissen?«

»Todesursache. Mysteriöse Begleiterscheinungen. Hinweise, daß an der Sache was faul sein könnte.«

»Hast du bereits einen Verdacht?«

»Nicht unbedingt.«

»Aber vielleicht.«

»Vielleicht.«

»Wen?«

Ich zögerte, mehr aus Verlegenheit als Ungewißheit. »Was weißt du über einen gewissen Sands?«

Charley leckte sich die Lippen. »Der mit der dicken Limousine und dem Privatjet und so? Mit dem Haus an der Bucht, das aussieht wie eine Zigarrenschachtel?«

»Genau der.«

»Du willst Sands einen Mord anhängen? In *dieser* Stadt? Mein Gott, Tanner. Nächstens wirst du noch damit ankommen, ich soll dem Erzbischof auf die Finger klopfen.«

9

Ich kam kurz nach sechs nach Hause. Schenkte mir was zu trinken ein. Stellte CNN für das Neueste von der Front an, obwohl das Neueste dieselbe PR-Sülze war wie letztes Mal. Machte mir was warm, das mindestens ein Jahr lang eingefroren war. Öffnete eine Packung Oreos-Kekse. Schenkte mir noch mal was zu trinken ein. Machte mich über das Tiefgefrorene her und stellte fest, daß es innen noch immer gefroren war. Stellte es ins Rohr zurück. Suchte in der Zeitung nach einer Verkaufsanzeige für eine Mikrowelle. Faßte den Beschluß, eine zu kaufen. Faßte den zusätzlichen Beschluß, mich nach jemandem umzuhören, der wußte, wie man damit umging.

Schaltete von CNN auf ABC. Erfuhr, daß der Supreme Court gerade beschlossen hatte, erzwungene Geständnisse künftig zur Verwendung gegen kriminelle Straftäter zuzulassen. Schenkte mir noch mal was zu trinken ein. Dachte über den Niedergang des einst so hehren Obersten Gerichts nach, das inzwischen nur noch ein Haufen seniler Betonschädel war – nein, nein, nein, ist ja schon abgesegnet, nein, ihr braucht nichts zu verbessern, obwohl es schrecklich ist, nein, ihr braucht keine Zugeständnisse an zweihundert Jahre Rassentrennung zu machen, nein, ihr braucht den Exzessen der Polizei keinen Riegel vorzuschieben, nein, ihr braucht die Piraten nicht einzusperren, die das Land ausgeplündert haben und seine Zukunft in ihre Taschen stecken. In *dieser* wundervollen neuen Welt ist jeder auf sich selbst gestellt, und die Verfassung ist weniger eine Gesetzes- als eine Selbstbedienungsanleitung, und das Oberste Gericht kümmert sich genausowenig um das Elend wie Gott. Nur daß Gott es sich leisten kann, sich nicht darum zu kümmern und trotzdem weiter Gott bleibt, während die Menschen das nicht können, wenn sie weiter Menschen sein wollen.

Spielte mit dem Gedanken, ins Guido's zu gehen, um den Schmerz zu lindern, gelangte aber zu der Einsicht, daß ich bereits betrunken genug war. Dachte über Tom Crandall nach, dann über seine Frau. Merkte, daß ich nicht mal wußte, wo sie wohnten – mußte ja wohl ein sauberer Freund gewesen sein. Schlug sie im Telefonbuch nach, erfuhr, daß sie keine drei Blocks von meinem Apartment wohnten. Fühlte mich mies, daß ich nie dagewesen war. Fragte mich, warum nicht. Beschloß vorbeizuschauen, obwohl der einzige Mensch, der vermutlich zu Hause war, eine Frau war, die mich als einen Feind betrachtete.

Bis ich Toms Wohnung am Ende einer kleinen Sackgasse namens Price Row erreicht hatte, war ich wieder etwas nüchterner, was für alle Beteiligten von Vorteil war, auch wenn es meinen Ausflug nicht ergiebiger machte – niemand reagierte auf mein Läuten, mein Klopfen oder mein Herumlungern im Hinterhof, das bestenfalls dazu angetan war, einen neugierigen Nachbarn auf mich aufmerksam zu machen. Nach weiteren Ausnüchterungsmaßnahmen in Form eines doppelten Espresso im Caffé Trieste ging ich nach Hause und rief Clarissa an und bekam einen weiteren Schlag in Gestalt von Toms Stimme, die mich aufforderte, eine Nachricht zu hinterlassen. Ich erinnerte ihn daran, daß ich das bereits am Grab getan hatte.

Ich zog mich an den Fernseher zurück. Nachdem ich mir während eines *Sixty Minutes*-Plauderstündchens mit ein paar Militär- und Nahost-Experten, die mich an die Definition eines Experten erinnerten als jemand, der mehr als zwanzig Meilen von zu Hause entfernt ist, das Ganze noch einmal durch den Kopf hatte gehen lassen, setzte ich frischen Kaffee auf, stellte mich unter die Dusche und schlüpfte in meinen zweiten guten Anzug – den, den ich nicht bei der Beerdigung zerknittert hatte. Zehn Minuten später saß ich in meinem Wagen.

Der Velvet Room liegt in der obersten Etage eines Nob-Hill-Hotels, das eleganter, aber weniger renommiert ist als das Fairmont und das Mark Hopkins gleich nebenan, was aber ganz im Sinn seiner zurückgezogenen Klientel und seiner europäischen Besitzer ist. Da vor ein paar Monaten der Venetian Room im Fairmont geschlossen wurde, ist der Velvet Room die einzige Adresse in San Francisco, wo man ein anspruchsvolles Unterhaltungsprogramm geboten bekommt. Wie bei einem Hotel-Nachtclub nicht anders zu erwarten, sind die Räumlichkeiten beengt, aber die Atmosphäre ist intim und gediegen, der Blick nach Einbruch der Dunkelheit atemberaubend, die Band immer in Top-Form und das Essen sowohl in preislicher wie geschmacklicher Hinsicht aus dem Stoff, aus dem Legenden sind. Natürlich war ich selbst nie dort gewesen, so daß ich mich nur auf Informationen aus zweiter Hand stützen konnte. Entgegen meiner Hoffnung, die Zeit auf einem Barhocker absitzen zu können, war die Bar während der Dinner Show geschlossen, so daß ich mit einem Tisch vorliebnehmen mußte.

Leute, die allein zu Abend essen, sind von vornherein suspekt, und Leute mit der Verwegenheit, sich wie ich in Klamotten, Marke abgewetzter Kaufhausschick, an die Öffentlichkeit zu wagen, werden in Lokalen wie dem Velvet Room für verrückt oder kriminell gehalten. Nachdem er kurz und nonverbal seine Mißbilligung zum Ausdruck gebracht hatte, führte mich der Oberkellner zu meinem Futterplatz. Da ich ihm weder ein Trinkgeld in die Hand gedrückt noch einen Namen aus *Who is who* fallengelassen hatte, hatte ich einen besseren Blick auf die Küche als auf die Bühne.

Der Raum war in zarten Pastelltönen gehalten, Art Deco, aber nicht übertrieben, mit etwas pompösen Deckenreliefs, verzierten Lichtanschlüssen, die an den Wänden hochrankten, frischen Blumen auf jedem Tisch. Das Geschirr war barock und superb, die Bedienung von an Götzendienerei grenzender Aufmerksamkeit, die Weinkarte dicker als das Telefonbuch. Die Kerzen in ihren Kristallglashaltern verströmten dezenten Lavendelduft, und die Speisekarte war ein Stück dickes Pergament. Ich versuchte nüchtern genug zu bleiben, um sie nicht in Brand zu stecken.

Der erste von einem, wie sich herausstellte, ganzen Schwarm von Kellern erschien, um grausamerweise jedes meiner Bedürfnisse zu befriedigen. Obwohl ich mir vornahm, meine Bedürfnisse auf ein Minimum zu beschränken – einen Salat und einen Highball –, war mir klar, daß ich hier nur um mindestens fünfzig Dollar ärmer wieder rauskommen würde. Der Kellner erholte sich gerade lange genug von meiner Sparsamkeit, um einem Kollegen Anweisung zu erteilen, mir meinen Drink zu bringen, mit dem ich mir so lange Zeit ließ wie nur irgend möglich.

Der Salat kam und ging, während mir die Vinaigrette in Form eines staubigen Nachgeschmacks erhalten blieb. Denselben Weg alles Irdischen ging der Scotch, ebenso wie ein Korb voll Brot und ein Glas Wasser. Bis endlich zehn Uhr anrollte, war ich ein bißchen betrunken und ziemlich müde und für mehr als einen der angrenzenden Tische Gegenstand ausgiebiger Spekulationen. Als ein besonders förmliches junges Paar über, wie ich argwöhnte, meine Manieren lachte, bedachte ich sie mit meinem fiesesten Grinsen, worauf sie ihre Aufmerksamkeit schleunigst der Decke zuwandten, an der sich winzige Amors tummelten, die auch über mich lachten.

Obwohl ich schon soviel in den Abend investiert hatte, stand ich kurz davor, die Sache in den Wind zu schießen. Alles, was ich hatte, war das Gefühl, daß Tom Crandall kein Selbstmord- oder Überfallkandidat war, daß er einer von der Sorte Männer war, die nicht ohne Grund sterben, und dieser Grund war in seinem Fall, daß sich jemand durch die gefährlichste aller Kombinationen bedroht gefühlt hatte – Wissen und Unbestechlichkeit. Im Moment erschien mir das genug. Oder vielleicht wollte ich auch bloß Clarissa ihre Nummer abziehen sehen. Ich bestellte mir noch einen Drink und machte mit Buttermesser und Wasserglas Musik. Tintinnabulation, zu deutsch Geklingel, hätte Poe es genannt.

Ein paar Minuten später begann sich der Vorhang vor der Bühne zu kräuseln, und eine Reihe von scharrenden, schlurfenden Geräuschen, durchbrochen von einem kurzen Fluch, drangen dahinter hervor. Noch ein anderer Kellner machte einen Annäherungsversuch. Er lockte mit einem Tablett Desserts, die mich schnurstracks in eine Station für hochgradig Fettsüchtige befördert hätten. Ich war noch dabei, ihn fortzuscheuchen, als die Saalbeleuchtung ausging und ein einzelner Scheinwerfer einen vollkommenen goldenen Kreis auf den dicken blauen Samt des Vorhangs warf, der das Proszenium abtrennte.

Ein Mann in einem leuchtend weißen Smoking und mit Zähnen, so groß wie Spielkarten, hopste aus seinem Schatten in seine Mitte, lächelte zu strahlend, wehrte den verstreuten Applaus ab, als handelte es sich dabei um die Reste einer Ovation, erzählte einen harmlosen Witz über das Wetter und einen nicht so harmlosen über den Bürgermeister und plusterte sich dann wichtigtuerisch auf.

»Meine Damen und Herren«, setzte er großspurig an. »Es ist mir eine außerordentliche Ehre, Ihnen den Stolz des Velvet

Room zu präsentieren, die größte und beste Big Band der gesamten Westküste, die Sensation von San Francisco – Mickey Stringer und sein Orchester, und als Krönung des Abends, meine Damen und Herren, die Königin des Swing, die unnachahmliche, die einzigartige, die hinreißende Miss Clarissa Cran... äh, Duncan. Clarissa Duncan, meine Damen und Herren!«

Die Band stimmte eine fetzige Einleitung an, der Vorhang begann sich zu heben, der Conférencier verließ die Bühne, als hätte er gerade die Wiederkunft Christi angekündigt, und Mikkey Stringer nahm mit seiner Trompete seinen Platz im Scheinwerferlicht ein. Während Mickey dienerte und katzbuckelte, legte das Orchester mit »Perdido« los.

Ich kannte Mickey flüchtig, hatte ihn ziemlich oft gehört und gesehen, als er, bevor er den Nob Hill hinaufgerutscht war, mit einem Quintett im El Matador aufgetreten war. Ein ehemaliger Sideman von Buddy Rich, hatte Mickey den Swing im Blut, und das war auch, zumindest beim Opener, seiner Band anzuhören. Nach den ersten Takten von »Stella by Starlight« hörte ich auf, an Tom zu denken, und begann statt dessen, in den Rhythmen und Erinnerungen meiner Jugend zu schwelgen. Aber nachdem Mickey eine temperamentvolle Version von »Ciribiribin« zum Abschluß gebracht hatte, begann der Schlagzeuger mit einem Wirbel, der zu einem lauten Crescendo anschwoll, und die Gegenwart hatte mich wieder.

Mickey äffte die Geschmacklosigkeiten des Conférenciers nach, die Band intonierte wieder ihr reißerisches Erkennungsthema, und Clarissa Cran... äh... Duncan kam auf die Bühne geschwebt wie Kleopatra persönlich, eben ihrer Prunkgaleere entstiegen. Ihr Cocktailkleid hatte sie gegen ein bodenlanges Abendkleid ausgetauscht, Samt natürlich, hauteng, mit einem Schlitz bis zur Hüfte und so tief ausgeschnitten, daß es schwerlich noch seine Pflicht erfüllt hätte, wenn sie sich nur ein bißchen vorgebeugt hätte. Ihre Handhabung des Mikrophons war fleischlich; ihr Lächeln war geübt und verführerisch; ihre Lippen waren so rot wie das Blut, das wie wahnsinnig durch mein

Herz schoß, um der besseren Sicht wegen möglichst schnell in meinen Kopf zu kommen.

Das war eine vollkommen andere Frau als die, die ich im Guido's kennengelernt und beim Begräbnis zur Rede gestellt hatte, eine Frau mit genügend Reizen, um in Richard Sands Untreue zu provozieren, und mit genügend Teufelei, um einen Mann wie Tom Crandall in den Wahnsinn zu treiben. Ich fing an, ein ganz kleines bißchen was gegen sie zu haben – so, wie ich wegen der Hirnrissigkeiten, zu denen sie Männer wie mich verleiten, gegen die meisten schönen Frauen etwas habe –, doch dann sang sie »The Man I Love«, und ich beschloß zu glauben, daß das ihr Tribut an Tom war, und fand sie etwas sympathischer.

Sie konnte singen – nicht so gut wie Sarah Vaughan oder Nancy Wilson, mehr wie June Christy oder Marilyn McCoo –, und ich begriff, warum sie sowohl aus der Band wie aus der Stadt nicht wegzudenken war. Aber als sie sich in die höheren Register vorwagte, begriff ich auch, warum sie Angst hatte, daß es mit ihrer Stimme bergab ging.

Nach der zweiten Nummer riß ich den Blick lange genug von der Witwe Crandall los, um das Publikum zu beobachten. Sie waren genauso hingerissen, wie ich es gewesen war, Gesichter wie fleischfarbene Frisbees im reflektierten Licht von der Bühne, die Männer verzaubert, mit offenen Mündern, die Frauen mit skeptisch zusammengekniffenen Augen und vielleicht einem Anflug von Nervosität. Obwohl ich nach Richard Sands Ausschau hielt, entdeckte ich weder ihn noch sonst jemanden, den ich kannte, was mir nur recht war – ich war in der Annahme zu der Dinner Show gekommen, Sands würde erst später auftauchen und mir dadurch Gelegenheit geben, Clarissa in der Pause aufzulauern und mich mit ihr über ihren Mann zu unterhalten.

Ich sah auf die Uhr. Die Band war inzwischen fast eine Stunde in Aktion. Zeit, etwas zu unternehmen. Ich schob meinen Stuhl zurück und stahl mich so unauffällig wie möglich – was nicht weiter schwierig war, da Clarissa gerade mitten in

Porters frechem »Let's Fall in Love« war – in Richtung Bar davon. Das Paar, das ich kurz zuvor in seine Schranken gewiesen hatte, schien erleichtert, mich abziehen zu sehen. Sonst schien niemand von mir Notiz zu nehmen.

Als der Barkeeper in meine Richtung schaute, fragte ich ihn nach der Toilette. Er deutete auf einen Durchgang im hinteren Teil des Raums. Dahinter tat sich ein schmaler, schwach erleuchteter Gang auf, der links wie rechts ins Unbestimmte führte. Einem Pfeil an der Wand zufolge waren die Toiletten rechts, also ging ich in die andere Richtung.

Der Gang endete vor einer nicht näher gekennzeichneten Tür – massiv, verschlossen. Ich holte eine abgelaufene Kreditkarte und das Handwerkszeug heraus, das ich für solche Anlässe bei mir trage, und schuf dem Problem Abhilfe, bevor jemand etwas merkte. Auf der anderen Seite der Tür war der Gang in hervorragendem Zustand – mit Teppich ausgelegt und tapeziert und gut beleuchtet. Zehn Meter von der Stelle, wo ich stand, machte er eine Biegung nach links, womit er hinter die Bühne geführt haben dürfte, also genau dorthin, wohin ich wollte. Ich lauschte, um mich zu vergewissern, daß mir niemand folgte. Dann ging ich auf die Biegung zu und spähte um die Ecke.

Der Gang weitete sich zu einem großen, hohen Raum, komplett mit Kulissen, Podesten und sonstigen Bühnenrequisiten. In der Mitte der Rückwand öffnete sich eine Doppelschiebetür auf einen Lastenaufzug, groß genug, um auch sperrige Bühnenaufbauten, Lautsprecher und dergleichen aufzunehmen. Zu beiden Seiten der großen Schiebetür befanden sich mehrere kleine Räume, von denen ich annahm, daß es die Garderoben waren. Die Tür zu einem von ihnen war offen. Als weder vor noch hinter mir jemand auftauchte, bog ich großspurig mit den Armen rudernd um die Ecke: Ich hatte dringende Geschäfte und würde keine Ablenkung dulden.

Über den fensterlosen Raum waren mehrere Tische verteilt, außerdem zwei Dutzend Stühle, eine Couch und ein junger Schwarzer in einem weißen Kellnerjackett, der saubermachte, bevor er die Snacks und die Zutaten für die Mixgetränke aufbaute, die auf einem Servierwagen bereitstanden. Der junge Bursche wippte und wackelte zum Sprechgesang des Rap-Songs, der aus seinem Kopfhörer zischte und gegen den weder die Schwingungen meiner Gegenwart noch der Beat der Band auf der Bühne ankamen. Ich nahm an, daß das der Ort war, an dem Mickey und seine Boys Pause machten. Als ich nach einem Zeichen Ausschau hielt, daß hier eine Frau willkommen wäre, entdeckte ich keines.

Zwei Räume weiter war eine blaue Tür mit einem weißen Stern in der Mitte. Zum Glück war sie nur so verschlossen wie die andere.

Es war zweifellos Clarissas Garderobe, luxuriös eingerichtet, ein Set aus einem Musical über Musicals, in dem der Star immer im bodenlangen Abendkleid und mit großer Geste einherschwebt und seine Bewunderer abwimmelt. Der Schminktischspiegel war von Lichtern umgeben, über die spanische Wand in der Ecke war der unvermeidliche Morgenmantel drapiert, und in dem Eiskübel neben dem zierlichen Sofa kühlte echtes Eis eine echte Flasche mit echt gutem Champagner. Ich nahm an, Clarissa betrachtete sich als Fossil aus längst vergangenen Zeiten, als Diseuse, Spatz, Nachtigall, vielleicht sogar als Gangsterbraut. Ich nahm auch an, daß die Requisiten ihr Bühnenausgang-Richard spendiert hatte.

Ich setzte mich auf das Sofa und schaute mich um. Die Fettcremes, Make-up-Töpfchen, Rachenpastillen und Parfümflacons waren zahlreich und sahen teuer aus. Die Abendkleider an dem Gestell an der Wand waren in Schnitt und Machart ähnlich dem, das sie anhatte – ein paar sahen sogar wie exakte Kopien aus. In einem Regal waren ein Dutzend Paar Schuhe mit Pfennigabsätzen, in einer Ecke ein Korb mit Chrysanthemen, auf dem Couchtisch ein silbernes Teeservice. Alle Annehmlichkeiten eines behaglichen Zuhauses, bloß kein Hinweis, daß sie einmal einen Mann gehabt hatte. Die Musik von der Bühne, durch ein Lautsprecherpaar an der Wand übertragen, war so schwach vernehmlich wie die Spuren der Ehe. Einen Augenblick später verstummte sie ganz.

Ich wollte gerade meinen niederen Instinkten nachgeben und die Schubladen der Kommode neben dem Schminktisch durchwühlen, als ich auf dem Flur Geräusche hörte. Statt zu wühlen, stellte ich mich hinter die Tür und lauschte.

»Das Tempo bei der Porter-Nummer war eine Katastrophe, Mickey«, sagte Clarissa, als sie die Tür einen Spalt öffnete. »Das ist doch kein Hundertmeterlauf, Herrgott noch mal; das einzige, wozu ein Hundertmeterlauf führt, ist, daß die Leute müde werden.«

»Wenn ich mal anfange, mir von einer Sängerin Vorschriften zum Tempo machen zu lassen, kann ich mir gleich die Trompete in den Arsch schieben und den »Dixie« blasen.«

»›Der Mann mit dem goldenen Arschloch.‹ Paßt zu dir, Mick. Vielleicht schreibt dir sogar mal jemand eine Hymne. Übrigens sind auch die Monitore im Arsch – ich kann mich wegen des Drummers, den du so toll findest, kaum hören.«

»Du kannst mich mal, Schätzchen. Wir fangen den nächsten Set mit ›Who Can I Turn To?‹ an.«

»Richard möchte ›Tangerine‹.«

»Wenn er das möchte, kann er's selber spielen. Wenn er seinen Kamm nicht vergessen hat.«

Die letzte Stichelei wurde leiser, als sich Mickey Stringer und seine schlechte Laune den Gang hinunter entfernten. Clarissa Crandall murmelte etwas, was ich nicht verstand, machte die Garderobentür ganz auf, knipste die Deckenbeleuchtung an und schloß die Tür hinter sich. »O Gott«, entfuhr es ihr, als sie mich sah. Ihre Hand flog an ihre Kehle, ihre Augen verengten sich, um mich scharf zu kriegen. »Wer zum Teufel sind Sie?«

»Tanner.«

Ich war gekränkt, daß sie sich nicht an mich erinnern konnte, und das um so mehr, als sie mir das Etikett Lakai verpaßte: »Dann hat Sie wohl Richard geschickt.« Ihre Stimme wurde genauso gelangweilt wie ihr Verhalten. Flüchtig nahm sie den Raum in Augenschein. »Lassen Sie mich mal raten – Sie haben den Champagner gebracht. Das ist natürlich ganz reizend, aber ich habe ihn gebeten, niemanden mehr mit Geschenken vorbeizuschicken. Das macht die Leute vom Hotel nervös. Es macht *mich* nervös. Seien Sie also so nett und bestellen Sie ihm, ich werde mich wie immer nach dem letzten Auftritt mit ihm treffen. Wir können...«

Unsere Blicke trafen sich im Schminkspiegel. Was sie in meinem sah, ließ sie ihren Tonfall ändern. »Sie kommen nicht von Richard«, korrigierte sie sich und blinzelte erneut gegen ihre Kurzsichtigkeit an.

Ich schüttelte den Kopf.

»Sie waren auf dem Friedhof.«

Ich nickte.

Sie drehte sich zu mir herum. »Wer hat Sie hier reingelassen?«

»Niemand.«

»Sie sind eingebrochen?«

Ich sah zur Tür. »Sie ist nicht aufgebrochen.«

Sie warf einen Blick zur Tür, als hoffte sie, daß jemand durch sie kommen würde, und dann, daß er nicht kam. »Muß ich Angst vor Ihnen haben? Was wollen Sie?«

»Nur, mich mit Ihnen noch etwas über Tom unterhalten. Und Ihnen sagen, daß mir Ihre Musik gefällt.«

Das Kompliment ging zum einen Ohr rein, zum anderen raus. »Tom«, seufzte sie schwer. »Können wir ihn denn nicht in Frieden ruhen lassen? Er wird bei den Engeln viel glücklicher sein, als er das bei uns hier unten auf der Erde war.«

»Sie können ihn ja vergessen, wenn Sie wollen. Ich werde ihn jedenfalls noch eine Weile in Erinnerung behalten.«

Sie schlang ihre Arme um den Oberkörper, als hätten sich meine Mission und ich verbunden, einen kalten Wind aufkommen zu lassen, und sank in den Stuhl am Schminktisch nieder. »Ich bin kein Ungeheuer, Mr. Tanner«, sagte sie und sah, um sich das zu bestätigen, in den Spiegel. »Ich weiß, Sie werden es nicht glauben, aber mir ist das alles sehr nahegegangen.«

»Sie müssen es ja wissen. Für einen Außenstehenden machen Sie jedenfalls einen ziemlich aufgekratzten Eindruck.«

»Es ist mein Job, aufgekratzt zu sein.« Ihre Hände fielen von ihrer Brust, und angesichts dessen, was sie als Beleidigung auffaßte, versteifte sich ihr Rücken. »Was wollen Sie? Ich muß mich für den zweiten Auftritt fertig machen.«

»Eine Menge Leute glauben nicht, daß Tom Selbstmord begangen hat.«

»Das glaube ich auch nicht. Das habe ich Ihnen bereits gesagt.«

»Einige Leute glauben, er wurde ermordet.«

Ihre Augen flatterten. »Wer? Die Polizei?«

Ich schüttelte den Kopf. »Eine Freundin. Von Tom.«

»Wer soll ihn ermordet haben?«

»Da war sich die Freundin nicht sicher.«

»Also, das halte ich für Unsinn. Tom ist einfach gestorben, das ist alles. Im Tenderloin sterben jeden Tag Menschen.«

»Glauben Sie wirklich, daß das alles gewesen ist? Ein Überfall, der zu weit ging?«

Sie fing im Spiegel meinen Blick auf. »Ja.«

»Hatte niemand einen Grund, Tom aus dem Weg zu schaffen?«

»Ich bitte Sie. Tom war ein armseliger Mann, der ein armseliges Leben geführt hat. Warum sollte ihn jemand umbringen wollen?«

»Armselige Männer werden jeden Tag ermordet. Das wüßten Sie, wenn Sie auch was anderes als *Variety* lesen würden, Mrs. Crandall.«

»Ich habe Sie gebeten, mich nicht so zu nennen«, erinnerte sie mich. »Und falls Sie glauben, Richard hatte etwas damit zu –«

Ich schüttelte den Kopf. »Was Sands betrifft, teile ich Ihre Meinung. Auch ich kann mir nicht vorstellen, daß er einen Mord begehen würde; er hat zu viel zu verlieren.« Das glaubte ich, als ich es sagte; dann kamen mir wieder Toms letzte Anrufe in den Sinn und mit ihnen Zweifel, die ich aber für mich behielt. »Ich dachte, Sie könnten vielleicht jemand anderen im Verdacht haben.«

»Wen zum Beispiel?« fragte sie.

»Ich hatte gehofft, das könnten Sie mir sagen.«

»Kann ich aber nicht.« Sie stöberte in ihrem Schminkzeug und zog einen Lippenstift heraus, der aussah wie eine Gewehrpatrone.

»Nichts Ungewöhnliches in seinem Leben in letzter Zeit, nichts, wovor er Angst hatte, nichts, das ihn ärgerte?«

»Nur das Übliche«, murmelte sie.

»Sie meinen Sands.«

Sie schüttelte den Kopf. »Ich meine Nicky.«

10

»Wer ist Nicky?«

»Toms Bruder.«

»Als ich Mrs. Crandall nach ihm fragte, machte sie ein komisches Gesicht und sagte, Tom habe keinen Bruder.«

Clarissa Crandall lachte trocken. »*Jeder* macht ein komisches Gesicht, wenn die Rede auf Nicky kommt.«

»Warum?«

»Nicky ist schon seit einiger Zeit... etwas schwierig. Alle möchten, daß er verschwindet. Für immer. Nach einer Weile fangen sie an zu glauben, daß er tatsächlich weg ist. Weil niemand weiß, wo Nicky *ist*, fällt ihnen das relativ leicht.«

»Mir gegenüber hat Tom Nicky nie erwähnt, außer ganz zum Schluß; er machte eine Andeutung, ihm sei etwas zugestoßen. Wissen Sie darüber etwas?«

Sie schüttelte den Kopf. »Ich bezweifle, daß da wirklich etwas dahinter war. Tom hatte wegen Nicky ein schlechtes Gewissen. Und wenn Tom ein schlechtes Gewissen hatte, war kein Wort aus ihm herauszukriegen.«

»Wieso hatte er ein schlechtes Gewissen?«

Als Clarissa mich forschend ansah, legte sie den Kopf auf die Seite, als könne sie so besser sehen. »Das ist eine lange Geschichte. Von früher, die Familie – Sie wissen schon.« Sie stand auf und nahm ein Abendkleid vom Gestell und verschwand hinter der spanischen Wand. »Ich muß mich umziehen.«

Ich nahm ihren Platz am Schminktisch ein und versuchte zu ignorieren, was hinter dem Rechteck aus transparentem Stoff vorging, indem ich meinen Blick auf die Puder und Pasten heftete, die den Tisch vor mir übersäten, Tuben und Töpfe und Gläser mit Ingredienzien, von denen ich noch nie etwas gehört oder gesehen hatte. Nach einer Weile konnte ich mir einen verstohlenen Blick nicht verkneifen, aber als ich in den Spiegel schaute, waren die einzigen Kurven, die ich sah, die des Sektkübels und der Chrysanthemen.

Bis auf das Rascheln von Satin und Seide war von Clarissa lange nichts zu hören. »Wir glauben beide, daß bei Toms Tod etwas nicht mit rechten Dingen zuging«, sagte ich, um die Stille zu überbrücken. »Und wir bezweifeln beide, daß Sands dahinterstecken könnte, und sei es auch nur indirekt. Das heißt, wir haben beide Angst, irgendwo da draußen könnte jemand sein, der beschlossen hat, Ihren Mann umzubringen.« Ich machte eine Pause. »Und wir möchten beide sichergehen, daß Tom das einzige Mitglied der Familie Crandall ist, gegen das dieser Jemand etwas hat.«

Ich hörte ein neuerliches Rascheln von Stoff, dann das Schnurren eines Reißverschlusses und das Klicken eines Absatzes auf Parkett. Als Clarissa wieder im Spiegel erschien, war sie genauso verführerisch aufgedonnert wie zuvor, nur war diesmal das Thema Rot angesagt.

Anstatt zu ihrem aufreizenden Bühnenschmollmund gespitzt war ihr Gesicht in nachdenkliche Falten gelegt. »Im Showbusiness hat man es mit jeder Menge Irrer zu tun«, murmelte sie, während sie sich im Spiegel an der Tür in voller Größe begutachtete.

»Was für Irre?«

»Typen mit allen möglichen Macken in puncto Frauen. Typen mit fixen Ideen über ›Stars‹. Typen, die Stimmen hören, daß ich sie liebe oder brauche oder ihnen weh tun will.« Sie schüttelte den Kopf. »Der letzte hat mir ständig seine Unterhosen geschickt. Eine pro Tag, drei Monate lang. Fleckig natürlich. Ekelhaft.« Ihre Stimme erstarb zu einem Wispern, bedrückt von der Perversion, die sie gerade beschrieben hatte. Einen Augenblick später erschauderte sie kurz, noch immer angewidert von der Zudringlichkeit des Fans.

»Was hat ihn dazu veranlaßt, damit aufzuhören?« fragte ich.

»Richard fand heraus, wer es war, und legte ihm nahe, das künftig bleiben zu lassen.«

»Wie hat er das gemacht?«

»Ich habe ihn nicht gefragt. Hätten Sie das?«

Als ich nichts erwiderte, stellte sie sich neben mich und versetzte mir einen leichten Stoß. Ich räumte den Schminktisch und kehrte zum Sofa zurück. Clarissa löste mich auf dem Stuhl ab und begann, ihr Gesicht zu betupfen, zu reiben und zu bemalen. Jeder Pinselstrich ließ sie aufreizender aussehen.

»Im Moment ist, glaube ich, wieder ein neuer aufgetaucht«, sagte sie schließlich.

»Ein neuer was?«

»Irrer. Ein Typ mit extrem kurzen Haaren und einer Narbe auf der Wange. Groß. Schrecklich angezogen – kariertes Polyestersakko und graue Hose mit braunen Schuhen und so. Er ist seit einiger Zeit jeden Abend hier. Immer nur beim letzten Auftritt. Immer allein. Ich bin zwar ganz gut, aber so gut auch wieder nicht. Wenn ich den Kerl bloß sehe, kriege ich eine Gänsehaut. Und ich kann mir nicht vorstellen, wie er sich das leisten kann.«

»Haben Sie ihm Sands schon auf den Hals gehetzt?«

Sie schüttelte den Kopf.

»Warum nicht?«

»Bisher hat er noch nichts getan, als sabbelnd im Publikum zu sitzen. Und wenn ich die Sabbler verprelle, kann ich gleich einpacken.«

Clarissa legte letzte Hand an ihr Gesicht und wandte sich dann ihrer Büste zu; sie streifte sich das Abendkleid von den Schultern, damit sie in Nachahmung des Fleisches eines Gründlings ihre Brust aufhellen konnte, ohne sich dabei der Wirkung bewußt zu werden, die ihre Schminkrituale auf mich hatten – eine Wirkung, die mich Tom insgeheim um Verzeihung bitten ließ.

»Wissen Sie zufällig, wie der Kerl heißt?« fragte ich, als sie fertig war.

»Er läßt sich seinen Tisch auf den Namen Kirby reservieren.«

»Ich werde ihn für Sie überprüfen.«

Mit einem kurzen Achselzucken ließ sie das Abendkleid auf ihre Schultern zurückwandern. »Meinetwegen. Wer soll übrigens die Kosten für so viel Aufmerksamkeit tragen? Wenn Sie ihn heute abend überprüfen wollen, kostet Sie das zwanzig Dollar Eintritt plus ein Minimum an zwei Getränken zu fünf Dollar. Wer kriegt die Rechnung?«

»Nur das Finanzamt.«

Sie sah mich an und hob eine Augenbraue. »Kein Wunder, daß Sie auf keinen grünen Zweig kommen.«

»Es läuft mir immer wieder mal jemand über den Weg, der dafür sorgt, daß ich nicht zu kurz komme.«

»Trotzdem sollten Sie sich Ihre Klienten vorher vielleicht etwas genauer ansehen.«

»Manchmal sind die Leute nicht nervös genug, um gleich von Anfang an Klienten zu sein.«

»Und *wenn* sie nervös werden – was macht sie nervös?«

Unsere Blicke trafen sich. »Daß ich herausfinde, was sie zu verbergen haben.«

»Das hört sich an, als wäre das eine weitverbreitete Krankheit.«

»Genauso weitverbreitet wie Perversion.«

Da der Bedeutungsspielraum meiner Theorie auch Mrs. Crandall einschloß, rechnete ich mit irgendeiner Form von Widerspruch. Aber sie sah nur auf ihre Uhr.

»Erwarten Sie jemanden?«

»Manchmal kommt Richard zwischen den Auftritten vorbei.«

»Werden Sie ihn heiraten, wenn sich das schickt?« fragte ich und borgte mir dafür eine Redewendung, die ich zum letztenmal aus dem Mund von Ellen Simmons gehört hatte und davor aus dem meiner Großmutter.

Sie zuckte mit den Achseln. »Er hat nicht gefragt.«

»Da hat Tom was anderes gesagt.«

»Tom hat gern zwischen den Zeilen gelesen. Außerdem ist Richard schon verheiratet.«

»Ändert das etwas an der Sache?«

Sie fand mich im Spiegel. »Für mich nicht.«

Darauf hätte es eine Replik gegeben, aber ich beschloß, davon Abstand zu nehmen. Während ich diesen Punkt überdachte, ließ Clarissa ihren Augenbrauenstift fallen und schwang zu mir herum. »Es war nicht meine Schuld. Was zwischen Tom und mir passiert ist.«

»Wer war dann schuld?«

»Tom vor allem.« Sie bemerkte meinen Blick. »Na schön, wir *beide*.«

»Sie und Sands?«

Unwirsch schüttelte sie den Kopf. »Ich und Tom.«

»Was war nun eigentlich das Problem? Hing es hauptsächlich mit Sands zusammen?«

Sie schüttelte den Kopf. »Mit Richard Sands hatte das Ganze *überhaupt* nichts zu tun. Zumindest erst nicht. Es war nur so, daß mich meine Probleme mit Tom irgendwann so... zermürbt hatten, daß ich ein extrem starkes Bedürfnis hatte, von jemandem die Hand gehalten und gesagt zu bekommen, daß ich schön und intelligent und begehrenswert bin und nur für das geliebt werde, was ich bin.«

»Mir scheint, da draußen ist ein ganzer Saal voller Leute, die eben eine Stunde lang genau das getan haben.«

Sie schüttelte den Kopf. »Die zählen nicht. Es muß jemand sein, der mich *kennt*, jemand, der nicht eine Berühmtheit anhimmelt. Tom kannte mich besser als sonst jemand, aber er hat schon lange aufgehört, mir solche Dinge zu sagen. Als Richard daherkam und anbot, dieses Defizit zu füllen, sah ich keinen Grund, ihn daran zu hindern.«

»Obwohl es Tom unglücklich machte?«

Ihre Stimme verhärtete sich. »Es hat nicht nur ihn unglücklich gemacht. Glauben Sie mir.«

»Das ist immer so. Und wenn man es dem anderen nur heimzahlen will, geht die Beziehung in die Brüche.«

Sie schloß die Augen, aber trotzdem sickerte eine Träne heraus. Prompt war ihr nagelneues Make-up ruiniert.

»*Sie* kannten ihn«, warf sie mir plötzlich vor. »*Sie* wissen, wie er war. Natürlich, er war gut und aufrichtig und edel und was weiß ich noch alles, aber Tom Crandall hielt es auch für ein Verbrechen, glücklich zu sein. Er dachte, wir müßten alle so lange leiden, bis auch der letzte arme Teufel auf dieser Welt erlöst wäre. Also, ich sehe das Leben *nicht* so: Ich finde, man sollte versuchen glücklich zu sein, ganz gleich, was passiert. Wenn man etwas gegen die Dinge tun kann, die einen unglücklich machen, schön – dann soll man es tun. Aber wenn man die Wahl hat zwischen glücklich und unglücklich sein, warum sollte man dann nicht glücklich sein? Wem ist damit gedient, wenn man ständig mit einem Gesicht wie drei Tage Regenwetter durch die Gegend schleicht? Ehrlich gesagt, kann ich mir nicht vorstellen, daß das die Hungernden in Äthiopien einen Dreck interessiert.«

Als sie mich ansah, sagte ich nichts. Obwohl diese Replik gegen ihren Mann gerichtet war, gab ich eine gleichermaßen geeignete Zielscheibe ab.

»Jahrelang habe ich versucht, Tom von meinem Standpunkt zu überzeugen«, fuhr sie fort. »Ich riß Abend für Abend zwei Shows für die zahlenden Gäste runter und anschließend noch eine dritte für meinen Mann. Allerdings war er ein verdammt schwieriges Publikum. Und nach all den Jahren, in denen ich dachte, für mich wäre die wichtigste Sache der Welt, ihn glücklich zu machen, kam ich schließlich an einen Punkt, an dem ich einfach keine Lust mehr hatte. Plötzlich sprang für mich absolut nichts mehr bei der Sache heraus.«

»Was, glauben Sie, hat ihn so werden lassen?«

Ihr Achselzucken war mutlos. »Zum Teil war sicher der Krieg daran schuld – er hatte diese Erinnerungsschübe und

Albträume von Dingen, die er erlebt und getan hatte. Aber er weigerte sich, deswegen jemanden *aufzusuchen*; er saß bloß rum und brütete vor sich hin. Und dann noch sein Job. Die Menschen tun sich die schrecklichsten Dinge an – sich selbst, ihren Kindern, sogar ihren Tieren. Ich glaube, ich habe ihn nie so fassungslos erlebt wie an dem Abend, an dem er zu einem Mann gerufen wurde, der erst seine Hunde abgeschlachtet hatte und dann sich selbst.«

»Tom hat es nie mit einer Therapie versucht?«

Sie schüttelte den Kopf. »Er redete sich immer darauf hinaus, daß wir uns das nicht leisten könnten. Aber ich glaube, er hatte bloß Angst davor, jemand könnte ihm sagen, daß er wie sein Bruder enden würde.«

»Und das wäre gewesen?«

Sie begann einen neuen Lidstrich. »Paranoide Schizophrenie. Klinisch. Er hört Stimmen, sieht Gespenster, erhält Botschaften und was sonst noch alles dazugehört. Nicky Crandall ist so überdreht, daß er es keine dreißig Sekunden in einem Raum aushält, wenn er nicht unter Medikamenten steht.«

»Wann haben Sie ihn zum letztenmal gesehen?«

»Nicky? Das ist schon Jahre her.«

»Hat Tom den Kontakt mit ihm aufrechterhalten?«

»Er hat es versucht, aber es war ein ständiges Auf und Ab. Nicky hielt es nie lange an einem Ort aus. Tom bekam Postkarten von ihm – die letzte aus Walla Walla. Die davor kam aus Galveston.«

»Hat Tom in letzter Zeit über seinen Bruder gesprochen?«

Sie seufzte. »Tom erzählte überhaupt nicht mehr von sich. Zumindest nicht mir. Offensichtlich hat er sich das für Sie und seine Getreuen aus dem Guido's aufgespart.« Clarissa blinzelte gegen eine weitere Träne an und fluchte darüber. »Ich wollte ihm nicht weh tun, Mr. Tanner. Aber ich wußte nicht mehr aus noch ein. Er hat mir das Gefühl vermittelt, nichts zu taugen: als könnte ich nichts tun, damit es ihm jemals besser gehen würde, als vergeudete ich damit nur meine Zeit. Was ich getan habe, mußte ich tun, um nicht ganz unterzugehen.«

»Warum haben Sie ihn nicht verlassen? Ihm Sands unter die Nase zu reiben, hat es nicht gerade einfacher für ihn gemacht.«

»Vermutlich hätte ich das tun sollen. Aber ich dachte ständig, daß meine Freundschaft mit Richard Tom irgendwann vor Augen führen würde, wie unglücklich ich war, und er endlich etwas dagegen *tun* würde. Daß er sah, was ich von Richard bekam, und es mir selbst zu geben versuchte.«

»Ich glaube, alles, was er sehen konnte, war Sands' Geld. Ich glaube, Tom hat nur gesehen, daß Sie sich von einem Mann mit fünfzig Millionen Dollar angezogen fühlten, und das war etwas, das er Ihnen nie hätte bieten können.«

»Aber das war doch gar nicht, was ich wollte.«

»Da muß ich Ihnen leider sagen, daß das unter diesen Umständen für keinen Mann leicht einzusehen gewesen wäre.«

Widerstrebend nickte sie. »Ich weiß. Aber etwas *mußte* ich tun. Zumindest führte meine Freundschaft mit Richard dazu, daß Tom mich wieder beachtete.« Ihr Grinsen war spöttisch. »In letzter Zeit machte sich Tom mehr Gedanken über mein Leben als ich. Er hatte *Unmengen* von Ideen, wie ich es leben sollte.«

Ich beschloß, nicht zu erwähnen, daß Tom ziemlich genau den gleichen Vorwurf gegen sie vorgebracht hatte. Was vermutlich der Grund ist, warum die Scheidungsgerichte hoffnungslos überlastet sind.

»Zurück zu Nicky«, sagte ich, aber bevor ich eine Frage stellen konnte, klopfte es an der Tür. Ich rechnete mit Sands oder einem seiner Mannen, aber der Kopf, der in den Raum kam, war der von Mickey Stringer. »Randy hat ein neues Arrangement für ›Misty‹ geschrieben, das ich gern mal mit dir durchgehen würde, und –« Er sah mich und runzelte die Stirn. »Tanner, habe ich recht?«

Ich nickte. »Tag, Mickey. Lange nicht mehr gesehen.«

»Bimbo's 365.«

»Ja, das Bimbo's. Das waren noch Zeiten.«

»Klare Sache. Was hat Sie in den Velvet verschlagen?«

Ich warf einen Blick auf Clarissa. »Nur ein Fan.«

»Haben Sie den ersten Set mitbekommen?«

Ich nickte. »Die Band ist fantastisch.«

Mickey lächelte. »Mit diesen jungen Burschen fühlt man sich selbst wieder wie zwanzig. Ist mir zwar schleierhaft, wie sie es geschafft haben, sich nicht von Rock and Roll und Rap versauen zu lassen, aber Gott sei Dank ist das nicht der Fall. Der Typ am Tenor – Jarvis – hat einen Ansatz, wie ich ihn seit Stan Getz nicht mehr gehört habe.«

Ich stand auf. »Dann will ich Sie nicht mehr länger von der Arbeit abhalten.« Ich wandte mich wieder Clarissa zu. »Ich würde gern mal bei Ihnen zu Hause vorbeischauen. Mir Toms Sachen ansehen. Vielleicht ein bißchen über Nicky reden.«

Sie zuckte unschlüssig mit den Achseln. »Vielleicht. Ich weiß nicht. Rufen Sie mich einfach an.«

»Aber tun Sie mir bitte einen Gefallen.«

»Ja?«

»Löschen Sie Toms Stimme auf dem Anrufbeantworter.«

Sie runzelte die Stirn, dann errötete sie. »Das habe ich… selbstverständlich. Wie furchtbar.«

Ich sah Mickey an. »Dürfte ich Sie auch um einen Gefallen bitten?«

»Ja?«

»Setzen Sie ›You Go to My Head‹ aufs Programm, wenn ich das nächste Mal im Publikum sitze.«

»Mach ich«, sagte Mickey und klopfte mir auf die Schulter. »Soll ich Sie für den letzten Set auf die Gästeliste setzen lassen? Nicht viel los heute, und sie haben den Laden gern voll.«

Ich hatte nicht vorgehabt zu bleiben, aber bei *der* Band, *der* Sängerin und *der* Spur, auf die ich gerade gestoßen war, konnte ich dieses Angebot nicht ausschlagen.

Als ich die Tür erreichte, zog ich einen Columbo ab: »Ach, noch was«, sagte ich zu Clarissa, die sich gerade ein letztes Mal im Spiegel begutachtete. »Wissen Sie, was aus Toms Silver Star geworden ist?«

Sie sah mich ohne Interesse an. »Ich wußte gar nicht, daß er einen hatte, bis ich es in der Zeitung las.«

11

Der zweite Set war sogar noch besser als der erste. Die Band war inzwischen richtig in Fahrt, möglicherweise dank der Annehmlichkeiten im Hinterzimmer, und das Programm setzte sich aus Stücken von Ellington, Strayhorn, Herman und Hefti zusammen, und dazwischen war auch noch Zeit für eine grazile Version meines Wunschtitels. Was Clarissa betraf, brachte sie eine Menge Porter und Arlen, mit der genau richtigen Prise Jimmy Webb und Carole King, und das Publikum – der Saal war inzwischen fast voll, da der Eintrittspreis inzwischen nur noch das Gedeck und ein Getränk anstatt eines fünfgängigen Menüs betrug – war Wachs in ihren rotgespitzten Händen.

Nach der schnellen Version von ›Misty‹, die ihr Mickey zum Durchsehen gebracht hatte, verließ Clarissa die Bühne, und ich entschloß mich ebenfalls zu gehen – ich wollte sehen, was passieren würde, wenn Clarissa das Gebäude verließ. Das Problem war nur, daß es ein großes Hotel war, mit einer Menge Ein- und Ausgänge. Wenn vor einem davon keine Limousine stand, wußte ich nicht, was ich tun sollte, um zur Stelle zu sein, wenn Clarissa Crandall das Gebäude verließ.

Ich trieb mich noch immer im Vorraum herum und versuchte unter den wachsamen Blicken der hübschen, aber schlecht gelaunten Garderobiere einen brauchbaren Plan zu fassen, als mir ein anderer Gast aus der Klemme half. Er war groß und kräftig, mit kurzgeschnittenem Haar, einer Narbe wie aus Kitt am Kinn und an den Brauen, die seine Augen wie ein Mützenschirm aus Granit beschatteten. Er war mit ziemlicher Sicherheit Clarissas jüngster Verehrer, und ich nahm an, daß er genau wußte, wo das Objekt seiner Begierde auftauchen würde, wenn es für sie Zeit zum Gehen wurde. Deshalb fuhr ich mit, als er den Lift nach unten nahm.

Er verließ das Gebäude durch den Haupteingang, und soweit ich das beurteilen konnte, hegte er hinsichtlich meiner Person oder meiner Motive nicht den leisesten Argwohn. Nachdem ich ihm einen gewissen Vorsprung gelassen hatte, nahm ich die

Verfolgung auf. Ich erreichte den Gehsteig gerade noch rechtzeitig, um ihn in die Einfahrt hinter dem Hotel biegen zu sehen, bei der es sich zufällig um die Einfahrt handelte, in der ich meinen Wagen mit dem PRESSE-Schild an der Windschutzscheibe abgestellt hatte. Es war auch die Einfahrt, in der eine perlgraue Limousine wie ein stolzer Hengst darauf wartete, seinem Herrn zu Diensten zu sein. Die Fenster waren, wie nicht anders zu erwarten, schwarz getönt, so daß ich nur raten konnte, wer dahinter saß, aber auf dem Nummernschild stand RS – 1.

Mein stämmiger Führer postierte sich hinter dem Vorsprung einer Laderampe, wo er von der Limousine nicht zu sehen war. Ich wiederum duckte mich, beiden Blicken entzogen, hinter einen Kombi mit dem Schriftzug des Hotels an den Seiten und fragte mich, was ich hier eigentlich wollte. Als ich wieder zu meinem Führer hinübersah, fragte ich mich dasselbe über ihn. Er hatte ein rotes Notizbuch aus seiner Tasche gezogen und schrieb kurz etwas hinein – obwohl er dafür eigentlich schon ein bißchen alt schien, wollte er sich offensichtlich ein Autogramm geben lassen, von Clarissa oder Sands oder beiden.

Ich hörte ein Geräusch und schaute zu der Limousine zurück. Die Vordertür – Beifahrerseite – schwebte auf, und ein gutgekleideter Managertyp, so alt wie ich oder schlimmer, im obligatorischen blauen Dreiteiler seiner Spezies, stieg aus dem Wagen und ging auf das Hotel zu. Es war nicht Richard Sands, aber es war zweifellos sein Emissär.

Der blaue Dreiteiler ließ die Wagentür offen, als er auf den Hintereingang zueilte, und als sich der Fahrer über den Beifahrersitz beugte, um sie zu schließen, erhaschte ich einen flüchtigen Blick auf ihn – eine bodybuildende Bodyguardtype, im schmucken blauen Blazer mit grauer Hose, seine entwaffnenden Augen so flink wie eine Eidechsenzunge. In Anbetracht seines Jobs war er zweifellos Absolvent einer Karateschule, der Bondurant School und eines Überlebenstrainings, zu dem unter anderem auch die Ausbildung im Umgang mit Schnellfeuerwaffen und in Abwehrtechniken gegen handgeworfene wie ferngesteuerte Sprengkörper gehörte. Auch für die Reichen ist das Leben heutzutage kein reines Zuckerlecken mehr.

Als ich mich vergewissern wollte, wie mein Führer auf all das reagiert hatte, war er verschwunden. Ich schaute gerade noch rechtzeitig hinter mich, um einen letzten Blick auf ihn zu erhaschen, bevor er um die Ecke der Einfahrt bog und in Richtung Haupteingang den Hügel hinaufging, von wo wir kurz zuvor gekommen waren.

Ich fand sein Verhalten seltsam genug, um mit ihm sprechen zu wollen. Bevor ich jedoch seine Verfolgung aufnehmen konnte, schwang die Hintertür des Hotels noch einmal auf, und Clarissa Crandall erschien, wieder in dem Cocktailkleid, das bei der Beerdigung einen Skandal verursacht hatte. Begleitet wurde sie, mit stummer, aber gekonnter Galanterie, von dem Dreiteiler, der sie abholen gekommen war. Der Dreiteiler blieb an der Hintertür der Limousine stehen, und Clarissa stieg mit anmutiger Leichtigkeit, wie sie nur von langer Übung kommt, ein; dann folgte er ihr.

Der Chauffeur ließ den Motor an, und geräuschlos wie ein Skiff glitt die Limousine die Einfahrt hinunter. Unsicher, was ich tun sollte oder ob ich überhaupt etwas tun sollte, stieg ich in meinen Wagen und wartete, bis die Limousine auf die Straße hinausmanövriert war und in Richtung Union Square den Hügel hinunterglitt. Als sie nicht mehr zu sehen war, fuhr ich bis zur Mündung der Durchfahrt und erwog die Vor- und Nachteile, ihr zu folgen.

Ich war noch unentschlossen, als mein Weg von einem kleinen grauen Escort gekreuzt wurde. Am Steuer saß der Kerl mit dem Haar von der Länge und Farbe billigen Teppichbodens, der sich in dem winzigen Wagen etwa so breitmachte, wie sich Gin in einem Martini breitmacht. Da er der Limousine hinterherhechelte wie ein Terrier einem Toyota, mußte er sich irgend etwas von der Sache versprochen haben. Deshalb bog ich nach rechts, als die Parade die nächste Kreuzung erreichte, und schloß mich ihr an.

Die Fahrt verlief gemächlich, aber zielstrebig. Unter Einhaltung der Geschwindigkeitsbeschränkung fuhr unser Dreiergespann auf dem kürzesten Weg den Nob Hill hinunter, überquerte die langgezogene Schräge der Market Street und erreichte die wiederbelebten Gefilde des südlich davon gelegenen Stadtteils. Nach ein paar eleganten Richtungswechseln und einer Wende auf der Seventh bog die Limousine in etwas, das kaum mehr als eine bessere Einfahrt war, und hielt an.

Ich blieb auf der anderen Seite der Seventh, während die Limousine ihre Passagiere ausspie, die sich, wie sich herausstellte, nur aus Clarissa und dem blauen Dreiteiler zusammensetzten. Der Dreiteiler klopfte ein einziges Mal an eine Tür, was genügte, um sie schleunigst aufgehen zu lassen. Die beiden gingen nach drinnen, die Tür schloß sich, die Limousine glitt ans Ende der Einfahrt, bog nach rechts und verschwand. Wenige Augenblicke später kam der Kerl in dem Escort wie ein Hai vorbeigeschwommen und bog an der ersten Ecke ab. Ich blieb noch eine Minute, wo ich war, stieß dann zur Mitte des Blocks zurück und parkte. Nachdem ich das PRESSE-Schild wieder an die Windschutzscheibe geklemmt hatte, begab ich mich auf Erkundungsgang.

Die Cleveland Street war eine Mischung aus verfallenden Lagerhäusern und sanierten Bürobauten. Das Gebäude, für das ich mich interessierte, war ein geschmackvoll renoviertes Stadthaus mit Kutschenlampen zu beiden Seiten der Tür, einer roten Markise über dem Eingang und einem Messingschild an einem ehemaligen Torpfosten. Dem Eckstein zufolge war es vor 1906 erbaut. Weder auf der Markise noch an der Tür stand ein Name, aber das Licht der Lampen genügte mir, um das Schild lesen zu können: SANDSTONE CLUB – PRIVAT. Ich sperrte Augen und Ohren auf, konnte aber keinerlei Anzeichen entdecken, daß sich jemand in dem Gebäude aufhielt, obwohl ich gerade zwei Personen hineingehen gesehen hatte. Als ich die Tür zu öffnen versuchte, war sie verschlossen.

Meine Neugier mußte einen Sensor aktiviert haben, da fast im selben Augenblick die Tür aufflog und ein Muskelpaket, das ein Zwillingsbruder des Chauffeurs der Limousine hätte sein können, nach draußen sah und mich anschnauzte: »Haben Sie hier was verloren, Chef?«

Obwohl ich fieberhaft nach einem passenden Entrée suchte, fiel mir nichts Besseres ein als: »Ich hätte gern Mr. Sands gesprochen.«

»Erwartet er Sie?«

»Ganz sicher nicht.«

»Dann verschwinden Sie. Außerdem ist er hier geschäftlich nicht zu sprechen.«

»Es geht hier um nichts Geschäftliches, sondern ums Vergnügen. Ich weiß, er hat eine Schwäche für Jazzsängerinnen. Bestellen Sie ihm also, daß ich eine frühe Julie London für ihn hätte, falls wir uns über das Finanzielle einigen können.«

Dieser Eröffnungszug verwirrte ihn noch mehr, als er mich verwirrte. »Sind Sie ihr Manager oder was?«

»Warum richten Sie ihm nicht einfach aus, was ich gesagt habe?«

Die Tür ging zu, aber nur so lange, daß ich einen Blick die Straße hinauf und hinunter werfen konnte, um mich zu vergewissern, daß ich noch immer allein war. »Verpiß dich, du Penner, und steck sie dir sonstwohin«, sagte das Muskelpaket bei seiner Rückkehr. »Und wenn du nicht verschwunden bist, wenn ich das nächste Mal nachsehe, rufe ich die Polizei. Wegen Hausfriedensbruch.«

Ich winkte den Hinauswurf beiseite. »Schöne Grüße an Mrs. Crandall.«

»Noch nie von gehört«, sagte das Muskelpaket und verschwand hinter der schweren Tür.

In der Abendkühle sah ich die schmale Straße hinauf und hinunter. Wäre der abrupte Lärmschwall aus einer Bar einen Block weiter nicht gewesen, hätte man denken können, sie drehten hier ein Remake von *Die Faust im Nacken*. Als ich die Seventh erreichte, ging ich zwei Schritte auf meinen Wagen zu, machte dann aber auf meinem abgelatschten Absatz kehrt und wandte mich in die andere Richtung.

Ich fand den Escort in der ersten Seitenstraße, die Kühlerhaube gerade so weit über das Eckhaus hinausragend, daß der Fahrer den Eingang des Clubs im Auge behalten konnte. Ich blieb mehrere Minuten im Schatten eines Laternenpfahls, bevor ich auf den Bürstenkopf zuging, der so damit beschäftigt war, den Verschluß seiner Thermoskanne aufzubekommen, daß er mich erst bemerkte, als ich ans Fenster klopfte.

»Pro Tag oder pro Stunde?« fragte ich.

Er schüttete heißen Kaffee auf seine Hose. »Wer zum Teufel…? Verschwinden Sie hier. Aber schnell.«

»Ich hoffe, der Vorschuß war fünfstellig.«

»Wovon reden Sie eigentlich?«

»Von Mrs. Sands. Wie haben Sie das Finanzielle geregelt? Rechnen Sie pro Tag oder pro Stunde ab? Oder haben Sie sich auf eine Pauschale geeinigt?«

Sein höhnisches Grinsen ließ seine Zähne im Licht der Straßenlampen so gelb wie Vanillesoße erscheinen. »Wer hat hier was von Mrs. Sands gesagt?«

»Soweit ich mich erinnern kann, war das ich.«

»Was zum Teufel haben Sie mit Mrs. Sands zu schaffen?«

»Nur so ein kleiner Erfahrungsaustausch unter Kollegen.«

Er runzelte die Stirn. »Sind Sie Privatdetektiv?«

Ich nickte. »Ich habe sogar auch eins von den Dingern da.« Ich deutete auf das PRESSE-Schild an seiner Windschutzscheibe.

Er rutschte ein Stück zur Seite, wo das Licht besser war. »Ich kenne Sie. Tanner. Der Fall Kottle.«

»Unter anderem.«

»Ich bin Standish.«

»Miles?«

Er starrte mich finster an. »Das habe ich mindestens schon eine Million Mal gehört. *Garth* Standish. Büro in Laurel Village. War mal bei der Polizei von San Jose. Woher wissen Sie, daß ich für Mrs. Sands arbeite?«

»Weil die einzige andere Person, die sich dafür interessieren könnte, was ihr Mann und Mrs. Crandall treiben, tot ist.«

Er zuckte mit den Achseln. »Von einem Toten weiß ich nichts. Ich mache nur Scheidungsfälle.«

»Will sie gerichtlich gegen ihn vorgehen?«

»Was weiß ich? Vielleicht will sie's ihm auch nur heimzahlen.«

»Hat sie einen Anwalt eingeschaltet?«

Er schüttelte den Kopf. »Sie hat sich direkt an mich gewandt.«

»Sie sehen ganz schön müde aus«, sagte ich nach einer Weile.

Er warf einen Blick auf die Thermoskanne. »Allerdings.«

»Vermutlich sind Sie auch noch mit ein paar anderen Fällen in Verzug.«

»Und?«

»Wenn Sie mich in die nötigen Einzelheiten einweihen, könnte ich zum Beispiel für Sie einspringen. Nur für heute nacht. Sie sehen aus, als hätten Sie dringend Schlaf nötig.«

»Was soll dabei für Sie rausspringen?«

Ich zuckte mit den Achseln. »Nichts. Aber da ich sowieso hier bleiben muß, sehe ich keinen Grund, warum wir uns beide die Nacht um die Ohren schlagen sollten.«

Mein Vorschlag begann seine Wirkung zu tun. Standish schaute in Richtung Cleveland Street. »Die Warterei vor dem Club ist reine Routine. Nach dem letzten Auftritt kommen sie hierher, ziehen sich ein paar Drinks oder eine Ladung Koks oder sonst was rein, und gegen drei, halb vier bringt er sie nach Hause.«

»Ein Klacks. Bis auf die Zeit.«

Standish nickte. »Mehr als drei, maximal vier Stunden Schlaf pro Nacht springen dabei nicht für mich raus.«

»Das ist nicht genug für einen Mann Ihrer Größe.«

Er gähnte. »Für wen arbeiten Sie eigentlich?«

»Das darf ich nicht sagen. Sie kennen das ja.«

Er unterzog seine Berufsmoral einer Prüfung; sehr lange dauerte das nicht. »Sie meinen also, Sie müssen sich hier sowieso die Beine in den Bauch stehen. Ich könnte mal wieder ordentlich ausschlafen, und Sie könnten mich morgen früh anrufen und mir Bescheid geben, wann sie gegangen sind, und ich könnte meinen Bericht abliefern, ohne daß jemand was merkt.« Plötzlich verdunkelte sich seine Miene. »Sie hat Sie doch wohl nicht auf *mich* angesetzt? Um meine Methodologie zu überprüfen?« Bei ihm hörte sich das wie Tschechisch an.

Ich schüttelte den Kopf. »Ich arbeite für den Toten.«

Standish war zu müde, um dem nachzugehen. Sein Kopf sank vornüber, bis er auf dem Lenkrad zu ruhen kam. »Wenn ich mich nicht bald ein bißchen hinlegen kann, schlafe ich noch im Stehen ein.«

»Waren Sie schon mal im Club?«

»Nee. An Sands ist schwerer ranzukommen als an Quayle.«

»Übernehmen Sie immer erst, wenn sie aus dem Hotel kommen?«

Er nickte. »Wenn die Sonne scheint, hat sie jemand anderen auf sie angesetzt.«

»Haben Sie Sands mal mit einem Mann gesehen, der etwa so aussieht?« Ich beschrieb Tom Crandall.

Standish schüttelte den Kopf. »Ich sehe ihn nur mit Miezen.«

»Hat er außer der Sängerin noch eine?«

Er schüttelte den Kopf. »Keine feste.«

»Haben Sie Fotos?«

»Keine pikanten jedenfalls. Ich habe sie noch nie woanders hingehen sehen als in den Club, und der hat nicht mal Fenster. Leichter könnte ich Ihnen Fotos von Trump oder Maples besorgen als von *dem* Kerl.« Sein Gähnen war so groß wie Chicago.

»Dann sehen Sie mal zu, daß Sie zu Ihrem Schönheitsschlaf kommen. Ich rufe Sie morgen an.«

Er betrachtete mich mit überraschender Würde. »Daß Sie mich bloß nicht verscheißern, Tanner. Ich lasse mich auf diese Geschichte nur ein, weil Sie einen guten Ruf haben. Wenn Sie mich hier verarschen, können Sie was erleben.«

»Ich werd's mir merken«, sagte ich, als er seinen kleinen Wagen anließ und die Seventh Street hinuntertuckerte.

Ich ging zu meinem Wagen zurück, fuhr zu einer Stelle, von der ich den Eingang des Sandstone sehen konnte, und wartete. Über eine Stunde. Ich focht selbst einen erbitterten Kampf gegen die Müdigkeit, als nicht eine, sondern drei Limousinen von unbekannten Weidegründen angefahren kamen und drei verschiedene Paare zu anderen Bestimmungsorten brachten. Die Kleidung der Männer war teuer, ihr Auftreten machtbewußt, die Frauen schienen mehr der Zierde als der geistigen Erbauung zu dienen. Der Mann an Clarissas Seite war nicht Richard Sands, sondern der blaue Dreiteiler.

Was auch immer die ganze Sache zu bedeuten hatte, ich hatte den Eindruck, daß sie auch ohne mich zurechtkommen würden. Als sich mein Buick und ich in Richtung Heimat den Hügel hinaufmühten, fragte ich mich, was Sands noch im Club tat, nachdem die anderen gegangen waren, nur er und seine Millionen und der Kerl, der seinen Leib bewachte – fragte mich, ob er je Zweifel hatte, daß es die Sache wert war.

12

Als ich nach Hause kam, war eine Nachricht von Ellen auf dem Anrufbeantworter: Ihr sei noch etwas zu Tom eingefallen, was sie mir erzählen wolle. Ich solle sie anrufen, aber nicht nach zehn – dann ginge ihr Vater zu Bett, und das leiseste Geräusch würde ihn wecken. Falls sie heute abend nichts mehr von mir hören würde, würde sie mich morgen nach der Arbeit anrufen. Aber so lange wollte ich nicht warten.

Am nächsten Tag, kurz vor Mittag, betrat ich die East-Bay-Bank-Zweigstelle in der Grand Avenue im Herzen von downtown Oakland. In der Rokoko-Hauptschalterhalle war Ellen Simmons nirgendwo zu sehen. Als ich fragte, ob ich sie sprechen könne, deutete die Frau am Kundenservice-Schalter nach unten. Im ersten Moment faßte ich diese Geste als eine weitere

Todesanzeige auf, aber ich nahm rasch wieder Vernunft an und ging die Treppe zum Untergeschoß hinunter. Ich fand Ellen in einem kleinen Kabuff nicht weit vom Tresorraum mit den Schließfächern, wo sie ein paar Schecks überprüfte.

Sie trug ein schlichtes blaues Hemdblusenkleid und hatte sich zum Schutz gegen die unterirdische Kühle einen roten Pullover über die Schultern geworfen. Ihr Gesichtsausdruck war noch lebloser als beim Betreten der Friedhofskapelle, und ich machte das Ganze auch nicht besser, als ich mich ohne Vorwarnung vor ihrem Schreibtisch materialisierte.

Sie erbleichte, als sie mich sah. »Ich kann jetzt nicht mit Ihnen sprechen«, hauchte sie. »Sie hätten nicht herkommen sollen.«

»Könnte doch sein, daß ich ein Schließfach brauche. Um meine Wertsachen zu deponieren.«

»Damit habe ich nichts zu tun. Ich habe mit Leuten nichts zu tun«, fügte sie hinzu, als der Eindruck entstand, ich würde gleich mit einem anderen Kundenservice ankommen.

»Aber eine Mittagspause haben Sie doch, oder nicht?«

Sie sah auf ihre Uhr. »Nur eine halbe Stunde. Um halb eins.«

»Ich werde ein paar Sandwiches besorgen und auf einer Bank unten am Lake Merritt auf Sie warten.«

»Ich –«

»Schinken oder Thunfisch?«

»... Thunfisch.«

»Normal oder Vollkorn?«

»Normal.«

»Coke oder Sprite?«

»Milch, bitte.«

»Chips oder Krautsalat?«

»Keines von beidem.« Sie errötete. »Aber vielleicht was Süßes. Schokoladenkekse?«

»In zwanzig Minuten also.« Ich lächelte. »Schokoladenkekse sind übrigens ganz schön gewagt.«

Sie verfärbte sich von Karmesin- zu Scharlachrot oder vielleicht auch umgekehrt – so gut bin ich mit Farben nicht – und wandte sich wieder ihrem Packen Schecks zu.

Sie war selbstverständlich pünktlich und hungrig – bis auf die Getränke hatten wir alles in wenigen Sekunden weggeputzt. Zufrieden, sogar fasziniert von unserem kleinen Ausflug ins Grüne, sog Ellen unsere Umgebung ein, als befänden wir uns in einer anderen Welt: die Bäume, der See, die Ruderboote, die sorglosen Menschen, die Hand in Hand in der Mittagssonne spazierengingen, die Jogger, die sich begeistert selbst quälten, die Kinder auf dem Weg zum Fairyland. Nichts Außergewöhnliches, außer daß es Ellen Simmons wie eine Offenbarung erschien.

»Ich komme nie hierher«, murmelte sie, mehr zu sich selbst als zu mir. »Warum wohl?«

Ich wußte, warum: Sie hatte sich keine Freude gegönnt, seit sie Tom Crandall ihre Bibel und ihre Jungfräulichkeit vermacht und in der Folge ihre Hoffnungen zerschlagen gesehen hatte. »Was ist Ihnen noch eingefallen, das Sie mir erzählen wollten?« fragte ich, nachdem ich ihr noch etwas Zeit gelassen hatte, sich an dem Anblick zu freuen.

Sie leckte sich einen Klecks Mayonnaise von der Lippe. »Ich war nicht ganz ehrlich zu Ihnen, als wir uns gestern unterhalten haben«, sagte sie mit ernster Akkuratesse.

»Haben Sie mich belogen?«

»Leider ja.«

»Also so was. Worüber haben Sie mir die Unwahrheit gesagt?«

»Über Nicky.«

»Den Bruder.«

»Ja.«

»Von dem Sie nicht wußten, ob Tom einen hatte.«

Sie errötete zum hundertsten Mal, seit ich sie kennengelernt hatte. »Ich habe mich ganz bewußt nicht klar ausgedrückt. Nicky Crandall ist sehr lebendig.«

»Das habe ich bereits gehört.«

Die Antwort enttäuschte sie. »Sie wußten es also bereits?«

»Daß es ihn gibt, ja. Und daß Tom vor seinem Tod Kontakt mit ihm hatte. Aber das ist so ziemlich alles, was ich weiß. Wie alt ist er zum Beispiel?«

»Er ist ein Jahr jünger wie ich. Das heißt: *als* ich.«

»Demnach ist er...?«

»Fünfunddreißig.«

»Wo wohnt er?«

»Das weiß ich nicht genau.«

»Hier in der East Bay?«

Sie schüttelte den Kopf. »In San Francisco, irgendwo beim Civic Center. Er lebt mit einer Frau zusammen, das weiß ich. Tom hat auch mit ihr gesprochen. Ich glaube, sie hieß Jan.«

»Toms Leiche wurde in der Nähe des Civic Center gefunden.«

»Tatsächlich?« Ihre Augen waren glasig und abwesend. Ganz im Bann der Heiterkeit des Sees, fand sie Zufall und Verschwörung unbegreiflich. »Das letzte Mal, als ich ihn gesehen habe, hat Tom ziemlich viel über Nicky gesprochen«, sagte sie nach einer Minute.

»Und wie kommen Sie darauf, daß das wichtig sein könnte?«

»Ich weiß nicht, ob es das ist. Aber Nicky war wie ich – einer von Toms wunden Punkten. Möglicherweise war Nicky sogar sein wundester Punkt überhaupt.«

»Wann haben *Sie* Nicky zum letztenmal gesehen?«

Sie blinzelte. »Neunzehnhundertzweiundsiebzig.«

»Sie scheinen sich sehr sicher zu sein.«

Sie zögerte. »Ich habe ein hervorragendes Gedächtnis.«

»Trotzdem muß es ein denkwürdiges Ereignis gewesen sein.«

»Ja, das war es.«

Eine Träne trat ihr ins Auge. Sie tupfte danach, ohne ihr Make-up zu verschmieren, weil sie keines aufgetragen hatte. »*Verflixt.* In letzter Zeit bin ich nur noch am Heulen. Mein Chef könnte ein Lied davon singen, und er hat langsam die Nase voll davon. Wenn er mich noch mal erwischt, hat er gesagt, schickt er mich nach Hause.«

Ellen holte einen Spiegel aus ihrer Handtasche und sah sich darin an. Sie schien nicht erfreut über das, was sie sah. Offensichtlich legte sie da andere Maßstäbe an als ich – mir gefiel sehr gut, was sie in ihrem Spiegel sah.

»Machen wir doch einen kurzen Sprung zurück«, sagte ich. »Inwiefern war Nicky für Tom ein wunder Punkt?«

Sie machte eine Pause, um über ihre Antwort nachzudenken. »Nicky ist krank. Ist es schon sehr lange. Tom –«

»Inwiefern krank?« unterbrach ich sie.

»Psychisch. Schizophren, haben alle immer gesagt. In der Junior High School fing er plötzlich an, sich etwas seltsam zu benehmen, und das wurde im Lauf der Jahre immer schlimmer – er irrte zu allen möglichen und unmöglichen Zeiten in der Stadt herum, führte Selbstgespräche, tauchte wie aus heiterem Himmel in Läden, Kirchen und sogar Wohnungen auf, um irgendwelche seltsamen Botschaften zu übermitteln, die kein Mensch verstand – mit achtzehn war Nicky ein vollkommen anderer Mensch, als er ein paar Jahre zuvor gewesen war. Es war furchtbar für seine Mutter und sehr hart für Tom.«

»Stimmt es, daß sich Tom und Nicky in den letzten Jahren nur sporadisch gesehen haben?«

Sie nickte. »Das war mehr oder weniger schon so, seit Tom aus Vietnam zurückkam.«

»Aber sie haben sich erst kürzlich mal getroffen?«

»Ja.«

»Und was hat Tom bei Ihrem letzten Treffen über seinen Bruder erzählt?«

Angestrengt nachdenkend zog sie die Stirn in Falten. »Tom machte sich Sorgen um ihn; darauf lief es im wesentlichen hinaus. Das heißt, mehr als sonst. Er machte Andeutungen, Nicky könnte etwas Schlimmes passieren.«

»Meinen Sie, über seine psychischen Probleme hinaus?«

»Ja. Er sagte ... warten Sie mal. Seine genauen Worte waren: ›Ich habe es bereits einmal zugelassen; aber ich werde es nicht noch einmal zulassen.‹«

»Was hatte er bereits einmal zugelassen?«

Sie zuckte mit den Achseln. »Das weiß ich nicht.«

»In einer Nachricht, die Tom auf meinen Anrufbeantworter gesprochen hat, deutete er an, Nicky könnte bereits etwas zugestoßen sein; daß er sogar schon tot sein könnte. Haben Sie Grund zu der Annahme, daß das so ist?«

Langsam, als wäre er von den vielen Erinnerungen schwer geworden, schüttelte Ellen den Kopf. »Tom hat damals nur so drauflos erzählt, von seinem Bruder und von seiner Frau und was für ein Chaos sein Leben in letzter Zeit war. Er war nahe am Verzweifeln, wegen allen möglichen Dingen, glaube ich.« Ihre Augen begannen wieder einmal zu lecken, und sie schaute himmelwärts. »Ich hoffe, mein Vater hat recht – ich hoffe, daß es dort oben tatsächlich ein Reich Gottes gibt, ein Paradies für Leute wie Tom.«

Ich sah sie an. »Glauben Sie, daß es eines gibt?«

Langsam schüttelte sie den Kopf. »Das fällt mir ziemlich schwer.«

»Genau wie Tom.«

»Ich weiß.« Ihr Blick war trostlos. »Deswegen hat er sich auch Sorgen gemacht.«

Wir beobachteten einen Schwarm Tauben, die sich um ein Stück Brot bekriegten. »Ich höre alle immer nur reden, daß Tom nie Selbstmord begangen hätte«, sagte ich schließlich. »Und im selben Atemzug zählen sie mir ein Dutzend Gründe auf, warum er genau das getan haben könnte.«

Mit plötzlicher Entschiedenheit schüttelte Ellen den Kopf. »Das müssen Sie einfach glauben – Tom hätte sich niemals das Leben genommen. Er hätte es zwar bereitwillig für eine gute Sache geopfert, aber auf *keinen Fall* hätte er es für nichts weggeworfen.«

»Auch nicht, um den Qualen ein Ende zu machen, unter denen er, wie Sie eben selbst zugegeben haben, litt?«

Sie verschränkte die Hände in ihrem Schoß, sehr fest, als würde sie diese Verbindung beredt machen. »Leid ließ Tom aufblühen. Nein, das ist nicht richtig. Er weidete sich nicht daran, aber er brauchte es – seelisches Leid, meine ich damit natürlich. Nur wenn er von Konflikten zerrissen, von Zweifeln zermartert wurde, hatte Tom das Gefühl, sich auf der Ebene zu bewegen, auf der er sein zu müssen glaubte.«

»Tut mir leid, aber das verstehe ich nicht«, sagte ich mit mehr als ein bißchen Boshaftigkeit. »›Ich leide, also bin ich‹, oder sonst so ein Unsinn?«

Ellen schloß die Augen. »Um irgend etwas davon verstehen zu können – Tom, Nicky, mich –, sollte ich Ihnen vielleicht erst erzählen, wie es damals war, als wir noch jung waren.« Sie öffnete die Augen und sah mich an. »Haben Sie was gegen ein bißchen Geschichtsunterricht?«

»In meinem Job geht es nur um Geschichte.«

Sie verfärbte sich wieder – ihre Haut war so wandlungsfähig wie die eines Chamäleons. »Es ist an sich nicht meine Art, über solche Dinge zu sprechen, vor allem nicht mit einem Fremden. Aber da für mich eigentlich jeder ein Fremder ist, außer meinen Eltern, komme ich nicht allzu oft dazu...« Diesmal war die Farbe rosa. »Wie dem auch sei, ich würde Ihnen sehr gern von Tom erzählen. Von *uns*.«

Sie verschränkte die Arme und nahm eine bequemere Haltung auf der Bank ein. »Mit fünfzehn verkörperte Tom Crandall all das, was alle anderen gern sein wollten. Er war gut in der Schule und ein hervorragender Sportler. Sogar singen konnte er; er und seine Freunde hatten eine Rockband, und wenn sie bei Festen spielten, drängten sich alle um die Bühne und jubelten und tobten und... tja, so war das Leben für Tom. Dinge, von denen andere Jugendliche nur träumen konnten, waren für Tom ganz selbstverständlich. Bei einer Schulaufführung hat er den Brick gespielt. Ich war die Maggie. Wir waren umwerfend. Der Direktor war schockiert.« Im Augenblick war ihr Lächeln so gar nicht wie das von Maggie, eher wie das einer Unschuld vom Land, die in einer Glasmenagerie auf den Besuch eines Herrn wartet, der ihr längst seinen letzten Besuch abgestattet hat.

Sie hielt inne, um mehr Erinnerungen hervorzukramen; als sie damit fertig war, verdunkelte sich ihre Miene. »Das Problem war, es fiel ihm zu leicht. Er brachte Dinge zustande, um die ihn die anderen beneideten, aber er mußte sich nicht anstrengen – es war mehr, als wäre er einfach irgendwie begnadet. Aber Tom war intelligent und sensibel, und er sah, daß ihn manche Leute wegen dem, was er war, bewunderten, aber andere haßten ihn, und er bekam wegen beider dieser Reaktionen Schuldgefühle – er fühlte sich seiner Talente nicht würdig, ja, er schämte sich ihrer sogar. Deshalb setzte er sich immer höhere Maßstäbe – Maßstäbe, die *nicht* so leicht zu erfüllen waren. Und weil Tom nun mal Tom war, wurden es Maßstäbe, die *niemand* erfüllen konnte.«

»Ich glaube, ich weiß, was Sie meinen«, sagte ich, weil es die Wahrheit war: Toms Ansprüche waren so übersteigert gewesen, wie ich es sonst von niemandem kannte.

»Tom verbiß sich immer mehr in seine Mängel«, fuhr Ellen fort. »Natürlich waren diese Mängel nur für ihn sichtbar; niemand sonst konnte verstehen, warum er so unglücklich war. Sie hielten es für Verachtung, die meisten jedenfalls – daß Tom ›eingebildet‹ war, wie man es damals nannte –, aber was niemand verstand, war, daß Toms Verachtung einzig und allein ihm selbst galt.«

»Damit hätten wir die denkbar besten Voraussetzungen für einen Nervenzusammenbruch«, sagte ich. Und für einen Selbstmord, dachte ich, sagte es aber nicht.

Ellen nickte. »Das Gute war, daß Tom weiter nach einer Lösung suchte, aber natürlich kamen für ihn ganz zwangsläufig nur extreme Lösungen in Frage. Er wurde Vegetarier. Er arbeitete nachts in einem Krankenhaus, bei der Putzkolonne. Irgendwann beschloß er, Mönch zu werden; er baute sich eine kleine Klause oben in den Bergen und zog sich dort drei Wochen lang zurück, ohne mit einem Menschen zu sprechen – einfach nur, um zu sehen, ob er dazu in der Lage wäre.« Verständnislos schüttelte sie den Kopf. »Sobald er gemerkt hatte, daß er es konnte, wollte er kein Mönch mehr sein.«

»Hört sich ein bißchen nach diesem Spruch von Groucho Marx an: ›In einem Club, der mich aufnimmt, möchte ich nicht Mitglied sein.‹«

»Genau. Er hätte in allem Erfolg haben können – als Arzt, Anwalt, Geschäftsmann –, aber das wäre zu einfach gewesen und zu... trivial. Also fuhr er einen Krankenwagen. Und rettete Menschen. Und dachte über das Leben nach. Und wünschte sich, mehr zu sein, als er war.« Ihre Stimme brach. »Und liebte aus irgendeinem Grund diese Frau.«

Der Hinweis auf Clarissa war in der Ausnahmesituation unseres Gesprächs so mißtönend wie ein Fluch. »Haben Sie sie mal kennengelernt?« fragte ich.

Ellen schüttelte den Kopf. »Ich weiß nur, was mir Tom erzählt hat. Am Anfang war sie ein Geschenk Gottes; am Ende wurde sie sein Verhängnis.«

»Im buchstäblichen Sinn, meinen Sie?«

Ihr Gesicht verhärtete sich zu einer verstockten Maske. »Ich weiß nur, daß Tom tot ist. Zu beurteilen, ob sie das wollte, steht mir nicht zu.«

Die Worte waren melodramatisch und galleverkrustet, und das war bei Ellen nicht die Regel. Ich beschloß, das Gespräch auf ein anderes Thema zu lenken. »Was ist nun eigentlich mit Ihrem Geschichtsunterricht über Tom und Nicky?«

Sie brauchte eine Weile, um von Clarissa zu lassen. »Nicky war das genaue Gegenteil von Tom. In gewisser Weise waren sie wie Zwillinge, bloß hatte Tom die guten Eigenschaften und Nicky die schlechten. Tom war sich nicht bewußt, wie außergewöhnlich er war, während sich Nicky für was Besonderes hielt, obwohl er in Wirklichkeit nur... verrückt war. Tom hatte ein extrem stark ausgeprägtes Moralempfinden, und Nicky hatte überhaupt keines. Er war richtig böse und gemein, wenn Sie die Wahrheit wissen wollen – legte es ständig auf Zoff an, tat ständig Dinge, um einen zu ärgern, hob sich immer denkbar unvorteilhaft von Tom ab.«

»Was zur Folge hatte, daß Tom immer größere Schuldgefühle bekam.«

Sie nickte. »Nicky benahm sich zusehends unmöglicher. Rückblickend gesehen, lag das natürlich daran, daß sich seine Krankheit immer stärker bemerkbar machte, aber Tom dachte, *er* wäre schuld daran, daß niemand Nicky eine Chance gab, er selbst zu sein, weil wegen ihm, Tom, alle so hohe Erwartungen an ihn stellten. Deshalb stellte er es sich zur Aufgabe, Nicky vor sich selbst zu retten.«

»Wie?«

»Ach, er überredete die Trainer, ihn wieder in die Mannschaft aufzunehmen, nachdem er gefeuert worden war, und die Lehrer, ihn die Prüfungen wiederholen zu lassen, die er nicht bestanden hatte, und den Schuldirektor, wegen seines ständigen Schwänzens ein Auge zuzudrücken. Dinge in der Art eben. Kurz bevor Tom zum Militär kam, wurde es mit Nicky so schlimm, daß Tom den Leiter einer Nervenklinik in Walnut Creek dazu überredete, Nicky als Sozialfall einzustufen und kostenlos zu behandeln – ich nehme an, Tom hat dafür freiwillig in der Klinik gearbeitet oder etwas in der Art.«

»Was wurde aus Nicky, als Tom nach Vietnam kam?«

»Kurz nach seiner Entlassung aus der Klinik gab es wieder Ärger, und er zog zu Hause aus.«

»Hat ihm denn niemand geholfen? Hat er keine Medikamente gekriegt oder eine Therapie gemacht oder sonst was?«

Ellen nickte. »Er war weiter bei einem Arzt aus der Klinik in Behandlung, aber das schien nicht viel zu nützen. Die Crandalls hatten nicht viel Geld, deshalb bin ich nicht sicher, ob sie sich eine entsprechende Behandlung überhaupt leisten konnten. Jedenfalls wurde es mit Nicky immer schlimmer, und schließlich machte er eine Dummheit, mit der er sich auch die letzten Sympathien verscherzte; er verschwand aus der Stadt und begann ziellos umherzuziehen. Als Tom aus dem Krieg zurückkam, versuchte er ihn wieder zur Vernunft zu bringen, aber das war unmöglich.«

»Was hat Nicky angestellt, daß die Leute so gegen ihn waren?«

Ellen schloß die Augen. »Das weiß ich nicht, aber es tut auch nichts zur Sache. Das ist längst vorbei und vergessen; ich weiß nicht mal, warum ich Ihnen das alles überhaupt erzähle. Mein Hang, in der Vergangenheit zu leben, vermutlich.« Sie öffnete ihre Handtasche. »Was bin ich Ihnen für das Mittagessen schuldig?«

»Seien Sie nicht albern.«

»Bitte. Dazu besteht keinerlei Grund.«

»Ganz im Gegenteil.«

Sie sah mich wieder an, diesmal so lange, daß mir unbehaglich wurde. »Sie erinnern mich an ihn«, sagte sie leise. »Deswegen waren Sie vermutlich auch Freunde.«

Ich weiß nicht, ob sie die Reaktion beabsichtigte, aber ich faßte ihre Äußerung als Auszeichnung auf.

Als ich aufstehen wollte, ergriff sie meine Hand. »Würden Sie mir einen Gefallen tun, Mr. Tanner?«

»Wenn ich kann.«

»Dürfte ich mich bei Gelegenheit wieder mal mit Ihnen unterhalten?«

»Gerne. Warten Sie, hier ist meine Karte. Sie können mich jederzeit anrufen, wenn –«

»Nein«, unterbrach sie mich. »Ich weiß, daß das ganz schön dreist ist, aber was ich möchte, ist, daß Sie mich mal zum Essen ausführen, damit ich Ihnen von mir erzählen kann. Ich habe einfach... nie Gelegenheit, über mich zu sprechen. Und es gibt ein paar Dinge, die ich gerne sagen würde.«

Ich lächelte. »Wann möchten Sie das tun?«

»Jederzeit.« Sie wand sich vor Verlegenheit. »Wann immer Sie wollen.«

»Wie wär's gleich mit heute abend? Bevor Sie es sich noch mal anders überlegen.«

Sie nickte ernst, als hätten wir gerade beschlossen, das Aufgebot zu bestellen. »Wenn Sie mich bitte um sieben abholen könnten. Ich muß bis zehn wieder zurücksein. Mein Vater regt sich sonst auf.«

Manchmal müssen Kinder ihre Eltern aufregen, damit die Eltern lernen, daß sie keine Kinder mehr sind. Aber das war nicht der richtige Zeitpunkt, ihr das zu sagen.

13

Ich war immer noch am Schwimmen, ohne einen Klienten oder ein Verbrechen, das mir eine Richtung gab, und ich hatte wenig mehr als das Gefühl, daß Tom Crandall etwas Schlimmes zugestoßen war. Mir kam der Gedanke, daß ich mich vielleicht nur deshalb mit dem Fall beschäftigte, weil die Möglichkeit, daß Tom sich das Leben genommen hatte, mehr Gepäck war, als ich mit mir herumschleppen wollte, Gepäck, vollgepackt mit einer Menge von Toms Unzulänglichkeiten, aber, weil ich mich als seinen Freund bezeichnete und weil zu einer Freundschaft auch die Verpflichtung gehört, daß man merkt, wenn der andere am Verzweifeln ist, und etwas dagegen unternimmt, auch mit meinem eigenen Unvermögen.

Da Ellen Simmons meine Ansicht teilte, allerdings aus keineswegs greifbareren Gründen als ich, und da sie als Frau etwas Zeitloses an sich hatte – in mancher Hinsicht war sie noch ein Kind, mit all den Reizen und Verletzlichkeiten, die das Wort impliziert –, hatte ich mich bereit erklärt, an besagtem Abend mit ihr essen zu gehen. Bedenken bedrängten mich von allen Seiten, als ich ihr hinterhersah, wie sie in die Bank zurückging, unterwegs ihre Lunchtüte in einen Abfallkorb warf und, weil sie gerade dabei war, jemand anderes Müll aufhob, aber ich fand, daß ich unmöglich jemanden enttäuschen konnte, dessen Leben bereits voll von Enttäuschungen war.

Der Verkehr in der Bay Area hat inzwischen albtraumhafte Ausmaße angenommen, teils wegen der Hinterlassenschaften des Erdbebens, teils wegen der grundsätzlich hinterherhinkenden Infrastruktur, teils wegen der Menschenflut, die trotz der rückläufigen Entwicklung nach wie vor in die Region strömt. Daher erschien es mir unsinnig, über die Brücke ins Büro zu fahren, bloß um ein paar Stunden später wieder kehrtzumachen und mich auf dem Weg zurück nach Danville durch den Rush-hour-Matsch zu kämpfen. Als ich überlegte, was ich auf der Ostseite der Bay anderes hätte tun können, als ich sonst tat – sprich: in Buchhandlungen stöbern oder Museen abklappern –, war das Beste, was mir einfiel, noch mal ein Schwätzchen mit Toms Mutter zu halten.

Ich fand eine Telefonzelle und rief in der Bank an. Als ich zu Ellen durchgestellt wurde, tat sie, als hätte sie Beelzebub persönlich am Apparat – mein frecher Verstoß gegen das Verbot, in der Arbeitszeit Privatgespräche zu führen, konnte nur bedeuten, daß sie sich mit dem Teufel verabredet hatte. Erst als ich ihr sagte, was ich wollte und warum, und ihr versprach, sie nie, nie wieder am Arbeitsplatz anzurufen, schmolz ihre Stimme wieder zu einem normalen Timbre. Oder ihr Vorgesetzter hatte den Raum verlassen.

Ellen beschrieb mir den Weg zum Haus von Toms Mutter, und dreißig Minuten später war ich da. Das Haus unterschied sich kaum von dem, in dem Ellen wohnte – ein kleiner Lattenwerkbungalow, Relikt aus den Anfangstagen des Valleys –, aber im Gegensatz zu Ellens militaristischem Ambiente war dieses nachlässig und unregelmäßig instand gehalten. Die Rollos gegen die Nachmittagssonne heruntergelassen, schlummerte das Haus wie eine alte, graue Katze am Ende einer Einfahrt, die an der Straße durch einen Blechbriefkasten auf einem Zaunpfahl und einen weißgetünchten Stein mit der Ziffer 23322 gekennzeichnet war.

Es war kein Wagen oder sonst ein Zeichen zu sehen, daß das Haus bewohnt war. Träge und still, schien die Luft von keinem lebenden Wesen, menschlich oder sonstig, gestört; selbst die Bäume im Obstgarten wirkten schläfrig. Mir fiel ein, gelesen zu haben, daß die Bemühungen, die Nußbäume zu veredeln – schwarze durch englische –, aus irgendeinem Grund zum Scheitern verurteilt waren, wahrscheinlich aus denselben Gründen, aus denen auch der Rest von uns zum Scheitern verurteilt ist.

Als ich an die Tür klopfte, begann ein Hund zu bellen; wenig später fiel ein zweiter in das Lied ein. Mehrere Minuten lang war der Hundechor meine einzige Begrüßung. Ich horchte und spähte nach anderen als vierfüßigen Lebenszeichen, klopfte ein halbes dutzendmal an die Tür und fragte mich, was ich hier eigentlich zu suchen hatte. Wie in Bestätigung der Rechtswidrigkeit meiner Anwesenheit ertönte in der Ferne eine Sirene, die in den seltsamen Chorgesang einstimmte und ihn zu einer komischen Oper machte. Die Sirene kam näher; die Hunde bellten lauter; ich gab als erster nach.

Auf halbem Weg zu meinem Wagen zurück hörte ich hinter mir eine Tür aufgehen und die Verandadielen unter jedem langsamen Schritt quietschen, den die Person machte, die sich auf sie hinausgewagt hatte. Ich drehte mich um. Mrs. Crandall, untersetzt in ihrem Unterrock und ihren Pantoffeln, beobachtete mich mit dumpfer Feindseligkeit. Die Promenadenmischung an ihrer Seite legte genau dieselbe Einstellung an den Tag.

Obwohl es spät am Nachmittag war, hatte ich sie eindeutig geweckt. Sie wirkte benommen, durcheinander und mehr als nur ein bißchen verängstigt, wie die gußeiserne Pfanne bewies, die von der Hand baumelte, die einen schmalen weißen Träger nicht auf ihre Schulter zurückschob. Ich entschuldigte mich vielmals und machte zwei Schritte auf die Veranda zu. Der Hund knurrte; Mrs. Crandall schwang das Kochgerät.

»Ich habe Ihnen doch schon letztes Mal gesagt, daß ich Sie hier nicht mehr sehen will«, stieß sie heiser rasselnd hervor.

Die Mischung aus Trauer und Schlummer schien ihre Sinne getrübt zu haben. »Ich war noch nie hier, Mrs. Crandall. Das einzige Mal, daß wir uns begegnet sind, war gestern bei Toms Begräbnis. Nach der Trauerfeier, an seinem Grab.«

Sie runzelte die Stirn. »Tom?«

»Wir waren befreundet, erinnern Sie sich noch? Auf dem Friedhof, wir haben uns über die alten Zeiten unterhalten, bevor Tom nach Vietnam ging. Und über seine Freundin Ellen Simmons.«

Die Sirene war so laut geworden, daß wir warteten, bis sie auf dem Highway, der zwanzig Meter hinter mir an dem leblosen Obstgarten entlangführte, vorbeigejault war. »Sie sind nicht wegen Nicky hier?« fragte Mrs. Crandall, als das Geheul so weit verstummt war, daß sie dagegen ankommen konnte. »Sie sind keiner von denen, die schon mal hier waren?«

Ich schüttelte den Kopf und fragte mich, welche Vorgeschichte sie wohl veranlaßt hatte, mich zu belügen, als ich mich nach ihrem anderen Sohn erkundigt hatte. »Ich würde mich gern ein bißchen über Nicky mit Ihnen unterhalten, Mrs. Crandall, aber mich interessiert auch der Mann, der schon mal hier war. Wie hieß er?«

»Das hat er nicht gesagt.«

»Was wollte er?«

»Nicky mitnehmen. In einem von denen.« Sie schaute in die Richtung der leiser werdenden Sirene.

»Er kam in einem Polizeiauto?«

Sie schüttelte den Kopf. »In einem Krankenwagen. Einem weißen mit roter Aufschrift.«

Ich versuchte mir einen Reim auf das Ganze zu machen und fand schließlich eine Erklärung. »Ich glaube, der Krankenwagen, den Sie meinen, war der, den Tom im Dienst fuhr, Mrs. Crandall. Sein Partner war damit gestern bei der Beerdigung. Es muß jemand anderer gewesen sein, der wegen Nicky hier gewesen ist.«

Sie schüttelte den Kopf. »Er hat behauptet, Dr. Marlin hat ihn geschickt.«

»Wer ist Dr. Marlin?«

»Nickys Arzt. Von früher, als das mit seiner Krankheit losging.«

»Der aus der Klinik in Walnut Creek?«

Sie schüttelte den Kopf. »Da ist er nicht mehr; er arbeitet jetzt woanders.«

»Warum hat Nicky einen Krankenwagen gebraucht, Mrs. Crandall?«

»Er hat den Krankenwagen nicht gebraucht; der Krankenwagen hat ihn gebraucht.«

»Warum?«

»Um ihm seine Medizin zu geben.«

»Wann war das?«

Nach langem Schweigen sank sie in sich zusammen und schüttelte den Kopf. »Seit einiger Zeit habe ich jedes Zeitgefühl verloren.« Sie schaute auf. »Ich dachte, es wäre Nacht; ich dachte, es wäre Zeit, schlafen zu gehen. Ich muß wohl die Rollos zu früh runtergelassen haben.« Als wäre er ein Stein geworden, ließ sie ihren Kopf nach vorn sinken, bis ihr Kinn ihre Brust berührte. »Es ist richtig beängstigend, wenn man nicht mal mehr weiß, ob es Tag oder Nacht ist.« Um sein Mitgefühl zu bekunden, gab der Hund ein klägliches Winseln von sich.

Ich setzte meinen Anmarsch auf die Veranda fort. »Auch ich bin in verschiedenen Punkten etwas verwirrt.«

Mrs. Crandall sah mich teilnahmslos an. »Sie sind jung. Sie haben noch Zeit, um das wieder hinzukriegen. Ich bin zu alt, um noch irgend etwas an mir oder der Welt zu ändern.«

»So alt ist niemand«, sagte ich und fragte mich im selben Atemzug, ob ich das glaubte. »Ich habe heute mit einer guten Bekannten von Ihnen zu Mittag gegessen«, fuhr ich so freundlich fort, wie mir das unter den Blicken der Promenadenmischung möglich war.

»Mit wem?«

»Mit Ellen Simmons.«

Ihre Augen weiteten sich, ihr Griff um den Pfannenstiel lokkerte sich. »*Toms* Ellen?«

Ich nickte. »Ich habe sie in der Bank, in der sie arbeitet, abgeholt, und wir haben am See ein Picknick gemacht.«

Sie dachte über meine Geschichte nach, verglich sie mit ihrer Einschätzung der Realität und nickte schließlich. »Ellen hat einen wichtigen Posten.«

Ich sah den nüchternen und nackten Kellerraum vor mir, in dem Ellen Simmons den Packen Schecks durchgeblättert hatte. »Ja, das hat sie.«

»Ellen hat Tom immer geliebt. Auch noch, als er diese Frau geheiratet hat.«

Ich nickte. »Da haben Sie, glaube ich, recht.«

»Ich weiß nicht, was aus ihr werden soll, jetzt, wo er nicht mehr unter uns ist.«

»Vielleicht nimmt ja doch noch alles eine Wende zum Guten.«

Die Antwort ließ sie blinzeln und, überraschenderweise, ins

selbe Horn stoßen wie ich. »Ellen hat weiß Gott Besseres verdient. Wir haben beide zu viel Kummer gehabt, sie und ich.«

Ich nickte noch einmal und ließ das Schweigen meine Einstellung in Richtung Einfühlsamkeit rücken. »Ich möchte Sie nicht länger belästigen, Mrs. Crandall«, fuhr ich fort, als es so aussah, als sei aus ihrem Schmerzensteich ein wenig abgeflossen. »Ich habe mich nur gefragt, ob Sie in letzter Zeit was von Nicky gehört haben.«

Meine Frage schien sie zu überraschen, nicht, weil sie die Antwort nicht wußte, sondern weil ich sie nicht wußte. »Nicky kommt schon lange nicht mehr hierher. Das weiß doch jeder.« Diese Aussage ließ keinen Zweifel an ihrer Wahrheit.

»Ruft er Sie ab und zu an?«

Sie schüttelte den Kopf und wurde dann seltsam präzise. »Ich habe seit neunzehnhundertvierundsiebzig nicht mehr mit Nicky gesprochen.«

Falls Toms Andeutung, daß seinem Bruder etwas zugestoßen war, richtig war, wußte seine Mutter offenkundig nichts davon. Ich wollte sie gerade fragen, was Nicky vor siebzehn Jahren von zu Hause fortgetrieben hatte, als sie einen ehrfürchtigen Blick auf das Haus zurückwarf, als ob es gerade eine Prophezeiung gemacht hätte.

»Ist es nicht furchtbar für eine Mutter, so etwas zugeben zu müssen?« fragte sie sich selbst. »Für mich ist Nicky genauso tot wie Tom. Beide Söhne tot«, wiederholte sie, ihre Stimme weniger traurig als ehrfurchtsvoll, als betrachtete sie ihr Leben zum erstenmal als unter einem Fluch stehend. »Ich bin keine Mutter mehr. Das ist das einzige, was ich jemals war, und jetzt bin ich nicht einmal mehr das.«

Sie begann zu schluchzen, in massigen Zuckungen, die zu unterdrücken sie keine Anstalten machte, stolz und ergreifend auf ihrer Veranda. Auch der Hund winselte eine Weile, rieb sich an ihrem Bein und knurrte, als ich neben Mrs. Crandall trat und meinen Arm um ihre nahezu nackten Schultern legte. Was von ihrem Körper durch den Stoff meiner Jacke strahlte, war nicht die Wärme von Wohlbehagen, sondern das Sengen von Leid.

Ich wartete, bis sich die Zuckungen legten, dann beeilte ich mich, die Sache hinter mich zu bringen. »Haben Sie eine Ahnung, wo Nicky jetzt wohnt, Mrs. Crandall?«

Die Tränen hatten ihren Stupor weggewaschen und ihre Wachsamkeit neu belebt. »Warum?«

»Ich würde gern mit ihm sprechen.«

»Worüber?«

»Über Tom.«

»Was wollen Sie von Nicky über Tom wissen?«

»Ob sie sich vor Toms Tod noch mal getroffen haben.«

»Ja, das haben sie«, sagte sie vorsichtig. »Meine zwei Jungen kamen immer gut miteinander aus. Tom hat Nicky auch noch gemocht, nachdem –« Ihr Mund schnappte über ihren letzten Worten zu.

»Nachdem was passiert ist?«

Störrisch schüttelte sie den Kopf. »Nichts, was der Rede wert wäre. Das ist längst vergeben und vergessen – außer von diesem Irren da drüben.«

»Mr. Simmons?«

»*Er* weiß, was ich meine. Sie geht das nichts an.«

»Hat Ihnen Tom erzählt, daß er Nicky in letzter Zeit gesehen hat?«

Mrs. Crandall nickte.

»Was hat er von ihm erzählt?«

»Daß es ihm nicht gutging. Und daß er dringend Hilfe brauchte.« Sie machte eine Pause und sah zum Himmel hoch, von wo der einzige Beistand kam, den sie jemals wirksam gefunden hatte. »Als ob er nicht immer schon mehr Hilfe gebraucht hätte, als ihm jemand geben konnte.«

»Hat Tom gesagt, was ihm fehlte?«

»Er hat nur gesagt, Nicky sei krank – so krank, daß er möglicherweise sterben müßte.« Sie runzelte die Stirn. »Aber derjenige, der gestorben ist, war Tom. Woran, glauben Sie, lag das wohl?« Sie machte eine Pause, dann beantwortete sie ihre eigene Frage. »Vielleicht hat er sich bei Nicky angesteckt. Vielleicht war *deshalb* der Krankenwagen hier«, fügte sie in einer Anwandlung ihrer vorigen Logik hinzu. »Vielleicht ist er wegen Tom gekommen.«

Die Rhetorik hatte sich in ihrem Kopf mit solcher Schnelligkeit abgespult, daß ich fürchtete, sie würde ohnmächtig werden. »Vielleicht«, pflichtete ich ihr bei und packte sie fester, um sie zu stützen. »Hat Ihnen Tom erzählt, *wo* er Nicky gesehen hat?«

Mit den Gedanken ganz woanders, schüttelte sie den Kopf. »Tom war ein guter Junge. Warum, glauben Sie, erwischt es immer die Falschen?«

Darauf hatte ich keine Antwort, die auf etwas anderem als Chaos basierte, aber ich hätte gern gewußt, was der Grund für ihre Herzlosigkeit ihrem zweiten Sohn gegenüber war. »Kennen Sie sonst jemanden, der wissen könnte, wo Nicky ist, Mrs. Crandall?«

»Es gibt niemanden mehr, den das noch interessiert.«

»Was haben die Leute hier aus der Gegend gegen ihn?«

»Nicky hat Dinge getan, die man nicht tut.«

»Wie zum Beispiel?«

Mit einem kurzen Anheben der Schulter streifte sie meinen Arm ab. »Dinge, die nicht der Rede wert sind.« Bestürzt sah sie an sich hinab, als merkte sie erst jetzt, wie sie angezogen war. »Ich muß mir schnell was überziehen. Vielleicht kommt Reverend Dobbins vorbei. Das wollte er jedenfalls, um zu sehen, wie es mir geht. Ich möchte nicht, daß er denkt, ich lasse mich gehen.«

Als sie sich zur Tür umdrehte, unternahm ich einen letzten Vorstoß. »Aus welchem Grund kommt Nicky nicht mehr nach Hause, Mrs. Crandall? Ist er gewalttätig geworden?« Ich nahm einen zweiten Anlauf. »Hat er jemanden umgebracht?«

Sie wollte zum Schutz vor mir die Arme um ihre Brust schlingen und schien überrascht festzustellen, daß sie die Pfanne in der Hand hatte. »Ellen«, sagte sie abrupt.

»Was hat Ellen damit zu tun?«

»Als Tom zum Militär kam, begann sich Nicky für sie zu interessieren. Ich sagte ihm, das wäre nicht recht, Ellen wäre Toms Freundin und würde das immer sein. Nicky meinte, er könnte nicht anders, er hätte sie sehr gern. Ich erklärte ihm, Ellen sei bereits vergeben, und wenn er anfinge, sie mit derlei Unsinn zu belästigen, müßte ich ihn wieder einliefern lassen.« Ihre Lippe verhärtete sich. »Er wußte sehr genau, daß das mein Ernst war. Was es auch war.«

»Warum haben Sie ihn das erste Mal einliefern lassen?«

Sie straffte sich in den Schultern, um ihre Rechtschaffenheit zu unterstreichen. »Tom meinte, das wäre nötig, also habe ich es getan.«

»Wie ging es Ellen damit, daß Nicky in sie verliebt war?«

Würdevoll wie eine Herzogin hob Mrs. Crandall den Kopf. »Ich hielt es nie für nötig, sie das zu fragen.« Ihre Augen waren hart und klein; das Thema war eindeutig erledigt.

»Haben Sie ein Foto von Nicky, Mrs. Crandall?«

»Nein. Hab alle weggeworfen.«

»Haben Sie ein paar von Toms Kriegsauszeichnungen hier im Haus?«

»Nein. Jemand hat sie gestohlen. Ich habe nichts, das für jemand von Nutzen sein könnte«, schloß sie niedergeschlagen und überließ den tristen Vorplatz mir und dem Hund.

14

Ich vertrödelte den Rest des Nachmittags damit, durch Danville, Alamo und Walnut Creek zu streifen und die Veränderungen zur Kenntnis zu nehmen, die die Zeit und die Geldflut der achtziger Jahre hervorgerufen hatten. Ich sah Dutzende von grotesken Häusern, Mammutbauten, die von Dschungelhütten bis zu französischen Châteaux alles nachäfften, und den üblichen Grind von Geschäften, deren Existenz darauf hindeutet, daß sowohl eine Geschichte als auch ein Erbe für immer verlorengegangen sind – die Giorgios und Guccis und Godivas, die an Orten wie Carmel und Jackson Hole und Santa Fe aus dem Boden schießen und ihresgleichen anlocken wie Kot die Fliegen, bis solche Orte für jeden, der sie von früher kennt, unerträglich werden.

Infolge meiner Streifzüge war ich, als ich mich auf den Weg machte, um Ellen abzuholen, ziemlich mieser Stimmung. Und das um so mehr, als ich argwöhnte, daß das, was meiner schlechten Laune zugrunde lag, nicht so sehr eine Frage der Ästhetik war als purer Neid – ich konnte es mir nicht leisten, im San Ramon Valley zu wohnen, selbst wenn ich meinen ganzen Besitz für die Anzahlung zusammengekratzt hätte. Da hätte ich schon eine Bank überfallen müssen, was angesichts des Debakels unseres Banken- und Kreditwesens die Methode gewesen sein dürfte, mit der hier eine ganze Menge Leute zu ihren Häusern gekommen sind.

Ellen kam nicht an die Tür, als ich klopfte, das tat ihr Vater. Sein Name war Orson Simmons, verkündete er mit billigem Pomp. Er war so sonnig wie Lincoln und so freundlich wie Coolidge, und seine rostige Stimme hätte sich durch Stahlblech gefressen. Ich rechnete mit Ärger und bekam welchen, bevor ich halb durch die Tür war.

»Ellens Mutter und ich würden gern mehr über Sie wissen, bevor wir unserer Tochter gestatten, mit Ihnen auszugehen«, erklärte er, nachdem er mich in einem Ton, in dem ein Feldwebel einen Rekruten Liegestütze machen läßt, ins Haus gebeten hatte. Als ich nichts antwortete, fühlte er sich zu einer Erklärung verpflichtet: »Was Männer betrifft, fehlt es Ellen leider an der nötigen Vernunft.«

»Mir scheint sie eher wie die Vernünftigkeit im Quadrat.«

»Was *weiß* sie über Sie?«

»Sie weiß, daß ich ein Freund von Tom Crandall war.«

Er verschränkte die Arme über dem Latz seines Blaumanns. Seine Hände waren groß und an eigenartigen Stellen knotig, als benutzte er sie als Werkzeug, um sich die Anschaffungskosten für richtiges zu sparen. »Falls Sie glauben, das spricht für Sie, täuschen Sie sich«, erklärte er.

Ich zuckte mit den Achseln. »Und Sie täuschen sich, falls Sie glauben, daß das etwas zur Sache tut.«

Sein Gesicht verdunkelte sich auf die Nuance des düsteren Raums. Seine herablassende Art ärgerte mich, wie das Arroganz immer tut, also rüstete ich mich zum Gegenangriff. Wäre ich besserer Laune gewesen, hätte ich die Sache anders angepackt, was nicht heißen soll, daß ich sie besser angepackt hätte.

»Was machen Sie beruflich, Mr. Tanner?« machte Simmons auf die gleiche Tour weiter, die übrigens genau die Tour war, die ich als Anwalt immer einschlug, wenn ich einen Polizisten im Zeugenstand hatte. Weil ich wußte, was herauskommen würde, wenn wir uns weiter reinsteigerten, warf ich einen Blick auf die Tür hinter ihm, in der Hoffnung, Ellen würde uns durch sie zu Hilfe eilen. Aber den Gefallen tat sie uns nicht.

»Ich bin Privatdetektiv«, sagte ich, beschloß dann aber, noch eins draufzusetzen und ihn ein bißchen einzuschüchtern. »Und ich bin auch Anwalt.«

Es zeugt von der Einschätzung meines gegenwärtigen Berufsstands, daß Simmons meinen früheren höher einschätzte. »Ich weiß nicht, ob Ellen das weiß.«

»Nicht viele Leute tun das.«

»Sie üben Ihren Beruf nicht aus?«

Ich schüttelte den Kopf. »Nicht mehr.«

»Warum nicht?« Sein Gesichtsausdruck war der eines machtlosen Menschen, der sein ganzes Leben lang nach Macht gestrebt hatte und sich nicht vorstellen konnte, daß jemand sie freiwillig aufgab, wie mikroskopisch das Quantum auch sein mochte.

»Ich bin allergisch gegen deutsche Autos«, erklärte ich.

Ich glaube, er kapierte den Witz, obwohl seine Miene, die weiter so finster blieb wie die einer Bulldogge, durch nichts darauf schließen ließ.

»Ich will ganz ehrlich mit Ihnen sein«, erklärte er, als wäre das eine Leistung.

Ich verkniff mir eine sattsam bekannte Erwiderung. »Tun Sie sich keinen Zwang an.«

»Wir machen uns Sorgen, daß Sie zu... reif für unsere Tochter sind. Sie hat keinerlei... Erfahrung. Sie läßt sich leicht beeinflussen. Ich –«

Das reichte. »Schauen Sie, Mr. Simmons. Sie scheinen zu glauben, daß hier irgendwelche Schlüpfrigkeiten im Schwange sind, aber dem ist nicht so. Ich bin nicht mit Ihrer Tochter verlobt, ich mache ihr nicht einmal den Hof. Wir wollen nur gepflegt abendessen gehen, eine Flasche Wein miteinander trinken, uns über das Wahre, Schöne, Gute und die Aussichten für High-definition TV unterhalten und –«

»Ellen trinkt keinen Alkohol«, unterbrach mich Simmons, seine Worte so steif und bitter wie der Drink, den ich gern gehabt hätte. »Ich hoffe, Sie respektieren das.«

»Aber selbstverständlich, wenn es nur das ist. Lassen Sie mich Ihnen aber trotzdem noch sagen, wie reif *ich* bin, Mr. Simmons. Ich bin achtundvierzig Jahre alt, was zumindest zwei Dinge bedeutet – ich brauche eine Lesebrille, und ich bin zu alt, um mir graue Haare darüber wachsen zu lassen, ob Sie mich akzeptieren oder nicht. Ellen und ich sind miteinander verabredet, und ich werde hier so lange auf sie warten, bis sie entweder mitkommt oder mir sagt, daß sie es sich anders überlegt hat.« Ich bedachte ihn mit meinem trockensten Blick. »Also. Darf Ellen jetzt zum Spielen nach draußen kommen, oder haben Sie sie an ihr Bett gekettet?«

»Sie haben kein Recht, mich zu beleidigen«, prustete er los. »Das ist mein Haus. Ellen ist mein einziges Kind. Ich –«

»Wie kommen Sie eigentlich darauf, zu Ihren Rechten würde auch gehören, ihr zu verbieten, abends auszugehen?« fiel ich ihm lautstark ins Wort. »Wenn Sie ein Schoßtier wollen, sollten Sie sich vielleicht besser einen Hund zulegen.«

Einen Augenblick lang dachte ich, er würde mich schlagen oder es zumindest versuchen. Einen Augenblick lang dachte das auch er. Aber er war nur wütend, nicht kopflos, und ich schätzte, daß er sich bisher mit Gegenwehr meistens Ärger eingehandelt hatte.

»Sie wissen nichts über diese Familie«, knurrte er. »Wir

leben schon seit drei Generationen auf diesem Stück Land – bevor es einen Freeway gab; bevor es eine High School gab; bevor die Walnußwälder ausgestorben sind. Ich verdiene Respekt.«

»Das tut auch Ihre Tochter.«

»Sie wissen nicht, was sie bereits durchgemacht hat. Ellen ist von den Männern schwer enttäuscht worden. Mehr als einmal. Sie braucht –«

Mit einem Knall flog die Tür zur Küche auf, und Ellen stürmte in den Raum, das Kleid flatternd, das Haar fliegend, die Augen glühend vor Wut und auf ihren Vater geheftet. »Du hast gesagt, du würdest *das* bleibenlassen. Du hast versprochen, mich wenigstens einmal... gehen zu lassen. Ohne Theater.«

»Aber dieser Mann –«

»Dieser Mann ist mein *Freund*. Ich habe ihn gebeten, mit mir essen zu gehen. Und er hat sich dazu bereit erklärt. Dafür bin ich ihm dankbar. Und deshalb werden wir jetzt genau das tun. Ich sehe zu, daß ich bis zehn zu Hause bin, aber du brauchst nicht extra aufzubleiben.« Das strahlende Lächeln, mit dem sie sich mir zuwandte, machte mich blind für die finsteren Blicke ihres Vaters. »Laßt die Fanfaren erschallen und die Kutschen vorfahren und benachrichtigt vor allem die Klatschspalten; Ellen Simmons hat eine Verabredung.«

Sie ergriff meinen Arm, wirbelte mich herum und marschierte uns beide zur Tür hinaus. Im Gleichschritt wie ein Trupp Rekruten erreichten wir den sicheren Hort meines Wagens, ohne uns umzuschauen oder ein Wort zu wechseln.

Ich half Ellen beim Einsteigen, dann ging ich um den Wagen herum, aber bevor ich die Tür öffnete, warf ich einen Blick zum Haus zurück. Durch das Fliegengitter konnte ich Orson Simmons stehen sehen, unverrückbar im Zentrum seines Zuhauses, den Kopf gesenkt, die Schultern zuckend, ein Bild der Machtlosigkeit und Frustration. Eine zierliche Frau in einem blau gemusterten Kleid umhegte ihn wie eine Krankenschwester, massierte seinen Rücken, flüsterte Worte des Trosts, alles ohne Erfolg. Einen Augenblick später wischte er sie beiseite und verschwand durch die heftig schwingende Tür in die Küche. Die Frau, die er zurückließ, schien weniger bestürzt als erleichtert über seinen Abgang.

Ich stieg in den Wagen und drehte den Zündschlüssel herum. Nachgiebig und stoisch war Ellen gegen die Beifahrertür gelehnt, die Hände im Schoß, der Blick auf dem Haus, das Umhängetuch um die Schultern geschlungen. »Eigentlich sind sie ganz in Ordnung«, sagte sie, als ich wendete und die Einfahrt hinunterfuhr.

»Ich weiß.«

»Sie denken bloß, ich könnte nicht allein auf mich aufpassen.«

»Zum Teil, weil Sie sie das denken *lassen*.«

»Es ist auch, weil sie denken, die Welt ist so ein schrecklicher Ort, daß *keine* Frau darin sicher ist.«

»So schlimm ist es da draußen gar nicht, Ellen. Noch nicht.«

»Ich weiß. Ich hätte schon lange ausziehen und mein eigenes Leben führen sollen. Aber irgendwie schien es mir zu kompliziert. Oder zu hart. Und wenn ich mir vorzustellen versuchte, wie das Leben allein sein würde, erschien mir die Einsamkeit überwältigend. Also blieb ich, wo ich war. Und das ist nun aus mir geworden – eine alte Jungfer.«

Ich lächelte. »Eine alte Jungfer, die mit wildfremden Männern ausgeht.«

Dankbar lächelnd legte sie eine Hand auf mein Bein. »Sie sind kein Fremder. Ich habe das Gefühl, als würde ich Sie schon eine Million Jahre kennen.«

»Ich habe das Gefühl, als würde ich schon so lange leben, manchmal jedenfalls.«

»Und ich habe das Gefühl, als wäre ich schon so lange allein.«

Als ich auf dem Weg nach Walnut Creek den alten Highway nach Alamo hinein nahm, fielen wir in ein erträgliches Schweigen. Nachdem wir den dichten Verkehr am Alamo Square hinter uns hatten, sah ich sie wieder an. »Wußten Sie, daß Nicky Crandall in Sie verliebt war?«

Die Frage holte Ellen von dort zurück, wohin auch immer sie ihre Gedanken entführt hatten. »Sie meinen Tom.«

»Ich meine Nicky.«

Sie runzelte die Stirn. »Und wann soll das gewesen sein?«

»Als Tom zum Militär kam, machte sich Nicky Hoffnungen auf Sie.«

Ihr Lachen war kurz und trocken. »Das wußte ich nicht; davon hat er mir nie etwas gesagt. Nicky hat immer schon ein bißchen gesponnen, er lebte eindeutig in einer anderen Welt, aber auf die Idee, daß ich ein Teil dieser Welt sein könnte, bin ich nie gekommen. Wer hat Ihnen das erzählt? Nicky?«

»Mrs. Crandall.«

»Was hat sie Ihnen sonst noch erzählt?«

»Nicht viel. Eindeutig hat sie Tom seinem Bruder vorgezogen.«

Ellen nickte. »Sie ist auch nur ein Mensch.«

»Wissen Sie, warum Nicky nie einen Annäherungsversuch unternommen hat?«

»Nein. Warum?«

»Weil ihm seine Mutter gedroht hat, ihn wieder ins Irrenhaus einliefern zu lassen.«

Diese Neuigkeit verdaute Ellen schweigend, bis ich vor dem Restaurant hielt, einer Grillbar, die ein Klon von einem Dutzend ähnlicher Lokale in San Francisco war. Ich bin sicher, daß es in der Gegend bessere Restaurants gab, aber ich halte mich über derlei nicht auf dem laufenden, und außerdem wollte ich Ellens Aufmerksamkeit auf etwas Ergiebigeres als Essen richten.

Von einer Bedienung, deren schwarzer Ledermini das Freundlichste an ihr war, wurden wir an einen Tisch im hinteren Teil des Lokals geführt. Die Einrichtung war typischer Westküsten-Schick, die Klientel Cowboy-Yuppie und deswegen keine Spur verlegen, und Ellens Augen waren groß genug, um alles in einem einzigen ungläubigen Satz zu verschlingen. Ihre Fassungslosigkeit nahm proportional zu, als ihr Blick auf die rechte Hälfte der Speisekarte fiel.

Wir bestellten bei der Getränkekellnerin was zu trinken, dann legte Ellen eine Hand auf meine. »Ich glaube, was Sie gerade erzählt haben, könnte eine Reihe von Dingen erklären«, sagte sie aufgekratzt. »Ich nehme fast an, daß Nicky Tom geschrieben hat, was er für mich empfand. Unter Umständen könnte das sogar der Grund sein, warum Tom nicht zu mir zurückgekommen ist.«

»Das verstehe ich nicht.«

»Erinnern Sie sich nicht mehr? Ich habe Ihnen doch erzählt, daß sich Tom für Nickys Probleme verantwortlich fühlte. Vermutlich dachte Tom, wenn er nicht zurückkäme, hätte Nicky vielleicht eine Chance bei mir. Eine Chance, Tom zum erstenmal in seinem Leben bei etwas auszustechen.«

Mir schien das ziemlich weit hergeholt, aber Ellen hatte eindeutig schon die ganze Zeit nach einer Erklärung für Toms Treulosigkeit gesucht, und sei sie auch noch so grotesk. Wenn ich ihr zu einer solchen verholfen hatte, sollte mir das nur recht sein.

»Das hört sich zwar ziemlich nach Freud an«, sagte ich, »aber wenn Sie glauben –«

»Nicht nach Freud, nach König Artus.«

Während ich mir in Erinnerung rief, daß ich Ellen Simmons vor nicht allzu langer Zeit unter ganz ähnlichen Gesichtspunkten betrachtet hatte, senkte sich ihre Stimme zu einem bedrückten Gemurmel. »Sehen Sie denn nicht? Ich sollte Nicky heiraten. Ist doch ganz logisch: Ich war Toms Geschenk an seinen kleinen Bruder. Und Tom war so weit weg, daß er nicht mitbekam, wie unmöglich das war.«

»Weil Nicky verrückt war? Oder weil Sie nie einen anderen hätten lieben können als Tom?«

Darüber dachte sie nach. »Beides. Tom brauchte ziemlich lange, bis er merkte, wie schlimm es um Nicky stand, daß Nickys Problem nicht sein Bruder war, sondern sein Kopf.« Vorübergehend aufgehellt durch ihre frisch geprägte Zurechtlegung, verdüsterte sich Ellens Miene plötzlich. »Oder vielleicht dachte Tom, ich wäre auch verrückt. Vielleicht dachte er,

Nicky und ich würden gut zusammenpassen. Vielleicht ist *das* der Grund, weshalb er –« Sie verstummte, als sie sich in der verspiegelten Wand uns gegenüber sah.

Darüber dachte sie fast eine Minute lang nach. »Sehen Sie mich doch an. Ich bin immer noch ein Kind. Ich kleide mich wie eines und benehme mich wie eines. Zwanzig Jahre lang habe ich nichts getan, um Tom vom Gegenteil zu überzeugen.«

Das Gespräch hatte eine ungute Wendung genommen, eine Wendung, die ihre Wurzeln mehr in der Vergangenheit als in der Gegenwart hatte, eine Wendung, der ich nicht folgen konnte. Ich versuchte uns ins Hier und Jetzt zurückzubringen. »Nicky selbst hat Ihnen davon aber nie etwas erzählt, oder?«

Ellen schüttelte den Kopf. »Können Sie sich vorstellen, welche *Angst* er davor gehabt haben muß, was seine Mutter mit ihm machen würde, wenn er angefangen hätte, sich mit mir zu treffen? Nicky war auch so schon paranoid genug.«

»Paranoid genug, um zwanzig Jahre später seinen Bruder umzubringen? Weil er ihn in die Klapsmühle gebracht hat?«

Die Frage war herzlos, sowohl in ihrer Intention wie in ihrem Kontext, aber sie löste die unverfälschte Reaktion aus, auf die ich abzielte. »Nach so langer Zeit? Und warum? Außerdem, Nicky hat Tom *geliebt*.«

»Wer sagt das?«

»Ich ... sie waren Brüder.«

»Das waren Kain und Abel auch.«

Dieser Gedanke begleitete uns durch meinen Scotch und ihren Margarita und durch das Essen selbst, das in winzigen Portionen kam und ohne Fanfarengeschmetter ging, wenn man mal von dem unaufhörlichen Gequatsche des Kellners absah, der mit seinen Bemühungen, uns ein Gefühl von Wichtigkeit zu vermitteln, nur erreichte, daß wir ihn am liebsten an einem der Stricke aufgeknüpft hätten, die in Schlingen und Schleifen über der Bar hingen.

Als die Teller abgeräumt waren und vor Ellen eine Mousse stand und vor mir ein Cognac, machten unsere Augen wieder Musik. »Noch eine letzte Frage zu Nicky«, sagte ich.

Sie hatte genug von diesem Thema, war aber zu höflich, um meine Bitte abzuschlagen. »Ja?«

»Wenn Sie ihn finden wollten, wo würden Sie ihn suchen?«

»Vor einer Woche hätte ich Tom gefragt.«

»Und jetzt?«

»Vermutlich würde ich mich an Dr. Marlin wenden.«

»Der ihn behandelt hat, als sich zum erstenmal abzuzeichnen begann, daß mit ihm etwas nicht in Ordnung war?«

Sie nickte.

»Wie kann ich ihn am besten finden?«

»Damals arbeitete er in der North Valley Clinic, aber ich glaube, er zog nach San Francisco. Dem Wahnsinn hinterher.« Ihr Lächeln war dünn und ausgebleicht. »Die Klinik ist schon lange abgerissen. Inzwischen steht dort ein Taco-Restaurant.«

»Ich werde versuchen, ihn ausfindig zu machen.«

Ellen nahm einen Bissen von ihrer Mousse, und ich nahm einen Schluck von meinem Cognac. »Eigentlich wollten Sie doch heute abend von sich erzählen«, sagte ich nach einer Minute. »Und? Haben Sie Papierpuppen oder Spielzeugsoldaten gesammelt?«

Ihr Blick war reumütig. »Leider muß ich gestehen, daß ich Sie unter einem falschen Vorwand hierher gelockt habe – da gibt es so wenig zu sagen, daß ich es Ihnen ohne weiteres bei unserem Picknick heute mittag hätte erzählen können. Ich bin eine Frau, die mit ihrem Leben nichts anderes anzufangen gewußt hat, als zu träumen.«

»Dann erzählen Sie mir von Ihren Träumen.«

Ihr Absturz in die Melancholie war steil und unaufhaltsam. »Ich habe sie, glaube ich, fast alle vergessen. Das tut man zwangsläufig, wenn sie nie wahr werden können.«

»Dann erzählen Sie mir ein paar andere Dinge von sich.«

»Zum Beispiel?«

»Was ist Ihr Lieblingsbuch?«

»*Anna Karenina.*«

»Warum?«

»Weil es traurig und wahr ist und von Liebe und Sehnsucht und Verzweiflung handelt.« Sie errötete. »Ein Leben, so ähnlich wie das, das ich selbst führe. Natürlich nicht, was die äußeren Umstände betrifft – bei uns in Danville gibt es meines Wissens keine Grafen und Gräfinnen. Aber mein Kopf ist so voller Ideale, an die kein Mensch auch nur noch einen Gedanken verschwendet.«

»Meiner auch.«

»Jetzt tun Sie so, als würden Sie das im Spaß meinen, aber ich weiß, daß das nicht so ist. Deshalb war mir auch klar, daß ich mit Ihnen über Dinge würde sprechen können, über die ich sonst nie spreche.« Sie aß einen Löffel Mousse. »Macht es Ihnen etwas aus, daß Sie keinen rechten Bezug mehr zu dieser Welt finden?«

»Manchmal. Und Ihnen?«

»Ich finde es schrecklich.«

»Das sollten Sie aber nicht.«

»Warum?«

»Weil das, was Sie denken, nicht falsch ist, es ist nur aus der Mode gekommen. Aber die Mode bewegt sich im Kreis – früher oder später wird das, was *out* ist, unweigerlich wieder *in*.«

»Aber was ich denke, war schuld daran, daß ich mich zwanzig Jahre in einem sterilen kleinen Haus verkrochen habe, meine Eltern zankend und schnarchend im Zimmer nebenan, während ich erhabene Gedanken denke und mir einrede, daß ich reiner und edler bin als alle anderen, obwohl ich in Wirklichkeit nur eine gescheiterte Existenz bin.« Ihr Versuch zu grinsen war rührend. »Es ist nicht schwer, rein zu sein, wenn niemand versucht, einen zu verderben.«

»Ändern Sie das. Ziehen Sie aus. Wechseln Sie den Wohnort.«

»Wie?«

»Indem Sie's einfach tun. Rufen Sie bei einer Umzugsfirma an und ziehen Sie um.«

»Aber wohin? Häuser sind so teuer.«

»Mieten Sie sich ein Apartment. Kaufen Sie sich eine Eigentumswohnung.«

»Und was dann?«

Der Blinde begann die Blinde zu führen. »Unternehmen Sie was. Gehen Sie aus. Lernen Sie Leute kennen.«

Sie sah sich um. »In Lokalen wie diesem? Du meine Güte. Das wäre, als würde sich die Jungfrau Maria mit Mick Jagger treffen.« Sie errötete, während ich lachte. »Entschuldigung. Das war pietätlos.«

»Es war komisch. Sie brauchen sich ja nicht in Lokalen wie dem hier rumzutreiben. Gehen Sie ins Konzert. Ins Theater. Ins Museum. Es ist nicht *alles* Schrott da draußen.«

»Ich weiß, aber es ist... nicht einfach. Ich verbringe den ganzen Tag in einem Keller und die ganze Nacht in einer Art Kloster. Ich habe mich an die Dunkelheit gewöhnt.«

Ich nahm ihre Hand. »Jetzt, wo Tom tot ist, wird es Ihnen leichter fallen.«

Sie ließ den Kopf sinken. »Sagen Sie das nicht.«

»Warum nicht? So ist es doch – Tom ist tot. Das macht mich traurig und Sie auch. Aber er wird nie mehr an Ihre Tür klopfen und sagen, daß er ein Dummkopf war und Sie nie hätte verlassen sollen und immer bei Ihnen bleiben möchte. Dazu wird es jetzt nicht mehr kommen. Deshalb müssen Sie dafür sorgen, daß etwas *anderes* geschieht.«

»Dazu ist es zu spät«, schniefte sie. »Es ist –«

»Sie essen bereits mit einem Privatdetektiv zu Abend. Machen Sie weiter so, und Sie werden demnächst mit einem Fürsten Polo spielen.«

Auf ihren Lippen materialisierte sich ein Lächeln. »Lieber würde ich, glaube ich, mit einem Privatdetektiv Pizza essen.«

»Sehen Sie? Ich habe Ihnen doch gesagt, daß Ihre Ideale unverrückbar sind. Kommen Sie, gehen wir und sehen lieber, ob wir irgendwo eine anständige Pizza auftreiben. Peperoni, einverstanden?«

»Gibt es denn auch andere Sorten?«

Genau das taten wir und verbrachten den Rest des Abends damit, über Politik zu diskutieren: Wie sich herausstellte, war Ellen liberaler eingestellt als ich, was mich in ernsthafte Sorge versetzte, eine meiner schlimmsten Befürchtungen könnte wahr werden und ich mich auf meine alten Tage zum Reaktionär entwickeln. Daran konnte auch nicht viel ändern, daß ich entschied, Ellens Standpunkt sei weniger ein Produkt reiflicher Überlegung als Naivität.

Auf der Heimfahrt sprachen wir nicht viel. Ich hatte keine Ahnung, was in ihr vorging, und sie dachte vermutlich, sie hätte eine gar zu schmutzige Vorstellung von dem, was ich im Sinn hatte. Als wir in die Einfahrt bogen, waren die Lichter im Haus aus, aber ein an einen Ast genagelter Sicherheitsscheinwerfer erleuchtete den Vorplatz so hell wie ein Fußballstadion.

Ich hielt an und sah sie an. Nach einem Augenblick der Träumerei schaute sie zurück. »Es war ein wundervoller Abend.«

»Das finde ich auch. Kommen Sie ab und zu in die Stadt?«

»Nein.«

»Sollten Sie aber.«

»Ich weiß. Ich werd's versuchen. Ich... es wird nur ein bißchen dauern.«

»Na, dann...«

»Na, dann...«

»Ich wette, da sind ein paar Augen, die uns beobachten.«

Sie lächelte. »Sechs, wenn Sie Katzenaugen mitzählen.«

»Wie viele Katzenaugen sind ein Menschenauge?«

»Das ist doch Blödsinn.«

»Das will ich hoffen.« Ich legte eine Hand auf ihre Schulter. »Ich finde, sie sollten was für ihr Geld zu sehen bekommen. Die Katze eingeschlossen.«

Sie erstarrte – und schmolz. »Das finde ich auch.«

Ich stieg aus, ging auf Ellens Seite und öffnete die Tür. Ich griff nach ihrer Hand und half ihr beim Aussteigen, dann führte ich sie genau in die Mitte der Einfahrt. Im grellen Schein des Sicherheitsscheinwerfers und des Abblendlichts meines Buick nahm ich sie in die Arme und küßte sie.

Unter ihrem bauschigen Kleid war ihre Figur überraschend üppig und ihre Unterwäsche überraschend zart, was auf ein subversives Sexualleben in Gestalt dünner Seiden-BHs und winziger Spitzenhöschen hindeutete, die nur sie und ihr Spiegel zu sehen bekamen. Erst zaghaft, zog sich die Umarmung eine Weile hin und wurde schließlich enger – ich machte so etwas nicht oft genug, um Routine darin zu haben, und soviel ich wußte, hatte Ellen zwanzig Jahre lang keinen Mann mehr geküßt. Was, glaube ich, der Grund war, warum der Kuß etwas Reales wurde und Vorspiel zu mehr sein wollte.

Schließlich löste ich mich von ihr.

»So was«, murmelte sie, als sie ihr Kleid glattstrich. »Fast habe ich vergessen, wie... ich hab's fast vergessen.«

»Wenn du wieder vergeßlich wirst, ruf mich einfach an.« In der Wärme ihres wogenden Atems, schaute ich zum Haus hinüber. »Wirst du Ärger kriegen?«

»Wahrscheinlich«, sagte sie. »Wird ja auch langsam Zeit, oder nicht?«

15

Auf dem Weg zurück in die Stadt machte ich einen Umweg, die Fish Ranch Road hinauf zum Tilden Park, dann hinüber zum Grizzly Peak Boulevard, der Straße, die sich auf dem Kamm der Berkeley Hills entlangwindet und die, wenn kein Nebel ist und die Wolken nicht zu tief hängen, den besten Blick auf San Francisco bietet, den man auf dieser Seite einer Schallschutzmauer haben kann. Die Bedingungen waren optimal, und die Aussicht enttäuschte nicht, weshalb ich auf einem breiten Straßenabschnitt anhielt, um mir den Blick bis ins Mark dringen zu lassen.

Zu dieser nachtschlafenden Stunde war natürlich alles, was man sah, die Pracht: nicht der Schmutz, sondern der Glanz, nicht die Verseuchung, sondern die Vitalität, nicht das Elend, sondern der Reichtum einer Stadt, die auch nach dem Erdbeben und Aids und den anderen modernen Großstadtschrecken neben New York und Los Angeles noch immer das begehrteste Ziel jedes Amerikaners mit Ambitionen und einer Idee war. Ich wünschte mir, sie möge immer nur so sein, aber einige dieser Lichter waren Polizeistationen, Krankenhäuser und Obdachlosenunterkünfte, und einige dieser Gebäude beherbergten Betrüger, Geldwäscher und Kinderschänder, und einige dieser Brücken führten zu Menschen mit einem Leben wie dem von Ellen – eher erduldet als gelebt, eher empfangen als erworben, eher hingenommen als erkämpft. Phasenweise habe ich selbst so ein Leben geführt; daß ich es nicht ein Leben lang getan habe, führe ich hauptsächlich auf die vor einem Dutzend Jahre gefällte Entscheidung zurück, meinen Lebensunterhalt damit zu verdienen, Leuten zu helfen, deren Probleme in bisher allen von mir übernommenen Fällen wesentlich größer waren als meine eigenen.

Während dieser schwache Trost durch meinen Kopf dümpelte, legte ich den Gang ein und kurvte zur Bay hinunter. Bis ich über die Brücke gefahren, durch das Bankenviertel gestrudelt und den Telegraph Hill zu dem möblierten Zimmer hinaufgeklettert war, das ich mein Zuhause nenne, war ich zu erschöpft für gute oder böse Träume.

Am nächsten Morgen versuchte ich Dr. Marlins Adresse herauszubekommen. Es war nicht so einfach, wie ich gedacht hatte – er stand weder im Telefon- noch im Branchenbuch und auch nicht im Adreßbuch. Bevor ich schließlich auf seine Spur stieß, mußte ich, in Form einer Mitgliederliste der Ärztekammer von San Francisco County, mein Archiv zu Rate ziehen – Leonard R. Marlin, Psychiater, Healthways Clinics, c/o Healthways, Inc., 222 Van Ness Avenue.

Ich wußte ein paar Dinge über Healthways. Die Healthways-Ambulatorien waren Bestandteil einer in ganz Kalifornien verbreiteten Gesundheitsfürsorgeorganisation, die vor allem Angehörigen der Unter- und Mittelschicht eine kostengünstige medizinische Versorgung auf ambulanter Basis ermöglichen wollte. Die Ambulatorien waren in schmucklosen Ladenbüros untergebracht, das Personal bestand vorwiegend aus Krankenschwestern, Pflegern und sonstigen Mitarbeitern ohne Ärztestatus, obwohl auch Ärzte in das System eingebunden waren – niedergelassene Ärzte, die unentgeltlich für Healthways arbeiteten, oder bei Healthways fest angestellte Ärzte, die sich der Medizin aus anderen Gründen verschrieben hatten als Reichtum und Ansehen.

Mir waren diese Ambulatorien schon in verschiedenen Teilen der Stadt aufgefallen, aber ich hatte noch nie eines von innen gesehen, weder privat noch beruflich. Meiner gesundheitlichen Probleme nimmt sich, auf Tauschhandelsbasis, Dr. Clinton an – er leistet mir kostenlose ärztliche Hilfe, und ich heize den Schmarotzern ein, die ihre Arztrechnungen nicht bezahlen, zumindest denen, denen es nicht an den nötigen Mitteln fehlt. Da ich bisher keine nennenswerten gesundheitlichen Probleme hatte, wenn nicht gerade jemand mit einer Waffe nachgeholfen hat, kommt Dr. Clinton bei dieser Abmachung ziemlich gut weg. Aber das tun Ärzte immer.

Da ich den einzigen Eintrag für Marlin unter Healthways gefunden hatte, ging ich davon aus, daß er dort fest angestellt war. Als ich in der Zentralverwaltung anrief und ihn zu sprechen verlangte, schenkte man meinem Ansinnen nur widerstrebend Beachtung. Um Zeit zu sparen, ließ ich mir etwas einfallen – ich erklärte, im Auftrag von Esquire L. Arthur Wilkers, seines Zeichens Anwalt, Nachforschungen anzustellen. Wie es der Zufall will, ist L. Arthur auf die Abweisung von Schadenersatzklagen bei ärztlichen Kunstfehlern spezialisiert und gilt in San Francisco als unangefochtener Experte auf diesem Gebiet – Schutzengel der Aushilfsschwestern, Anästhesisten und Krankenhausmanagements, Nemesis der Verstümmelten und Zerfleischten. Ich hatte den Mann nie persönlich kennengelernt, aber ich nahm an, daß die Leute bei Healthways wußten, wer er war. Ich nahm auch an, daß Wilkers aller Wahrscheinlichkeit nach nie erfahren würde, daß ich ihn als Sesam-öffne-dich mißbraucht hatte, wenn ich es bei diesem einen Mal belassen würde.

Wie erhofft, wirkte Wilkers' Name außerordentlich belebend. Hilfsbereit, um nicht zu sagen unterwürfig, teilte mir die Frau am Telefon mit, Dr. Marlin habe in der Tat ein Büro im

Healthwaysgebäude, aber dies sei der Tag, an dem er im Ambulatorium in der Turk Street Sprechstunde hielt. Ich erkundigte mich nach der Adresse des Ambulatoriums und ersuchte die Frau, dort anzurufen und Bescheid zu geben, daß ich in etwa einer Stunde vorbeikommen würde und ein paar Minuten mit dem Doktor sprechen wolle. Sie meinte, sie werde sehen, was sich machen ließe. Was sich als genug herausstellte – ich verbrachte weniger als zehn Minuten in der drangvollen Enge des Wartezimmers, in Gesellschaft einer bunten Mischung aus geprügelten Ehefrauen, fiebrigen Kleinkindern, rheumatischen Alten, skrofulösen Drogenabhängigen und auch einigen Leuten wie mir, deren Probleme ihre Ursache in weniger sichtbaren Wehwehchen hatten.

Das Ambulatorium lag im Herzen des Tenderloin District, flankiert von einer Scheckeinlöseagentur auf der einen und einem Sexshop auf der anderen Seite und einem Plasmazentrum auf der gegenüberliegenden Straßenseite: Zahltag an allen Fronten. Während die Klinik neu und gut in Schuß war, traf auf ihre Umgebung das genaue Gegenteil zu – für den Fall, daß man noch keine ärztliche Hilfe benötigte, wenn man sich dorthin auf den Weg machte, standen die Chancen ziemlich hoch, daß man welche brauchte, bis man dort ankam, zumindest wenn man alt und allein und nach Einbruch der Dunkelheit unterwegs war.

Es war kurz vor Mittag, als mir die Sprechstundenhilfe – so weiß wie Gaze in ihrem stärkesteifen Kittel – mitteilte, ich könne jetzt den Herrn Doktor sprechen. Darüber waren meine Leidensgenossen, von denen die meisten wesentlich länger auf eine Audienz gewartet hatten als ich, nicht sonderlich erfreut. Mein einziger Trost war, daß sie nicht viel länger auf die Folter gespannt würden – ich konnte mich des Verdachts nicht erwehren, daß der Herr Doktor keinen sonderlichen Wert auf meine Gesellschaft legen würde, sobald er erfuhr, was ich im Sinn hatte.

Sein Praxisraum war wie der Rest des Gebäudes – sauber, funktionell und aggressiv unpersönlich, als würden im Ambulatorium elektronische Geräte behandelt und keine Menschen, als würden die Patienten von schadhaften Diskettenlaufwerken geplagt anstatt von gebrochenen Knochen und eiternden Wunden. Ich bin sicher, daß es effizient und in gewissem Sinn auch effektiv war und auf jeden Fall wesentlich besser als das, was hier zuvor gewesen war, was, wenn ich mich recht entsinne, eine Spelunke mit dem sinnigen Namen Chicago Club war. Aber wenn das die wundervolle neue Welt ist, warum wollen dann so viele Menschen ewig leben?

Dr. Marlin machte Eintragungen in einen roten Aktenordner, als mich die Sprechstundenhilfe in sein Behandlungszimmer führte. Er war eins achtzig, untersetzt, breitschultrig, ins Blonde gehend und gepflegt – unter seinem kurzen weißen Kittel gaben sein Kamelhaarpullover und seine marineblaue Hose eine sportlich-elegante Grundlage ab. Die Lesebrille auf seiner Nasenspitze verlieh dieser Mixtur einen intellektuellen Touch. Als er in der Akte blätterte, waren seine Bewegungen flüssig und geschmeidig, gleichermaßen geeignet, Gewebe abzutasten oder dubiose Wundermittel zu verkaufen.

Mit einem abschließenden Schnörkel legte Marlin seinen Füller beiseite, schob seine Brille über seinen Haaransatz hoch und betrachtete mich mit wachsamem Interesse. »Die Schwester hat etwas von Art Wilkers gesagt«, begann er leutselig und knöpfte seinen weißen Kittel auf, um seine kamelhaargewandete Brust freizumachen. »Hat irgend so ein armer Teufel Anzeige erstattet?« Sein freundlich-teilnahmsloser Ton signalisierte, daß nur ein Verrückter etwas gegen ihn haben konnte, was in Anbetracht seines Spezialgebiets zweifellos richtig war.

»Nicht daß ich wüßte«, sagte ich.

Er runzelte die Stirn. »Worum geht es dann?«

»Um Nicky Crandall.«

Er hob eine Braue und kratzte sich an der Nase. Ich war ganz sicher, daß die Brille von diesem Rumgefuhrwerke runterfallen würde, aber irgendwie schaffte sie zu bleiben, wo sie war. »Nicky? Was sollte Nicky von mir wollen? Ganz sicher hat *er* mich nicht angezeigt – ohne mich wäre Nicky Crandall ...« Er bremste sich, bevor er eine Indiskretion beging. »Was soll mit Nicky sein?« trat er den Rückzug an.

»Ich versuche ihn zu finden.«

Sobald der Ruch eines Kunstfehlers vom Tisch gewischt war, hatte sich der Doktor rasch wieder im Griff: Seine Bewegungen wurden gütig, seine Stimme eine Oktave tiefer, und an Körpergröße und Souveränität schien er sich zu verdoppeln. »Wie kommen Sie darauf, ich könnte Ihnen da weiterhelfen?«

»Soviel ich weiß, haben Sie Nicky im Anfangsstadium seiner Krankheit behandelt.«

Beiläufig zuckte Marlin mit den Achseln. »Das ist lange her.«

»Wollen Sie damit sagen, daß Sie ihn seitdem nicht mehr gesehen haben?«

Er strich sich mit der Handfläche über die Stirn, aber die Lesebrille ließ sich auch dadurch nicht erschüttern. »Ich sage damit gar nichts – ein solches Wissen, so ich es denn hätte, würde auf einem Arzt-Patienten-Verhältnis beruhen und unterläge somit meiner ärztlichen Schweigepflicht.«

»Ich frage Sie nicht nach Nickys Gesundheitszustand, Herr Doktor. Ich frage Sie nur nach seiner Adresse.«

»Warum?«

»Weil ich mit ihm sprechen möchte.«

»Worüber?«

»Erstens, über seinen Gesundheitszustand. Zweitens, über seinen Bruder.«

Dr. Marlin seufzte, als wäre dieses Thema so gewichtig wie er selbst. »Tom.«

»Ja.«

»Ein höchst ungewöhnlicher Mann.«

»Ja.«

Der Doktor lehnte sich in seinen Stuhl zurück. »Wie *geht* es Tom?«

»Er ist tot.«

Das holte Marlin von seinem hohen Roß. Er setzte sich kerzengerade auf und nahm die Brille von seinem Kopf und legte sie neben sich auf den Schreibtisch, als stellte sie eine Art seltsamer Opfergabe dar. »Ist das Ihr Ernst?«

»Mein voller.«

»O Gott. Das wußte ich nicht. Wann ist das passiert?«

»Sie haben seine Leiche am Freitag morgen gefunden.«

»Wo?«

»Nicht weit von hier. Im alten Busbahnhof in der Ellis.«

»Wie ist er ums Leben gekommen?«

Ich ließ es auf einen Versuch ankommen. »Die vorherrschende Meinung lautet Selbstmord.«

Der Doktor wurde undurchschaubar. »Aha.«

»Gehen Sie mit dieser Auffassung konform?«

»Wie sollte ich mich dazu äußern, ohne den Obduktionsbefund zu kennen? Außerdem bin ich kein Pathologe.«

»Ich meine nur, ob Sie sich, ausgehend von dem, was Sie über ihn wissen, und aufgrund Ihrer langjährigen Berufserfahrung vorstellen können, daß sich Tom Crandall das Leben genommen hat?«

Mit Rücksicht auf das Thema schloß Marlin die Augen. »Jeder ist zu einem Akt der Selbstzerstörung fähig, vorausgesetzt er wird in hinreichendem Maß zu solch einem Schritt getrieben, Mr. ... äh ...?«

»Tanner.«

Seine Augen überzogen sich mit dem Glanz bürokratischer Strenge. »Und Sie sind ... was? Eine Art Versicherungsagent? Der mit Hilfe der Selbstmordklausel die Auszahlung einer Lebensversicherung umgehen will?«

Mir ging das Messer in der Hose auf. Marlin war jemand, der annimmt, daß Geld das Motiv für alles ist; ich bin jemand, der hofft, daß mir Geld nichts bedeutet. »Ich bin nur ein Freund von Tom, der zufällig Privatdetektiv ist. Während der letzten paar Tage habe ich mit ein paar von Toms anderen Freunden und Angehörigen gesprochen und –«

»In welcher Absicht?«

Ich entschied mich für eine wohlwollende Antwort. »Um

herauszufinden, ob sie einen Grund kannten, aus dem sich Tom das Leben genommen haben könnte.«

Eine Augenbraue wanderte nach oben. »Und? War das der Fall?«

»Sie wußten Hunderte von Dingen, die für bestimmte Leute Grund genug gewesen wären. Aber keiner von ihnen konnte sich vorstellen, daß sie auch für Tom Grund genug waren.«

Marlins Hände bildeten einen Kirchturm unter seinem Kinn. »Und Nicky? Was hat er mit der Sache zu tun?«

»Genau darüber wollte ich mit ihm sprechen.«

Marlin strotzte vor Sachverstand. »Man spricht nur selten *mit* Nicky. Bestenfalls lernt man, ihm zuzuhören.«

»Wann haben Sie ihn zum letztenmal gesehen, Herr Doktor?«

Er wollte etwas sagen, überlegte es sich dann anders. »Darüber darf ich leider nicht sprechen.«

»Ist er demnach zur Zeit bei Ihnen in Behandlung?«

Unwirsch schüttelte er den Kopf. »Tut mir leid. Zu diesem Thema kann ich mich nicht weiter äußern.« Er stand auf. »Wenn Sie mich jetzt bitte entschuldigen würden, ich habe –«

»Sagen Sie mir nur noch eines«, unterbrach ich ihn. »Ist Nicky hier in San Francisco?«

»Ich ... ja. Soviel kann ich Ihnen sagen.«

»Weiß er vom Tod seines Bruders?«

»Das weiß ich nicht.«

»Demnach hat er Ihnen gegenüber nichts davon erwähnt?«

»Bitte. Ich habe ohnehin schon zuviel gesagt. Gerade was diesen Bereich anbelangt, gibt es gewisse ethische Richtlinien – sehr strenge sogar. Ich für meine Person halte mich daran.«

Der Doktor sah eher wie ein Marktschreier als wie ein Arzt aus, was hieß, daß er wie jemand aussah, für den ethische Richtlinien Lappalien waren. »Wenn sich Tom nicht selbst getötet hat, muß er von jemandem getötet worden sein«, sagte ich ruhig. »Und ich finde, Nicky gibt einen aussichtsreichen Kandidaten für diese Rolle ab.«

Der Doktor sagte lange nichts. »Wollen Sie, daß ich sage, das ist unmöglich?« meinte er schließlich nachdenklich. »Nun, das kann ich nicht. Nicholas Crandall ist ein sehr kranker junger Mann.«

»Haben Sie irgendwelche Hinweise, daß es so war? Daß Nicky seinen Bruder umgebracht hat?«

»Nicht einen einzigen. Wie kommen Sie darauf?«

»Tom hatte sich in den letzten Wochen ernste Sorgen um Nicky gemacht. Haben Sie irgendeinen Grund zu der Annahme, daß ihm etwas zugestoßen ist? Wie es scheint, haben Sie über all die Jahre hinweg Kontakt zu ihm gehalten.«

»Ich halte nicht Kontakt zu Nicky; er hält Kontakt zu mir.«

»Wie auch immer. Ich dachte, vielleicht könnten Sie mir etwas über das Verhältnis der beiden Crandall-Brüder sagen.«

Marlin schüttelte den Kopf.

»War Nicky krank?« bohrte ich weiter. »Nicht nur psychisch, meine ich? Tom schien das zu glauben.«

Marlin zuckte mit den Achseln. »Ich habe keine Ahnung. Sein Allgemeinzustand war selbstverständlich verheerend. Es wäre kein Wunder, wenn er sich eine schwere Krankheit zuzöge – eine Lungenentzündung, eine Geschlechtskrankheit oder auch Tbc.«

»Jedenfalls liegen Ihnen keinerlei Hinweise vor, daß Nicky Crandall krank ist. Oder tot.«

»Keine.«

»Würden Sie mir wenigstens sagen, ob die beiden Streit miteinander hatten? Vor etwa zwanzig Jahren scheint das der Fall gewesen zu sein. Sie gerieten sich damals wegen eines Mädchens in die Haare. Ich dachte nur, ob Nicky seinem Bruder deshalb immer noch böse gewesen sein könnte.«

»Welches Mädchen meinen Sie?«

»Ellen Simmons.«

Dr. Marlins Augen glitten zu dem Fenster links von ihm. Als ich seinem Blick folgte, sah ich auf einen kleinen Parkplatz hinaus, leer bis auf eine Doppelreihe von Wagen und einen jungen Mann in löchrigen Jeans und ›Guns 'n' Roses‹-T-Shirt, der mit einem gutgekleideten Geschäftsmann sprach, der gerade in einen blauen Mercedes steigen wollte. Der junge Mann – ein Junge von der Straße oder eine Imitation – legte seine Hand auf den Arm des Geschäftsmanns. Der schüttelte sie schroff ab. Dabei kehrte er mir sein Profil zu, und ich erkannte ihn – es war der Mann im blauen Dreiteiler, der Clarissa Crandall vom Velvet Room abgeholt und im Sandstone Club abgeliefert hatte.

Ich schaute zu Marlin zurück. »Wer ist das?«

Marlin blinzelte und sah mich an. »Wer?«

Ich deutete aus dem Fenster. »Der Mann mit dem Mercedes.«

Marlin brauchte nicht mehr als einen Blick. »Das weiß ich nicht. Seinem Aussehen nach zu schließen, vermutlich ein Hausbesitzer. Sie würden staunen, wem einige der Häuser hier gehören.«

»Und der Junge?«

»Irgendein Rumtreiber«, sagte Marlin ungehalten. »Jetzt aber. Wo waren wir gerade stehengeblieben?«

»Bei Ellen Simmons.«

»Ellen. Ein zartes und zerbrechliches Wesen. Was wohl aus ihr geworden ist?«

»Nicht sehr viel«, sagte ich.

Der Doktor runzelte die Stirn, dann wollte er fragen, was ich damit meinte, überlegte es sich aber anders und versuchte die Sache zu Ende zu bringen. »Tut mir leid, Mr. Tanner, aber ich habe noch zu tun. Trotzdem möchte ich Ihnen noch einen Rat geben, bevor Sie gehen – sollten Sie derjenige sein, der Nicky über den Tod seines Bruders in Kenntnis setzt, seien Sie bitte vorsichtig.«

»Warum?«

»Nickys Verhältnis zu Tom war sehr... komplex. Sicher wissen Sie, daß Schizophrene häufig Stimmen hören, die sie als zwingend betrachten – sie befehlen ihnen, Dinge zu tun, die oft gewalttätig oder selbstzerstörerisch sind. Nun ist die Stimme, die Nicky am häufigsten hört, die von Tom. Phasenweise glaubt Nicky, er *sei* Tom beziehungsweise Tom habe sich seines Verstands bemächtigt, was auf dasselbe hinausläuft. Das resultiert, um es vorsichtig auszudrücken, in einer gewissen Sprunghaftigkeit.«

»Ist er schon einmal gewalttätig geworden?«

»Das kann ich Ihnen leider nicht sagen.«

»Haben sie sich Ihres Wissens in letzter Zeit gesehen? Und wenn ja, wo?«

Der Doktor war am Ende seiner Geduld. »Bitte. Meine Patienten warten. Sie müssen jetzt gehen.«

»Könnte es sein, daß Toms Tod aus Nickys Sicht gar nicht so schlimm ist, Herr Doktor?«

»Wie meinen Sie das?«

»Vielleicht verstummen die Stimmen jetzt, wo Tom nicht mehr unter uns ist.«

»Das bezweifle ich, obwohl ich es in Nickys Interesse hoffen würde.«

»Vielleicht hat das auch Nicky gehofft«, sagte ich.

16

Die Treppe zu meinem Büro erreicht man von einer Durchfahrt. Es ist eine schmale Durchfahrt, wie die meisten, und nur selten wagt sich ein Wagen hinein. Trotzdem stellte ich fest, daß die stillschweigende Straßensperre durchbrochen und meine Durchfahrt vollständig verstopft war, als ich nach meiner Sprechstunde bei Dr. Marlin kurz vor Mittag zur Arbeit anrückte. Verstopft wurde sie von einem Cadillac, groß und schwarz, so undurchdringlich wie ein Knäuel Streikposten direkt vor meiner Bürotür.

Erst dachte ich, es wäre einer der Kunden meines Vermieters, der sich schon mal vorab Carsons jüngste Schiffsladung Antiquitäten frisch vom letzten Dampfer aus Leeds ansah. Aber da sich Carson, zahlungskräftiger Kunde hin oder her, vor Mittag nicht mal die Zähne putzt, zerbrach ich mir nicht länger den Kopf über Cadillacs und deren Besitzer, sondern stieg die Treppe zum ersten Stock hoch, wobei mir wieder einmal vor

Augen geführt wurde, daß mir das Treppensteigen schon mal leichter gefallen war.

Ich öffnete die Außentür – diejenige, die nie abgeschlossen ist. Die Lichter waren aus, die Jalousien runtergelassen, der Raum mit Dunkel beschlagen. Niemand wartete auf der Couch oder arbeitete am Schreibtisch. Ganz eindeutig hatte der Cadillac nichts mit mir zu tun.

Die Post lag, wo sie gelandet war, nachdem sie die Briefträgerin durch den Schlitz geschoben hatte. Da ich aufgrund meines Kontostands dringendst auf den Eingang von ein paar Außenständen angewiesen war, wurde meine ganze Aufmerksamkeit von der Frage in Anspruch genommen, ob einer der Umschläge einen Scheck enthielt. Deshalb machten mich erst, als ich beim Bücken nach der Post meine Knie knacken hörte, ein Jucken in der Nase und eine Ausflockung in der Luft darauf aufmerksam, daß sich außer mir noch jemand im Raum befand. Und das hieß, der Cadillac-Kunde war meiner.

Sie stand mit verschränkten Armen am Fenster und spähte durch einen Spalt in der Jalousie auf die Scheibe des Jackson Square hinaus, die von meinem Büro zu sehen war. In meiner schlichten und hartkantigen Einrichtung stach ihre Figur hervor wie ein Kissen. Ich gab ein sprechendes Beispiel von Sprachlosigkeit ab, als sie mich fragte, ob ich Mr. Tanner sei, und noch einmal, als sie mich fragte, ob ich Zeit für sie hätte, obwohl sie keinen Termin mit mir vereinbart hätte. Ich hätte mir sogar Zeit für sie genommen, wenn ich einen Termin mit dem Polizeipräsidenten gehabt hätte.

Ich bat sie in mein Privatbüro und unternahm erst gar keinen Versuch, den Mund wieder zuzubekommen, als ich beobachtete, wie sie ihre hohen Hacken durch den Raum und in mein Allerheiligstes trugen. So leicht, wie Geldscheine in eine Zählmaschine flutschen, glitt sie unaufgefordert in den Besucherstuhl. Ihr Schmuck spielte mit dem Licht, wie Zauberer mit Münzen spielen. Ihr Kleid bewies, daß sie ihre Figur als persönliches Plus betrachtete; ihr rotes Haar fiel in einem Schwung, den hinzukriegen eine Stunde gedauert haben mußte; das

Gold, das sie um Hals und Ohren trug, hätte die Jahresmiete für mein Büro gedeckt. Die Beine, die sich überkreuzten, als sie es sich bequem machte, waren in Seide gehüllt, so weiß und filigran wie eine Plastiktüte Schneeflocken. Der Duft in der Luft, der ihre Anwesenheit angekündigt hatte, kroch wieder in meine Nase und blieb dort. Weil ich Eindruck schinden wollte, bot ich alle meine Kraft auf, nicht zu niesen.

Ich schaffte es hinter meinen Schreibtisch, ohne über etwas zu stolpern, ihre langen Beine eingeschlossen, und ließ mich in meinen Sessel zurücksinken und versuchte so zu tun, als würden mich Frauen wie sie jeden Tag besuchen. Das nahm mir keiner von uns ab, auch wenn wir es nicht laut aussprachen. In einer Abwandlung von schwer beschäftigt ging ich die Post durch, als erwartete ich eine Depesche von einem meiner Agenten in Djakarta oder Katmandu. Als ich nichts Gewichtigeres als einen Sears-Prospekt fand und auch nichts, das wie eine Geldanweisung aussah, warf ich die Post beiseite und fragte meine Besucherin, ob sie eine Tasse Kaffee wollte.

»Allerdings muß ich erst einen machen«, fügte ich hinzu. »Dauert genau sechs Minuten. Glauben Sie, so lange wird die Sache in Anspruch nehmen?« fragte ich, Hoffnung wie Firnis auf meinen Worten.

Ihr Blick war kokett und aristokratisch und ein paar andere Dinge, die ich in der Regel nicht mag, aber diesmal störten sie mich nicht. »Das dürfte davon abhängen, wie dringend Sie einen Job brauchen«, sagte sie, ihre Stimme so teuer moduliert wie ihr Cadillac.

Auf ihre Frage hin dachte ich erst an meinen Kontostand, dann an Tom Crandall und wieviel unbezahlte Zeit ich mir für seinen Fall zu opfern leisten konnte, falls es überhaupt ein Fall war. Dann führte ich mir zu Gemüte, wie ihr Oberschenkel jedes noch so kleine Fältchen in dem Stück grauen Jerseystoff südlich ihres Schoßes glättete. »Halbdringend«, sagte ich. Dann machte es klick, ein Kreis schloß sich, und ich hörte auf, mich wie ein Schuljunge aufzuführen. »Sie sind Deirdre Sands.«

Sie entkreuzte ihre Beine und steckte die Locke auf ihrer Schulter hinter ihr linkes Ohr. »Anscheinend eilt mir mein Ruhm voraus. Mein Presseagent wird begeistert sein.«

»Falls es Sie interessiert: Mein Interesse an dem Job, den Sie eben erwähnt haben, ist gerade einen Deut gestiegen.«

»Auf halb-plus?«

»Auf sehr-minus.«

Sie holte Luft, fummelte an einem Ohrring, ließ ihren Blick durch den Raum wandern. Die meisten Leute entdecken darin nichts Bemerkenswertes, bis sie zu dem Gemälde über dem Schreibtisch kommen. Es ist ein Klee, ein Originalgemälde aus dem Jahr 1919, das ich von einem Klienten für Dienste erhalten habe, über die ich nie spreche, und das mehr wert ist als alles andere zusammen, was ich besitze. Immer wieder liegen mir Leute in den Ohren, ich soll es in einem Safe oder sonstwo wegschließen, und ich sage darauf immer, nur, wenn sie mich mit einschließen. Ich muß alle sechs Monate oder so Ross MacDonald lesen und jede Woche ein Mozartkonzert hören. Aber wenn ein Tag vergeht, ohne daß ich einen Blick auf meinen Klee werfe, gerät mein Leben aus den Fugen. Ich nehme an, daß ich auf seltsam ophthalmische Weise davon abhängig bin, aber das stört mich nicht weiter, weil ich von Schlimmerem abhängig bin.

»Sehr schön«, sagte Mrs. Sands.

»Der Klee?«

»Das Ganze. Nicht zu protzig, nicht zu schäbig, ein funktionales Ambiente mit einem Schuß von etwas Exquisitem, um zu verhindern, daß es bloß banal ist. Ich habe einer Menge Innenarchitekten eine Menge Geld gezahlt, ohne daß sie auf eine annähernd so gelungene Lösung gekommen wären.«

»Von jemandem mit Ihrem Geschmack fasse ich das als Kompliment auf.«

Sie hob Augenbrauen, deren Styling gut und gern seine zweihundert Dollar gekostet haben dürfte. »Was wissen Sie über meinen Geschmack?«

»Auf der Lifestyle-Seite der *Chron* bringen sie fast jeden

zweiten Monat einen Bericht über eines Ihrer Häuser. Wenn ich mich recht entsinne, war der letzte über Ihre Stadtwohnung am Outer Broadway.«

Sie lächelte angetan. »Mein kleines Nest. Dorthin ziehe ich mich zurück, wenn ich meine Ruhe haben will.«

Sich an den Outer Broadway zurückzuziehen, weil man seine Ruhe haben wollte, war wie nach Washington zu gehen, weil man von Heuchelei die Nase voll hatte. »Was führt Sie zu mir, Mrs. Sands?« fragte ich.

Sie straffte die Schultern und verschränkte die Hände. Was letzteres in den Rang einer Glanztat erhob, war die Zahl der Ringe, die dabei im Weg waren. »Mr. Standish«, sagte sie.

»Der Detektiv, den Sie engagiert haben, Ihren Mann nach Sonnenuntergang zu beschatten.« Ich errötete, während ich das sagte, weil es auch der Detektiv war, bei dem ich mich zu melden vergessen hatte.

Sie nickte knapp. »Ich habe Garth heute morgen bei einer kleinen Notlüge ertappt. Als er mir schließlich den wahren Sachverhalt schilderte – die Abmachung, die er mit Ihnen getroffen hat, um zu seiner Mütze Schlaf zu kommen –, wurde ich neugierig, was Sie um diese Zeit vor dem Club zu suchen hatten. Da Mr. Standish, diese Frage betreffend, unzureichend informiert schien, beschloß ich, der Sache selbst auf den Grund zu gehen. Ich hoffe, Sie werden mich nicht mit irgendwelchen Hinweisen auf Ihr Berufsgeheimnis langweilen; zufällig weiß ich, daß Privatdetektive keine derartigen Rechte haben.«

»Da sehe ich in diesem Fall überhaupt kein Problem, weil ich keinen Klienten habe.«

Sie hob diese Braue wieder. »Tatsächlich.«

»Traurig, aber wahr.«

»Sehr interessant.« Sie tätschelte ihre Handtasche, wie andere Leute ihre Katzen tätscheln. »Falls wir miteinander auskommen, könnte ich dem vielleicht Abhilfe schaffen.«

Nun schien der Zeitpunkt gekommen, etwas professionelle Abgebrühtheit aufzufahren, weshalb ich mich zurücklehnte und mir den Blick auf ihre Beine abschnitt. »Sprechen Sie eigentlich von Natur aus so, oder haben Sie einen Abendkurs für gewählte Ausdrucksweise gemacht?«

Sie lachte. Wie der Rest von ihr war ihr Lachen ungehemmt und sinnlich. »Nachdem ich frühzeitig vom College gegangen bin, habe ich zwei Jahre in Cambridge gelebt und dort als Gouvernante gearbeitet. Oder Kindermädchen, falls Sie das vorziehen. Cambridge in England übrigens.«

»Sie waren *Kindermädchen*?«

Sie nickte. »Es ist mein Mann, der mit einem goldenen Löffel im Mund zur Welt kam, Mr. Tanner. Ich bin in Albuquerque aufgewachsen und noch dazu auf der falschen Seite des Kaktus. Das College, von dem ich abgegangen bin, war die UTEP.«

»Erstaunlich.«

Eine Braue wanderte nach oben. »Inwiefern?«

»Es erstaunt mich immer, wenn arme Leute sich ans Reichsein gewöhnen.«

Sie errötete für einen ganz kurzen Moment, tilgte die Spuren aber geschickt. »Das ist im Grunde genommen ganz einfach.« Sie versuchte auf blasiert zu machen, aber ihr Lächeln war eine Spur flacher geworden. »Solange man in Bewegung bleibt.«

Wir hielten uns eine Weile bei diesem Bild auf, bei den Haken und Ösen des Reichtums, die durch ständiges In-Bewegung-Bleiben unwirksam gemacht wurden, und am Ende unserer Denkpause war sie mir etwas sympathischer. »Weil wir gerade bei Ihrem Mann sind«, sagte ich, »warum lassen Sie ihn von Mr. Standish beschatten?«

»Warum so voreilig, Mr. Tanner? Genau das wollte ich *Sie* fragen.«

»Die Antwort ist: ich bin Ihrem Mann nicht gefolgt.«

»Tatsächlich?«

Ich hielt drei Finger hoch. »Pfadfinderehrenwort.«

Ihre Lippen spitzten sich. »Dann muß Ihr Interesse seiner Freundin gelten.«

»Mrs. Crandall.«

Einen Moment blitzten ihre Augen stählern blau. »So heißt sie, glaube ich.«

»Das wissen Sie verdammt gut. Also, warum haben Sie Standish engagiert?«

Sie überlegte, ob es einen Grund gab, mir das nicht zu sagen. »Um zu sehen, ob mir Gefahr droht, natürlich.«

»Physisch?«

»Ich bitte Sie. *Ehelich*.«

»Und zu welchem Schluß sind Sie gelangt?«

»Das zu sagen, ist es noch zu früh.«

»Sie scheinen über die Situation nicht sonderlich beunruhigt. Haben Sie keine Angst, Sands könnte Sie verlassen?«

Ihr Blick wurde so starr und zielgerichtet wie der eines Killers. »Ich mache mir weniger Sorgen, daß er mich verläßt, als über das, was er mitnehmen könnte.«

»Sie meinen, wen.«

Sie schüttelte den Kopf. »Ich meine, *was*. Als ich ihn kennenlernte, hatte Richard kaum eine Million auf dem Konto. Bis letzten Juli war sein Vermögen, unter Berücksichtigung gängiger steuerrechtlicher Grundlagen, auf etwas über dreiundvierzig Millionen Dollar angewachsen. Nun steht mir laut den besitzrechtlichen Bestimmungen in diesem Bundesstaat die Hälfte des Zugewinns zu, haben mir meine Rechtsberater zu verstehen gegeben. Falls mir also meine Ehe um die Ohren fliegt, hätte ich gern, daß mein Anteil an der Beute noch da ist, um den Schock etwas zu mildern.«

Ich sah sie scharf an. »Sie würden absolut nichts empfinden, wenn Ihr Mann Sie wegen Clarissa Crandall verließe?«

Ihre Miene wurde gutgelaunt und abwesend. »Natürlich würde ich etwas empfinden. Erleichterung zum einen. Kränkung zum anderen.«

»Falls Ihre Ehe so unerquicklich ist, wie Sie andeuten, warum verlassen Sie ihn dann nicht?«

Sie rümpfte die Nase, als hätte der Wind umgeschlagen und ihr einen Hauch ihres Parfüms in die Nase getrieben. »Davon hat man mir abgeraten.«

»Warum?«

»Da ist so eine dumme voreheliche Vereinbarung. Anscheinend muß ich weiter die nichtsahnende Unschuld markieren, wenn ich eine Chance haben will, sie zu annullieren.«

»Sagt Ihr Anwalt.«

»Ja.«

»Und in der Zwischenzeit sehen Sie zu, daß sich Richard nicht mit dem gemeinsamen Besitz aus dem Staub macht.«

»Genau.«

»Aber warum kommen Sie damit zu mir? Sie haben doch bereits Standish auf den Fall angesetzt.«

Ihre Augen verengten sich. In ihrem Schoß bildeten ihre Hände Fäuste, die diamantenbesetzten Baseböllen glichen. »Es würde die Sache erheblich vereinfachen, wenn ich den Beweis erbringen könnte, daß mein Mann ein Schwein ist.«

»Daß er mit Mrs. Crandall schläft, meinen Sie.«

Mit einer kurzen Handbewegung rückte sie mir den Kopf zurecht. »Wer mit wem schläft, interessiert schon lange niemanden mehr, Mr. Tanner – man geht stillschweigend davon aus, daß jeder mit jedem schläft.«

»Das ist mir neu. An dem Tag muß ich wohl *Geraldo* verpaßt haben.«

Meine Antwort hatte sie irritiert, deshalb stand sie auf und ging sich den Klee genauer ansehen. Als sie in Reichweite kam, war ihre Hüfte zwei Zentimeter von meiner Wange entfernt. Die Hüfte konnte sich sehen lassen. Wenn ich den Kopf herumgedreht hätte, hätte ich daran lecken können. Ich überlegte, ob es ihr gefallen würde, wenn ich es täte. Ich gelangte zu dem Schluß, daß sie es nicht merken würde.

Als sie gefunden hatte, was sie in dem Klee gesucht hatte, kehrte sie zu ihrem Stuhl zurück und begann in mir nach etwas zu suchen. »Unsere Tochter kam letzten Herbst ins College«, sagte sie unvermutet. »Ihr erstes Jahr – sehr exklusive Schule, Jungen und Mädchen gemeinsam untergebracht. In der ersten Woche hatten sie eine Stockwerkversammlung, und an einem bestimmten Punkt wurde der Antrag gestellt, daß bis Jahresende jeder mit jedem geschlafen haben sollte – natürlich nur auf demselben Stockwerk. Und hetero. Als es zur Abstimmung kam, wurde der Antrag einstimmig angenommen. Bis Jahresende hatte jeder das Soll erfüllt.«

»Hat Ihnen das Ihre Tochter erzählt?«

»Nein, ihr *Freund*. Er geht tausend Meilen entfernt zur Schule. Er scheint ziemlich stolz auf das zu sein, was sich Diana und ihre Klassenkameraden da ausgedacht haben.«

»Das ist vermutlich der Grund, warum man bei uns die philosophische Fakultät auch als Liberal Arts oder Freie Künste bezeichnet«, sagte ich, während ich ihre Geschichte den endlos keuschen Tagen meiner eigenen College-Erfahrungen gegenüberstellte. Das war ohne Übertreibung eine andere Welt; vielleicht sollte ich doch anfangen, regelmäßig *Geraldo* zu sehen.

»Wenn nichts Sexuelles, was soll ich Ihrem Mann dann anhängen?« fragte ich. »Irgendwelche krummen Geschäfte?«

Deirdre Sands kniff die Augen zusammen und sprach wie ein Spion. »Ich dachte dabei eigentlich mehr an einen Mord.«

»Ich hoffe, Sie scherzen.«

Eine Weile lieferten sich unsere Augen ein erbittertes Gefecht, bis sich die meinen der stärkeren oder zumindest freimütigeren Kraft beugten. »Wollen Sie, daß ich Ihrem Mann einen Mord anhänge, Mrs. Sands?«

Sie zuckte nonchalant mit den Achseln. »Das Schöne daran ist, die Wahrscheinlichkeit, daß er tatsächlich einen begangen hat, ist ziemlich hoch, glauben Sie nicht auch?«

»Wenn ich Sie recht verstehe, spielen Sie damit auf Tom Crandall an.«

»Natürlich.«

»Woher wissen Sie, daß wir uns kannten?«

»Ich habe da so meine Quellen.«

»Da kann ich nur hoffen, Sie verstehen sich besser auf Klatsch als Mr. Standish auf Observierung.«

Ihre Lippen kräuselten sich. »Immerhin bin ich hier.«

»Das sind Sie! Unübersehbar.« Mein Grinsen tat es dem ihren gleich. »Was veranlaßt Sie und Ihre Quellen zu der Annahme, Tom Crandall wäre ermordet worden?«

»Das da.«

Sie griff in ihre Handtasche, dann streckte sie ihre Hand aus. Darin befand sich ein Zettel mit einer Nachricht, kurz, auf den Punkt, geschrieben und unterzeichnet von einer Hand, bei der es sich eindeutig um die von Tom handelte: *Die Schandtaten Ihres Mannes müssen aufgedeckt werden. Falls Sie bereit sind, mich dabei zu unterstützen, rufen Sie unter folgender Nummer an. Aber Sie sollten sich klar darüber sein, daß er in jedem Fall zur Rechenschaft gezogen werden wird, mit oder ohne Ihre Hilfe.*

Die Telefonnummer war die von Tom; das Unbehagen war meines. Ich ließ den Blick durch das Büro schweifen, dann aus dem Fenster. »Habe ich mich hier in einen Filmset verirrt, Mrs. Sands? Dem Ganzen haftet entschieden etwas Unwirkliches an.«

»Mein Leben hat seit dem Tag etwas Unwirkliches, an dem ich Richard auf einer Pool-Party in Piedmont kennengelernt habe. Das ist bloß das nächste Kapitel in diesem modernen Märchen. Das auf dem besten Weg ist, zu einer Schauergeschichte auszuarten.«

Ich hielt den Zettel hoch. »Ich soll das also tatsächlich ernst nehmen?«

»Sein Urheber hat das offensichtlich getan. Ich bin bereit, Sie angemessen dafür zu bezahlen, daß Sie herauszufinden versuchen, ob er recht hatte.«

»Haben Sie eine Ahnung, wovon in dieser Nachricht die Rede ist?«

Sie schüttelte den Kopf. »Sie?«

»Nicht, wenn er damit auf etwas Unmoralischeres anspielen wollte als auf die Affäre Ihres Mannes mit seiner Frau.« Ich machte eine Pause. »Trauen Sie Ihrem Mann wirklich einen Mord zu, Mrs. Sands?«

Ihr Blick sprühte vor Bösartigkeit. »Meinem Mann ist alles zuzutrauen. Wenn Sie mir nicht glauben, lesen Sie den Wirtschaftsteil.«

Hätte ich jemand anderen vor mir sitzen gehabt, hätte ich sie vermutlich weggeschickt, zu jemandem wie Standish oder ins nächste Krankenhaus, um sich eine Morphium-Spritze geben zu lassen. Aber ich wurde alt, und schöne Frauen verlangsamten ihre Schritte nicht mehr, wenn sie meinen Weg kreuzten, also packte ich die Sache anders an. »Erzählen Sie mir, was es mit dieser Nachricht auf sich hat.«

»Ich wäre schon früher zu Ihnen gekommen, aber meine Sekretärin hat sie mir erst gestern gegeben. Sie dachte, es wäre nur irgend so ein Brief von einem Verrückten – Richard und ich kriegen solche Post säckeweise. Sie würden sich wundern, wie viele Irre denken, man wäre ihnen allein aufgrund der Tatsache, daß man Geld hat und sie keines, etwas schuldig.«

»Das wundert mich nicht nur nicht, sondern ich finde sogar, daß sie recht haben.«

Sie schniefte gereizt. »Lassen wir das lieber, ja? Diskussionen über *noblesse oblige* sind langweilig.«

»Ihr Wunsch ist mir Befehl.«

»Sarkasmus ist genauso langweilig. Wie Sie sicher wissen.« Mrs. Sands rückte ihre Beine zurecht. »Wie gesagt, als Matilda in der Zeitung las, daß Mr. Crandall tot aufgefunden worden war, brachte sie mir diesen Zettel und fragte, ob sie deswegen etwas unternehmen solle. Ich ließ Nachforschungen anstellen. Die führten mich schließlich zu Ihnen. Und hier bin ich.« Ihre Lider flatterten, und ihre Büste blähte sich bewunderungswürdig. »Werden Sie mir helfen, Mr. Tanner?«

»Wobei genau soll ich Ihnen helfen?«

»Zu beweisen, daß mein Mann ein Mörder ist.«

Ich schüttelte den Kopf. »Aber ich lasse mich von Ihnen engagieren herauszufinden, wer Tom Crandall ermordet hat. Sollte sich herausstellen, daß es Ihr Mann war, werde ich dafür sorgen, daß er dafür büßt.«

Sie biß sich auf die Lippe. »Damit werde ich mich wohl oder übel zufriedengeben müssen.«

»Ich nehme vierzig Dollar die Stunde zuzüglich Spesen. Sehen Sie diesbezüglich irgendwelche Probleme?«

Ihr Lächeln war so käuflich wie die Sorge um ihren Gatten. »Wenn nur *alle* meine Probleme solche Lappalien wären.«

17

Deirdre Sands gab mir fünftausend Dollar Vorschuß und eine Hand zu drücken, bevor sie zur Bürotür hinausging. Sie gab mir auch ein heiseres Lachen und ein energisches Nicken, als ich fragte, ob sie den Cadillac selbst fuhr. Und sie gab mir, nur vielleicht, einen Wink, daß sie und ich mal ein bißchen Spaß miteinander haben könnten, wenn wir dazu in Stimmung waren. Das war nichts anderes als eine unausgesprochene Andeutung, daß Deidre Sands *immer* in Stimmung war – eine Andeutung, mit der sie es ziemlich weit gebracht hatte. Als ihre Absätze zielstrebig die Treppe am Ende des Flurs hinunterstöckelten, fragte ich mich, wieso ihr Mann genug von ihr bekommen hatte.

Bevor ich an meinem Schreibtisch zurück war, begann das Telefon zu läuten.

»Hier ist Guy Heskett von der *Chronicle*«, sagte es, als ich es abnahm. »Ich habe hier eine Nachricht, daß ich Sie zurückrufen soll. Irgendwas wegen eines Nachrufs. Um uns beiden Zeit zu sparen, lassen Sie mich Ihnen gleich im voraus sagen, daß ich *keine* Nachrufe schreibe.«

»Aber der von Tom Crandall ist von Ihnen.«

Die hohe, fast feminine Stimme flatterte überrascht. »Woher wußten Sie das?«

»Das weiß ich erst, seit Sie angerufen haben.«

»Ach so, klar. Ich... Welcher Art war Ihre Beziehung zu Tom?«

»Ich war gut genug mit ihm befreundet, um zu wissen, daß er Ihre anerkennenden Worte verdient hat.«

»Er hat noch wesentlich mehr als das verdient. Aber worum geht es Ihnen – wollen Sie ein paar Extraexemplare dieser Ausgabe?«

Ich entschied mich für die direkte Tour. »Ich hätte gern gewußt, ob Sie letzten Monat oder so Kontakt mit Tom hatten.«

»Warum?« Seine dünne Stimme nahm einen Reportertonfall an.

»Weil ein paar Leute Probleme damit haben, einen Sinn in Toms Tod zu sehen.«

»Wann hat ein Tod schon mal einen Sinn?«

»Meiner Erfahrung nach in ziemlich vielen Fällen. Aber der hier gehört nicht dazu.«

»Haben Sie schon den Obduktionsbefund gesehen?« fragte Heskett nach einem Moment.

»Noch nicht. Meine Quelle hat sich noch nicht wieder bei mir gemeldet.«

»Meine schon.«

»Ich wußte gar nicht, daß sie jetzt auch schon von Nachrufen Fortsetzungen machen.«

Heskett überlegte, ob er mir sagen sollte, was er wußte. »In der offiziellen Meldung stand, daß am Tatort eine Waffe gefunden wurde.«

»Ich weiß.«

»Raten Sie mal, was das war.«

»Eine Steinschleuder.«

»Eine Spritze.«

»Mit was?«

»Epinephrin. Also synthetisches Adrenalin. Wird vorwiegend zur Behandlung eines anaphylaktischen Schocks verwendet. Diese spezielle Dosis war allerdings handgemacht und reichlich bemessen: mit so einem Schuß ließe sich sogar das Hirn eines Elefanten auspusten. Genau das war übrigens bei Tom der Fall – er starb an einer schweren Gehirnblutung.«

»Das war die Todesursache? Eine Überdosis Adrenalin?«

»Das steht zumindest im Obduktionsbefund. Und da Tom in seinem Einsatzwagen Zugang zu dem Zeug hatte, neigt der Coroner zu der Auffassung, daß es sich um Selbstmord handelt.«

»Damit ist er weit und breit der einzige, den es in diese Richtung zieht.«

»Ich kann mir das auch nicht vorstellen.«

In der Leitung wurde es für einen Moment still, als wir noch einmal unseren Standpunkt und seine Konsequenzen überdachten. Heskett war der erste, der laut zu denken begann. »Tom war depressiv.«

»Richtig.«

»Aber kein Nihilist, glaube ich.«

»Keine Spur.«

»Also kein Selbstmord.«

»Auf gar keinen Fall.«

»Bleibt also nur Mord.«

»Sie meinen, ein Überfall«, deutete ich an, wohl wissend, daß er das keineswegs meinte.

»Mit einer Spritze? Jetzt hören Sie aber mal. Ich meine, ein sorgfältig geplanter Mord.«

»Das haben Sie gesagt, nicht ich«, machte ich geltend, als ob sich jemand Notizen machen würde. »Woher kennen Sie Tom überhaupt? Waren Sie zusammen beim Militär?«

Hesketts Lachen wurde ein Kichern. »Wohl kaum. Ich habe die Kriegszeit und die zehn Jahre danach in Vancouver verbracht. Ich habe Tom vor einem Jahr kennengelernt, als ich einen Artikel für den *Recorder* gemacht habe.«

»Dieses Juristenblatt?«

»Ja – mein letzter Job. Ich sollte einem Gerücht nachgehen, demzufolge verschiedene städtische Rettungssanitäter von ein paar Anwälten, die sich auf Schadenersatzforderungen spezialisiert hatten, regelmäßig Schmiergelder gezahlt bekamen.«

»Und war das tatsächlich der Fall?«

»Den städtischen Rettungsteams war nichts nachzuweisen. Was selbstverständlich nicht heißen will, daß sie nicht mal die eine oder andere Leiche um ein paar Scheinchen oder eine Uhr oder einen Ring erleichtert haben. Aber eine Verbindung zu den Anwälten ließ sich nicht feststellen.«

»Dürfte auch nicht gerade einfach sein.«

»He«, stellte sich Heskett auf die Hinterbeine. »Ich verstehe was von meinem Geschäft. Ich habe mir Einblick in die Kontoauszüge von etwa einem Drittel dieser Sanitäter verschafft, um zu sehen, ob es dort irgendwelche außerplanmäßigen Einzahlungen gab. Das war bis auf einen Typen, der einen ausgesprochenen Riecher für Rennpferde hatte, nicht der Fall. Ebensowenig konnte ich ein Unfallopfer auftreiben, das aussagte, von einem Rettungssanitäter dazu gedrängt worden zu sein, sich wegen einer Schadensersatzklage an einen bestimmten Anwalt zu wenden. Was auch immer früher mal vorgefallen sein mag, bin ich ziemlich sicher, daß es zu dem Zeitpunkt, zu dem ich mich mit der Sache befaßte, bis auf ein paar kleine Diebstähle keinen Grund zu Beanstandungen gab.«

»Sie haben Tom also dienstlich kennengelernt.«

»Ja. Ursprünglich bin ich durch eine Erdbebenstory auf ihn aufmerksam geworden; davon wissen Sie ja sicher, oder?«

»Ja.«

»Wie gesagt, als ich für diese Rettungsdienststory zu recherchieren begann, fiel mir Tom wieder ein; ich rief ihn an, und er erklärte sich einverstanden, daß ich ihn ein paar Tage auf Tour begleitete – einfach nur, um einen Eindruck von ihrem Arbeitsalltag zu bekommen.« Heskett seufzte. »Das war ungefähr so, als würde man ein Vivisektionspraktikum machen. Aber es war eine tolle Erfahrung, Tom kennenzulernen. Heutzutage trifft man nicht mehr allzu viele Leute, die sich noch so was wie Prinzipien leisten.«

»Vielleicht hat sich Tom da ein bißchen übernommen.«

»Dazu kann ich nichts sagen, jedenfalls war der Mann richtig erfrischend. Ich hatte gerade fünf Jahre damit verbracht, über *Anwälte* zu schreiben – Sie wissen schon, Kerle, für die bei der Frage, für wen sie Partei ergreifen, nur zählt, wer am meisten zahlt –, und da kommt plötzlich jemand daher, der keinen Cent zuviel in der Tasche hat, aber dafür sehr konkrete persönliche Moralvorstellungen. Nicht irgend so ein situationsbedingter Scheiß oder dieser alles rechtfertigende Quatsch von wegen freiem Unternehmertum und der Unabschaffbarkeit der Armut und was da noch alles dazugehört, sondern ganz fest umrissene Prinzipien, nach denen er tatsächlich zu *leben* versucht hat. Der letzte Mensch, dem ich begegnet bin, der so was hatte, war mein Philosophielehrer an der Oberlin. Crandall hat mir das Gefühl vermittelt, als würde ich mit Alfred North Whitehead sprechen. Außerdem habe ich ihm zu verdanken, daß ich zur *Chron* gekommen bin.«

»Wie hat er denn das geschafft?«

»Als ich bei dieser Rettungsdienstgeschichte nicht mehr weiterkam, gab mir Tom einen Tip, bei Healthways könnte vielleicht was faul sein.«

»Bei Healthways haben sie Rettungswagen?«

»Bei Healthways haben sie alles.«

»Und? Kam was heraus bei der Sache?«

»Sie hatten *eindeutig* Leute, die Dreck am Stecken hatten. Ich weiß mit Sicherheit, daß einer ihrer Fahrer einen Tausender pro Monat kassiert hat, weil er alle größeren Schadenersatzfälle, die ihm unterkamen, an Vic Scallini weitervermittelt hat.«

Vic Scallini gehörte zu den mehr erfolgreichen als integren Schadenersatzspezialisten im Staat Kalifornien, mit Kanzleien in L. A. und San Francisco und einem Selbstbewußtsein, das diese räumliche Distanz problemlos überbrückte. Die respektablen Vertreter seiner Zunft hatten Scallini und seine unseriösen Methoden schon jahrelang angeprangert, ohne daß ihnen die Anwaltskammer einen Riegel vorgeschoben hätte.

»Ja, dieser Healthways-Typ hatte eine Menge Dreck am Stecken«, fuhr Heskett fort. »Dickerson hieß er. Steckte dem Opfer oder den Angehörigen gleich am Unfallort Scallinis Karte zu, vielleicht sogar mit einem Hunderter, und rief dann ein paar Tage später an und empfahl ihnen, sich mit Scallini in Verbindung zu setzen und sich über die Aussichten einer Schadenersatzklage zu informieren. Dickerson arbeitete auf Provisionsbasis: ein Prozent für jeden Klienten, wenn Scallini den Fall übernahm und gewann.«

»Bei einem Streitwert von einer Million ist ein Prozent für einen Rettungswagenfahrer eine Menge Geld«, sagte ich.

»Auch für einen Reporter. Und für einen PD nicht weniger, würde ich sagen.«

Gemeinsam hingen wir einem Moment ökonomischer Wehmut nach. »Die Healthways-Leute haben sich also eindeutig schmieren lassen?« fragte ich.

»Das und Schlimmeres. Ein ehemaliger Healthways-Rettungssanitäter hat mir erzählt, daß sein Partner, wenn zu erwarten stand, daß ein Unfallopfer nicht überleben würde, den Verletzten nicht auf schnellstem Weg ins Krankenhaus brachte, sondern so lange in der Stadt herumfuhr, bis er starb, weil dem Anwalt, der ihn schmierte, Todesfälle lieber waren als Verletzungen.«

»Das liegt daran, daß man in Kalifornien auf strafrechtlichem Weg keine Schadenersatzforderungen geltend machen kann, wenn das Opfer nicht stirbt.«

»Woher wissen Sie das?«

»Ich war selber mal Anwalt.«

»Warum jetzt nicht mehr?«

»Weil ich zu viel Geld verdient habe.«

Heskett lachte. »Genau solches Zeug hat auch Crandall immer von sich gegeben.«

In diesem Kompliment sonnte ich mich etwa drei Sekunden lang. »Haben Sie diesen Dickerson ans Messer geliefert?«

»Leider konnte ich die Sache nicht so lückenlos nachweisen, daß mir mein Redakteur grünes Licht gegeben hätte. Was auch immer der Kerl mit seinem Geld gemacht hat, es tauchte nicht in seinen Kontoauszügen auf, und ohne eine richterliche Verfügung, um in Scallinis Buchführung Einsicht nehmen zu können, gab es keine Möglichkeit, eine Verbindung zwischen den beiden nachzuweisen. Aber wir brachten Teile des zahmeren Materials, und auch das hat schon für einigen Wirbel gesorgt. Außerdem hat mir der Artikel zu meinem Job in der Lokalredaktion verholfen.« Heskett machte eine Pause, um von irgend etwas zu trinken. »Aber was ist nun eigentlich in diesem Fall Sache, Tanner – haben Sie schon einen Verdächtigen im Visier? Kriege ich ein paar Exklusivinformationen?«

Ich beeilte mich, seine Hoffnungen zu zerschlagen. »Ich versuche bloß rauszufinden, was Tom zugestoßen ist.«

»Warum?«

»Weil es zumindest irgend jemand wissen sollte. Sie haben mir übrigens immer noch nicht gesagt, ob Sie in letzter Zeit mal mit Tom gesprochen haben.«

»Kein Wort. Aber ich kenne jemanden, der das hat.«

»Wer?«

»Dr. Alan Lodge.«

»Der Typ aus dem Nachruf?«

»Ja. Als ich ihn anrief, ob er was hätte, womit ich ihn im Nachruf zitieren könnte, sagte Lodge, Tom wäre eine Woche vor seinem Tod bei ihm gewesen.«

»Weswegen?«

»Das hat er nicht gesagt, aber er wollte wissen, ob bei Toms Tod etwas nicht mit rechten Dingen zugegangen sei. Das war, bevor ich wußte, daß das der Fall war.«

Heskett wartete, daß ich seine Schlußfolgerung bestätigte. Als ich das nicht tat, kam er mir wieder mit seiner Reporterstimme. »Hören Sie. Wenn Sie auf eine heiße Spur stoßen, geben Sie mir auf jeden Fall Bescheid. Ich wittere da eine Mordsstory.«

Ich sparte mir den Hinweis, daß ich den Geruch zur Genüge kannte.

Als ich in Dr. Lodges Praxis anrief, teilte mir die Sprechstundenhilfe mit, der Herr Doktor sei auf einem Kongreß in Honolulu und bleibe anschließend noch ein paar Tage auf Urlaub.

»Ich muß ihn dringend sprechen«, sagte ich.

»Während Dr. Lodges Abwesenheit übernimmt Dr. Timkin die Vertretung. Ich kann Ihnen gern einen Termin bei Dr. Timkin geben, wenn Sie –«

»Ich muß aber mit Dr. Lodge sprechen. In welchem Hotel wohnt er in Honolulu?«

»Tut mir leid, aber das darf ich Ihnen nicht sagen.«

»Dann geben Sie mir eine Nummer, unter der ich ihn erreichen kann.«

»Bedaure, Sir. Aber Sie sollten besser mit Dr. Timkin sprechen.«

»Ruft Dr. Lodge täglich in der Praxis an?«

»... Ja.«

»Mein Name ist Tanner. Bitte geben Sie ihm meine Telefonnummer und sagen Sie ihm, daß ich so bald wie möglich mit ihm sprechen möchte. Es geht um Tom Crandall.«

»Tom Crandall. Ist er Patient bei Dr. Lodge?«

»Tom Crandall ist der tapferste Mann, den Dr. Lodge je gekannt hat.«

Vierzig Minuten später rief Alan Lodge aus Honolulu an. Die Hintergrundgeräusche deuteten darauf hin, daß er nicht weit vom Strand war. Vielleicht war er auch auf seinem Zimmer und schaute *Magnum*.

»Mr. Tanner«, begann er ernst. »Ich bin froh, daß Sie in meiner Praxis angerufen haben; ich hatte bereits vor, mich bei Ihnen zu melden.« Seine Stimme war dünn und furchtsam, weit entfernt von den Stentorstimmen der meisten Ärzte. Ich begann zu verstehen, warum sich Tom mit einer seiner letzten Bitten ihm anvertraut hatte.

»Worüber wollten Sie mit mir sprechen?« fragte ich.

»Tom hat mich gebeten... das heißt... die Sache ist etwas kompliziert. Aber ich glaube, ich sollte damit lieber nicht so lange warten, bis ich wieder zurück bin.«

»*Womit* sollten Sie lieber nicht warten?«

Lodge atmete eine Menge Seeluft ein. »Vor ein paar Wochen kam Tom zu mir in die Praxis. Ich hatte ihn nicht mehr gesehen, seit er beim Erdbeben... Wie dem auch sei, er hatte eine ziemlich ungewöhnliche Bitte.«

»Und die war?«

»Er sagte, daß ich mich für den Fall, daß ihm etwas zustößt, an Sie wenden solle.«

»Warum?«

»Damit Sie mir helfen, seinen Bruder zu finden.«

»Nicky.«

»Ja.«

»Und was wollte er, daß wir mit Nicky tun, wenn wir ihn finden?«

»Er wollte, daß ich ihn gründlich untersuche und Ihnen das Ergebnis mitteile.«

»Warum?«

»Tom fürchtete, sein Bruder könnte an einer schweren Krankheit leiden.«

»An was für einer Krankheit?«

»Dazu hat er sich nicht näher geäußert. Er hat mich lediglich darum gebeten, Nicky gründlich zu untersuchen und danach die entsprechenden Schritte einzuleiten.«

»Warum, glauben Sie, wollte er, daß Sie mich über das Untersuchungsergebnis in Kenntnis setzen?«

»Das weiß ich nicht. Es tut mir leid, daß ich Sie nicht sofort angerufen habe, als mir der Reporter von Toms Tod erzählt hat, aber ich hatte bereits für diesen Kongreß gebucht, und außerdem brauchte ich dringend ein paar Tage Urlaub, also habe ich... wie dem auch sei, ich bin gerne bereit, für sämtliche Kosten aufzukommen, die Ihnen bei der Suche nach Nicky Crandall entstehen, Mr. Tanner. Ich möchte meinem Teil der Abmachung auf jeden Fall nachkommen.«

»Worin bestand Toms Teil?«

Er machte eine Pause. »Ich dachte, das wüßten Sie. Tom hat meiner Frau das Leben gerettet. Sie war eines der Opfer, die er nach dem Erdbeben aus den Trümmern befreit hat.«

18

Nachdem ich mir eine Tasse Kaffee gemacht hatte, rief ich noch einmal in der Central Station an. Muß wohl ein kalter Tag in der Hölle gewesen sein, weil ich schon eine Minute später Charley Sleet am Apparat hatte.

»Du wolltest dich eigentlich mit dem Obduktionsbefund von Tom Crandall bei mir melden«, erinnerte ich ihn.

»Den habe ich gerade vor mir liegen. Seit kurzem haben die ein paar Neue«, grummelte er zwecks einer Entschuldigung und Erklärung. »Brauchen eine Stunde, bloß um sich den Arsch abzuwischen.«

»Überdosis Adrenalin, mit einer Spritze injiziert.«

Charley ist durch nichts aus der Fassung zu bringen. »Willst du damit beweisen, daß ich nicht unersetzlich bin?« brummte er.

»Damit will ich nur fragen, ob die Polizei Tom Crandall künftig unter der Rubrik Mord führt.«

»Mord mit einer Spritze? Nicht unbedingt die gebräuchlichste Waffe bei Straßenräubern, Tanner. Wenn die eine Nadel haben, stecken sie sie sich in der Regel selber rein.«

»Hatte er noch andere chemische Substanzen im Blut?«

Charley sah kurz nach. »Nein.«

»Sonst irgendwelche Hinweise, daß etwas faul an der Sache ist?«

»Nicht genug, um den Staatsanwalt hinterm Ofen vorzulocken.«

»Ich bin sicher, daß Tom ermordet wurde, Charley.«

»Von wem?«

»Das weiß ich noch nicht.«

»Täter hast du also keinen. Wie sieht's mit einem Motiv aus?«

»Hab ich auch keines.«

Charley ließ sein berühmtes Knurren los. »Sobald du eins von beidem hast, kann ich vielleicht ein bißchen Dampf machen. Aber bis dahin läuft das Ganze unter Selbstmord.«

»Du kennst den Tenderloin besser als jeder andere, Charley.«

»Eine zweifelhafte Auszeichnung.«

»Hör dich ein bißchen um. Sprich mit deinen Spitzeln. Falls du irgendwas hörst, laß es mich wissen.«

»Irgendwas worüber?«

»Darüber bin ich mir selbst noch nicht im klaren. Ich weiß nur, daß in den letzten Tagen der Name Healthways ziemlich oft gefallen ist.«

»Erst Sands, jetzt Healthways. Diese Ambulatorien sind eine gute Sache, weißt du.«

»Weiß ich.«

Als ich sonst nichts sagte, meinte Charley: »Ich werd's mir hinter die Ohren schreiben.«

Ich dankte ihm. »Noch ein letztes. Sieh mal im Computer und in der Eingangsliste vom Leichenschauhaus nach, ob du was über Nicky Crandall findest. Das ist Toms Bruder.«

»Warum?«

»Warum nicht?« sagte ich und legte auf, bevor er kontern konnte.

Es wurde Zeit, mit Tony zu sprechen. Als ich in seiner Wohnung anrief, war alles, was ich zu hören bekam, eine Reprise des zotigen Blödsinns, der seinen Anrufbeantworter beschmutzte. Als ich in der Rettungsdienstzentrale anrief, sagten sie mir, Tony hätte diese Woche Nachtschicht und würde vor Mitternacht nicht zum Dienst erscheinen. Da nicht damit zu rechnen war, daß Tony zu mir kommen würde, entschied ich mich für das Nächstbeste.

Tony Milano wohnte in der Senke zwischen Telegraph und Russian Hill, unter dem phallischen Auge des Coit Tower, auf der Greenwich gegenüber dem North-Beach-Spielplatz. Kinder kreischten und Bälle hüpften und Tennisschläger schwirrten, als ich die Eingangstreppe hinaufstieg und auf den Klingelknopf unter dem romanischen Torbogen drückte, der den Eingang des Gebäudes umrahmte. Ich nahm an, daß sich der stilvolle Bau schon seit Generationen im Besitz der Milanos befand. Ebenso nahm ich an, daß ihn Tony, falls und sobald er der einzige überlebende Erbe wurde, für eine zeitgemäßere Bleibe eintauschen würde, mit anderen Worten, für etwas Schlechteres.

Da Tony zur Zeit Nachtdienst hatte, schlief er vermutlich noch, falls er zu Hause war. Deshalb ließ ich den Finger eine Weile auf der Klingel. Plötzlich flogen hinter mir wüste Beschimpfungen hin und her, italienische Worte, losgelassen mit jener übertriebenen Emotionalität, die vom Liebeswerben bis zur komischen Oper ihr Markenzeichen zu sein scheint. Ich gönnte meinem Finger eine kurze Pause, dann drückte ich ein zweites Mal auf die Klingel.

»Jetzt reicht's aber langsam, Herrgott noch mal«, polterte irgendwo über mir eine Stimme. »Wer sind Sie überhaupt, so n Scheißmormone oder was?«

Ich trat auf den Gehsteig zurück, von wo ich an der Fassade hochschauen und Tony Milano sehen konnte, der ohne Hemd im offenen Fenster stand, einen Vorhang beiseite hielt und mit dem kalkuliert herausfordernden Blick des jungen Stallone auf mich herabschaute.

Ich nannte ihm meinen Namen und erinnerte ihn, wo wir uns kennengelernt hatten.

»Der Detektiv«, murmelte Tony. »Was gibt's? Brauchen Sie eine Braut, oder was?«

»Ich hätte mich mit Ihnen gern noch mal über Tom unterhalten.«

»Falls Sie für den blöden Sarg sammeln, können Sie sich die Mühe sparen. Ich hab nämlich schon in der Einsatzzentrale was gespendet.«

»Außer einem bißchen Zeit wird es Sie bestimmt nichts kosten, mit mir zu sprechen, Tony. Garantiert.«

»Hab bloß nicht viel Zeit, jetzt, wo ich Nachtdienst habe. Und das bißchen spare ich mir für die Weiber auf.«

»Fünf Minuten«, sagte ich. »Wir unterhalten uns, während Sie sich anziehen, und wenn Sie fertig sind, lasse ich Sie in Ruhe.«

Tony lehnte sich aus dem Erkerfenster und sah die Straße hinauf und hinunter: »He. Das ist San Francisco. Wenn ich mich nackt ausziehe, dann höchstens vor einem Spiegel oder einer Braut, und bei der auch nur, wenn sie schon mal so weit raus aus den Klamotten ist, daß auch klar ist, daß sie wirklich eine ist.«

Ich zuckte mit den Achseln. »Ich kann auch hier unten bleiben. Damit die Nachbarn ein bißchen Unterhaltung haben.«

Diese Vorstellung gefiel ihm gar nicht. »Ich meine, was soll's? Hab sowieso ziemlich viel an Tommy gedacht in letzter Zeit. So ein Team wie uns beide finden Sie so schnell nicht wieder. Dieser Scheißneue hat weniger Hirn, als Gott einer Makkaroni gegeben hat.«

Ein Türöffner summte. Ich drückte die Tür auf, stieg die Treppe zum ersten Stock hoch und betrat ein Zimmer, das direkt aus einem der *Paten*-Filme kam. Es war mit üppigen Brokatstoffen aus der Alten Welt eingerichtet und stellte wuchtige, dick gepolsterte Möbel und eine Geschmacksverirrung aus Andachtsbildern zur Schau, und selbst die Patina aus ockerfarbenem Licht, die die Auswahl und Zusammenstellung der Vorhänge, Jalousien und Lampenschirme über den Raum zauberte, schien direkt aus Neapel herüberzuscheinen. Tony muß bei Mama gelebt haben.

Das Handtuch um die Hüfte geschlungen, die Zahnbürste flott im Mund, die Füße elegant in rotgesteppten Lederpantoffeln, der Hals geschmückt mit passenden Goldsträngen, kam Tony Milano an die Tür und winkte mich im Rhythmus der Harry-Connick-Ballade, die im Hintergrund lief, nach drinnen. Als ich zu sprechen begann, schnitt er mir mit einem Kopfschütteln das Wort ab und verschwand in ein angrenzendes Schlafzimmer, um einen Augenblick später in hautenger schwarzer Hose, weißen Seidensocken und einer dritten Goldkette wieder zu erscheinen, letztere so eng um seinen muskulösen Hals geschnallt wie der Kragen eines Priesters. Seine Brust- und Rückenmuskulatur zeugte von intensivem Hanteltraining, sein Haar von fortwährender Überprüfung und regelmäßiger Schmierung, sein Gebiß von Mendelscher Perfektion. Als er seine Arme in ein silbernes Hemd stieß und es um seinen Oberkörper zog, erinnerte diese alltägliche Verrichtung so sehr an *Saturday Night Fever*, daß ich damit rechnete, der Rhythmus würde jeden Moment in Discogestampfe umschlagen und Tony würde mich in bestem Bee-Gees-Falsett über die Freuden seines Liebeslebens aufklären.

Zum Glück kam es nicht so weit. Tony ging zu einer Schublade, nahm eine borstige Schuhbürste heraus und bückte sich, um seine bereits auf Hochglanz gebrachten Schuhe zu polieren. Als ihr Glanz unmerklich erhöht war, schaute er auf. »Also, was ist? Wollen Sie einen auf Sam Spade machen oder was?«

»Etwas in der Art.«

»Glauben Sie, ich hab was für Sie?«

»Das weiß ich nicht. Haben Sie denn was?«

Er zuckte mit den Achseln. »Was gibt's da schon viel zu erzählen? Tommy treibt sich im 'Loin rum und kriegt von irgendeinem Drecksack eine übergezogen, Hilfe kommt erst, als es zu spät ist, und er ist Vergangenheit. So was kommt ständig vor. Deswegen gibt's Leichenhäuser.«

»Hat Tom Drogen genommen, Tony?«

»Tommy? Das soll wohl ein Witz sein. Tommy hat ein Gegrüßet-seist-du-Maria gebetet, wenn er ein Bier getrunken hat.«

»Wissen Sie, wie er ums Leben gekommen ist?«

Tony zuckte mit den Achseln. »Soviel ich gehört habe, war's ein Überfall.«

»Jemand hat ihm eine Spritze verpaßt.«

»Mit was?«

»Epinephrin.«

»Tatsächlich?«

»Ja. Haben Sie so was in Ihrem Rettungswagen dabei?«

Tony nickte. »Gegen Allergien. Muß allerdings erst in der Zentrale eine Genehmigung einholen, um das Zeug jemandem zu spritzen. Aber wir haben immer was davon dabei. Bloß, wie ist der Drecksack da rangekommen?«

»Ein paar Leute glauben nicht, daß es so gewesen ist. Die Polizei ist zum Beispiel der Auffassung, daß sich Tom selbst einen tödlichen Schuß gesetzt hat.«

Tony schnaubte. »Das würde denen so passen.«

»Inwiefern?«

»Na, daß die Bullen länger bei Winchell's rumhocken und sich vollaufen lassen können, wenn er sich selbst die Nadel gegeben hat. Wahr wird es davon aber noch lange nicht.« Tony sah aus dem Fenster. »Ich muß jetzt los.«

»Haben Sie Grund zu der Annahme, daß Tom ermordet wurde, Tony?«

»Sie meinen, daß ihn jemand umgelegt hat?«

Ich nickte. »Genau das meine ich.«

Er kräuselte eine fleischige Lippe. »Wieso denn das? Ich meine, Tommy war so gerade raus wie mein Schwanz am Morgen – hat *nie* irgendwelche krummen Touren gebracht. Das Schlimmste, was ich von ihm weiß, war, daß er einem D. O. A. ein bißchen AZT geklaut und später irgendeiner armen Sau gegeben hat, die das Zeug dringend gebraucht hat. Ein Scheiß-Robin-Hood, das war er.«

»Was ist mit der Healthways-Sache?«

»Die Zeitungsgeschichte? Ja, ein paar Sanitätern ging danach der Arsch ganz schön auf Grundeis. Jimmy Dickerson – Jimmy Pickle, wie wir ihn nennen – hat es ganz besonders schlimm erwischt, aber ich glaube nicht, daß er wußte, daß Tommy was damit zu tun hatte. Außerdem verdient Jimmy in seinem neuen Job doppelt soviel, wie er als Fahrer verdient hat. Kann mir deshalb auch nicht vorstellen, daß er es Tommy wegen der Healthways-Geschichte heimgezahlt hat.«

»Was macht Jimmy jetzt?«

»Chauffiert irgend so einen Bonzen. Wie gesagt, eine feine Sache.«

»Heißt dieser Bonze zufällig Sands?«

»Keine Ahnung. Ich hatte mit Jimmy mal Zoff.« Tony bewunderte sein Spiegelbild, dann konsultierte er die Uhr an seinem Handgelenk. »He. Im Greco wartet eine Braut auf mich. Und die wartet bestimmt nicht lange.«

»Kommt wohl öfter mal vor, daß Ihr Job Ihrem Privatleben in die Quere kommt«, sagte ich, um das Gespräch in Gang zu halten, während ich überprüfte, ob ich alles hatte, weswegen ich gekommen war.

Tonys schwarze Augen erstrahlten im selben Glanz wie sein Schuhwerk. »Was wissen Sie denn schon, Paps? Die Weiber werden schon feucht, wenn ich ihnen bloß von der Scheiße *erzähle*, die ich in meinem Job mache. Die glauben nämlich, ich mache das aus Überzeugung – diese armen Teufel aufsammeln und ins Krankenhaus karren. Was ich denen aber nicht erzähle, ist, daß ich den Job nur wegen der Kohle mache, weil mir der Rest nämlich scheißegal ist.«

»Hatte Tom auch so eine Einstellung?«

»Tommy? Ein Scheißpfaffe war nichts gegen den, Mann; hat

immer versucht, diese armen Schweine zu *trösten*. Und das nicht nur, um rauszukriegen, was passiert ist – Tommy hat sich nicht nur für das Was interessiert, sondern auch für das Warum. Und dann fing er damit an, wie sie was daran ändern könnten – tu dies, laß jenes; geh mal zu diesem oder jenem Amt; laß diese oder jene Untersuchung machen – die meiste Zeit hat er nicht mal gewartet, bis er mit seinem Bericht fertig war, da fing er schon mit seinen guten Ratschlägen an. Als ob er deren Mutter wäre.« Tony lachte in sich hinein. »Als ob von diesen Säcken einer mal was *tun* würde, selbst wenn es einen Ausweg aus diesem Schlamassel *gäbe*.« Tony schüttelte den Kopf. »Die Leute gewöhnen sich an diesen Gestank, Mann; es hat keinen Sinn, die ändern zu wollen. Ich sage immer nur, rein in die Kiste und ab ins Krankenhaus und anschließend die Karre saubergespritzt und auf zum nächsten, bevor du in deinen Zeitplan einen Wurm reinkriegst, fetter als ein Zweiwochenscheißbollen.«

»Aber Tommy war nicht so.«

Tony schüttelte den Kopf. »Der hat sich voll in die ganze Scheiße reinziehen lassen. Irgend so ein bescheuerter Ehekrach, Frau verpaßt Mann zweites Arschloch, mit einer Klinge so lang wie ein Lineal, und Tommy geht sie natürlich prompt in seiner Freizeit besuchen, um zu sehen, wie sie *ohne* diesen Scheißkerl zurechtkommt. Dabei rennt sie ständig ins Krankenhaus – ja? – und liegt diesem Sack in den Ohren, er soll ihr verzeihen, obwohl sie sowieso kaum mehr ein Wort rauskriegt, weil er ihr alle Zähne eingeschlagen hat.« Tony zischte einen Fluch, der zum Teil seinem verstorbenen Partner zu gelten schien. »Total bescheuert, sich da *so weit* reinziehen zu lassen. Wenn du dich da nicht raushältst, landest du am Ende in der gleichen Scheiße wie die.«

Voller Verachtung warf Tony einen Blick in die ungefähre Richtung des Tenderloin, als wäre er ein Sammelbecken für all das, was er verabscheute. In der Zwischenzeit blieb seine Lebensphilosophie lange genug im Raum stehen, daß ich sie mit meiner vergleichen und dabei zu viele Übereinstimmungen entdecken konnte.

»Gab es einen bestimmten Ort oder eine bestimmte Person, für die sich Tom in letzter Zeit besonders interessiert hat?« fragte ich eilig, als Tony seine Ketten zurechtrückte.

Er zuckte mit den Achseln. »Nicht, daß ich wüßte. Nur sein kleiner Bruder«, fügte er nach einem Moment hinzu.

»Was wissen Sie über ihn?«

»Nicky? Ein echter Schäumer, Mann.«

»Schäumer?«

»Na, einer mit Schaum vorm Mund. Total ausgeklinkt. Ein amtlich beglaubigter Irrer.« Tony lachte trocken. »Jedesmal wenn wir die letzten paar Monate im Loin auf Tour waren, hat Tommy nach diesem Arschloch Ausschau gehalten; wollte wissen, wie's ihm ging. Und wollen Sie wissen, was der kleine Bruder gemacht hat, wenn er Tom anrollen sah?«

»Was?«

»*Abgehauen* ist er, so schnell er konnte. Echte Bruderliebe, Mann; so richtig was fürs Gemüt.« Tony lachte bitter. »Tommy hat sich ständig den Kopf zerbrochen, was mit dem Kerl los war. Herrgott noch mal, *ich* hätte ihm sofort sagen können, was mit dem los war; bei dem sind *alle* Sicherungen durchgebrannt.«

»Wissen Sie zufällig, wo Nicky gewohnt hat?«

Er zuckte mit den Achseln. »Ich bin da nie rauf, Mann. Nicht, nachdem ich die Type mal kennengelernt hatte. Tommy, der hat sich immer gefreut, ihn zu sehen, aber ich, ich hab sofort gemerkt, daß ich mit so einem nicht mal auf demselben *Planeten* sein will.«

»Aber Sie müssen doch ungefähr wissen, wo er gewohnt hat, wenn Tom ihn öfter besucht hat«, ließ ich nicht locker.

»Jedenfalls irgendwo im Loin. Ich glaube, er hatte ein Zimmer in der Ellis, zusammen mit einem Mädchen.«

»Wie hieß sie?«

»Keine Ahnung. Muß jedenfalls auch verrückt gewesen sein, oder würde sie sonst mit einem Irren vögeln?«

»Hat Tom Ihnen gegenüber mal eine Äußerung getan, daß sein Bruder krank war?«

»Und ob der krank war. Schizophren bis zum Anschlag.«

»Ich meine körperlich.«

»Hören Sie mal, im Loin ist *jeder* krank. Ich gurgle fünfmal am Tag mit Plax, um den Dreck abzutöten, der dort unten in der Luft rumschwirrt.« Tony zog seine Hose hoch. »Das ist alles, was ich über Mister Nicky Crandall zu sagen habe. Basta.«

Er ging zur Tür und wartete, daß ich ihm folgte. Ich ließ mir Zeit. »Haben Sie mal für Healthways einen Krankenwagen gefahren, Tony?« fragte ich ihn unterwegs.

Bis ich meine Hand am Türknopf hatte, war Tony Milano stocksteif an meiner Seite. »Was diese Scheiße angeht, habe ich nichts zu sagen – ich bin da raus und werde mich da auch *künftig* raushalten. Ihr Schwanz wird genau wie meiner durch den Fleischwolf gedreht, wenn Sie anfangen, ihn bei Healthways reinzustecken, Mann. Wenn Sie nicht wollen, daß Sie jemand mit den anderen armen Teufeln ins General karrt, dann lassen Sie lieber die Finger von Healthways.«

19

Ihre Wohnung lag auf dem Weg, die Stunde war fortgeschritten genug, um sie nicht zu wecken, wie ich Tony Milano geweckt hatte, und als ich sie anzurufen versuchte, ertönte das Belegtzeichen. Diese Umstände als Einladung auffassend, ging ich zu Fuß drei Straßen weiter zur Crandallschen Wohnung und läutete.

Clarissa steckte in einem rosa Morgenmantel, das Haar in ein gelbes Handtuch geschlungen, die Füße bloß und blau geädert, das Gesicht gerötet von der Hitze ihrer Dusche und ihrem Spurt zur Tür. Als sie sie öffnete, lag ein offener, erwartungsvoller Zug auf ihrem Gesicht, der sich wie eine Faust zusammenballte, als sie meiner ansichtig wurde. »Sie haben versprochen, vorher anzurufen«, protestierte sie.

»Sie haben versprochen, die Ansage auf Ihrem Anrufbeantworter zu löschen.«

Sie zuckte zusammen. »Das habe ich ganz vergessen. Ich hoffe, seine *Mutter* hat nicht...« Ihre Lippe zuckte zweimal. »Aber wieso sollte sie, oder?«

Damit war sie bei mir wieder mal genau an den Rechten gekommen. Ihre anmaßende Feindseligkeit gegenüber allem, was mit Tom zu tun hatte, machte mich noch immer wütend, da sie in meinen Augen von nichts anderem zeugte als von einem vorurteilsbelasteten Blick auf das Leben ihres Mannes und was es bedeutete und von einer pietätlosen Geringachtung seines Todes. Wenn ich genauer darüber nachdachte, konnte ich mich an kein einziges Mal erinnern, bei dem Clarissa Crandall *keinen* schlechten Eindruck auf mich gemacht hatte, sei es, bloß vom Hörensagen, in den bekümmerten Erzählungen ihres Mannes oder, ganz unmittelbar, durch ihre kaltschnäuzige Unverfrorenheit.

»Sie tragen Ihr Schicksal wirklich mit bewundernswerter Würde, Witwe Crandall«, sagte ich mit mehr Sarkasmus, als ich beabsichtigt hatte. »Vielleicht sollten Sie an der Volkshochschule Kurse in Trauerarbeit geben. Den Leuten beibringen, wie man so einen Schlag am besten wegsteckt.«

Sie wollte zurückschlagen, seufzte jedoch nur und legte etwas von ihrer Widerspenstigkeit ab. »Das habe ich verdient. Fast. Es ist nur, daß ich es in letzter Zeit... nicht einfach hatte. Diese Geschichte ist mir ganz schön an die Nieren gegangen.«

»Mit ›dieser Geschichte‹ meinen Sie vermutlich den Tod Ihres Mannes.«

»Das. Und die Gründe dafür. Aber vor allem meine Reaktion darauf.«

»Das hört sich an, als wären Sie überrascht, daß Sie sich deswegen schlecht fühlen.«

»Es überrascht mich, daß ich überhaupt etwas fühle.« Sie raffte den Hausmantel über ihrer Brust. »Ich weiß, Sie denken, ich sei schuld an dem, was Tom und ich durchgemacht haben, aber ich glaube nicht, daß Sie wirklich beurteilen können, was ich mir von ihm... zu welchem Urteil er mich über mich selbst kommen ließ.« Ihre gestammelte Bitte um Verständnis ging in

Schweigen über, als wäre sie zu sehr mit Mängeln behaftet, um Früchte zu tragen.

»Ich habe schon genügend Scheidungsfälle gemacht, um zu wissen, daß in einer Ehe niemand ein Monopol auf die Alleinschuld hat, Mrs. Crandall. Ganz gleich, was der Auslöser ist, ab einem bestimmten Punkt läuft es nur noch auf das alte Lied hinaus: Auge um Auge, Zahn um Zahn.«

»Wohl eher Herz um Herz.« Sie hielt nach einem Lächeln Ausschau, bekam aber nur eine Miniaturausgabe zu sehen. »Halten Sie mir wenigstens so viel zugute? Oder ist selbst das zuviel verlangt?«

»Das heißt aber nicht, daß das auch für Mr. Sands gilt.«

Das Lächeln verhärtete sich an den Rändern. »Mr. Sands kommt auch ohne uns zurecht, Mr. Tanner. Er ist weder auf meine noch auf Ihre Hilfe angewiesen.«

»Hat sich das nicht gerade eine Spur desillusioniert angehört, Mrs. Crandall?«

»Ich weiß nicht mehr, *was* ich bin. Außer fertig.« Sie zupfte ihren Kragen von ihrem Hals fort und schüttelte den Kopf, als würde sie der Ruck wahrnehmungsfähiger machen. »Was wollen Sie nun eigentlich?«

»Ich dachte, das wäre vielleicht gerade eine günstige Gelegenheit, um mir Toms Sachen anzusehen.«

»Helfen Sie doch meinem Gedächtnis noch mal nach, warum Sie das für nötig halten.«

»Ich suche immer noch nach Anhaltspunkten über seinen Bruder. Ich hoffe, in Toms Hinterlassenschaft einen Hinweis zu finden, wo er ist.«

»Warum ist das so wichtig?«

»Das weiß ich nicht, außer daß alle Spuren zu Nicky zu führen scheinen. Wissen Sie –«

Sie drehte sich um, um einen Blick auf die Uhr in der Diele zu werfen, dann unterbrach sie mich rasch. »Im Hotel wird das Werbematerial neu überarbeitet. Ich muß mir alles noch mal auf etwaige Fehler hin ansehen – wenn ich das nicht tue, bevor es in die Druckerei geht, schreiben sie sicher meinen Namen falsch oder verwenden ein zehn Jahre altes Foto von Lainie Kazan. Wie lange werden Sie schätzungsweise brauchen?«

Ich zuckte mit den Achseln. »Zwanzig Minuten?«

»Fünfzehn, einverstanden?«

Wie alle Berühmtheiten verbrachte sie einen Großteil ihres Lebens damit, über ihre Zeit zu verhandeln. Ich beschloß zu nehmen, was sie mir gab, und notfalls später noch mal vorbeizukommen.

Clarissa trat zurück und ließ mich in die Wohnung. Die Diele war klein und dunkel und nichtssagend, wenn man von dem voluminösen Nerzmantel absah, der wie eine dicke schwarze Flagge von einem antiken Kleiderständer in einer Ecke hing, eine Flagge für die Mächte des Bösen. Der Wohnraum war eine erfrischende Abwechslung, hell und luftig, flankiert von einem Stutzflügel auf der einen und einem Paar großer Lautsprecher und zwei dazugehörigen Tonbandgeräten auf der anderen Seite. Teils gedruckt, größtenteils handgeschrieben, waren Notenblätter so bestimmend, daß der Raum schwarzweiß gefliest erschien.

Die Vorhänge waren geblümt und gerüscht, die Möbel spärlich und zerbrechlich, die Bücher in den Regalen ausschließlich über Musik und Musiker, einschließlich einer Originalausgabe des Grove; die Fotos, die auf jeder freien Oberfläche aufgestellt waren, bildeten eine visuelle Biographie des Stars. Die Atmosphäre war so nachhaltig von Clarissa und ihrem Talent geprägt, daß ich mich fragte, ob Tom hier überhaupt Zutritt gehabt hatte. Und wie er hier überleben konnte, falls das die einzige verfügbare Atmosphäre war.

Clarissa erduldete meine Bestandsaufnahme von der Mitte des Raums aus, die Arme verschränkt, die Finger am Gürtel um ihre Taille nestelnd. »Toms Arbeitszimmer ist da drinnen.« Sie deutete auf eine Tür im hinteren Teil der Wohnung. »Es war übrigens auch sein Schlafzimmer. Wegen unserer unterschiedlichen Arbeitszeiten haben wir...« Sie verzichtete auf die Erklärung, zu der sich Eheleute immer verpflichtet zu fühlen scheinen, wenn man erfährt, daß sie nicht im selben Bett schlafen.

»Wonach auch immer Sie suchen, dort werden Sie es vermutlich am ehesten finden«, fuhr sie fort. »Ich habe seine Sachen schon durchgesehen, in der Absicht... sie wegzuwerfen. Sieht fast so aus, als hätten Sie und Tom etwa dieselbe Größe. Wenn Sie also etwas sehen, das Ihnen gefällt, bitte tun Sie sich keinen Zwang an und –«

Ich schüttelte den Kopf. »Das glaube ich nicht, aber trotzdem vielen Dank. Von den Kleidern Toter kriege ich eine Gänsehaut. Außerdem wiege ich fast zwanzig Kilo mehr.«

Sie legte den Kopf zur Seite. »Tatsächlich? Sieht man Ihnen aber gar nicht an.«

Daß sie mir gerade ein Kompliment gemacht haben könnte, stürzte sie vorübergehend in Verwirrung. »Dann wenigstens seine Bücher«, brachte sie hervor, als sie sich wieder im Griff hatte. »Ich bringe sie sowieso nur zum Bücherflohmarkt in der Bibliothek oder zum Müll. Sie tun mir also einen Gefallen, wenn Sie sich ein paar nehmen.«

Ich zuckte mit den Achseln. »Ein paar vielleicht.«

»Da drinnen müssen auch mehrere leere Schachteln rumstehen. Packen Sie sie ruhig voll. Soviel Sie wollen. Wirklich.«

Ich dankte ihr und ging auf die Tür zu.

»Falls Sie mich brauchen, ich bin im hinteren Schlafzimmer.« Sie betupfte ihr Handtuch und löste den Gürtel. »Aber ich muß wirklich gleich weg.«

»Haben Sie irgend etwas von Tom weggeworfen?« fragte ich. »Oder woanders hingeräumt?«

Sie hörte auf, an sich herumzumachen, und sah mich an. »Nichts, das für Sie von Interesse wäre. Nur so ein paar verrückte Sachen. Meistens sehr sexuell, aus der Zeit, als wir noch miteinander... ins Bett gegangen sind.« Sie massierte ihr Gesicht mit einer Hand, die steif war von Trauerarbeit. »Mein Gott. Mir scheint es wie eine Ewigkeit, daß wir mal glücklich waren. Ich dachte, unsere Romanze würde nie ein Ende nehmen, bis ich merkte, daß sie bereits zu Ende war.«

Ich warf einen Blick auf die Fotos auf dem Flügel und insbesondere auf einen Schnappschuß von ihrem verstorbenen

Mann in einem Silberrahmen. Tom stand neben seinem Krankenwagen, ruhig und zufrieden lächelnd, so gelöst, wie ich ihn nur selten gesehen hatte. »So hat er es aber nicht gesehen«, sagte ich.

»Er hat es überhaupt nicht gesehen. Das war das Problem.«

Mit einer gequälteren Grimasse, als ich hervorzurufen beabsichtigt hatte, drehte sich Clarissa auf ihrem nackten Absatz herum und war verschwunden. Der Aufgabe entledigt, Advokat eines Toten zu sein, betrat ich den Raum, den sie mir gezeigt hatte, knipste das Licht an und begann mich umzusehen.

Natürlich war es eine Zelle – spartanisch, dunkel und trostlos, genau wie es Tom mochte. Kleines Bett; noch kleinerer Schreibtisch mit Schreibmaschinenstuhl; Leselampe; Schreibmaschine; Radio und Kommode. Eine Wand nahm ein Fenster ein, das sich auf einen Lichtschacht öffnete, eine andere ein Pappkleiderschrank mit Toms zerknitterten normalen Klamotten und zwei frisch gestärkten Sanitäteruniformen. An der verbleibenden Wand stand ein Regal aus fünf Schichten Brettern und Ziegelsteinen, vollgestopft mit dem einzigen Luxus, der dem Raum vergönnt war.

Außer einer Reihe von Schriften über Erste Hilfe und ein paar Handbüchern zu einem Hypnose-Abendkurs, an dem Tom offensichtlich einmal teilgenommen hatte, hatten die Bücher vorwiegend Geschichte und Philosophie zum Gegenstand: Kant und Hegel; Rousseau und Locke; sogar Bundy und Boorstin und Kissinger. Da waren pompös wirkende Wälzer über die griechischen Stadtstaaten und die Handwerkerzünfte der Renaissancezeit und etwas reizvollere Bände, die sich ausführlichst mit solchen Kulturikonen wie der Dreyfus-Affäre und dem Scopes-Prozeß beschäftigten. Die wenigen Romane, die ich ausmachen konnte – Gore Vidals Historicals, Charles McCarrys Internationals, Ward Justs Politicals – waren hinter der Schranktür gestapelt, als hätte sie Tom als Konterbande betrachtet.

Die verbleibenden Ecken und Winkel waren mit Toms regulärer geistiger Kost vollgestopft – Flugblättern, Broschüren,

Zeitungsausschnitten, Vortragsaufzeichnungen zu einer Vielzahl von geheimnisvollen Themen, für die er sich zum einen oder anderen Zeitpunkt interessiert hatte. Ich wühlte mich durch das ganze Sammelsurium, zog zwischendurch ein paar Dinge für mich heraus und fand Hinweise auf alles mögliche, nur nicht auf seinen Bruder. Schließlich kam ich zu den Bänden, die seinem Bett am nächsten waren, was darauf hindeutete, daß es sich dabei um Toms letzte Informationsquellen handelte.

Ihr Inhalt beschäftigte sich vorwiegend mit geistiger Gesundheit: Dutzende von Bänden, von den bahnbrechenden Arbeiten Freuds und Jungs zu den jüngeren Formulierungen Laings und Millers, ein so breites Spektrum umfassend, daß mir zum erstenmal Zweifel kamen, ob Tom seinen Bruder zu heilen versucht hatte oder sich selbst. Das *Merck Manual* war ebenso darunter wie das *Diagnostische und statistische Handbuch des Amerikanischen Psychologenverbands*, dritte Auflage. Die Mehrzahl der Monographien kreiste um das Thema Schizophrenie: Zeitschriften, in denen vor kurzem entdeckte genetische und biologische Indikatoren aufgeführt wurden, Zeitungsausschnitte über die Häufigkeit von Nervenerkrankungen unter Obdachlosen, Fallgeschichten von Familien, die über Jahre hinweg unter der Krankheit zu leiden gehabt hatten.

Es gab auch Materialien über andere Leiden, über Krankheiten, die hauptsächlich in den unteren Gesellschaftsschichten verbreitet und somit für Tom von speziellem beruflichem Interesse waren – Artikel über Behandlungsmöglichkeiten und Präventivmaßnahmen bei Alkoholismus; Randy Shilts' Buch über Aids und ein Sammelband der *AIDS Treatment News*; eine Reihe von Arbeiten über Drogenmißbrauch und Rehabilitationsmöglichkeiten Suchtkranker. Zweifellos hatte Tom Crandall seine Arbeit ernst genommen; ich fragte mich, ob es viele Ärzte in der Stadt gab, die so gut informiert waren.

Auf der Suche nach einem Adreßbuch oder Briefen oder sonst etwas, durch das sich eine Verbindung zu Nicky Crandall hätte herstellen lassen, nahm ich mir nicht nur alle Bücher, sondern auch den Schreibtisch vor. Bei dieser Gelegenheit erfuhr ich, daß Tom ein Bewunderer von Diane Arbus gewesen war, daß er alles gewußt haben mußte, was es über die Peloponnesischen Kriege zu wissen gab, daß er tatsächlich die Werke Wittgensteins gelesen und sich zahlreiche Randbemerkungen dazu gemacht hatte, daß er über Gary Larson gelacht hatte. Aber ich erfuhr nicht das geringste über Nick.

Meine Suche neigte sich bereits ihrem Ende zu, als ich auf einen großen braunen Umschlag stieß, nicht zugeklebt, nur mit einem Gummiband verschlossen, im hinteren Teil einer Schublade weggesteckt. Er war voll von Zeitungsausschnitten, aus Publikationen, die vom Berkeley *Barb* über *Punch* zu *Foreign Affairs* reichten, zu Themen, die sich von Sexualpraktiken über die Weltregierung zu den Vorzügen der Urschreitherapie erstreckten. Alle stammten aus einem mehr als zehn Jahre zurückliegenden Zeitraum, was sie zu Tom Crandalls spezieller Form von Billetdoux machte, aus einer Zeit also, da war ich ganz sicher, als die Glut heiß war und Clarissa gern bereit, sie zu schüren, und als Tom ihr Bewußtsein erweiterte.

Ich steckte die Zeitungsausschnitte in den Umschlag zurück und den Umschlag in meine Jackentasche und nahm mir den restlichen Krempel vor, aber das einzige, was ich fand und das mir möglicherweise einen Anhaltspunkt hätte liefern können, war ein Zettel – handgeschrieben, mit Bleistift, nicht datiert, unterschrieben von einer Person namens Jan: *Im Scanlon's. Heute abend. Bitte.* Das Scanlon's war eine Bar im Tenderloin, ein Pennertreff, als ich das letzte Mal dort war, was auch das letzte Mal war, daß ich freiwillig meinen Fuß über seine Schwelle setzen wollte. Ich steckte auch den Zettel ein.

Ich wollte meine Suche bereits beenden, als mir etwas ins Auge stach. Es war ein Lesezeichen, oder zumindest dachte ich das erst; es ragte, kaum sichtbar, über den oberen Rand des zweiten Bands der *DSM*. Als ich den Wälzer aufschlug, fiel ein Schnappschuß heraus, unscharf und unterbelichtet, von einem schmalen, geistesabwesenden jungen Mann, dessen Augen so lodernd brannten und dessen Mund sich so verächtlich krümmte, daß es nur Nicky sein konnte. Er war fraglos aus der

Bahn geworfen und alarmierend heruntergekommen – das Hemd zerrissen, die Hose verdreckt, das Gesicht zerkratzt und fleckig –, aber unter der oberflächlichen Zerstörung brannte noch immer etwas Unwiderstehliches; eine Energie, eine Ernsthaftigkeit, eine Wißbegier und Intensität, die von Leben und Liebe zeugte. Alles in allem schien das Foto weniger einen bedauernswerten Seinszustand zu porträtieren als eine fortwährende Bitte um Hilfe.

Ich steckte auch den Schnappschuß ein und ging in den Wohnraum zurück. Dort wartete Clarissa bereits auf mich, inzwischen in einem dunkelblauen Kostüm, einer weißen Bluse mit großen, blauen Punkten und zum Kostüm passenden hochhackigen Schuhen. Sie sah smart und gewieft und umwerfend aus. Ich fragte mich, ob es wohl auch Teil ihres Problems gewesen war, daß Tom nie nach irgendeinem von diesen Dingen ausgesehen hatte.

Das Tonbandgerät drehte sich, und aus den Lautsprechern tanzte munteres Geklimper. Ich bildete mir ein, es schon mal gehört zu haben, und als der Refrain einsetzte, wußte ich, daß ich mich nicht getäuscht hatte – die eingängige Melodie warb für die zahlreichen Sonderangebote einer Supermarktkette, zu deren Kundenkreis auch ich mich zählte, wenn sie gerade Suppen im Angebot hatten.

Ich hörte noch eine Weile zu, dann sah ich Clarissa an. »Sind Sie das?«

Sie nickte. »Nicht unbedingt das, was mir eigentlich vorschwebt, aber zumindest lassen sich damit eine Menge Rechnungen bezahlen. Bestattungskosten eingeschlossen.« Ihr Blick wurde eindringlicher. »Den Job hat mir Richard verschafft.«

»Er ist also auch Ihr Manager.«

»In gewisser Weise.«

»Ich nehme an, er kann Ihnen eine Menge Türen öffnen.«

»Jede, die ich will. Und das Schöne daran ist, das sind die *einzigen*, die er öffnet.«

Ich fand, daß ich genug über den fehlerlosen Mr. Sands gehört hatte. Um die Dinge wieder ins rechte Lot zu rücken, griff ich in meine Tasche und hielt ihr den Umschlag hin. »Ich dachte, daß Sie die vielleicht haben wollen.«

Sie nahm mir den Umschlag aus der Hand und schaute hinein. Als sie die Zeitungsausschnitte sah, stöhnte sie. »O Gott. *Das* hat mir jetzt gerade noch gefehlt.«

»Entschuldigung.«

Sie errötete. »So habe ich das nicht gemeint. Ich *will* sie selbstverständlich haben. Auf jeden Fall. Das ist das... *Aufrichtigste*, das jemals jemand für mich getan hat.« Sie seufzte und schüttelte den Kopf. »Mein Gott, habe ich ihn geliebt. Nicht am Ende, nicht, als er sich in diese Verzweiflung sinken ließ und mich mit hineinziehen wollte. Aber so, wie er davor war. An dem Tag, an dem wir uns kennengelernt haben, war Tom Crandall der elektrisierendste Mann der Welt. In einer Stunde hatte er mehr Ideen als alle anderen Männer, die ich kannte, in einem Jahr, und ich hatte nur einen Wunsch: so zu sein, wie er wollte, daß ich war. Ein Jahrzehnt verstrich, und er wollte nur noch, daß ich unglücklich war. Deshalb beschloß ich, mein Leben zurückzufordern.«

Ich ließ die komplizierte Lobrede durch die Wohnung strudeln, die sie so rasch aufnahm, als wäre sie ausgehungert nach der Gefühlsregung. »Warum, glauben Sie, hat er diese Begeisterungsfähigkeit verloren?« fragte ich, als das Echo verklungen war. »Was hat ihn so verändert?«

Langsam schüttelte sie den Kopf, als wollte sie darauf hinweisen, welche Mühe sie, schon lange bevor ich sie gestellt hatte, auf die Beantwortung dieser Frage verwandt hatte. »Das weiß ich nicht. Die meisten Leute denken, es war der Krieg, aber das war es nicht. Darüber war er längst hinweg, als ich ihn kennenlernte; auch was die Dinge betraf, die er im Krieg getan hatte, war er mit sich im reinen. Doch dann schien er plötzlich zu der Auffassung zu gelangen, als ginge alles um ihn herum in die Brüche. Die Welt. Amerika. Die Stadt. Ich. Wir waren eine einzige große Enttäuschung für ihn, alle zusammen, ein ganzes Universum, das in Materialismus und Unmoral und Selbstverliebtheit und all den anderen Unarten versank, die Tom für Todsünden hielt. Aber ich *wollte* nicht untergehen, und ich wollte es auch von Tom nicht, aber da er nichts unternahm, um sich zu retten, begann ich mich nach einem Rettungsanker umzusehen.«

»Auftritt Mr. Sands.«

Ihr Ärger blitzte auf. »Was hätte ich denn Ihrer Meinung nach tun sollen? Mit dem sinkenden Schiff untergehen? Ich war nur der Erste Offizier, nicht der Kapitän.«

Clarissa durchquerte den Raum und hieb auf den Flügel. Der Akkord war dissonant und verstörend, aber ihre Sicht der Dinge kam meinen eigenen Beobachtungen ziemlich nahe, so daß ich ihr keine andere aufzuschwatzen versuchte.

»Und?« fuhr sie mich schließlich an. »Sind Sie auf Ihrer Suche nach Nicky vorangekommen?«

»Nicht viel«, gab ich zu. »Kennen Sie zufällig eine gewisse Jan?«

»Nein.«

»Ich glaube, sie könnte Nickys Freundin sein.«

»Dann kann ich gar nichts über sie wissen. Tom wollte nicht über Nicky mit mir sprechen – als ob ich nicht rein genug wäre, etwas über ihn zu wissen.«

»Ich glaube nicht, daß das der Grund war«, sagte ich. »Ich glaube, Nicky war Toms Achillesferse. Ich glaube, Tom fühlte sich aus irgendeinem Grund verantwortlich für das, was aus seinem Bruder geworden war. Ich glaube, das erklärt Toms Entschlossenheit, ihm zu helfen. Ich glaube, sein Versagen in diesem Punkt könnte sogar Toms emotionalen Niedergang erklären.«

»Da trauen Sie Nicky aber eine Menge Schaden zu«, sagte sie ohne großes Interesse. »Haben Sie ihm von Ihrer Theorie erzählt?«

Ich sah sie scharf an. »Ich halte es für durchaus möglich, daß er tot ist.«

Ihre Reaktion war ambivalent. »Das wäre mir neu.«

»Hat Tom nie etwas in dieser Richtung geäußert?«

»Nicht mir gegenüber.« Sie sah mich lange genug an, um mir ein unbehagliches Gefühl zu vermitteln. »Ich erwarte nicht, daß Sie verstehen, was zwischen mir und meinem Mann passiert ist; ich bin nicht mal sicher, ob ich das selbst verstehe. Aber ich möchte Ihnen keine Schwierigkeiten machen, Mr. Tanner. Wie bereits gesagt, ist es keine sehr angenehme Vorstellung für mich, daß der Mann, den ich geliebt habe, so unglücklich war, daß er sich das Leben zu nehmen beschloß. Ich wäre sehr froh, wenn Sie beweisen könnten, daß das nicht stimmt.«

Die Ironie, Deirdre Sands zur Klientin zu haben, während ich der Geliebten ihres Mannes Hilfe und Trost spendete, war fast zu pikant, um der Versuchung zu widerstehen, sie an diesem Punkt zu enthüllen. Aber das war einer jener Fälle, in denen ich selbst so wenig wußte, daß ich nicht gewillt war, irgend jemandem irgend etwas zu erzählen.

»Ich glaube nicht, daß er Selbstmord begangen hat«, sagte ich statt dessen. »Ich glaube, er wurde ermordet.«

Ich rechnete damit, sie zu schockieren, aber sie nahm die Alternative hin, ohne mit der Wimper zu zucken. »Warum?«

»Das weiß ich noch nicht, aber ich glaube, es hatte etwas mit Nicky zu tun. Und vielleicht auch mit Healthways.«

»Mit Healthways? Warum mit Healthways?«

»Auch das weiß ich nicht. Einfach nur ein Gedanke, der mich ständig verfolgt. Wie ein Geier, der über mir kreist.«

»Richards Assistent arbeitet für Healthways«, sagte Clarissa abwesend. »Wenn mich nicht alles täuscht, ist er sogar der Präsident.«

»Wie heißt der Mann?«

»Lex Chadwick.«

Sie brachte mich zur Tür. Als ich sie weiter über Chadwick ausfragte, beschrieb sie mir den Mann, den ich an dem Morgen gesehen hatte, als ich mit Dr. Marlin gesprochen hatte, der Mann mit dem Mercedes, der auf dem Parkplatz mit dem Jungen Streit gehabt hatte.

20

Als ich ins Büro zurückkam, blockierte ein anderer Wagen die Durchfahrt: diesmal eine Limousine, größer als der Cadillac, von perlgrauer Farbe. Auf dem Nummernschild stand RS-1.

Als ich das Büro betrat, erwartete ich, den großen RS persönlich dort anzutreffen, aber der Mann, der sich wie ein Baum in der Mitte des Warteraums aufgepflanzt hatte, war der stämmige Business-Typ, der Clarissa Crandall im Velvet Room abgeholt und unter der Markise des Sandstone Club abgesetzt hatte, der Mann, der, wie Clarissa gerade behauptet hatte, der Obermacker bei Healthways war. Sein Anzug bestand immer noch aus drei Teilen, aber an diesem Tag war er aus makellosem Flanell in seriösem Bankergrau, farblich genau auf den Wagen abgestimmt. Auch sein Auftreten paßte haargenau dazu – gebieterisch, ungeduldig und dominant: von seinem kurzgeschorenen Haar und seinen wulstigen Lippen bis zur mächtigen Wölbung seines Brustkorbs wies Lex Chadwick alle Merkmale eines Menschen auf, der über Leichen geht.

»Womit kann ich Ihnen dienen?« sagte ich, als er weit genug zur Seite trat, um mich in den Raum zu lassen.

»Richard Sands möchte Sie sprechen.«

»Wann?«

»Jetzt.«

»Wo?«

»In seinem Club.« Chadwick sah auf seine Uhr, die aus einer Goldmünze gefertigt zu sein schien. »Er würde Sie gern bis spätestens fünf Uhr sprechen – um sieben nimmt er an einer Wohltätigkeitsveranstaltung teil.«

»Sie meinen wohltätig wie in steuerlich absetzbar? Oder wohltätig wie in gesellschaftlichem Aufstieg?«

Diese Spitze tat er als unter seiner Würde ab. Kann auch sein, daß er sie nicht kapierte. »Ich meine, was ich sage. Und das gilt auch für Mr. Sands.« Unsere Blicke trafen sich; Chadwick hatte seine schon vorher als Waffe gebraucht.

»Weswegen will er mich sprechen?« fragte ich.

Die Frage schien ihn zu enttäuschen. »Sie wissen doch, wer er ist, oder?«

»Wer weiß das nicht?«

»Was fragen Sie also?«

Ich beugte mich seiner Logik. Die Aussicht auf ein Treffen mit Richard Sands ließ mich an meine Unterhaltung mit Tom im Guido's denken. »Ich finde, Mr. Moore hätte den Spieß umdrehen sollen.«

»Wovon reden Sie eigentlich?«

»Ach, nur ein Film.«

»Wieso sollte das Mr. Sands interessieren?« Chadwick rätselte darüber, wie Hunde über einen Taschenspielertrick rätseln.

Ich deutete auf mein Büro. »Mit Ausnahme des Gemäldes da drinnen dürften nur wenige Dinge in meinem Leben jemanden interessieren. Außer meiner Neugier natürlich, die vermutlich der Grund ist, warum Sie hier sind. Wie heißen Sie übrigens?«

»Warum?«

»Meine Mutter hat mir gesagt, nie zu einem Fremden ins Auto zu steigen.«

Er begann, darüber nachzudenken, ließ es dann aber doch bleiben; so geht es ziemlich vielen Leuten mit den Prinzipien meiner Mutter. »Chadwick«, sagte er.

»Für den Präsidenten einer Firma scheinen Sie mir ein bißchen… ungehobelt, Mr. Chadwick.«

Er kniff die Augen zusammen, und sah sich im Büro um, als hätte er Verdacht geschöpft, jemand könnte ihn verpfiffen haben. »Meine Position spielt hier keine Rolle«, sagte er.

»Da bin ich anderer Meinung; ich gelange mehr und mehr zu der Überzeugung, daß Healthways sogar eine *außerordentlich* wichtige Rolle spielt.«

»Inwiefern?«

»Nun, da wäre zum Beispiel die Frage, was Sie heute morgen vor dem Ambulatorium im Tenderloin gemacht haben, als Sie sich mit dieser Sid-Vicious-Kopie unterhalten haben.«

Diesen Vergleich fand Chadwick überhaupt nicht witzig; ich

bezweifle, daß er überhaupt etwas witzig fand außer einem Bankrott. »Ich bin nie in diesem oder irgendeinem anderen Ambulatorium gewesen; ich habe ein gutbezahltes Supervisionsteam, das sich um die Außendienstbelange kümmert, und dasselbe gilt für unser Büropersonal, das für den Verwaltungskram zuständig ist.«

»Was bleibt da überhaupt noch für Sie zu tun?«

»Motivation«, sagte Chadwick gewichtig und setzte ein Sadistenlächeln auf.

Chadwick verleitete einen dazu, ihn zu unterschätzen – in Aussehen und Auftreten erinnerte er ein wenig an den späten Aldo Ray –, aber unter Berücksichtigung seiner Zusammenarbeit mit Sands spürte ich, daß das ein Fehler gewesen wäre. »Können wir jetzt endlich gehen«, drängte er mit wachsender Gereiztheit, »oder soll ich Mr. Sands bestellen, daß Sie seine Einladung ausgeschlagen haben?«

Ich verneigte mich. »Nach Ihnen, Lex.« Als ich stehenblieb, um die Tür abzuschließen, sagte sein Gesichtsausdruck: »Laß ihn doch reden.«

Als ich es mir in den luxuriösen Ledersitzen der Limousine bequem gemacht hatte, klappte eine Bar vor mir auf, und eine Batterie flüssiger Erfrischungen stand zu meiner Verfügung. Ich entschied mich für ein Heineken, machte es mit einem Kirchenschlüssel mit Perlmuttgriff auf und bereitete mich seelisch darauf vor, die Fahrt zu genießen. Es war bereits das zweite Mal in einem Jahr, daß ich mit einer Limousine abgeholt wurde. Entweder rutschte ich auf der Leiter des Erfolgs nach oben, oder Limousinen waren auch nicht mehr das, was sie mal waren.

Wir wären kaum reibungsloser durch den dichten Verkehr gekommen, wenn wir Wimpel auf den Kotflügeln und Sicherheitsbeamte an den Seiten hängen gehabt hätten. Unterwegs zogen wir eine Menge bewundernder Blicke auf uns und mehr als nur ein paar Verwünschungen. Das Gefühl, das ich bei der Sache hatte, war auch eher zwiespältig.

Wir kamen frühzeitig im Club an. Bei Tageslicht war der

Laden sogar noch beeindruckender als bei Nacht, als meine trüben Augen ihn zum erstenmal wahrgenommen hatten – das Mauerwerk raffinierter, die Messingarmaturen schimmernder, die rote Markise arroganter, der Kontrast zum Rest der Cleveland Street krasser.

Als Chadwick mich nach drinnen führte, wurde er fast gesprächig. »Sicher hätten Sie sich neulich nicht träumen lassen, daß Sie mal so weit vordringen würden.«

»*Au contraire.* Ich bin überzeugter Demokrat; ich glaube, daß sich mir eines Tages alle Türen öffnen werden.«

»Manche Türen öffnen sich einem nur, wenn man den nötigen Mumm hat, sie aufzubrechen.« Chadwicks Erwiderung widerlegte die gängige Meinung, Reichtum und Kultiviertheit gingen Hand in Hand. Ich nehme an, das glauben ohnehin nur noch die Briten.

Einmal im Innern des Gebäudes, führte mich Chadwick zu einer Tür am Ende eines Gangs, dessen Wände mit etwas tapeziert waren, was wie gehämmerte Zehncentstücke aussah, und dessen Teppichboden ohne weiteres als Kalbsfell hätte durchgehen können. Ohne erkennbare Einwirkung von außen öffnete sich die Tür auf einen Büroraum, der aussah wie von Industrial Light and Magic entworfen und eingerichtet – Rauchglasoberlicht, mit Kupferplatten verkleidete Wände, Chrom-und-Fliesen-Schreibtisch, Schieferboden, Ledersessel, Onyxtische. Es war die Sorte Raum, den sich jeder Mann einzurichten erträumt, wenn er das große Los gewonnen hat, zumindest die Männer, die in der letzten Hälfte dieses Jahrhunderts großgeworden sind und ihren Gewinn mit maximaler Rendite und unter Ausnutzung sämtlicher Steuervorteile angelegt haben.

Ich bestaunte das High-Tech-Ambiente, bis meine Faszination auf anderes gelenkt wurde. Obwohl in einem Kamin aus rostfreiem Stahl ein Feuer loderte und auch ein Neonlüster etwas Lichtstärke beisteuerte, waren die Augen meines Gastgebers das Leuchtendste im ganzen Raum.

Richard Sands saß in einem der tektonischen Sessel, die das Feuer flankierten, Telefon am Ohr, ein Börsenvideo mit den neuesten Kursen über den Bildschirm neben ihm rollend, das Faxgerät im Hintergrund eine Nachricht ausspuckend. »Zum Eröffnungskurs verkaufen«, sagte er dem leuchtend roten Telefon mürrisch, sein Blick noch immer über mich wandernd. »Den ganzen Posten. In einer Woche können wir alles wieder für elf zurückkaufen – der Gewinn wird *sehr* enttäuschend sein. Und darauf, Mr. Leamington, können Sie Gift nehmen.«

Sands wollte keine Antwort oder nicht warten. Nachdem er das Telefon in die Tasche geschoben hatte, lächelte er das Lächeln eines Mannes mit einer hohen Wette auf eine todsichere Sache: des Mannes, der den Ausgang des Kampfs bereits ausgehandelt hat.

»Mr. Tanner.«

»Mr. Sands.«

»Schön, daß Sie kommen konnten.«

»Sehr freundlich, mir Ihren Wagen zu schicken.«

Er blinzelte mit den graugespitzten Lidern, die hervorragend zu dem graugespitzten Haar paßten, das sich gefällig an seine Schläfen schmiegte. Sein Geld hatte ihm genügend Selbstbewußtsein gekauft, um ihn gut aussehen zu lassen, und seine Aufmachung signalisierte distinguierte Kultiviertheit. Aber die wahren Qualitäten waren unter der glatten Oberfläche zu finden, irgendwo in der Nähe des Herzens.

»Was zu trinken?«

»Scotch.«

»Laphroaig?«

»Gern.«

Sands nickte, und Chadwick verschwand, was mir Zeit gab, den Mann in Augenschein zu nehmen. Er war kleiner, als ich erwartet hatte, und sah jünger aus. Wenn ich ihn mit seinen Pressefotos verglich, ließen letztere, vor allem was seine kraftvolle Ausstrahlung und den energischen Zug um sein Kinn betraf, einiges zu wünschen übrig. Sands war braungebrannt, schlank, reich, selbstsicher – was heutzutage die meisten Leute gerne sein möchten. Doch erst als er Chadwick wegschickte, um unsere Drinks zu holen, merkte ich, daß seine Hand zitterte. Was mich daran erinnerte, daß das, was sich heute die meisten Leute ersehnen, einen hohen Preis hat.

Ich sah mich ein zweites Mal im Raum um und machte aus meiner Bewunderung kein Hehl. »Was soll der Laden hier nun eigentlich darstellen?«

Sands hob eine Braue. »Der Club? Ein Ort zum Erholen und Entspannen. Nur für Firmenangehörige. Meine Spitzenkräfte brauchen einen Platz, an dem sie sich mal ganz ungezwungen geben können, ohne fürchten zu müssen, daß ihnen jemand einen Strick daraus dreht. Wir haben eine erstklassige Küche und Bar, außerdem einen Fitnessraum, Jacuzzi-Whirlpool und die Bibliothek.« Er warf einen Blick zur Wand. »Sie würden sich wundern, was sich hinter diesen Lederrücken verbirgt: Ich habe mir sagen lassen, meine Erotica-Sammlung sucht in der Bay Area ihresgleichen.«

Als er mich erwartungsvoll ansah, meinte ich bloß: »Wenn Sie das sagen.« Er schien enttäuscht, daß mein Interesse nicht reger war.

»Oben haben wir den Hobbyraum«, fuhr er fort. »Es gibt nur einen Schlüssel, nur gegen Vorbestellung erhältlich. Dort können Sie machen, was Sie wollen – Kunstfilme ansehen, Federball spielen oder eine Orgie feiern –, und kein Mensch erfährt etwas davon, wenn Sie es nicht selbst überall herumposaunen.« Er begutachtete seine Umgebung, wie ich das getan hatte. »Alles in allem eine lohnende Investition; hier sind einige unserer erfolgreichsten Strategien entwickelt worden.« Sein Blick bekam etwas Verschlagenes, was bei Sands mehr als nur ein bißchen beängstigend war. »Jemand sollte mal eine Untersuchung über die Zusammenhänge zwischen Geld und Sex machen«, sagte er nachdenklich.

»Ich glaube, das hat schon jemand getan.«

»Tatsächlich? Und zu welchem Schluß ist er gelangt?«

»Daß der Zusammenhang ziemlich genau der gleiche ist wie zwischen Rebhuhn und Wachtel.«

»Aber das ist doch mehr oder weniger das gleiche.«

»Genau.«

Während Sands meinen kleinen Scherz verdaute, sah ich mich noch einmal um, wobei ich mich diesmal auf die goldgerahmte Frauengestalt über dem Kamin konzentrierte, deren nackter Körper sich im goldenen Strahl eines Spots zur Illusion der Dreidimensionalität wölbte. Mein erster Eindruck war, daß das Gemälde durchaus für einen Rubens hätte durchgehen können. Mein zweiter, nach näherer Begutachtung, daß das Modell als meine Klientin hätte durchgehen können.

»Ein bißchen Wein, Weib, Gesang fürs Fußvolk, hm?« sagte ich und wandte in einem Anfall von Verlegenheit den Blick ab.

»So könnte man es nennen.«

»Und Clarissa Crandall steuert den Gesang bei.«

Sands gab mir einen Vorgeschmack seiner legendären Gnadenlosigkeit. »Nur, wenn ihr danach ist – ich würde sie nie zum Singen *drängen*, weder für mich noch für sonst irgend jemanden.«

»Wie rücksichtsvoll.«

Sands' Kiefer verkrampfte sich, bis sich unter seinem Ohr kleine Gnubbel bildeten. »Es heißt, Sie sollen ziemlich clever sein, Tanner. Machen Sie also Ihrem Ruf keine Schande und lassen Sie diese Mätzchen.« Diesen dezenten Hinweis wollte er noch weiter ausschmücken, als er von einem Kellner unterbrochen wurde, der mit einem silbernen Tablett mit meinem Drink in der Tür erschien. Auf ein Zeichen von Sands servierte er ihn, wartete meine Bestätigung ab und verschwand.

Ich sah meinen Gastgeber an. »Leisten Sie mir nicht Gesellschaft?«

»Ich habe vor neun Monaten zu trinken aufgehört.«

»Vor neun Monaten. Lassen Sie mich mal nachrechnen. War das der Tag, an dem sie Milken zu einer Gefängnisstrafe verknackt haben, oder der Tag, an dem Boesky entlassen wurde?«

Verächtlich wies mich Sands zurecht. »Wie die meisten Leute, die nicht mit den Feinheiten der Finanzmärkte vertraut sind und blind für die Kapitaldefizite der Nation, wissen offensichtlich auch Sie Michaels Genie nicht gebührend zu würdigen.«

»Oh, ich bezweifle nicht, daß er ein Genie ist. Aber ebensowenig bezweifle ich, daß er ein Gauner ist.«

Sands nahm die Farbe des teuer verpackten Schunds an der Wand hinter ihm an. »Die Gesetze, gegen die er, wenn überhaupt, verstoßen hat, sind hoffnungslos überaltet, um nicht zu sagen eine Katastrophe, nichts als Sand im Getriebe des freien Marktes.«

»Der Markt ist seit der Erfindung des Geldes nicht frei gewesen. Was Sie und Ihresgleichen meinen, wenn Sie von seinen Vorzügen schwärmen, ist doch bloß, daß Sie ungehindert die kleinen Leute schröpfen können, was genau das ist, was Sie in den letzten zehn Jahren kräftig getan haben.«

Sands war inzwischen violett angelaufen, aber wie alle erfolgreichen Männer hatte er gelernt, sich seine Wut zunutze zu machen. »Ich würde Sie nur zu gern mal in die Grundbegriffe des Finanzwesens einführen, Mr. Tanner«, zog er sich großzügig zurück, »aber wir werden heute abend wohl kaum die Probleme des Fiskus lösen, oder?«

»Es sei denn, wir können uns auf eine Neuverteilung der Steuerlasten einigen.«

Er hob eine Braue. »Ich bin überrascht, daß Sie ein solcher Reaktionär sind.«

»Und ich bin überrascht, daß Sie sich nicht über sich selbst schämen.«

Sands' Gesicht rötete sich wieder einmal. »Gott behüte uns vor Kleinkrämerseelen. Was, glauben Sie, wäre aus diesem Land wohl geworden, wenn in Phasen des Umbruchs wie dieser nicht Männer wie ich zur Stelle gewesen wären? Männer mit Mut zum Risiko, Männer, die die Grenzen des Machbaren neu gesteckt und die bestehenden Gesetze einer gründlichen Revision unterzogen haben?«

»Ich weiß nicht, was aus uns geworden wäre«, gab ich zu. »Und Sie auch nicht.«

»Ich –« Sands zwang sich, Schluß zu machen, und sah auf seine Uhr. »Sie überschätzen sich ganz gewaltig, wenn Sie denken, ich hätte für so etwas Zeit. Ich lasse einen Staatssekretär warten, Herrgott noch mal.« Er rückte seine Krawatte zurecht. »Warum machen Sie Clarissa das Leben schwer?«

»Mir war nicht bewußt, daß ich das tue.«

»Sie geben doch zu, daß Sie ihr gestern abend gefolgt sind?«

»Ich gebe zu, daß ich sie singen hören wollte.«

»Nach ihrem zweiten Auftritt sind Sie ihr hierher gefolgt. Wir haben Sie auf unserem Überwachungsvideo. Versuchen Sie also erst gar nicht, es zu leugnen.«

Ich zuckte mit den Achseln. »Es war spät; ich machte mir Sorgen um ihre Sicherheit. Ich wollte sichergehen, daß sie wohlbehalten nach Hause kommt.«

»Blödsinn.«

Ich lächelte. »Schon möglich.«

Sands versuchte einen auf aufrichtig zu machen, erreichte damit aber bloß, daß er ziemlich dämlich aussah. »Sie machen sich völlig falsche Vorstellungen von unserer Beziehung. Mein Interesse gilt in erster Linie Clarissas Talent, das auf geradezu tragische Weise vernachlässigt worden ist.«

»Was ihr Talent betrifft, stimme ich Ihnen durchaus zu. Aber den Blödsinn über Ihre Beziehung – um auf Ihre Wortwahl zurückzugreifen – können Sie jemand anderem erzählen.«

»So sehr ihr Mann auch davon felsenfest überzeugt war, verbringen wir unsere Zeit keineswegs damit, uns zu verlustieren; wir verbringen sie damit, Möglichkeiten zu finden, ihre Karriere voranzutreiben. Nächsten Monat wird Clarissa zum Beispiel ihr Debüt in Las Vegas geben. Sie bestreitet das Vorprogramm für David Copperfield.«

»Dann passen Sie auf, daß er sie nicht zusammen mit dem Dromedar verschwinden läßt.«

Sands schmollte tatsächlich. »In meiner Position kann ich sehr viel für Clarissa tun. Was haben Sie daran auszusetzen?«

Die Frage schien ehrlich gemeint. »Ich kann es nur begrüßen, wenn Mrs. Crandall ein Star wird. Aber ich frage mich, ob zu den Dingen, die Sie für sie getan haben, auch gehört, gewisse Störfaktoren aus ihrem Leben zu beseitigen. Störfaktoren wie ihren Mann zum Beispiel.«

Die Bürde, meine Frage zu beantworten, schien ihn zu ermüden. »Das glauben Sie doch nicht im Ernst?« fragte er milde.

»Ich muß diese Möglichkeit zumindest in Erwägung ziehen.«

»Ich habe mir sagen lassen, Sie machen bei der Polizei Druck, die Sache als Mordfall zu behandeln.«

»Nur, wenn dazu Anlaß besteht.«

»Ich kann Ihnen versichern, daß das nicht der Fall ist.«

»Da müssen Sie sich schon was Besseres einfallen lassen.«

»Warum? Wie kommen Sie darauf, an der Sache könnte etwas faul sein?«

Ich erwiderte seinen Blick mit, wie ich hoffte, gleicher Unbekümmertheit. »Aus einer ganzen Reihe von Gründen. Darunter auch der Umstand, daß ich in diesem Raum bin.«

Für einen Moment schloß Sands die Augen, ging dann zum Feuer und wärmte sich die Hände, obwohl das Kälteste im Raum seine Meinung von mir war. »Ich kann Ihnen eine Menge Ärger machen«, murmelte er mit etwas, das sich wie Bedauern anhörte, und blickte zu der nackten Frau auf, die im Begriff schien, in einer Art orientalischer Gymnastik vom Kaminsims auf seine Schultern zu springen.

»Ich bezweifle nicht, daß Sie das können«, sagte ich.

»Sie wären besser beraten, sich nicht mehr in meine Angelegenheiten zu mischen und es künftig zu unterlassen, Mrs. Crandall zu belästigen. Andernfalls täten meine Leute nichts lieber, als Sie um Ihre Existenz zu bringen.«

Ich lächelte. »In beruflicher Hinsicht selbstverständlich.«

Sein Blick glich dem von Saddam Hussein. »Selbstverständlich.«

»Ich kann einen Klienten nicht einfach im Stich lassen, Mr. Sands. Das geht leider nicht.«

»Ich hatte eigentlich nicht den Eindruck, daß Sie einen Klienten haben.«

»Das war einmal; aber jetzt ist jetzt.«

Sands überdachte seine Möglichkeiten. Das dauerte eine Weile – vermutlich hatte er eine Million davon. »Ist es Clarissa?«

»Das darf ich nicht sagen.«

»Wer außer Clarissa könnte ein Interesse daran haben, was ihrem Mann zugestoßen ist?«

»Das müßten Sie eigentlich besser wissen als ich.«

»Es sei denn, Sie sind hinter Sandstone her, und Clarissa ist nur ein Vorwand.«

»Das wäre natürlich eine Möglichkeit. Ich arbeite mit allen Tricks.«

»Andererseits habe ich noch nie gehört, daß das SEC oder die Bundesanwaltschaft auf Ermittler von außen zurückgreifen.«

»Jetzt, wo Sie's sagen – ich auch nicht.«

»Demnach muß es Deirdre sein.« Sein Blick hätte meine Plomben zum Schmelzen bringen können.

»Wer ist das?« sagte ich und ließ den Raum und den Scotch und das Porträt meiner nackten Klientin im Dräuen seines finsteren Blicks zurück. Als ich in die Limousine stieg, schärfte ich mir immer wieder ein, daß Sands und Chadwick Titanen der Hochfinanz waren, keine Handlanger des Paten. Dann rief ich mir in Erinnerung, daß das von einer Menge Standpunkte aus, zuweilen auch meinem eigenen, kein großer Unterschied war.

21

Obwohl ihn die Stadtväter und -mütter San Franciscos mittlerweile als das neue Eldorado bezeichnen, ist der Tenderloin in Wirklichkeit genau das, was Tony Milano von ihm gesagt hat – San Franciscos Senkgrube, der Ort, an dem sich das Treibgut und Strandgut der Menschheit sammelt, bevor es in die Kloake der Haftanstalten oder den Whirlpool der Drogenrehabilitation oder das immerwährende Sickerbecken eines Armengrabs in Colma gespült wird. Es ist ein Viertel, zerrissen von Geisteskrankheit, zerrüttet von Alkohol und Drogen, durchlöchert von Armut, überquellend von Obdachlosigkeit, durchdrungen von Verzweiflung. Vieles dort leistet nicht dem Besten in uns Vorschub, sondern dem Schlechtesten, in Gestalt schmutziger

Bars, schmieriger Sexshops, schmuddeliger Striplokale, heruntergekommener Stundenhotels und einer Bevölkerung aus Gaunern, Nutten und Ganoven, die solche Erwerbsformen hervorbringen. Ein Ausflug in den Tenderloin ist ein Ausflug in die Schattenseiten des Daseins, ein Abstieg in die Niederungen der Existenz, eines langen Tages Reise in die Nacht – wenn es geht, mache ich einen weiten Bogen um ihn. Wenn nicht, stecke ich eine Waffe ein.

Trotz seines schlechten Rufs kann sich das Viertel einer unübersehbaren Attraktion rühmen. Seine anstößige Vergangenheit und seine heruntergekommene Gegenwart machen den Tenderloin zum einzigen Gebiet im Herzen der Stadt, wo Grund und Boden relativ billig geblieben sind. Diese Tatsache ist den rücksichtslosesten und ehrgeizigsten Bevölkerungsgruppen der modernen Welt nicht verborgen geblieben – asiatischen Einwanderern und Immobilienspekulanten. Als Folge der langanhaltendsten Errungenschaft unseres Vietnam-Abenteuers breiten sich inzwischen Legionen der erstgenannten wie ein hyperaktiver Virus unter den durch Lethargie und Schlaffheit gekennzeichneten heimischen Organismen aus, nisten sich in heruntergekommenen Hotels ein, schaffen sich mit kleinen Restaurants und Lebensmittelläden und allerlei nicht ganz legalen Erwerbsmöglichkeiten eine Existenzgrundlage und schaffen es irgendwie, in einer Umgebung, die den Rest von uns nur in Untätigkeit erstarren ließe, zu überleben und sogar zu prosperieren. Gleichzeitig haben die risikobereiteren Immobilienmakler der Stadt begonnen, sich die bankrotten Hotels und heruntergekommenen Gewerbebauten unter den Nagel zu reißen, die das sklerotische Herz des Tenderloin umringen, und sanieren sie nun in dem Glauben, daß es den Leuten nichts ausmachen wird, über Irre und Säufer steigen und sich zwischen Prostituierten und Bettlern hindurchzwängen zu müssen, wenn sie am Ende dieses Spießrutenlaufens mit einem Hotelzimmer rechnen können, das weniger als hundert Dollar pro Nacht kostet, oder mit einer Wohnung, deren Miete unter sechshundertfünfzig liegt. Und natürlich haben sie recht.

In Zusammenhang mit einem Bericht über den, wie es dort heißt, »Neuen Tendo« hat eine Lokalzeitung vor kurzem eine statistische Erhebung für das Viertel durchgeführt. Vor zwei Jahren gab es im Tenderloin dreiundsechzig Kneipen; jetzt sind es nur noch fünfundvierzig. Die Zahl der Sexshops ist ähnlich zurückgegangen – von einundzwanzig auf fünfzehn. Vermutlich sehen das die Stadtväter und -mütter völlig zu Recht als einen Fortschritt an, aber als ich am Mittwoch nachmittag kurz nach ein Uhr die Schwelle des Scanlon's überschritt, schien keiner der Anwesenden stolz darauf, sich in einer der überlebenden fünfundvierzig Kneipen aufzuhalten, oder auch auf sonst irgendwas.

Vier Männer und zwei Frauen saßen an der Bar, ein Mann dahinter war für die Bedienung zuständig, und über die Tische im hinteren Teil waren mehrere Gestalten undefinierbaren Geschlechts und Aussehens gebeugt. Die Beleuchtung paßte zu einem Pornofilm, der Geruch zu einer Drogenküche, die Geräuschkulisse zu einer Autopsie – offenkundig diente das Ambiente dem Zweck, einem das Delirium tremens wie den Himmel auf Erden erscheinen zu lassen.

Ich setzte mich auf den Hocker, der der Tür am nächsten war, und wartete, bis der Barkeeper Notiz von mir nahm. Als er das getan hatte, wartete ich, bis er zu der Auffassung gelangte, daß ich lange genug gewartet hatte, um zu wissen, wer hier das Sagen hatte – in Kneipen wie dem Scanlon's hat der Gast grundsätzlich nichts zu melden.

Schließlich schlenderte er in meine Richtung, alles anglotzend, bloß nicht mich, ein speckiges Handtuch um den Bauch, die Ärmel eines ehemals weißen Hemds über seinen Bizeps hochgekrempelt, der mächtig gewölbt und kunstvoll tätowiert war, eine Kombination, die früher auf eine Dienstzeit beim Militär hindeutete, aber jetzt eher auf einen Gefängnisaufenthalt.

»Was darf's sein?« brummte er in einem Ton, der keinen Zweifel daran ließ, daß meine Wünsche so ziemlich das letzte waren, was ihn interessierte.

»Ein Bier. Vom Faß, wenn Sie welches haben.«

»Haben wir nicht.«

»Dann ein Heineken.«

Er lächelte. Die Ränder seiner Zähne waren so dunkel wie der Schnaps in den Flaschen hinter ihm. »Zweite Fehlanzeige.«

»Ein Henry's.«

Er senkte einen Daumen. Seine Fingernägel waren passend zu seinen Eckzähnen gefärbt. »Schon wieder Pech gehabt, Chef. Versuchen Sie's irgendwo nördlich der Geary.« Er wollte sich bereits wieder abwenden.

»Ein Bud. Aus der Flasche.«

Betont lässig ging er einfach weiter, als gingen die Geschäfte so gut, daß er es sich leisten konnte, mich zu ignorieren. Aber es war alles nur Getue – auf halbem Weg die Bar hinunter bückte er sich und riß die Tür der Kühlung auf, nahm eine Flasche heraus, machte sie mit einem Öffner, der am Tresenrand festgeschraubt war, auf und schob sie betont beiläufig und erstaunlich ungeschickt in meine Richtung. Die Flasche kam auf halbem Weg zwischen uns zum Stehen, was bedeutete, daß ich von meinem Hocker rutschen und sie mir holen mußte, was vielleicht das war, was er damit beabsichtigt hatte.

Als ich wieder auf meinem Hocker saß, zog ich, mit Bewegungen so ausholend wie die eines Cellisten, zwei Stücke Papier aus meiner Tasche und legte sie nebeneinander auf die Bar. Eines war echt, das andere gefälscht. Ersteres war ein Fünfzigdollarschein, letzteres etwas, was sich Erbschaftsbenachrichtigung nannte. Vor einer Stunde von mir ersonnen und diktiert, war sie anschließend von meiner Aushilfssekretärin unelegant getippt worden. Ich hatte sie an einen blauen Karton geheftet, auf dem sogar eine Wäscheliste hochoffiziell ausgesehen hätte, und so gefaltet, wie man einen Letzten Willen faltet, bevor man ihn zur Aufbewahrung in einem Banktresor in einen Hängeordner steckt. Angesichts der schummrigen Beleuchtung hoffte ich, das Dokument würde aus der Ferne potent genug aussehen, um das Lokal zu schließen oder die Hälfte der Gäste hinter Gitter zu bringen.

Nachdem seine Neugier die Oberhand gewonnen hatte,

trieb es den Barmann ein zweites Mal in meine Richtung. In Rechtfertigung seiner Anwesenheit erkundigte er sich, ob ich noch ein Bud wolle, aber seine Blicke hüpften von dem Fünfziger zu der falschen Benachrichtigung und wieder zurück – etwa so, wie Skateboarder während der Fahrt auf- und abspringen.

Ich beantwortete seine Frage nach dem Bier mit einem Kopfschütteln.

Er zuckte mit den Achseln. Ich blieb stumm. Um seine Allmacht wieder zu etablieren, wollte er sich eigentlich die Bar hinunter entfernen, aber die Lockung meines Köders ließ ihn nicht.

»Sind wohl fremd hier?« erkundigte er sich, pflückte ein Glas von der Rückwand der Bar und rieb es mit einem Handtuch, das aussah, als wienerte er damit sonst seinen Wagen.

Ich nahm einen Schluck Bier und schüttelte den Kopf.

»Dachte schon, Sie sind vielleicht n Tourist.«

Ich lächelte. »Ich wußte gar nicht, daß der Laden auf der Liste der Sehenswürdigkeiten steht.«

»Wenn sich diese Typen aus dem Hilton oder dem Parc Fünfundfünfzig verlaufen, ist das weit und breit der erste Laden, in dem sie nach dem Weg fragen können, ohne sich ein paar nackte Weiber ansehen zu müssen, die auf einem Cocker Spaniel rumrutschen. Von der Sorte kommen hier ungefähr fünf Stück am Tag vorbei.« Er lachte über eine Vorstellung, die ihm Trost zu spenden schien. »Die können einfach nicht glauben, daß jemand neben so ein Loch ein Luxushotel hinstellt, und deshalb denken sie, daß sie irgendwie schon wieder rausfinden werden, bloß geraten sie in Wirklichkeit immer tiefer in die Scheiße. Bis sie dann die Hosen voll genug haben, um hier reinzuschauen, würden sie am liebsten jedem den Hals umdrehen, angefangen von ihrem Reiseveranstalter bis hinauf zum Gouverneur.« Er verpaßte dem Glas einen weiteren Wischer. »Leute aus Kansas können nicht glauben, daß es Menschen gibt, die so leben können. Manchmal kann ich es selbst nicht glauben.« Er spechtete noch einmal auf die Benachrichtigung. »Was machen Sie eigentlich beruflich? Sind Sie Anwalt?«

»Ermittler.«

»Für wen? Die Staatsanwaltschaft?«

»Für jeden, der mich dafür bezahlt.«

»Was heißt das eigentlich genau, Ermittler?«

»Es heißt, daß ich Dinge suche. Dinge oder Personen.«

»Und was ist es diesmal?«

»Eine Person.«

Sein Blick zuckte zu seinen Gästen, von denen sich keiner stärker bedroht zu fühlen schien als vor meiner Ankunft. »Welchen?« fragte der Barmann.

Als wäre das nur ein x-beliebiger Tag in einem x-beliebigen Job, der nur so strotzte vor Belanglosigkeit, tippte ich mit der Fingerspitze auf die Erbschaftsbenachrichtigung und drehte sie so herum, daß ich sie lesen konnte. »Nicholas Crandall.«

»Crandall.« Er nickte. »Das muß Nicky sein.«

»Muß er wohl.«

»Was hat er diesmal ausgefressen?«

»Was hat er letztes Mal ausgefressen?«

Der Barmann deutete in den hinteren Teil der Kneipe. »Mit einem Bierkrug den Fernseher kaputtgeschmissen. Zehn Sekunden später hab ich *ihn* in hohem Bogen rausgeschmissen.«

»Was hatte er gegen den Fernseher?«

»Angeblich hat ihn einer der Simpsons beleidigt. Ein Typ an der Bar hat gemeint, das einzige, was die Simpsons beleidigen, ist die Intelligenz der Leute, die sich so was ansehen. Nicky hat behauptet, Bart hätte zu Jan gesagt, sie solle sich ausziehen.«

»Wer ist Jan?«

»Nickys Freundin. Jedenfalls, Nicky schmeißt den Krug, und ich schmeiße Nicky raus. Wenn Sie schon was rausfinden wollen, dann versuchen Sie doch mal rauszufinden, wie es ein Irrer wie der schafft, nicht in der Klapsmühle zu landen.«

Das mußte ich nicht erst rausfinden, die Antwort darauf wußte ich bereits – knapp bemessene Haushaltspläne und niedrige Steuern und eine Welt, die mehr dafür ausgibt, Menschen weh zu tun, als ihnen zu helfen, bedeuten, daß wir keine Irrenhäuser mehr haben.

Ich wollte gerade anfangen, das Wissen des Barmanns über Nicky Crandall auszuloten, als, begleitet von einem blendenden Schwall Tageslicht, die Tür in meinem Rücken aufging. Während sich meine Augen noch gegen diesen Angriff schützten, legte jemand los: »He, Gary, war der Eismann schon da? Brauch ihn ganz dringend. Hatte 'nen Termin mit ihm, aber dieser Penner ist nicht aufgetaucht. Hat mich einfach versetzt, Mann.«

Der Barmann kniff die Augen zusammen, fluchte, deutete zur Tür. »Raus, du miese Ratte. Wie oft soll ich dir eigentlich noch sagen: In *meinem* Laden will ich nichts mehr von dieser Scheiße hören. Laß meine Gäste mit deinem Gequatsche in Ruhe, du Blutsauger.«

In der Annahme, der da gerade rausgeworfen wurde, könnte Nicky Crandall sein, drehte ich mich um, aber es war nur ein Junge von der Straße, wie sie sich im Tenderloin heutzutage zu Hunderten herumtreiben, gezwungen, ihr Diebesgut oder ihre Körper zu verkaufen, um ihren Abhängigkeiten zu frönen, selbst wenn ihre einzigen Abhängigkeiten Schlaf und Essen sind.

Ich nahm an, es war niemand, den ich kannte oder der mich interessierte, aber als sich meine Augen an das Licht gewöhnten, stellte ich fest, daß es der Junge war, den ich am Tag zuvor auf dem Parkplatz mit meinem neuen Freund Chadwick hatte streiten sehen. Je länger ich mir den Jungen ansah, um so unmöglicher erschien es mir, daß er und Chadwick dasselbe Universum bewohnten, aber trotz seiner anarchischen und hyperaktiven Züge gab es an ihrer Verbindung nichts zu rütteln.

»Scheißdracula«, brummte der Barmann, während ich überlegte, ob ich mir neue Prioritäten setzen und dem Jungen auf den Zahn fühlen sollte. Bevor ich zu einer Entscheidung kam, welcher Kurs erfolgversprechender sein würde, fiel die Tür hinter dem Jungen zu, und mit einem kollektiven Dankesseufzer ergab sich die Bar in das ihr zustehende Dunkel.

Als ich mich wieder dem Barmann zuwandte, hielt er einen

Baseballschläger in der Hand, der unmittelbar hinter dem Markenzeichen abgesägt und zu einer isolierbandumwickelten Keule umfunktioniert worden war. Was den überstürzten Abgang des Jungen erklärte.

»Dracula?« fragte ich.

»Ach, ständig kommt der Kerl hier an und haut die Leute an, sie sollen für diesen Laden ein Stück die Straße rauf Blut spenden.«

»Für das Plasmazentrum?«

Der Barmann schüttelte den Kopf. »Dracula schnorrt für die Soundso-Dingsbums-Blutbank, Sie wissen schon, oben am Golden Gate Park. Ich meine, die Leute brauchen natürlich Blut, klare Sache, aber Blut ist das einzige, was einige der Typen hier zu verkaufen haben. Deshalb finde ich es nicht in Ordnung, wenn Dracula die Leute anhaut, sie sollen für diese Scheißblutbank umsonst spenden, wo sie im Plasmazentrum zwölf Dollar für den halben Liter kriegen. Das ist doch nicht in Ordnung, oder?« Erstaunlicherweise, in Anbetracht von Ort und Zeitpunkt, mußte der Barmann ein Schaudern unterdrücken.

»Wie heißt der Junge mit richtigem Namen?«

Er zuckte mit den Achseln. »Ich kenne ihn nur als Dracula.«

»Wissen Sie, wo er am ehesten zu finden ist?«

»Soviel ich gehört habe, schläft er über dem Blutladen.«

»Wo ist der?«

Er deutete. »Oben beim Selbsthilfezentrum.«

Ich zerbrach mir einige Zeit den Kopf darüber, was das bedeutete oder ob es etwas bedeutete. Als ich weit und breit keine Bedeutung entdecken konnte, wandte ich mich wieder den Geschäften zu, die mich hierhergeführt hatten. »Ist es richtig, daß Nicholas Crandall hier regelmäßig verkehrt hat?«

»Ich würde zwar nicht sagen, daß bei *der* Type *irgendwas* regelmäßig war, aber ja, er ist ziemlich oft hier vorbeigekommen, bis ich ihn rausgeschmissen habe. Seine Freundin, Jan, macht drei Vormittage die Woche sauber, bevor wir öffnen.« Er sah zum ich weiß nicht wievielten Mal auf die zwei Stücke Papier auf dem Tresen. »Ist das ein Haftbefehl?«

Ich schüttelte den Kopf. »Eine Erbschaftsbenachrichtigung.«

»Und das heißt im Klartext?«

»Daß Nicholas Crandall Geld geerbt hat.«

»Tatsächlich?« Er hörte auf, das Glas zu polieren, sah es mit berechtigter Skepsis an, trug es zu einem Becken mit Spülwasser und tauchte es ein. »Wieviel Geld?« fragte er, als er zurückkam.

»Das darf ich nicht sagen.«

»Und von wem hat er was geerbt?«

»Von seinem Bruder.«

»Tom?«

Ich warf einen Blick auf das Papier, als hätte ich den Namen noch nie gehört. »Thomas Crandall. Richtig.«

»Hab gehört, daß er gestorben ist. Ein Jammer, kann ich da nur sagen.«

»Kannten Sie den Verstorbenen?«

»War ein paarmal hier. Normalerweise hat er nach Nick gesucht. Oder nach Jan, was auf dasselbe rausläuft.«

»Erzählen Sie mir ein bißchen was über Jan.«

Der Barmann schüttelte den Kopf. »Das Leben ist wie so ein blöder Kartentrick, wissen Sie? Ich meine, da ist Nick – so verrückt wie nur was –, und der landet dann bei einer Tante wie Jan. Ich meine, bei ihr ist zwar auch mehr als nur eine Schraube locker, aber trotzdem – mir steht er schon halb, wenn ich sie bloß den Mop auswringen sehe und ihre Dinger unter ihrem Hemd rumkullern wie Äpfel in einem Sack.« Sein Lachen war weniger lüstern als ehrfürchtig. »Der Rest von ihr kann da allerdings nicht ganz mithalten. Aber glauben Sie, die würde mich mal drüberlassen? Nicht ums Verrecken. Spart alles für Nick auf.«

»Besteht eine Chance, daß sie heute nachmittag vorbeikommt?«

Er zuckte mit den Achseln. »Falls Nick wieder mal auf Achse ist, schaut sie vermutlich kurz rein, um zu sehen, ob er zurück ist. Aber eher nicht; nach der Geschichte mit dem Fernseher habe ich ihm gedroht, daß ich ihn zu Hackfleisch mache, wenn er hier bloß zum Fenster reinschaut.« Er warf einen Blick nach links; was er sah, veranlaßte ihn, sich zu korrigieren. »Nicht, daß ich's sehen könnte, wenn er's täte.«

»Lebt Nick hier in der Nähe?«

Der Barmann wollte etwas sagen, dann überlegte er es sich anders und verschränkte die Arme. »Was springt für mich raus, wenn ich es weiß?«

Ich sah auf den Fünfziger. »Das Wechselgeld.« Ich sah auf die Benachrichtigung. »Plus, wie erkenntlich sich Mr. Crandall zeigen wird, wenn ich ihm erzähle, daß Sie mir geholfen haben, ihn wegen der Erbschaft ausfindig zu machen.«

Der Barmann sah sich im Lokal um, dann senkte er die Stimme zu einem Flüstern. »Ich verpfeife meine Stammgäste nicht.«

»Natürlich nicht.«

»Hat schließlich jeder ein Recht auf seine Privatsphäre. Das ist gewissermaßen mein Betriebskapital.«

»Meines auch.«

»Aber hier geht's um Geld. Für Nick, meine ich.«

»Richtig.«

»Das heißt also –« Ein Gedanke ließ ihn aufschrecken. »Sie könnten natürlich lügen.«

Ich zuckte mit den Achseln. »Möglich ist alles.«

»Die meisten Leute, die jemanden suchen, *lügen*.«

»Das ist sicher richtig.«

»Wie soll ich also wissen, daß Sie nicht auch lügen?«

Ich lächelte. »Das können Sie nicht.«

Er zog das Handtuch straffer um seinen Bauch, dann griff er nach der Benachrichtigung und sah sie an; ich glaube, er las sie sogar. »Sieht jedenfalls offiziell aus, der Wisch; *muß* er wohl auch sein. Ich meine, so was könnten Sie doch nicht *fälschen*, oder?«

»Natürlich nicht.«

»Und mein Fernseher ist total im Eimer. Es ist also nicht so, daß mir nicht eine kleine Entschädigung zustehen würde.«

»Das auf jeden Fall.«

»Also, was soll's. Er und Jan hausen in einer Absteige in der Turk. Über dem Sexshop mit den Neontitten überm Eingang.«

22

Der Busbahnhof an der Ecke von Taylor und Ellis war endgültig stillgelegt: überwuchert mit Unkraut, übersät mit Abfällen, beschmiert mit Graffiti, bepflastert mit ZUTRITT VERBOTEN-Schildern, umgeben von einem Zyklonzaun, der Obdachlose daran hindern sollte, sich hier häuslich niederzulassen. In der Blütezeit des Bahnhofs war hier die Endstation der Flughafenbusse gewesen; hierher wurden die Leute gebracht, die, um sich das Geld für ein Taxi zu sparen, ein öffentliches Verkehrsmittel nahmen. Aber irgendwann merkten die Fluggesellschaften und die Handelskammer, daß es für den Tourismus nicht gerade förderlich war, Besucher von auswärts mitten in einem Gebiet abzuladen, das mehr oder weniger eine freie Feuerzone war, und deshalb ließ man sich für die Touristen was anderes einfallen. Ich ging an der Umzäunung entlang, bis ich eine Öffnung fand, dann tappte ich durch Schutt und Staub auf dem Gelände herum, hing meinen Erinnerungen an Tom nach, dachte an Ellen und versuchte einen Sinn in etwas zu entdekken, in dessen Kern mir zusehends mehr der blanke Wahnsinn zu lauern schien.

Ich hatte im Zuge meiner Arbeit schon mehrere Male mit den Auswüchsen des Irrsinns zu tun – besonders dramatisch vor ein paar Jahren, als ich einem Mann das Handwerk legte, den sie den Maniak nannten und der drüben in Berkeley eine Weile den Rattenfänger der Verrücktheit gespielt hatte –, aber trotz oder vielleicht gerade wegen meiner Erfahrungen auf diesem Gebiet waren mir die Verirrungen des menschlichen Geistes noch nie geheuer und werden es mir wohl auch nie sein. Obwohl Tom Crandall der sanftmütigste und vielleicht sogar normalste Mensch war, den ich je gekannt habe, hatte mich seine Ermordung in die Abgründe des Tenderloin verschlagen, will sagen, in einen Schmelztiegel des Irrsinns. Während ich den Strom von Menschen auf der Straße beobachtete, manche normaler als ich, manche nur durch einen hauchdünnen Faden mit der Realität verbunden, die meisten zu einer kostenlosen Mahlzeit im Glide Memorial unterwegs, wurde ich das Gefühl nicht los, daß es zu einem gewaltsamen und unwiderruflichen Ausbruch von Wahnsinn kommen würde, bevor Tom Crandalls Geschichte zu Ende geschrieben war.

Die Wohnung in der Turk war genau so, wie sie der Barmann beschrieben hatte, ein enger Pferch über einem Sexshop, der sich Pluto's Porn Palace nannte. Als ich den Laden betrat, herrschte dort Hochbetrieb, allerdings hauptsächlich in Form von Probelesern – ich bezweifle, daß es in dem Shop ein Magazin gab, das nicht schon von jemandem durchgeblättert und von jemand anderem besabbert worden war, um schließlich aller Wahrscheinlichkeit nach von noch einem anderen Connaisseur geklaut zu werden.

Der Inhaber blickte auf, als ich ihn fragte, wie man zu der Wohnung im ersten Stock kam, deutete nach links die Straße hinunter und wandte sich wieder seiner ursprünglichen Beschäftigung zu, die darin zu bestehen schien, einen blauen Profilpariser über einen rosa Plastikpenis zu ziehen, von dem ich hoffte, daß er überlebensgroß war. Ich faßte es als persönlichen Erfolg auf, daß er ihn mir nicht zu verkaufen versuchte.

Auf die Tür zu Plutos Linken war von Hand die Zahl 52 gepinselt. Vor dem Eingang befand sich ein Sicherheitsgitter, aber das Schloß war so oft aufgebrochen worden, daß das Eisen drumherum als Schwamm hätte dienen können; als ich dem Gitter einen Schubs gab, war der einzige Widerstand das Trägheitsmoment. Die Tür des Gebäudes war ähnlich verwundbar.

Im Treppenhaus war es dunkel und klamm. Die Briefkästen an einer Wand sahen regelmäßig geplündert aus. Die Dämpfe von Urin und billigem Wein gingen die übliche umwerfende Geruchsverbindung ein, und die Treppe war übersät mit dem üblichen postmodernen Müll – Kondome und Bierdosen, Spritzen und Styroporbecher, Schnapsflaschen und Hamburgerbehälter und klumpige Exkrementwürste tierischer wie menschlicher Herkunft. Das einzige, was dem Ganzen ein gewisses Flair verlieh, war eine zerfledderte Ausgabe einer der Publikationen, die eine Tür weiter feilgeboten wurden – diese hieß *Riesentitten*. Von der minimalistischen Schlichtheit dieses Titels über Wasser gehalten, watete ich durch den Schlick und stieg, die Hände in den Hosentaschen, den Blick auf den Stufen, zum ersten Stock hoch.

Wie sich herausstellte, war Nicky Crandalls Wohnung leicht zu finden – auf halbem Weg den Flur hinunter ragte, so dramatisch wie der Bug des Fliegenden Holländers, eine leuchtend weiße Tür aus dem Dämmerlicht. Noch drei Meter davon entfernt, konnte ich bereits die Namen lesen – Nick und Jan –, die aus demselben Gefühlsüberschwang heraus, der manche Leute ihre Initialen in Bäume ritzen läßt, in leuchtendem Orange auf das Türblatt gepinselt waren. Die Tür war die einzige saubere Oberfläche weit und breit, ein Unterscheidungsmerkmal, das nur mit aufopfernder Hingabe aufrechterhalten worden sein konnte. Die inbrünstige Anhängerin dieses Kults mußte Jan gewesen sein; aufgrund des Charmes ihrer Bemühungen konnte ich es kaum erwarten, ihre Bekanntschaft zu machen.

Ich klopfte zweimal, dann noch zweimal. Ein Knarzen, gefolgt von einem Scharren und einem Ächzen. Dann näherte sich etwas der Tür.

»Nicholas?« Die Stimme war zart, aber fest, gleichzeitig hoffnungsvoll und ängstlich.

Ich reagierte nicht.

»Nick? Bist du das, Schatz? ... *Nick?*«

Ich murmelte etwas Unverständliches, etwas, von dem ich hoffte, daß es mich für die Person durchgehen lassen würde, für die ich Nicky aufgrund meiner bisherigen Informationen hielt. Die Reaktion war direkt und dringlich.

»*Lauf*, Nick! *Schnell!* Sie *warten* auf dich. Laß dich nicht von ihnen erwisch –«

Die Warnung wurde mitten im Wort erstickt. Einen Augenblick später wurden stöhnende Geräusche von einem mehrmaligen dumpfen Klatschen begleitet. Nach einem Moment bleierner Stille hörte ich jemanden am Türschloß hantieren.

Die schneeweiße Tür flog auf, und ein Mann stürzte nach draußen. In seiner weißen Uniform mit den roten Besätzen sah er eher wie ein Eisverkäufer aus als wie ein Einbrecher. Auf Brust und Rücken war das Wort »Healthways« gestickt, aber seine Augen sahen mehr nach Zoff aus als nach ärztlicher Versorgung oder Erdbeereis.

Er sah mich an, und ich sah ihn an. »Wer zum Teufel sind Sie?« fuhr er mich an. Seine scharfgeschnittenen Züge suggerierten Kompetenz und Grausamkeit.

Ich deutete den Flur hinunter. »Ich wohne in Apartment zwölf.«

»Ja?«

»Ja.«

Er sah nach links und nach rechts. »Haben Sie hier gerade jemanden gesehen?«

Ich zuckte mit den Achseln. »Nur Nicky.«

Er sah mich wieder an. »Wo ist er hin?«

Ich deutete zur Treppe.

Der Mann bedachte mich mit einem Blick, als würde etwas über mein Gesicht kriechen und ihm verraten, wenn ich log; dann ging er, ohne die Tür zu schließen, in die Wohnung zurück. »Laß sie los«, hörte ich ihn sagen. »Komm, Ron; schnappen wir ihn uns.« Und nach einer Weile: »Für diesen Quatsch haben wir jetzt keine Zeit; komm endlich.«

Der erste Kerl und ein zweiter, der bis auf Größe und Haarfarbe sein Zwillingsbruder hätte sein können, rannten aus der Wohnung und zur Treppe. Ich wartete, bis sie nicht mehr zu sehen waren, lauschte ihren sich nach unten entfernenden Schritten und drehte mich dann gerade noch rechtzeitig zu der Wohnung um, aus der sie gekommen waren, um zu sehen, wie sich die weiße Tür zu schließen begann.

Bevor sie zuschnappte, benutzte ich einen Fuß, um sie zu

stoppen. »*Verschwinden* Sie«, fuhr mich eine Stimme, mädchenhaft, aber entschieden, an. »Wenn Sie nicht auf der Stelle gehen, rufe ich die Polizei. Ohne Witze.«

»Ich gehöre nicht zu denen«, sagte ich.

»Was?«

»Ich bin nicht von Healthways.«

Der Druck auf meinen Fuß ließ nach. Ein paar Sekunden später ging die Tür weit genug auf, um ein blaues Auge einen Blick auf mich werfen zu lassen. »Wer sind Sie?« fragte die dazu gehörige Stimme.

»Mein Name ist Tanner.«

»Was wollen Sie hier?«

»Ich suche Nicky Crandall.«

Ihr Lachen war so trocken wie Sand. »Da sind Sie nicht der einzige.«

»Ich muß dringend mit ihm sprechen«, sagte ich.

»Worüber?«

»Über seinen Bruder.«

»Tom.«

Ich nickte.

»Warum reden Sie nicht mit Tom selbst?«

Das war die zweite Überraschung dieses Nachmittags. Offensichtlich wußte Jan, wenn es Jan war, nichts von Toms Tod. Ich fragte mich, ob Nicky, vorausgesetzt er war noch am Leben, ähnlich unwissend war.

Um wenigstens eine Sache zu klären, fragte ich sie nach ihrem Namen. »Jan«, sagte sie voll Stolz. »Worum geht es nun eigentlich?«

»Das ließe sich leichter erklären, wenn ich reinkommen dürfte.«

»Na ja, schon, aber eigentlich hatte ich heute schon genug Besuch.«

»Das habe ich gemerkt. Ich dachte nur, Sie würden mir vielleicht einen kleinen Gefallen dafür tun, daß ich die beiden eben angeschwindelt habe.«

Sie zögerte. »War Nicky eben gar nicht da?«

Ich schüttelte den Kopf. »Das habe ich bloß gesagt.«

Sie zögerte wieder. »Einen Augenblick.«

Ihr Auge verschwand hinter der Tür, kehrte aber wenige Sekunden später wieder zurück. »Der Krankenwagen ist weg; Sie sind wohl wirklich okay.«

Sie öffnete die Tür. Das Gesicht, das mich in aller Offenheit taxierte, war angespannt und ausgezehrt, blaß und verängstigt, schmal und blutleer, aber dennoch fast schön. Wie zerkochte Spaghetti hingen blonde Zotteln in ihre Stirn, bis sie von einer überraschend dunkelhäutigen Hand beiseite gestrichen wurden. Ihre wachsamen Augen waren himmelblaue Nadelspitzen über Wangenknochen, die so scharf und weiß waren wie von Hand geformt. Trotz aller Wachsamkeit und Ausgezehrtheit bargen ihre Augen Kraftreserven, die jederzeit verfügbar schienen.

»Fehlt Ihnen auch nichts?« fragte ich.

Sie schüttelte den Kopf. Ihre Lippen waren trocken und kaum rosa; beim Sprechen bewegten sie sich nur gelegentlich. Der oberste Knopf ihrer Bluse baumelte an einem losen Faden, vermutlich dank der freundlichen Unterstützung von Healthways.

»Wer sind Sie noch mal?« fragte sie müde.

»Tanner.«

»Und was ist Sache? Sollen Sie für Tom hinter Nicky herspionieren?« Sie lächelte über einen Witz, den nur sie verstand. »Sind Sie hier, um ihn wieder auf den rechten Weg zurückzuführen?«

Ich schüttelte den Kopf.

Sie sah mich genauer an, als hoffte sie, ich trüge irgendwo einen Warnvermerk an mir. »Von der Polizei sind Sie jedenfalls nicht, oder? Obwohl Sie wie ein Polizist *aussehen*. Oder wie ein Vater«, fügte sie hinzu, ihre Stimme so ausdruckslos wie die eines Taxifahrers.

»Weder noch.«

»Sind Sie von West Side Mental Health?«

Ich schüttelte den Kopf und versuchte die Situation unter Kontrolle zu bekommen. »Was wollten die Healthways-Typen hier?«

»Das Übliche. Sie haben Nick gesucht.«

»Was wollten sie von ihm?«

Ihr Achselzucken war beiläufiger, als der Anlaß rechtfertigte. »Sie haben behauptet, Dr. Marlin hätte sie geschickt.«

»Marlin behandelt Nick also immer noch.«

Sie zuckte wieder mit den Achseln, als wäre Nick zu behandeln etwas völlig Abstraktes. »Vermutlich schon. In letzter Zeit schickt er allerdings nur noch einen Krankenwagen vorbei.«

»Warum?«

»Wahrscheinlich, damit sie irgendwelche Tests oder was weiß ich mit ihm machen können. Um zu sehen, ob die Medikamente wirken.«

»Mehr nicht?«

»Ich denke nicht.« Ihre Augen wurden ausdruckslos, ihre Stimme ernst. »Nick denkt allerdings, gegen ihn ist eine Verschwörung im Gang. Deshalb sollten Sie mich in diesem Punkt nicht unbedingt beim Wort nehmen.«

»Wen *sollte* ich dann beim Wort nehmen?«

Die Frage zu beantworten fiel ihr nicht leicht. »Vielleicht fragen Sie einfach mal bei Healthways.«

»Das werde ich wahrscheinlich auch«, sagte ich und schaute mich dann in der Wohnung um. »Wann haben Sie Nick zum letztenmal gesehen?« fragte ich, als ich keine Spur von ihm entdeckte.

»Gestern.«

»Sind Sie sicher?«

»Warum sollte ich nicht sicher sein? Er *wohnt* hier.«

Ihre Antwort erleichterte mich – Toms Angst, sein Bruder könnte nicht mehr am Leben sein, schien unbegründet. »Wissen Sie, wo ich ihn finden kann?« fragte ich sie.

Ihre Lippen verhärteten sich. »Kennen Sie Nick?«

»Nein.«

»Wenn Sie ihn nämlich kennen würden, wüßten Sie auch, daß, sobald Nick hier zur Tür rausgeht, kein Mensch sagen kann, wo er ist. Nicht mal Nick selber.«

»Ist sein Zustand so schlimm?«

Die Energie hinter ihren Augen schoß in den Vordergrund. »Ich habe nicht gesagt, daß es ihm schlecht geht; ich habe nur gesagt, daß er unberechenbar ist.«

»Auch wenn er seine Medikamente nimmt?«

Irgend etwas in meinem Tonfall verlieh ihrem Blick etwas Durchtriebenes. »Hören Sie mal, Mister, hier unten schlucken *alle* Medikamente – wie, glauben Sie, würden wir es sonst hier *aushalten?*«

»Sie eingeschlossen?«

Ihr Blick forderte mich heraus zu glauben, sie sei anders als der Rest der Einheimischen. »Was glauben Sie?«

»Sie machen jedenfalls einen ziemlich gefestigten Eindruck.«

Ihre Lippe kräuselte sich. »Ich nehme Fluctin. Das ist der neueste Schrei, falls Sie das noch nicht wissen sollten – Daddy zahlt dem Therapeuten, der es mir verschreibt, ein Vermögen.« Sie machte eine Pause und sah sich um, als nähme sie ihre heruntergekommene Umgebung zum erstenmal wahr. »Damit fahre ich ganz gut, jedenfalls die meiste Zeit.« Sie streckte ihre Arme aus. »Das letzte Mal, als ich es nicht genommen habe, habe ich das da gemacht.«

Die Narben an ihren Handgelenken schimmerten so hell wie silberne Armreifen; der Glanz in ihren Augen deutete darauf hin, daß die tieferen Verletzungen noch immer nicht verheilt waren.

»Bevor ich ohnmächtig geworden bin, hat mich Nick in die Klinik gebracht«, fuhr sie voller Stolz fort. »Er hat sich rührend um mich gekümmert.«

Das war das erste Positive, was ich über ihn gehört hatte. »Sind Sie schon lange mit Nick zusammen?« fragte ich.

»Fünf Jahre. Ob das kurz oder lang ist, kann ich nicht beurteilen.«

»Lang, würde ich sagen.«

»Ja. Finde ich eigentlich auch. Manchmal kommt es mir *richtig* lang vor – wir haben schon eine Menge miteinander erlebt.« Sie blinzelte gegen die Versuchung an, in steinige Erinnerungen abzudriften. »Was wollen Sie von Nicky, Mr. Tanner?«

»Mit ihm sprechen. Über seinen Bruder.«

»Und was wollen Sie da wissen?« fragte sie mit einem Anflug von Argwohn. »Tom hat sich diese Woche noch nicht blicken lassen. Wenn er also Ärger hat, kann Nick nichts darüber wissen.« Das Thema ließ sie aufleben. »Wenn Sie ihn treffen, richten Sie ihm bitte aus, er soll das nicht noch mal machen. Nick gerät völlig aus dem Häuschen, wenn Tom nicht vorbeikommt. Er nimmt das total persönlich, wissen Sie? – dann behauptet er, Tom wäre zur anderen Seite übergelaufen und lauter solches Zeug; damit liegt er mir dann tagelang in den Ohren. Wenn uns Tom vorher Bescheid sagt, wenn er nicht vorbeikommen kann, regt sich Nick vielleicht nicht so auf.«

»Sie verstehen mich leider falsch. Es ist nicht Tom, der –«

Von einem manischen Schub erfaßt, ließ sie mich nicht ausreden. »Aber *diesen* Sonntag wird er bestimmt kommen – zwei Wochen hintereinander ist er noch nie weggeblieben. Warum kommen Sie nicht einfach Sonntag vormittag vorbei? Ich werde Pfannkuchen machen. Sonntags ist Nick fast immer zu Hause – er mag Charles Kuralt. Er glaubt, daß die andere Seite auch hinter ihm her ist.«

»Wer ist diese ›andere Seite‹, die Sie schon mehrmals erwähnt haben?«

Sie zuckte mit den Achseln. »Nick sagt, irgendwelche Leute beobachten ihn. Halten sich genau auf dem laufenden, wo er sich rumtreibt und was er macht, damit sie ihn vergiften können. Deshalb geht er immer vor Sonnenaufgang weg, um ihnen eins auszuwischen.« Über ihr Gesicht legte sich plötzlich ein seltsamer Ausdruck, als würde ihr bewußt, daß sich das, was sie gerade sagte, für manche Leute etwas merkwürdig anhören könnte. »Sonntags arbeiten sie nicht, sagt Nick. Deshalb kann er am Sonntag zu Hause bleiben.«

»Glauben Sie, daß tatsächlich jemand hinter ihm her ist?«

Sie nahm die Frage ernst. »Sie waren doch gerade hier, oder nicht? Ich meine, bloß weil man paranoid ist, muß man noch lange nicht unrecht haben.«

Sie schien nicht zu merken, daß sie einen alten Witz paraphrasiert hatte. »Hat in letzter Zeit außer den Healthways-Leuten sonst noch jemand nach Nicky gesucht?«

Sie dachte nach. »Nur Dracula.«

»Was wollte er?«

»Dasselbe, was er von allen will – Blut. Ich sage ihm zwar immer wieder, er vergeudet nur seine Zeit, aber…« Ein Achselzucken erklärte das Thema für erledigt.

Ich deutete auf den Raum hinter ihr. »Könnte ich mich kurz ein bißchen umsehen.«

Aus irgendeinem Grund beunruhigte sie die Bitte. »Muß das sein? Nick mag es nicht, wenn jemand in seinen Sachen rumschnüffelt.«

»Wenn ich Ihnen wirklich schaden wollte, hätte ich das doch schon längst getan, denken Sie nicht?«

Sie war noch immer unschlüssig. »Ich weiß schon lange nicht mehr, *was* ich denken soll«, sagte sie schließlich, ihre Energien im Schwinden begriffen. »Das muß an meiner Medizin liegen.« Von Verwirrung übermannt, trat sie zurück und machte mir Platz.

Wie die Tür wies auch die Wohnung Spuren von Bemühen auf. Die Oberflächen waren gepflegt, das Geschirr sauber, die Möbel billig und abgenutzt, aber geschmackvoll angeordnet und geschickt ausgebessert. Das einzige offenkundige Zeichen geistiger Zerrüttung war eine Zeichnung an der Wand, eine verzerrte Darstellung einer Frau, die sich unter gräßlichen Schmerzen zu winden schien.

Als sie mich das Bild betrachten sah, gab Jan einen Kommentar dazu ab, als hätte ich eine Schale mit Süßigkeiten bewundert. »Das hat Nick gemacht. Er sagt, das bin ich, wenn die Wirkung der Medizin nachläßt. Es hilft mir, nicht klein beizugeben.«

»Schön«, sagte ich, und in einem *in terrorem*-Sinn traf das tatsächlich zu.

Ich ging zum Bücherregal. Es enthielt mehrere New-Age-Traktate, von denen ich annahm, daß sie Jan gehörten, ein paar populäre Romane und, was wichtiger war, ein paar von den medizinischen Texten, die ich in Toms Zimmer gefunden hatte, vorwiegend die Wälzer über Schizophrenie und die verschiedenen Unterschichtkrankheiten. Ich begann mich zu fragen, wer hier wen unterrichtete.

Auf dem Bücherregal standen mehrere Plastikflaschen mit einer undefinierbaren Flüssigkeit. Ich deutete darauf und fragte Jan, was sie enthielten.

»Nicky hebt seine Pisse auf«, sagte sie teilnahmslos. »In der Schachtel da drüben sind seine Fingernägelschnipsel. Im Kleiderschrank ist eine Tüte mit seinen Haaren, und im Kühlschrank ist sogar noch grusligeres Zeug. Bis ich ihn dazu gebracht habe, sie wegzuschmeißen, hat er sogar seine Scheiße aufgehoben.«

»Warum macht er das?«

»Nick sagt, es ist Beweismaterial.«

»Wofür?«

»Daß sie ihn vergiften wollen, nehme ich an. Manchmal ist schwer nachzuvollziehen, was in Nick vorgeht.«

»Wie lange versuchen ihn diese Leute schon umzubringen?«

Sie zuckte mit den Achseln. »Seit wir in der Stadt sind, glaube ich.«

»Aber Sie wissen nicht, wer sie sind?«

Jan schüttelte den Kopf. »Nicht sicher.«

Unser beider Lächeln war sorgfältig umschrieben. Jan fragte, ob ich eine Tasse Tee wolle, aber ihrem Gesichtsausdruck nach zu schließen, hatte sie Zweifel, ob sie überhaupt welchen zustande bringen würde. Als ich dankend ablehnte, deutete sie auf die Bettcouch an der Wand, die zwar für den Tagesgebrauch gemacht war, aber nachts als Schlafgelegenheit gedient haben mußte.

Nachdem ich mich gesetzt hatte, ließ sich Jan mir gegenüber auf den Fußboden nieder, zog ihre Beine unter ihren Körper und sah mich aus Augen an, die mit schlechten Neuigkeiten rechneten. »Sind Sie sicher, daß Nick keinen Ärger bekommen hat? Sie sperren ihn ziemlich oft ein, müssen Sie wissen – wegen Ruhestörung, Erregung von öffentlichem Ärgernis. Vor allem wenn er die Stimmen hört.« Sie sah mich mit plötzlicher Wut an. »Vor allem, wenn es die Stimme seines *Bruders* ist.«

»Ich weiß nicht, ob Nicky Ärger bekommen hat oder nicht«, gab ich zu. »Aber wenn, dann wegen was Schlimmerem als Erregung öffentlichen Ärgernisses.«

Ihre Augen weiteten sich. »Wie meinen Sie das?«

»Tut mir leid, daß ich Ihnen die traurige Nachricht überbringen muß, aber Tom Crandall ist tot.«

Sie erstarrte, stöhnte, umarmte sich selbst. »Das ist... nicht möglich.«

»Sie haben die Leiche keine zwei Blocks von hier gefunden. Er wurde irgendwann Donnerstagnacht getötet.«

»O Gott. Nick wird...«

»Was?«

»Ich weiß nicht. Irgendwas.« Eine Möglichkeit andeutend, blickte sie auf ihre Handgelenke.

»War Nicky in der fraglichen Nacht zu Hause?«

Sie dachte nach, dann nickte sie. »Wir haben uns den neuen *Star Trek* angesehen. Von dem Glatzkopf bekommt er auch Botschaften.« Ihr Ton war so sachlich, als erzählte sie von einer Busfahrt.

»Ist er in der fraglichen Nacht mal weggegangen?«

Sie schüttelte den Kopf. »Er nicht, aber ich. Nick hat mich Bier holen geschickt, und auf dem Rückweg wurde ich von so einem Typen angemacht. Den mußte ich erst loswerden, deshalb hat es eine Weile gedauert. Bis ich endlich wieder zu Hause war, war Nick völlig aus dem Häuschen. Deshalb sind wir zur Market Street runter. Nick steht auf die Market Street.«

Womit Nicky ziemlich allein dastand – und ohne Alibi. »Wissen Sie, weshalb er so aus dem Häuschen war?« fragte ich.

Sie zuckte mit den Achseln. »Nick ist ständig wegen irgendwas aus dem Häuschen. Das ist seine Hauptbeschäftigung.«

»Worüber haben Nicky und Tom gesprochen, wenn sie sich getroffen haben?«

»Um ehrlich zu sein, darauf habe ich nicht geachtet. Nicky möchte, daß ich mich möglichst nicht einmische, wenn Tom da ist, deshalb lese ich oder nähe oder mache sonst was und lasse sie in Ruhe. Sie unterhalten sich, glaube ich, viel über früher.«

»Können Sie dazu wirklich nichts Genaueres sagen?«

»Eigentlich nicht. Mein Gott.« Ihre Stimme wurde lauter, über ihre Augen legte sich wieder ein verzweifelter Zug. »Warum hat uns niemand etwas gesagt? Immerhin ist er sein Bruder. War die Beerdigung schon?«

Ich nickte.

»Und sie haben ihm nicht mal Bescheid gesagt«, wiederholte sie.

»Vielleicht haben sie's versucht. Haben Sie Telefon?«

Sie schüttelte den Kopf.

»Dann lag es vermutlich daran. Außerdem stand es in der Zeitung. Eigentlich komisch, daß es niemand gelesen und Nicky davon erzählt hat.«

»Hier unten gibt es nicht viele Leute, die eine Zeitung zu was anderem benutzen als zum Zudecken.« Plötzlich straffte sich Jans Rücken. »Vielleicht war es *das*. Vielleicht hat es ihm jemand erzählt, und er ist deshalb abgehauen.«

»Was hat er gesagt, als er gegangen ist?«

»Nur, daß er was erledigen müßte. Aber er hat *immer* was zu erledigen. In der Regel was Verrücktes.« Ihr Grinsen bekam einen schelmischen Zug.

»Was hielt Nicky von seinem Bruder?«

»Er hielt ihn für den zweiten Sohn Gottes.«

»Im Ernst?«

Jan sah mich an. »Na ja, sicher. Das hat er gedacht. Ich weiß, es klingt verrückt, aber so war's.«

»Sie hatten also ein gutes Verhältnis? Hatten sie auch Streit miteinander?«

»Sie hatten ständig Streit. Nick versuchte Tom alles mögliche klarzumachen, das mit der anderen Seite und so, aber Tom glaubte ihm nicht. Deshalb war Nick sauer. Nicht sauer – *frustriert*.«

»Was waren das für Dinge, die Tom nicht verstehen konnte?«

Ihr Blick wurde unergründlich. »Warum Charles Kuralt

will, daß Nick nur Tiefkühlkost ißt. Warum Bart Simpson scharf auf mich ist. Warum die andere Seite Nicks Blut will. Warum Nicks Vater in Turlock als Geisel festgehalten wird.«

»Ich dachte, sein Vater ist tot.«

»Ist er auch.« Sie zögerte unsicher. »Glaube ich jedenfalls.«

Ich seufzte. »Und dagegen helfen auch die Medikamente nichts?«

»Das Clozapin? Manchmal. Wenn er es nimmt. Das Problem ist nur, daß Nick seine Stimmen *toll* findet. Er findet es toll, Geheimgespräche mit Peter Jennings zu führen. Er findet es toll, Nachrichten von Sylvester Stallone zu bekommen. Allein in *Rambo II* gab es sieben verschiedene Botschaften, die an Nick gerichtet waren.« Sie machte eine Pause, um sich wieder in den Griff zu kriegen. »Behauptet er zumindest.«

»Es geht mich zwar nichts an, aber warum sind Sie so lange bei ihm geblieben?«

Ihre Stimme verlor ihre neutrale Monotonie und wurde melodiöser. »Weil er mich braucht und weil ich ihn brauche.« Sie bemerkte meinen Blick. »Er hat mir nie etwas getan, Mister. Er hat mich nie geschlagen oder beschimpft oder mir ein schlechtes Gefühl vermittelt. Und das ist mehr, als ich von irgendeinem sogenannten *normalen* Mann behaupten könnte, den ich kenne – meinen Vater eingeschlossen.«

»Wie, glauben Sie, wird er reagieren, wenn er von *mir* erfährt, daß sein Bruder tot ist?«

»Das weiß ich nicht, aber es wird ihn sicher schwer treffen. Tom war, na ja, sein ganzes Leben, gewissermaßen. Wir haben mal hier, mal da gewohnt, aber es hat ihn immer wieder zu Tom zurückgezogen. Ich glaube, in gewisser Weise war Nick auch Toms ganzes Leben«, fügte sie hartnäckig hinzu, als wollte sie beweisen, daß das Verhältnis der Brüder wenigstens in einem Punkt ausgewogen war.

»Ich verstehe noch immer nicht recht, was eigentlich zwischen den beiden ablief«, sagte ich. »Worauf diese seltsame Haßliebe zurückzuführen war.«

»Zum Teil hing das, glaube ich, mit einem Mädchen zusammen. Und es hatte auch was mit Dr. Marlin zu tun.« Sie sah sich im Raum um, als wollte sie sich vergewissern, daß Nicky nicht da war. »Ich sehe jetzt lieber zu, daß ich ihn finde. Wenn er das von Tom erfährt und ich nicht bei ihm bin, könnte er etwas Schreckliches tun.«

Mir fiel mein Erlebnis am Grab ein. »Hatte Nicky irgendwelche Kriegsandenken seines Bruders? Seinen Silver Star zum Beispiel?«

Jan nickte. »Er trägt ihn die ganze Zeit. Er hat da so eine Mütze, an die er ihn gesteckt hat.«

»Dann weiß er bereits, was mit seinem Bruder los ist.«

Sie runzelte die Stirn. »Woher?«

»Das weiß ich nicht. Aber er weiß es.«

»Mein Gott«, sagte sie einfach und sah mich voller Angst an. »Vielleicht kommt er *nie* mehr zurück. Vielleicht...«

»Es hat keinen Sinn, sich zu irgendwelchen Spekulationen hinreißen zu lassen«, sagte ich, um ihre Panik zu ersticken. »Unternehmen Sie nichts, solange Sie nichts von mir hören. Ich werde weiter nach ihm suchen. Wie kann ich Sie notfalls erreichen?«

»Im Scanlon's. Das ist eine Bar in der Mason. Der Barmann heißt Gary – bei ihm können Sie eine Nachricht hinterlassen.«

Ich gab Jan meine Visitenkarte und bat sie, mich anzurufen, falls Nicky auftauchte. Dem zweifelnden Blick nach zu schließen, den sie darauf warf, erwartete sie, daß sie Wichtigeres zu tun haben würde, als sich um mich zu kümmern.

»Noch etwas«, sagte ich.

»Was?«

»Ist Nicky krank? Körperlich, meine ich, nicht nur psychisch.«

Ihre Augen standen unter Hochspannung, als sie meinem Blick begegnete. »Nick glaubt, daß er sterben muß. Ich weiß nicht, warum oder ob das tatsächlich so ist, aber davon ist er felsenfest überzeugt. Was ich nicht verstehe, ist, warum Dr. Marlin nichts *unternimmt*, falls Nick tatsächlich so krank ist.«

»Vielleicht unternimmt er ja etwas dagegen. Vielleicht schickt er deswegen die Healthways-Leute vorbei – um sicherzugehen, daß die Behandlung anspricht.«

Zu meiner Erinnerung, wie hilfreich Healthways gewesen war, schnitt Jan ein Gesicht und faßte an den baumelnden Knopf ihrer Bluse. Meine Verteidigung Dr. Marlins war ohnehin nur recht halbherzig ausgefallen. Das einzige, was ich über den guten Doktor mit Sicherheit wußte, war, daß er gelogen hatte, als er mir versicherte, keinen Kontakt zu Nicky Crandall zu haben. Aller Wahrscheinlichkeit nach hatte er auch gelogen, als er zu wissen leugnete, daß Tom tot war – eine Tatsache, von der Nicky eindeutig gewußt hatte. Eine Frage war, wer hatte wem von Toms Tod erzählt? Eine andere, wie hatte der Betreffende davon erfahren?

Ich hatte nicht den Eindruck, daß Jan mir eine dieser Fragen beantworten konnte, deshalb stellte ich ihr eine andere. »Wissen Sie, ob Tom Nick mal hat gründlich ärztlich untersuchen lassen?«

Sie dachte nach. »Schon möglich. Sie haben mal über einen Rohrschacht-Test oder so was Ähnliches gesprochen.«

»Einen Rorschach-Test?«

»Kann schon sein. So genau kann ich mich da nicht mehr erinnern.«

»Das ist ein psychologisches Testverfahren.«

Jan zuckte mit den Achseln. »Schon möglich. Ich habe mich nicht weiter darum gekümmert. Ehrlich gesagt, wurde mir das alles manchmal ein bißchen zuviel.«

»Was hat Nick sonst noch darüber erzählt?«

»Über die Krankheit? Er sagt, daß die andere Seite dahintersteckt. Er sagt, er ist das Opfer einer Verschwörung. Er sagt, sie haben ihn absichtlich krank gemacht.«

23

Die Tenderloin-Zweigstelle der John-C.-Fremont-Memorial-Blutbank war ein unscheinbares Ladenbüro nicht weit von der Ecke Golden Gate Avenue und Leavenworth Street, gegenüber vom Tenderloin-Selbsthilfezentrum. Die Fenster waren, damit man nicht nach drinnen sehen konnte, mit Computerpapier beklebt, auf dem handbeschrifteten Karton, der mit Klebstreifen an der stahlverstärkten Tür befestigt war, stand NUR KOSTENLOSE SPENDEN – KEINE BEZAHLUNG, und auf dem Transparent darüber FREMONT MEMORIAL. In banger Erwartung trat ich ein.

Trotz ihres schneeweißen Kittels und des Ansteckers an ihrer Brust, der sie als Miss Glad, Fräulein Froh, auswies, war die Frau am Empfang mürrisch und abwehrend. Als ich mich ihr näherte, wurde ihr Gesichtsausdruck verschlossen und wachsam und vielleicht eine Spur verängstigt. Unter Berücksichtigung des Viertels, in dem wir uns befanden, fand ich diese Reaktion verständlich.

Hinter ihr war ein großer Raum, der durch eine Reihe mit weißem Musselin behängter Stellwände in ein halbes Dutzend Abteile unterteilt war. Das Abteil, in das ich sehen konnte, enthielt einen Stuhl und eine Liege und eine Blutdruckmanschette, die von einem Kleiderhaken hing wie ein gebratenes Hühnchen in einem chinesischen Lebensmittelgeschäft. Die Einrichtung wirkte zweckmäßig und antiseptisch, aber alles andere als luxuriös, obwohl das zweifelsohne für den Großteil der Klientel der Tenderloin-Filiale die gepflegtesten Räumlichkeiten waren, zu denen sie seit Jahren Zutritt gehabt hatten.

Während ich wartete, daß Miss Glad von ihrer Beschäftigung aufsah, stellte ich mir einen Raum voll von Blutspendern vor, Arme von Nadeln durchbohrt, Schläuche zu Plastiktüten führend, die sich gierig mit Rot vollsogen, während ein Raum voll von Herzen pumpte, um dem erhöhten Bedarf der Blutkreisläufe nachzukommen, die sie zu versorgen hatten. Aus irgendeinem Grund war das kein tröstliches Bild.

Miss Glad sagte etwas, was ich nicht verstand. Ich verstand es nicht, weil ich mich mit einer Erinnerung an das letzte Mal herumschlug, als ich Blut gespendet hatte, und das war, als ich vor einem Vierteljahrhundert in Fort Lewis bei der Grundausbildung war.

Sie hatten jedem, der Blut spendete, einen freien Vormittag in Aussicht gestellt, was im Vergleich zu den Friß-oder-stirb-Entscheidungen, vor die man in der Kaserne sonst gestellt wurde, nach einer wohltuenden Ausnahme aussah. Also meldete ich mich. Und wurde in einem Lkw ins Standortlazarett gekarrt. Und wartete geduldig, bis ich an die Reihe kam – je länger die Wartezeit, um so länger kam man um den Drill rum. Schließlich riefen sie mich auf, führten mich zu einer Liege und forderten mich auf, mich hinzulegen und den Ärmel meines Kampfanzugs hochzukrempeln. Desinfektionsmittel aufgetragen, Aderpresse angelegt, dann ein Pieksen in der Armbeuge, gefolgt von der Anweisung, meine Faust zu öffnen und zu schließen, um das Ganze in Gang zu halten.

Überhaupt kein Problem, außer daß es eine Ewigkeit dauerte. Der Helfer – kein Doktor und keine Schwester, nur ein Rekrut wie ich – behielt fortwährend seine Anzeigen im Auge und forderte mich auf, schneller Fäuste zu machen, während er zwischendurch schneidende Bemerkungen über meinen Blutdruck beiseite zischelte. Die Spender neben mir kamen und gingen ihres blutigen Wegs, nicht einmal, sondern dreimal, und währenddessen mühten sich mein Herz und meine Faust weiter ab, ohne daß ich mein Soll erfüllen konnte. Ich brach in Schweiß aus, bekam Schmerzen im Arm und wollte nur noch raus hier, freier Vormittag hin oder her.

Endlich kam jemand, der aussah wie ein richtiger Arzt, sah sich meinen Arm an, sah sich die Plastiktüte an, die vollzukriegen ich mich abquälte, sagte dem Helfer, daß er die Ader nicht richtig getroffen hatte, und erteilte ihm Anweisung, mich abzuhängen. Was er tat, zu meiner Erleichterung und seiner Betroffenheit. Nachdem er meinen Arm befreit hatte, wickelte er seine Schläuche auf, klebte ein Pflaster auf das Loch in meinem

Arm und bückte sich, um mein immer noch nicht gefülltes Auffangbehältnis von der Haltevorrichtung abzunehmen, von der es baumelte. Im Vollgefühl neugewonnener Unerschrokkenheit und selbstgefälliger Überlegenheit, nachdem sich herausgestellt hatte, daß der Fehler nicht bei mir zu suchen war, setzte ich mich auf und beobachtete ihn bei der Arbeit – gerade rechtzeitig, um es ihn verschütten zu sehen.

Fast ein halber Liter Blut, *mein* Blut, schwappte wie knallrotes Wachs über den Boden, zu meinem Ärger und zum Chor der Schreie und Flüche derer, die ihm in die Quere kamen. Das letzte, woran ich mich erinnern konnte, bevor ich wie ein Stein zu Boden fiel, war die Farbe und Beschaffenheit des schaurig schönen Safts, in den die Hände des Helfers getaucht wurden, als er den Beutel aufzufangen versuchte und ihn verfehlte: sechs minus, auch unter baseballerischen Gesichtspunkten.

Ich erwachte zum Prickeln von Riechsalz und zur Kühle von kaltem Schweiß. Der Arzt fragte mich, wie ich mich fühlte, und ich sagte, gut, was ich, nach meiner Ohnmacht seltsam belebt, tatsächlich tat. Aber als ich aufstand und zur Tür ging, vermieden es die anderen Rekruten so geflissentlich, mich anzusehen, wie ich es seit diesem Tag vermieden habe, Blut zu spenden.

»Haben Sie schon mal bei Fremont gespendet?« fragte Miss Glad noch einmal.

»Nein.«

»Dann muß ich Sie bitten, dieses Formular auszufüllen.« Sie reckte mir einen Bogen Papier entgegen. »Daraus können Sie auch entnehmen, worauf das von Ihnen gespendete Blut untersucht wird.« Ihr Blick wurde eindringlicher. »Außerdem muß ich Sie darauf hinweisen, daß alle Angaben an Eides Statt erfolgen und jede Falschaussage straf- oder zivilrechtlich geahndet werden kann.«

Ich sah sie an. »Sie meinen, wegen Aids und so.«

»Unter anderem.«

»Ich habe kein Aids.«

»Um so besser – es ist ein Verstoß gegen das Gesetz, wenn man in dem Wissen, daß man Aids hat, Blut spendet. Aber unsere Sorge gilt nicht nur Aids.«

»Und wenn ich das Formular ausgefüllt habe, was dann?« fragte ich, noch immer im unklaren, was ich herauszufinden hoffte oder welchen Preis ich dafür zu zahlen bereit war.

Miss Glad begann ihrem Namen alle Ehre zu machen. »Sie geben mir das Formular zurück. Wenn Sie unsere Anforderungen erfüllen, wird Ihnen einer unserer dafür ausgebildeten Helfer behilflich sein, Ihre Spende zu machen.«

»Sie haben eben ›Helfer‹ gesagt.«

»Ja.«

»Und ›Spende‹.«

»Gewiß.«

»Kriege ich denn nichts bezahlt. Spende hört sich jedenfalls nicht so an.«

Miss Glad war verärgert über mich. »Anscheinend haben Sie das Schild nicht gelesen. Bei Fremont Memorial bekommen die Spender kein Geld.«

»Warum nicht?«

»Laut Paragraph eins sechs zwo sechs der gesundheitlichen Sicherheitsbestimmungen ist es in Kalifornien untersagt, Blut von einem bezahlten Spender für Transfusionen zu verwenden. Falls Sie auf das Geld angewiesen sind, beim Plasmazentrum werden Sie für Ihre Spende bezahlt, wenn Sie die Zulassungskriterien erfüllen. Ich glaube, im Moment zahlen sie zwölf Dollar pro Einheit.«

»Wieso können die was zahlen und Sie nicht?«

»Weil Plasma etwas anderes ist als Voll-Blut – die Beschaffung ist aufwendiger; die Nachfrage nach Plasmapräparaten kann von Organisationen wie der unseren, die auf Spendenbasis arbeiten, nicht gedeckt werden; außerdem können Plasmapräparate im Gegensatz zu Voll-Blut zur zusätzlichen Reduzierung des Ansteckungsrisikos hitzebehandelt werden.«

»Warum spendet jemand umsonst bei Ihnen Blut, wenn er in diesem Plasmaladen zwölf Dollar dafür bekommt?«

Ihr Lächeln verklärte sich. »Die Befriedigung über den Dienst, den unsere Spender ihren Mitmenschen erweisen, indem sie zu einer angemessenen Voll-Blut-Versorgung derjenigen Mitbürger beitragen, die eines Tages darauf angewiesen sein werden, wiegt den materiellen Lohn, den sie im Plasma-Zentrum dafür erhalten, bei weitem auf.«

Für mich hörte sich das nicht sehr überzeugend an, vor allem wenn man die finanzielle Situation der Spender berücksichtigte, die die Tenderloin-Zweigstelle vorwiegend frequentiert haben dürften. Als ich zu einer weiteren Frage ansetzen wollte, deutete sie auf das Formular. »Wenn Sie erst mal die Formalitäten erledigen würden, kann ich Ihnen Ihre Fragen sicher präziser beantworten.«

Sie deutete auf einen Tisch in der Ecke. Dort saß bereits ein Mann, ungekämmt und ungewaschen, und mühte sich mit seinem Formular ab, als wäre er dabei, die Qumran-Schriftrollen zu entziffern. Ich setzte mich zu ihm, ohne ihn in seiner Konzentration zu stören, und machte mich daran, mein eigenes Formular auszufüllen. Meinen Mitstreiter in Luv, hielt ich die Luft an und tat meine Pflicht.

Persönliche Geschichte – unerheblich. Krankengeschichte – das Übliche, bloß gab es kein Kästchen für Schußwunden. Sexuelle Vorlieben – wöchentlich. Drogenmißbrauch – Koffein, Alkohol, raffinierter Zucker. Risikogruppen – Junggeselle. Augenblicklicher Gesundheitszustand – Atmung ohne Fremdeinwirkung möglich. *Sind Sie männlichen Geschlechts und hatten Sie seit 1977 AUCH NUR EIN EINZIGES MAL sexuellen Kontakt mit einem anderen Mann? Haben Sie sich seit 1977 für Geld oder Drogen zu sexuellen Handlungen bereit erklärt, oder hatten Sie während der letzten zwölf Monate mit einer Person sexuelle Kontakte, die das AUCH NUR EIN EINZIGES MAL getan hat.* Herrje, weiß ich doch nicht mehr.

Als ich fertig war, schaute ich über den Tisch. Mein Gefährte war noch immer in seine Aufgabe vertieft. Die Stirn ob des Vokabulars und der Kleinheit des Drucks tief gefurcht, hielt er seinen Bleistift wie einen Eiszerkleinerer, während er links und rechts die Kästchen abhakte, die seine Vergangenheit mindestens genauso chaotisch machten wie seine Gegenwart.

Als ich zu Miss Glad zurückkehrte, muß ich unschlüssig gewirkt haben. »Hatten Sie mit einer der Fragen Probleme?« fragte sie in einem Ton, als könnte darauf nur ein Vollidiot mit einem Ja antworten. »Am besten, Sie sagen einfach ›nein‹, wenn Sie sich nicht sicher sind.«

»Na schön… ›nein‹.«

»Ich habe auf dem Formular gemeint.«

»Und ich habe gemeint, was ich gesagt habe.«

Ihre Augen weiteten sich. »Sie meinen, Sie haben beschlossen, nicht zu spenden?«

»Richtig.«

»Warum, wenn ich fragen darf? Hat das etwas mit Geld zu tun?«

»Nein, Geld ist nicht das Problem«, antwortete ich. »Das Problem ist die Sicherheit.«

Sie hatte das Wort schon zuvor gehört, und in keinem erfreulichen Zusammenhang. »Ich verstehe.«

»In letzter Zeit ist die Blutversorgung ziemlich ins Gerede gekommen. Soll wohl nicht ganz unbedenklich sein.«

»Reine Panikmache, glauben Sie mir. Wie Sie aus dem Formular ersehen können, werden unsere Blutkonserven gründlich untersucht, bevor sie weitergeleitet werden.«

»Sie meinen, auf Aids und so.«

»Aids. Hepatitis A, B *und* C. HTLV I. Wir untersuchen es auf Dinge, von denen Sie noch nie etwas gehört haben. Tatsache ist, die Blutversorgung in diesem Land ist so sicher wie nur irgend möglich.« Sie senkte die Stimme und beugte sich vor. »Außerdem haben Sie etwas vergessen.«

»Was?«

»Die von Ihnen erwähnten Risiken betreffen ausschließlich die *Empfänger*. Sie, Sir, sind nur *Spender*.«

»Man kann vom Blutspenden nicht Aids bekommen?«

Sie mobilisierte die ganze Überzeugungskraft ihres Berufsstands. »Ein derartiger Fall ist bisher nicht bekanntgeworden.«

»Tut mir leid, wenn ich das so sagen muß, aber ganz unbedenklich erscheint mir die Sache trotzdem nicht. Wäre es deshalb vielleicht möglich, daß ich mal mit dem zuständigen Herrn sprechen könnte, damit ich vielleicht noch ein paar –«

Ein Geräusch hinter mir deutete darauf hin, daß mein Blutsbruder endlich sein Formular ausgefüllt hatte und nun kaum erwarten konnte, es abzugeben. Ich beschloß, ihn vorzulassen, bevor ich meinen Strauß mit Miss Glad weiterfocht. »Ich glaube, ich überlege es mir noch mal«, sagte ich ihr.

Miss Glad sah erst mich an, dann den Mann. »Wie Sie meinen. Aber eine Bezahlung gibt es bei uns nicht; damit Sie nicht denken, wir ließen mit uns handeln.«

Ich kehrte zum Tisch zurück, um auf eine Gelegenheit zu warten, noch etwas mehr über diesen Verein in Erfahrung zu bringen – vor allem, was es mit dieser Dracula-Type auf sich hatte, die offensichtlich sowohl mit Nicky Crandall wie mit Lex Chadwick bekannt war.

Als ich mich setzte, hörte ich den anderen Mann fragen, ob Kopfläuse ein Virus seien. Miss Glad erbleichte, blickte dann auf das Formular, schüttelte mit zunehmendem Nachdruck den Kopf und sagte etwas, was ich nicht hören konnte.

»Soll das heißen, Sie nehmen mich *nicht?«* protestierte der Mann mit soviel verletzter Wut, wie seine geschundene Psyche aufbringen konnte.

»Leider erfüllen Sie im Moment unsere Anforderungen nicht«, erwiderte Miss Glad freundlich. »Fassen Sie das bitte nicht als gegen Sie gerichtet auf.«

»Dracula hat aber gesagt, Sie würden mich sicher nehmen.«

Miss Glad setzte eine strenge Miene auf. »Dracula, wie Sie ihn nennen, ist in keiner Weise ermächtigt, solche Zusagen zu machen.«

»Aber er arbeitet doch für Sie, oder nicht?«

»Ich glaube, er ist gelegentlich als selbständiger Zulieferer für uns tätig.«

»Selbs –« Dem Mann fehlte die Kraft, den Begriff zu Ende zu sprechen. »Sie nehmen mich also nicht.«

»Leider nein.«

»Wenn ich nichts kriege, kriegt auch *er* nichts, oder?«

»Tut mir leid, aber bei unserer Organisation kriegt niemand für irgend etwas Geld«, erklärte Miss Glad förmlich. »Wir sind eine gemeinnützige Einrichtung und machen als solche keinen Gewinn.«

In einem plötzlichen Aufblitzen von Kameraderie zwinkerte der Mann. »Genau wie ich.«

Gegen ihren Willen mußte Miss Glad grinsen. »Waren Sie in letzter Zeit vielleicht mal beim Arzt, Sir? Ein Stück die Ellis Street runter ist ein Ambulatorium; dort kann man Ihnen sicher –«

Der Mann hielt eine Hand hoch. »Da war ich schon – alles, was die wollen, ist, mir wieder eine Nadel reinstecken. Ich hab mal gefixt; ich hab die Nase voll von Nadeln.«

»Aber Sie wirken … nicht sehr gesund.«

Der Mann zuckte mit den Achseln. »Trotzdem ist es mir schon wesentlich schlechter gegangen.« Damit schlurfte er an den Busen des Tenderloin zurück, während Miss Glad und ich uns mit einer Mischung aus Staunen und Erleichterung ansahen.

Ich kehrte an ihren Schreibtisch zurück. »Sie kommen mehrmals die Woche vorbei, manche von ihnen«, murmelte sie, in Gedanken noch immer bei dem Obdachlosen. »Die würden jeden Tag einen halben Liter spenden, wenn wir sie ließen.« Sie seufzte, dann blinzelte sie über ihr Leid. »Haben Sie sich entschieden?«

»Hab ich.«

»Und?«

»Ich hab zu viel Angst.«

»Die Prozedur ist so gut wie schmerzlos.«

»Es ist nur, daß ich mal ziemlich schlechte Erfahrungen mit so was gemacht habe.«

»Mit einer Blutentnahme?«

»Mit einem dafür ausgebildeten Helfer.«

Ich hatte mich gerade durchgerungen zu fragen, ob Nick

Crandall zu den Stammkunden gehörte, als mich ein Finger auf die Schulter tippte. Ich drehte mich zu dem größeren der Healthways-Sanitäter um, dem ich vor Jans und Nicks Wohnung begegnet war.

»Haben Sie ihn erwischt?« fragte ich leutselig.

Er machte ein finsteres Gesicht und schüttelte den Kopf.

»Keine Spur. Was uns zu der Annahme veranlaßt, daß er gar nicht da war. Wir glauben eher, daß Sie uns was vorgemacht haben.«

»Wie käme ich denn dazu?«

»Das haben Don und ich uns auch gefragt.«

»Ein echtes Rätsel. Geben Sie mir Bescheid, wenn Sie die Lösung gefunden haben.«

Der Sanitäter verschränkte die Arme. »Was zum Teufel wollen Sie hier eigentlich?«

Ich sah mich um. »Ich will Blut spenden. Als jemand, der im Gesundheitswesen tätig ist, müßten Sie das doch begrüßen.«

»Sie behaupten, Sie wollen Blut spenden. Vorher haben Sie behauptet, Sie wohnen in derselben Klitsche wie Crandall. Ich glaube, Sie haben beide Male gelogen.« Er sah Schwester Glad an. »Ist er schon abgewickelt?«

»Er hat es sich anders überlegt«, sagte sie zaghaft.

Der Sanitäter nickte. »Das tut er ziemlich oft. Ich wette, er hat es sich auch anders überlegt, wo er wohnt.«

»Da haben Sie völlig recht. Ich war vorhin etwas verwirrt.«

»Sehen Sie, und mich verwirrt, warum Sie Ihre Nase in die Angelegenheiten von Healthways stecken.«

Was dieses Großmaul konnte, konnte ich schon lange. »Und mich verwirrt, was nun eigentlich die Angelegenheiten von Healthways sind.«

Der Sanitäter wollte gerade kontern, als sein Partner zur Tür hereinschaute. »Laß uns fahren, Ron. Die Zentrale sagt, *sie* kümmern sich darum.«

Der Große wollte widersprechen, lenkte aber schließlich ein. Seine Aufmerksamkeit richtete sich auf Miss Glad. »Wo ist Dracula?« fragte er barsch.

»Ich habe ihn heute noch nicht gesehen.«

»Sagen Sie ihm, er soll sich im Ambulatorium melden. Wir müssen dringend mit ihm sprechen.«

»Ich werde es ihm ausrichten.«

Ron nickte und ging zur Tür. Bevor er sie erreichte, drehte er sich um. »Und Sie möchte ich nicht noch mal sehen, Freundchen.«

»Dann sollte ich besser anfangen, mehr auf meine Gesundheit zu achten.«

»Tun Sie das, wenn Sie schon mal dabei sind«, sagte er und war verschwunden.

Ich sah Miss Glad an. »Sind eigentlich mehr wie Militärpolizisten als Sanitäter, die Jungs.«

Sie ließ sich auf nichts ein. »Was die Gesundheitsfürsorge betrifft, hat Healthways ein sehr aggressives Konzept.«

»Was, glauben Sie, wollen die von Dracula?«

Sie schnitt ein Gesicht. »Eine widerwärtige Type. Mir ist unbegreiflich, wie jemand so einem Menschen auch nur *nahe* kommen mag.« Sie sah mich an. »Was wollen Sie nun eigentlich *wirklich?*«

Ich lächelte. »Sagt Ihnen der Name Nicholas Crandall etwas?«

»Nie gehört.«

»Wenn er hier regelmäßig spenden würde, würden Sie ihn doch kennen?«

»Wahrscheinlich. Was ist mit ihm?«

»Das weiß ich selbst nicht«, gab ich zu, und nicht zum erstenmal. »Wer leitet übrigens den Laden hier?«

»Meinen Sie diese Zweigstelle?«

Ich schüttelte den Kopf. »Die ganze Organisation.«

»Die Fremont-Memorial-Blutbank ist eine gemeinnützige Einrichtung, deren Wirkungskreis ausschließlich auf San Francisco beschränkt ist«, leierte sie herunter. »Wir sind nach der Irwin Memorial die zweitgrößte Blutbank der Region. Gegründet wurden wir 1986, als das Rote Kreuz in San Francisco aufhörte, Blut zu sammeln. Unser Präsident ist ein gewisser

Norman Glasswell. Unsere Zentrale ist in der Divisadero, nicht weit von der Sacramento.«

»Hat Richard Sands etwas mit Fremont zu tun?«

»Nicht daß ich wüßte.«

»Und Lex Chadwick?«

»Er sitzt meines Wissens im Vorstand.«

»Dann sagen Sie Glasswell schon mal Bescheid, daß hier irgendwas faul ist«, sagte ich.

Miss Glad wirkte noch besorgter als in dem Moment, in dem ich zur Tür hereingekommen war. »Ich glaube, das weiß er bereits.«

»Was haben Sie da gesagt?«

»Ich bin nicht sicher. Ich weiß nur, daß es irgendwelche Probleme gibt. Die zuständigen Stellen in der Bay Area scheinen ernstlich beunruhigt. Sogar die FDA, das Gesundheitsamt, befaßt sich mit der Angelegenheit.«

24

Ich fuhr ins Büro zurück und machte ein paar Anrufe, meistens ohne Erfolg. Dr. Marlin war nicht bei Healthways oder an sonst einem Ort, den mir jemand verraten wollte. Ellen Simmons war nicht in der Bank oder durfte zumindest nicht ans Telefon kommen. Obwohl ich mein Glück unter einem halben Dutzend anderer Nummern versuchte, war die einzige, von der ich eine Rückmeldung bekam, die meines Brokers.

Mein Broker war Clay Oerter nur insofern, als ich beim Pokern so viel Geld an ihn verloren hatte, daß ich fand, daß er mir hin und wieder einen kleinen Gefallen in Form von ein paar raschen Insiderinformationen schuldig war. Dabei muß ich ihm zugute halten, daß er das auch zu finden schien.

»Clay.«

»Marsh.«

»Was macht der Markt?«

»Siebzehn Punkte schwächer. Offensichtlich neigt sich der

Kriegs-Boom seinem Ende zu, wenn man mal von dem Run auf Raytheon absieht. Was macht das Verbrechen?«

»Tendenz steigend. Wie üblich. Was weißt du über Healthways?«

»Healthways. Hm. Zuallererst: Auf regulärem Weg kannst du dich da nicht mehr einkaufen, mal ganz abgesehen davon, daß ich das auch niemandem raten würde.«

»Hintergrund, *s'il vous plaît*.«

Es muß mein Akzent gewesen sein, der ihn zum Lachen brachte. »In den sechziger Jahren sah Healthways nach einer Idee aus, deren Zeit gekommen war. Das dachte zumindest sein Gründer, ein gewisser Eric Rattner. Rattner war noch ein Universalgenie alten Schlags – Arzt, Philosoph, Kunstmäzen, Humanist, Philanthrop und vormals sogar Bühnenautor, wenn mich nicht alles täuscht. Er hatte mit Immobiliengeschäften in der Downtown einen Haufen Geld gemacht und beschloß, das meiste davon seiner großen Liebe zukommen zu lassen, dem Gesundheitswesen. Rattners ganz besonderes Anliegen war es, all jenen Leuten, die sich keine anständige medizinische Versorgung leisten konnten, eine solche zu ermöglichen. Er hat folgendes gemacht: einen staatlich finanzierten MHD, der nicht mit Arbeitgeberzuschüssen oder Privatbeteiligungen finanziert wurde, sondern von der Bundesregierung und den einzelnen Staaten.«

»Ein MHD ist was?« fragte ich.

»Ein medizinischer Hilfsdienst. Im Grunde genommen nichts anderes als ein privat finanzierter Wohlfahrtsverband. Die Idee dazu stammte jedoch nicht von Rattner – Kaiser hatte sich schon jahrelang mit diesem Gedanken getragen, bis ihn Rattner schließlich in die Tat umsetzte –, wobei Rattner allerdings der erste war, der versucht hat, einen staatlich finanzierten MHD ins Leben zu rufen, und mit Sicherheit der erste, der dabei weniger die Mittelschicht im Auge hatte als die Armen und Arbeitslosen. Im wesentlichen lief die Sache darauf hinaus: Anstatt die Geldmittel für die Finanzierung des Projekts von Privatpersonen und Arbeitgebern aufbringen zu lassen, zog

Rattner dafür Medicare und Medicaid und MediCal heran und setzte dabei vor allem darauf, daß die Vorzüge der staatlichen Finanzierung in Verbindung mit einer drastischen Überwachung der Ausgaben dem Konzept zum Erfolg verhelfen würden.«

»Über die Ambulatorien weiß ich bereits Bescheid. Was machen sie bei Healthways sonst noch?«

»Die Ambulatorien waren der erste Schritt – ambulante Polikliniken, wie man sie in allen größeren Städten an der Westküste findet. Der nächste Schritt war, mitten in den Gettos eine Kette von Nothospitälern zu errichten – nur für die Erstversorgung, mit nur wenigen Betten, ohne langfristige Behandlungsmöglichkeiten. Und schließlich erweiterte Rattner den Wirkungskreis seiner Organisation durch den Aufbau eines eigenen Rettungsdienstes noch einmal ganz erheblich.«

»Die Rettungswagen.«

»Ja. Allerdings handelte es sich dabei nicht um eine ärztliche Notversorgung im üblichen Sinn – die Healthways-Wagen leisteten nicht nur Erste Hilfe, sondern kümmerten sich auch um die Kontrolluntersuchungen, wobei die Betroffenen in manchen Fällen sogar zu Hause betreut wurden – also Hausbesuche, wenn du so willst. Sie unternahmen auch recht intensive Bemühungen zur Vermittlung allgemeiner Lebenshilfemaßnahmen in Form von Ausbildungs- und Versuchsprojekten an Schulen, Arbeitsstätten und Sozialhilfeeinrichtungen.«

»Hört sich wie eine ganz gute Idee an.«

»Aus gesundheitspolitischer Sicht war es das auch. Aus finanzieller allerdings weniger. Dieser Misere versuchte Rattner abzuhelfen, indem er die lokalen Ambulatorien mit einer kleinen Pharmafirma koppelte, die in erster Linie gängige Medikamente produzierte, wie sie vor allem in den unteren Bevölkerungsschichten verbreitet sind – blutdrucksenkende Mittel, Schmerzmittel, Antibiotika, Aufbaumittel und was sonst noch dazugehört. Etwa zur gleichen Zeit kaufte er eine kleine Firma für Krankenhausbedarf auf, um die horrenden *Ausstattungskosten* für seine Versorgungseinrichtungen einzudämmen.«

»Clever.«

»Mehr als clever – genial. Und gewagt. Rattner ging davon aus, daß er mit den beiden letzten Unternehmungen – dem Pharmaunternehmen und der Firma für Krankenhausbedarf – genügend Gewinn machen würde, um die Verluste der prosaischeren Elemente seines Projekts auffangen zu können.«

»Ist ihm das gelungen?«

Clay seufzte schwer. »Die Healthways-Story ist eine einzige Tragödie. Nachdem er mit seinen Plänen an die Öffentlichkeit ging, schossen die Aktien erst mal ganz schön in die Höhe – in den frühen Siebzigern bis auf das Vierzigfache, ein absoluter Senkrechtstarter. Aber letztendlich war das Ganze nur ein Traum – an der Wall Street *hofften* zwar alle, daß es klappen würde, und sei es auch nur aus dem einen Grund, daß sie sich nicht mehr so viele Gedanken über die *Armen* im Lande hätten machen müssen, wenn es geklappt hätte. Doch gerade als Rattner so weit war, um sein Konzept den harten Anforderungen des Marktes auszusetzen und nicht mehr bloß den Wunschträumen seiner Investoren, passierten verschiedene Dinge. Das Land schlidderte in die Rezession von '72. Und: infolge der daraus resultierenden Budgetkürzungen ging das qualitative und quantitative Leistungsvolumen von Medicaid dramatisch zurück – zu Beginn wurde durch das Projekt die medizinische Versorgung von etwa drei Vierteln der Bevölkerung unterhalb der Armutsgrenze abgedeckt; inzwischen sind es weniger als vierzig Prozent. Und: unser reizender Kongreß beschloß, Medicaid – das Arme-Leute-Gesundheitswesen – für bestimmte Leistungen nicht mehr soviel zahlen zu lassen, wie Medicare – das Alte-Leute-Gesundheitswesen – für genau dieselben Leistungen zahlte. Was darauf hinauslief, daß Healthways mit dem dramatischen Anstieg der Gesundheitskosten nicht mehr Schritt halten konnte, weil seine Klientel politisch am kürzeren Hebel saß. Und zu guter Letzt hatte Rattner auch noch einen Schlaganfall. Während er jahrelang bewußtlos vor sich hin vegetierte, begann sein Lebenswerk mehr und mehr zu zerfallen. Soviel ich weiß, ist er schließlich vor etwa fünf Jahren gestorben. Stand kurz davor, ein zweiter Kaiser oder Carnegie zu werden, und jetzt kennt kein Mensch seinen Namen.«

»Aber Healthways existiert nach wie vor. Erst gestern war ich in einem ihrer Ambulatorien.«

»Richtig, aber von Rattners Ideen ist da nicht mehr viel übriggeblieben. Eine Weile konnte sich Healthways noch aus eigener Kraft über Wasser halten – die für den Sozialbereich zuständige Bürokratie hat ein paar Jahre gebraucht, um zu merken, daß der Laden nicht mehr lief, und sich eine passende Ausrede zurechtzulegen, um dem Projekt jede weitere finanzielle Unterstützung zu verweigern. Die Aktien sausten in den Keller – jahrelang schlidderte Healthways am Rande eines Konkurses entlang. Dann, vor einem Jahr oder so, wurde der ganze Laden in einem nicht sonderlich spektakulären Übernahmeverfahren für einen Apfel und ein Ei verkauft.« Clay gluckste trocken. »Es dürfte dich vermutlich nicht überraschen zu hören, daß die neuen Besitzer etwas andere Ziele verfolgen als der gute alte Rattner.«

»Wie zum Beispiel?«

»Gemeinnützige MHDs in profitorientierte Gesundheitsfürsorgeorganisationen umzuwandeln ist gerade schwer en vogue – Healthways ist dafür nur ein Beispiel unter vielen. Bei ihrer letzten Sitzung mit den Analysten prognostizierten die Healthways-Leute für den Rest des Jahrzehnts Gewinnsteigerungen von mindestens zwanzig Prozent pro Jahr.«

»Wie erzielen sie die?«

»So genau bin ich darüber auch nicht im Bilde, aber wie mir scheint, war von zusätzlichen Dienstleistungen in den Kliniken die Rede, von bahnbrechenden neuen Medikamenten, die sich noch im Entwicklungsstadium befinden, und von einem wachsenden Markt auf dem Gesundheitssektor – der übliche Senf eben. Tolle Investitionsmöglichkeit, wenn man sich's genauer überlegt – das Geschäft mit der Armut.« Clays Lachen war ungewohnt beißend. »Sagen wir es mal so: Die Analysten waren unterwältigt. Die Aktie hat sich seit Jahren nicht bewegt.«

»Der neue Besitzer von Healthways ist nicht zufällig Richard Sands?«

Clay stieß einen Pfiff aus. »Dein Scharfblick erstaunt mich immer wieder von neuem, Marsh. Wenn du dir deinen sechsten Sinn an der Börse zunutze machen würdest, wärst du im Handumdrehen ein gemachter Mann.«

Ich lachte. »Ich werde dann anfangen, Aktien zu kaufen, wenn Wall Street aufhört, Kerle wie Sands die Börse für ihre privaten Sandkastenspiele benutzen zu lassen.«

»Das war in den achtziger Jahren. Inzwischen können sich Typen wie Sands nur noch mit Ach und Krach über Wasser halten. Soviel ich gehört habe, ist er erst heute morgen nach Toronto geflogen, um dort über einen Überziehungskredit zu verhandeln, damit er seine Zinsen zahlen kann.«

Ich war überrascht: Offensichtlich hatte mich meine Klientin über Sands' wahren Vermögensstand falsch informiert. »Sands steht wirklich auf der Kippe?«

»Der Mann pfeift auf dem letzten Loch. Allein in den letzten sechs Wochen hat er zwei Tochtergesellschaften verkauft, und es gehen Gerüchte um, daß ihnen noch mehr folgen sollen. Solide Bilanzen und jede Menge Steigerungspotential, wenn wir wieder aus der gegenwärtigen Rezessionsphase herauskommen. Trotzdem hat sie Sands zu einem Schleuderpreis abgestoßen.«

»Warum plötzlich dieser finanzielle Engpaß?«

»Meines Wissens gibt es dafür keine speziellen Gründe, nur die immer stärker anziehende Zinsschraube, die der Krise des Banken- und Kreditwesens in die Schuhe arbeitet, zusammen mit der Rezession natürlich – plus seiner Überschuldung. In Finanzkreisen heißt es, seine Banken haben ihm bereits die Leviten gelesen – keine weitere Kreditverlängerung mehr; es wird sogar gemunkelt, daß sie zu dem Termin mit ihren Kreditabwicklern angerückt sind. Natürlich hat Sands mit seinen Konkursspezialisten gekontert, aber er war trotzdem der erste, der weiche Knie gekriegt hat. Und so ist er jetzt auf einen kleinen Einkaufsbummel nach Toronto unterwegs. Soviel ich gehört habe, ist sein nächster Zwischenstopp Singapur, falls es in Kanada nicht klappen sollte.«

»Was brauchte Sands, um den Karren noch mal aus dem Dreck zu ziehen?«

»Ein Wunder in Form von mehreren Millionen Dollar bar auf die Hand, in erster Linie. Während der Reagan-Ära passierte so was täglich – wenn man Knete brauchte, irgend jemand war immer da, der einem welche machte. Bezugsrechte, Optionsscheine, Junk Bonds – das sind doch alles nichts anderes als neue Formen von Geld.«

»In der Verfassung steht, nur die *Regierung* darf Geld drukken.«

»In welcher Verfassung?« fragte Clay mit gespielter Naivität. »Jedenfalls strampelt sich Sands im Moment ganz schön ab. Allerdings würde ich deswegen noch lange nicht gegen ihn setzen: Kampflos geht der bestimmt nicht unter, und *wenn* er untergeht, zieht er jede Menge Leute mit. Soviel ich gehört habe, steigen sie bei Sandstone schon scharenweise aus. Und schmelzen ihre Memory Chips hinter sich ein.«

»Noch eine letzte Frage«, sagte ich.

»Schieß los.«

»Was weißt du über Blut?«

»Ist das dein Ernst?«

»Ja.«

»Blut. Wie in Blut*industrie*?«

»Richtig.«

»Na ja, auf jeden Fall wird in dieser Branche einiges umgesetzt. Pro Jahr mehrere Milliarden in Form von Blut und Blutpräparaten. Laut Statistik liegt die Wahrscheinlichkeit, daß ein Mensch im Lauf seines Lebens auf eine Transfusion oder ein Blutpräparat angewiesen ist, bei fünfundneunzig Prozent. Ein halber Liter Blut, kostenlos fürs Rote Kreuz gespendet, kann nach der Weiterverarbeitung – zu Plasma, Blutplättchen und was es sonst noch an Blutkomponenten gibt – über fünfhundert Dollar bringen, wenn er an die Krankenhäuser verkauft wird.«

»Wie ist es um die Sicherheit bestellt?«

»Du meinst vermutlich das Aidsproblem. Tja, es steht völlig außer Frage, daß die Blutspendedienste – die des Roten Kreuzes wie die privaten – nicht schnell genug auf Aids reagiert haben. Das legt Randy Shilts in seinem Buch ganz offen dar – grundsätzlich gelangte zwischen dem Aufkommen von Aids im Jahr 1983 und dem Zeitpunkt, zu dem man begann, das Blut daraufhin zu untersuchen, was erst 1985 der Fall war, ziemlich viel infiziertes Blut in Umlauf. Am schwersten betroffen waren die Bluter, da sie enorm hohe Mengen benötigen – über die Hälfte der Hämophilen, die damals Spenderblut bekamen, wurden mit dem Virus infiziert.«

»Und wie sind die Verhältnisse jetzt?«

»Na ja, die Testverfahren wurden vermutlich verbessert, und bei der Auswahl der Spender geht man wesentlich strenger vor – niemand tut heute mehr so, als ob Aids kein Problem wäre, soviel ist jedenfalls sicher –, daher sind die Blutkonserven inzwischen meines Wissens ziemlich unbedenklich.«

»Aber nicht völlig.«

»Menschliches Versagen ist ein Punkt. Vor nicht allzulanger Zeit wurde dem Roten Kreuz Nachlässigkeit bei den Testverfahren zur Last gelegt. Wie es scheint, haben sie '88 über einen Zeitraum von mehr als sechs Monaten hinweg ein paar tausend Chargen in Umlauf gebracht, die nicht ordnungsgemäß getestet waren. Wegen ähnlicher Probleme hat das FDA gerade ein paar private Blutbanken in Oregon und South Carolina geschlossen.«

»Beängstigend.«

»Sicher. Aber wenn du dir deswegen wirklich Sorgen machst, der letzte Schrei ist gerade, sich für Notfälle eigenes Blut abnehmen und einfrieren zu lassen. Angeblich geht Michael Jackson nur mit mehreren Einheiten seines eigenen Safts im Gepäck auf Reisen, für alle Fälle.« Clay lachte. »Aber so genau weiß ich über die blutigen Details auch nicht Bescheid, Marsh – da solltest du vielleicht besser einen Arzt fragen.«

Es war zu spät, um einen Arzt wegen was anderem zu stören als einer Partie Bridge, deshalb versuchte ich es noch einmal bei Ellen Simmons, diesmal zu Hause. Beim zweiten Läuten kam ihr Vater dran – vermutlich war er den ganzen Tag damit beschäftigt, den Nachrichtenfluß im Hause Simmons zu überwachen; wie alle autoritären Persönlichkeiten behielt Orson Simmons alles unter Kontrolle, indem er Unwissenheit vorschützte. Ich konnte noch immer nicht verstehen, warum sich Ellen diese Bevormundung gefallen ließ und warum es ihr Vater für nötig hielt, den Tyrannen zu spielen.

»Was wollen Sie von ihr?« wollte Simmons wissen, nachdem ich meinen Namen genannt und darum gebeten hatte, seine Tochter sprechen zu dürfen.

»Ziemlich das gleiche wie letztes Mal.«

»Nur zu Ihrer Information, ihre Mutter und ich fanden die öffentliche Zurschaustellung Ihrer Zuneigung äußerst geschmacklos.«

»Das tut mir leid. Nächstes Mal werden wir unsere Zurschaustellung im geheimen vornehmen. Und Sie können sich ganz auf Ihre Phantasie stützen. Sagen Sie Ellen, ich bin in einer Stunde da.«

In der Hoffnung, Ellens nächtliche Gewohnheiten möchten so unveränderlich sein, wie sie behauptet hatte, legte ich mitten in Simmons' wutschäumendem Gepruste auf, ging zu meinem Wagen und steuerte ihn den Hügel hinunter. Wegen der Tageszeit und des Verkehrs brauchte ich neunzig Minuten, bis ich da war.

Ellen wartete auf der Veranda auf mich, Strickzeug im Schoß, ihr Körper von einem der Korbschaukelstühle gewiegt, die der einzige Luxus waren, mit dem das Haus gesegnet war. Sie kam so schnell zum Wagen, daß mir keine Zeit blieb, sie zu holen.

»Ich hatte schon Angst, Sie würden nicht mehr kommen«, hauchte sie, als sie auf der Beifahrerseite einstieg und die Tür hinter sich verriegelte. Ich fragte mich, ob die Person, die sie aussperren wollte, ihr Vater war, und wunderte mich, gerade in Anbetracht unseres Kusses, über das förmliche Sie.

Ihr Kleid war frisch und heiter und österlich – faltenreich, geblümt und fast tief ausgeschnitten. Ich wäre jede Wette eingegangen, daß sie das Tuch, das sie dazu trug, selbst gehäkelt hatte; genauso wäre ich jede Wette eingegangen, daß sie es zum erstenmal zu einem anderen Anlaß trug als einem ehrfurchtsvollen. Ihre Lippen waren immer noch ihr natürliches Rosa, aber ihr Haar war im Stil längstvergangener Zeiten um ihren Kopf geschlungen, ihre Wangen waren von Rougetupfern entflammt, und an ihrem Handgelenk klimperten die Anhänger eines Silberarmreifs. Sie war sichtlich bemüht zu gefallen und hatte sich mächtig herausgeputzt, aber aus irgendeinem Grund hatte ich ein schlechtes Gefühl dabei, vielleicht weil ich nicht der strahlende Ritter war, den sie gern in mir gesehen hätte.

»Der Verkehr«, sagte ich, um meine Verspätung zu erklären. »Ich vergesse immer wieder, wie schlimm er ist. Fährst du mit dem Auto zur Arbeit?«

Sie schüttelte den Kopf. »Ich nehme den Bus. Dort drüben.« Sie deutete zum Danville Highway. »Fünfundzwanzig Minuten, von Tür zu Tür.«

»Und was fängst du mit diesen Minuten an?«

Sie verfärbte sich und blieb stumm.

»Los, sag schon. Liest du das *Banker's Journal*? Oder *Road and Track*? Strickst du? Was?«

»Ich schreibe Gedichte.« Sie grinste verlegen. »Sie können ruhig lachen, wenn Sie wollen. Die meisten Leute tun es.«

»Was die meisten Leute tun, ist blöd.« Sie siezte mich so hartnäckig, daß auch ich wieder umschwenkte. »Und was schreiben Sie – Freie Verse? Couplets? Limericks?«

»Sonette, hauptsächlich.«

»Sonette sind großartig; ich mag Sonette.‹

»Tatsächlich? Von wem?«

»Äh … Shakespeare. Er hat gute Sonette geschrieben.«

»Wer sonst noch?«

»... äh, hauptsächlich Shakespeare.«

Ihre Augen leuchteten triumphierend. »Und Browning natürlich. Und Keats.«

»Klar. Die auch. Und wie viele haben Sie schon geschrieben?«

»Ich versuche, jeden Tag eines zu schreiben – die erste Hälfte auf dem Weg in die Stadt, die andere auf der Heimfahrt.«

»Ich würde gern mal ein paar lesen.«

Sie schüttelte den Kopf. »Sie sind nicht sehr gut.«

»Selbst wenn es so wäre – was macht das schon?«

Ihre Braue kräuselte sich nachdenklich, als diskutierten wir kosmologische Fragen. »Ich finde, wenn man schon ein Sonett liest, sollte es wenigstens ein gutes sein.«

»Wenn ich mich nur an Shakespeare halte, wie soll ich *Sie* dann besser kennenlernen?«

Ihr Blick traf sich mit meinem. »Warum wollen Sie das?«

»Weil ich Sie mag.«

Sie lächelte scheu. »Das freut mich. Entgegen allem, was Ihnen mein Vater vielleicht erzählt hat.«

»Weil wir gerade bei ihm sind, ich war nicht sehr nett zu ihm. Tut mir leid, wenn ich ihn verärgert habe.«

Ihr Rücken versteifte sich. »Es tut ihm nur *gut*, daß ihm zur Abwechslung mal jemand ordentlich Kontra gibt. Manchmal glaube ich, er hat den Laden nur aufgegeben, damit den ganzen Tag alles nach seinem Willen läuft.«

»Warum ist er so überfürsorglich?«

Sie blinzelte und sah zum Haus hinüber, als würde die Antwort gleich wie durch ein Wunder in Buchstaben aus Feuer auf der Holzverkleidung erscheinen. »Könnten wir vielleicht irgendwohin gehen?« fragte sie leise.

»Klar. Haben Sie schon zu Abend gegessen?«

»Mehr oder weniger.«

»Haben Sie noch Lust auf eine Kleinigkeit?«

»Eigentlich nicht.«

»Wenigstens auf was zu trinken?«

»Ja«, entschied sie bestimmt. »Irgendwas Fruchtiges mit viel Eis.«

»Das können Sie haben«, sagte ich, legte den Gang ein und nahm den alten Highway nach Danville. Da Ellen ein altmodisches Mädchen war, führte ich sie in ein altmodisches Lokal aus – die Bar des Danville Hotel.

Sie bestellte einen eisgekühlten Daiquiri – Banane –, und ich bestellte ungekühlten Scotch. Wir lächelten uns an und nahmen stumm das pseudorustikale Ambiente in Augenschein, bis die Bedienung die Getränke brachte. Als sie an die Bar zurückgekehrt war, griffen wir nach unseren Gläsern und stießen an. »Auf das Glück«, sagte ich.

»Ihres oder meines?«

»Ihres *und* meines.«

»Zusammen?«

Ich blinzelte und schluckte und beschränkte meine Antwort auf die Mehrdeutigkeit eines Lächelns.

Wir tranken beide hastig, als ob wir noch etwas erledigen müßten und nicht mehr viel Zeit hätten. Weil ich noch immer nicht dazu gekommen war, meine Fragen zu stellen, bestellte ich eine zweite Runde. Weil sie, in Verfolgung eigener Interessen, fest entschlossen schien, ihre Hemmungen loszuwerden, zeigte sie sich alles andere als abgeneigt – Erdbeer diesmal. Obwohl ich ihren Elan durchaus reizvoll fand, hoffte ich in erster Linie, ihr möchte nicht schlecht werden – während ich selbst ein geübter Trinker war, war Ellen von Natur wie Nahrung Abstinenzlerin.

»Sie haben mir noch immer nicht erzählt, warum Ihr Vater so überfürsorglich ist«, erinnerte ich sie, als Nachschub gekommen war.

»Ich weiß nicht, warum«, sagte sie. »So ist er einfach. Ich glaube, sein Vater war genauso.«

»Dieser Hang zur Tyrannei liegt bei Ihnen wohl in der Familie.«

Sie wand sich. »Gewissermaßen.«

»Ich glaube, da steckt noch mehr dahinter.« Ich wartete, bis ich ihre volle Aufmerksamkeit hatte. »Ich glaube, damals in der High School ist irgend etwas passiert. Etwa zu der Zeit, als Tom Crandall nach Vietnam ging.«

Sie wich meinem Blick aus. »Das habe ich Ihnen doch schon alles erzählt – ich habe meine Jungfräulichkeit verloren.«

»Das habe ich nicht gemeint.«

»Wie kommen Sie darauf, da könnte noch was anderes gewesen sein?«

»Das habe ich mehr oder weniger zwischen den Zeilen gelesen.«

Sie schüttelte den Kopf. »Da ist nichts, was zwischen den Zeilen steht.« Sie fummelte an ihrem Kragen. »Außerdem geht Sie das nichts an.«

»Das tut es sehr wohl – wenn es etwas damit zu tun hat, warum Tom umgebracht wurde.«

»Wer sagt, daß er umgebracht wurde?«

»Ich. Und noch vor kurzem auch *Sie*.«

»Sie müssen es ja wissen.«

»Ich weiß, wann ich es mit einem Mord zu tun habe. Und ich weiß auch, wenn ich es mit einem Vertuschungsmanöver zu tun habe.«

»Vertuschungsmanöver«, schniefte sie. »Aus Ihrem Mund hört sich das an wie Watergate oder etwas in der Art.«

Ich sah sie so lange an, bis sie zurückschaute. »Finden Sie es nicht langsam an der Zeit, daß die Wahrheit an den Tag kommt? Vielleicht müssen Sie sich dann auch nicht mehr für den Rest Ihres Lebens zu Hause verkriechen.«

Ihr Protest war scharf. »Ich wohne zu Hause, weil mich meine Eltern *brauchen*. Sie kommen allein nicht zurecht.«

»Ich glaube, nach ihren eigenen, etwas beschränkten Maßstäben gemessen, kommen sie sogar sehr gut allein zurecht; diejenige, die da Probleme hat, sind eher Sie.«

Ihr trat eine Träne ins Auge. Es tat mir leid, ihr Urheber zu sein, aber ich machte trotzdem weiter. »Was auch immer die Wahrheit ist, ich kann mir nicht vorstellen, was die Sache noch schlimmer machen könnte, wenn sie an den Tag käme – Sie leben doch ohnehin schon wie eine Gefangene mit Arbeitsfreigang. Emily Dickinson mag zwar eine große Dichterin gewesen sein, aber in puncto Lebensbewältigung war sie bestimmt kein Vorbild.«

Das verletzte sie tiefer, als ich beabsichtigt hatte. Um ihre Gekränktheit zu verbergen, schloß sie die Augen und senkte den Kopf. Ich schaute aus einem Fenster, auf die Cadillacs und Mercedesse, die, ungerührt über unser kleines Zerwürfnis, auf dem Parkplatz grasten.

»Sehen Sie sich doch nur mal um hier«, sagte ich unnachsichtig. »Als Sie noch auf der High School waren, war Danville ein verschlafenes Provinznest; inzwischen ist es eine Yuppie-Kolonie – die ganzen Großverdiener aus Oakland wohnen hier, Herrgott noch mal. Kennen Sie oder Ihre Eltern *irgend* jemanden von diesem Leuten?«

Sie schniefte trotzig. »Wir kennen eine *Menge* Leute. Die alten Valley-Bewohner, Leute wie wir. Wir treffen sie jeden Sonntag in der Kirche.«

»Dann geben Sie Ihren Bekannten eine Chance zu zeigen, was für gute Christen sie sind. Vergebung, Absolution, all das.«

Sie pulte ein Taschentuch aus ihrem breiten Gürtel und trocknete sich die Augen. »Ich weiß nicht, was Sie eigentlich von mir wollen.«

»Ich will wissen, was zwischen Ihnen und Nicky Crandall vorgefallen ist, als Tom nach Vietnam ging.«

»Wer hat denn was von Nicky gesagt?«

»Ich.«

»Haben Sie ihn getroffen?«

»Nein. Sie?«

Sie schüttelte den Kopf. »Sie wissen überhaupt nichts, oder? Sie raten nur.«

Ich küßte ihren Handrücken. »Ich bin gut im Raten. Das war am College mein Hauptfach.«

Sie entzog mir ihre Hand nicht, aber sie sagte auch nichts.

»Das ist doch der Grund, weshalb Ihre Eltern Sie einsperren. Um Sie von Nicky fernzuhalten?«

Ihre Hand wurde so starr wie Holz, als sie sich einen Plan zurechtlegte. Als sie einen hatte, zog sie ihre Hand zurück und trank ihr Glas leer und sah sich in der Bar um. »Wie dringend wollen Sie das alles wissen?«

»Ziemlich dringend.«

»Dringend genug, um mit mir zu schlafen?«

Diesmal war ich derjenige, der ins Schleudern kam. »Was haben Sie gerade gesagt?«

»Sie haben mich sehr gut verstanden«, erwiderte sie nonchalant. »Wenn Sie uns ein Zimmer in diesem Hotel besorgen und mich dorthin mitnehmen und mit mir schlafen, werde ich –«

»Hier vermieten sie keine Zimmer mehr.«

»Dann eben irgendwo anders. Ganz gleich wo. Wenn Sie das tun, erzähle ich Ihnen alles, was Sie wissen wollen. Wenn nicht, erfahren Sie kein Wort von mir. So einfach ist das. Jetzt denken Sie, ich mache Witze«, fügte sie hinzu, als ich nichts antwortete.

»Ich habe keine Ahnung, *was* Sie wollen, aber ich habe auch nicht das Gefühl, daß Sie das selber wissen.«

Sie schmollte. »Das sagen Sie nur, weil Sie nicht an meinem Angebot interessiert sind.«

»Das ist es nicht.«

»Was dann? – wollen Sie mich vor mir selbst beschützen? Indem Sie den Ehrenmann spielen? Vielleicht haben Sie Angst vor meinem Vater. Oder vielleicht sind Sie homosexuell, asexuell, unsexuell. Bitte suchen Sie sich etwas davon aus, bevor ich zu heulen anfange.«

Während ihre Gefühle ihren Entschluß ins Wanken zu bringen drohten, versuchte ich zu verhindern, daß die Situation noch absurder wurde, als sie ohnehin schon war. »Sagen wir einfach, daß ich Sie nicht ausnutzen möchte.«

»*Ich* erpresse *Sie*, nicht umgekehrt.«

»Sie wissen doch überhaupt nichts über mich. Ich bin alt genug, um Ihr Vater sein zu können. Ich bin –«

»Ich weiß, daß Tom Sie gemocht hat«, sagte sie leise.

Ich hieb in die Bresche. »Das ist doch, was Sie eigentlich wollen – noch einmal eine Nacht mit Tom verbringen. Bedaure, aber ich bin nicht er.«

Sie parierte sofort. »Das weiß ich. Und ich weiß auch, daß Sie nicht der Typ sind, der mir weh tun würde.«

»Das allerdings nicht.«

»Oder sich über mich lustig machen.«

»Nein.«

»Oder mich zu etwas überreden, was ich nicht möchte.«

Ich versuchte ein Lächeln. »Darauf kriegen Sie bestenfalls ein Vielleicht als Antwort.«

Ellen schwenkte den Bodensatz in ihrem Glas herum, starrte auf das Erdbeertreibeis, das sich inzwischen kaum von der Färbung ihres Gesichts unterschied, und hing Phantasien nach, über die ich nur Vermutungen anstellen konnte. Im Grunde genommen tat sie mir vor allem leid, und das ließ mich aufhorchen: Ich mache Fehler, wenn mir jemand leid tut.

Mit einem letzten Schluck von ihrem Drink hob Ellen die Augen. »Ich habe seit achtzehneinhalb Jahren keine sexuelle Beziehung mehr gehabt. Seitdem dreht sich alles nur um meine Nacht mit Tom – ich denke daran, ich durchlebe jede Sekunde davon, ich betrachte sie als den entscheidenden Augenblick meines Lebens, ich teile die Zeit in Abschnitte vor und nach diesem Moment ein. *Und ich glaube nicht, daß das gesund ist.* Ich glaube, ich sollte endlich darüber hinwegkommen, vor allem jetzt, wo Tom tot ist. Was auch immer es war, was Tom und ich uns bedeutet haben, muß endlich der Vergangenheit angehören, anstatt mich wie ein Schleier zu umhüllen.« Die Sache war ihr so wichtig, daß ihr keine Wahl blieb, als zu betteln. »Ich hatte gehofft, Sie würden mir helfen.«

»Würde ich auch gern«, sagte ich wahrheitsgemäß. »Bloß glaube ich nicht, daß es gut wäre, die Sache so anzupacken, wie Sie sich das vorstellen.«

Sie sah mich offen an. »Die Zeit mit Tom war... überwältigend.« Ihre Wangen röteten sich sogar noch mehr. »Ich würde mich gern noch einmal überwältigen lassen, bevor ich sterbe.«

Das Verlangen war so aufrichtig, daß ich ihrem Blick auswich. »In der Bank muß es doch sicher Männer geben, die jederzeit –«

Sie schüttelte den Kopf. »Das würde nur Gerede geben. Und zu den wildesten Gerüchten führen. Die Leute würden noch mehr Spekulationen über mich anstellen, als sie das ohnehin schon tun. Für verschroben halten sie mich bereits; ich möchte nicht, daß sie mich auch noch für freizügig halten.« Sie wollte einen Schluck von ihrem Daiquiri nehmen und schien überrascht, daß das Glas leer war. »Machen wir uns doch nichts vor«, fuhr sie fort, ihre Worte verschwommen vom Alkohol und schleppend vor Enttäuschung. »Sie finden mich nicht attraktiv.«

»Ich finde Sie sogar sehr attraktiv.«

»Aber nicht sexuell. Sie haben Angst, Sie könnten es nicht... bringen.«

»Ich bin Junggeselle; ich würde es mit einem Astloch bringen. Ich bin bloß nicht sicher, ob ich das soll.«

Sie sah sich um, dann beugte sie sich vor, damit sie mir zuflüstern konnte, wovon auch immer sie dachte, daß es das Blatt wenden würde. »Ich habe sehr schöne Brüste. Sie würden sich wundern.«

Um meine Verlegenheit zu kaschieren, lachte ich. »Nein, würde ich nicht. Hören Sie zu, Ellen. Ihr Angebot ist mehr als verlockend. Wenn diese Geschichte mit Tom erledigt ist, können wir uns ja wieder treffen und sehen, wie sich die Dinge weiterentwickeln. Aber ich kann Sie nicht einfach in irgendein Motel abschleppen und wie eine Nutte bumsen. Dafür sind Sie viel zu nett.«

Sie machte eine Faust und hieb auf den Tisch. »Zum *Teufel* mit der ganzen Nettigkeit. *Nette* Mädchen bleiben zu Hause und hören artig zu, wenn sich ihre Eltern über die Schlechtigkeit der Welt auslassen, als gäbe es auf der ganzen Welt nichts Barbarischeres als Lachen und Singen und Tanzen und Lieben.« Sie stellte ihr Glas auf den Tisch und nahm meine Hand in Finger, die kalt und feucht waren. »Können Sie sich vorstellen, wie sehr ich mir wünsche, ich *könnte* wie eine Nutte sein und mich dem erstbesten Mann hingeben, der mir über den Weg läuft? Aber das kann ich nicht; dafür bin ich nicht der Typ. Es muß jemand... Nettes sein.« Trotz allem lächelte sie tapfer. »Und Sie sind ein netter Mann, Mr. Tanner. Wenn Sie das nicht wären, wären wir längst nackt ausgezogen.«

Alles, was ich in Rechtfertigung meiner Entscheidung vorbringen kann, ist, daß ich mehrere Sekunden brauchte, um sie zu treffen. »Ich habe noch nicht mit allzu vielen Frauen geschlafen«, sagte ich schließlich. »Aber ich muß sagen, daß mich die wenigsten auf dem Weg ins Schlafzimmer gesiezt und ›Mr. Tanner‹ genannt haben.«

26

Das Motel war das erste, an dem wir vorbeikamen, am Südrand von Walnut Creek, eingekeilt zwischen einem Krankenhaus und einem Barbecuerestaurant. Es war unaufdringlich und unauffällig, geeignet für Lasterhaftigkeit, passend zu meiner Stimmung. Der Portier schmunzelte, bis wir die Rezeption erreicht hatten – sie scheinen immer zu schmunzeln, wenn man etwas tut, das es rechtfertigt. »Wir hätten gern ein Zimmer«, sagte ich.

»Zweibett oder Doppel?«

»Doppel.«

»Macht siebenundneunzig Dollar. Plus Steuer.«

»Du meine Güte«, entfuhr es Ellen über meine Schulter hinweg. »Wenn ich das gewußt hätte.«

Ich versuchte es mit einem Witz. »Das wird dich daran hindern, das zur Gewohnheit werden zu lassen.«

Ellen fand das gar nicht witzig. »Kommt überhaupt nicht in Frage. Hundert Dollar für ein Bett? Für *eine* Nacht? Das ist ja Wahnsinn. Wir fahren einfach zu dir –«

Ich legte ihr die Hand auf den Mund und legte zwei Fünfziger auf die Theke. »Hast du vergessen, daß wir geschäftlich hier sind? Ich kann es absetzen.«

Das Schmunzeln verrutschte zu einem kriecherischen Grinsen. Er schob einen Schlüssel in meine Richtung, wünschte uns

»viel Spaß« und sah zu, wie mich Ellen wie ein todgeweihtes Lamm auf einen übertrieben verspiegelten Lift zuführte.

Das Zimmer war dem Anlaß angemessen, schätze ich – ich war zu tief im Treibsand der Moralität versunken, um näher darauf zu achten. Als wir uns im Schutz seiner pastellfarbenen vier Wände befanden, sahen wir uns mit einer Mischung aus ungläubigem Staunen und Erheiterung an.

»Um ein Haar hätte ich mein Nachthemd mitgebracht«, sagte Ellen mit einem zaghaften Lächeln. »Aber es war ein bißchen arg bieder. Meine *Zahnbürste* habe ich allerdings dabei.« Sie tätschelte ihre Handtasche.

»Das war also gar keine spontane Idee.«

Sie schüttelte den Kopf. »Das Resultat einwöchiger reiflicher Überlegung.«

»Da wäre nur noch ein Problem.«

Eine Lippe zitterte. »Du hast kalte Füße gekriegt.«

»So ziemlich alles an mir ist heiß, untere Extremitäten eingeschlossen, aber ich habe kein Kondom. Es ist nicht mehr so wie vor achtzehn Jahren. Wir sollten nicht –«

»Ich bin keineswegs hinter dem Mond«, sagte sie pikiert und griff in ihre Handtasche. Als ihre Hand wieder zum Vorschein kam, hielt sie den gefalzten Rand einer plastikverschweißten Scheibe – etwa so, wie ich einen Wurm halte, bevor ich ihn auf den Haken spieße.

Sie hielt es so, daß ich die Marke sehen konnte. »Ist das in Ordnung? Ich wußte nicht... der Verkäufer meinte, das wäre eines für alle Größen.« Ihre Wangen hätten hervorragende Landungslichter abgegeben.

»Na, wunderbar.«

Ihre Augen blitzten. »Ich bin eine ausgesprochen tüchtige Person, Mr. Tanner. Ich sehe mögliche Schwierigkeiten voraus und treffe die entsprechenden Gegenmaßnahmen. In der Bank wird mein Potential nicht *annähernd* ausgeschöpft.«

»Damit hätten wir schon zwei Dinge, die ich über dich weiß – du bist tüchtig, und du hast schöne Brüste.«

Ihre Reaktion war umwerfend. »Ich bin eins fünfundsechzig

groß und achtundfünfzig Kilo schwer, habe eine Schwäche für Seidenschals und Spitzenunterwäsche, verschlinge Anne Tyler und Barbara Pym und habe zweimal Jesse Jackson gewählt.« Sie errötete. »Disqualifiziert mich irgend etwas davon?«

»Ganz im Gegenteil, damit stehst du an vorderster Stelle.«

»Gut. Hier. Oder soll ich es aufmachen? Ziehst du es dir gleich über oder erst später?«

»Später.«

»Machst du es selbst, oder soll ich es machen?«

»Am besten, wir machen es zusammen.«

Sie sah es an, drehte es um, sah es wieder an und hielt es mir dann entgegen. »Sieht aus, als könnte das nicht ganz einfach werden, und ich habe in so was nicht viel Übung.« Sie kicherte. »Gar keine, um genau zu sein.«

»Laß mich nur machen«, sagte ich und legte das Kondom auf den Nachttisch.

Ellen sah sich im Zimmer um, als wäre sie die Filmarchitektin bei einem Remake von *Ali Baba und die vierzig Räuber*. »Wenn du nichts dagegen hast, würde ich die Lichter gern anlassen. Ein paar zumindest.« Als sie mein Gesicht sah, reduzierte sie ihre Ansprüche. »Eines, wenn es dir recht ist. Tom und ich haben es auf dem Rücksitz seines Wagens gemacht, irgendwo auf halber Strecke den Mount Diablo rauf. Es war eng und dunkel. Da war nicht viel Platz für so was wie eine... Perspektive.«

Ich machte im Bad Licht, zog die Tür bis auf einen Spalt zu und schaltete die Deckenbeleuchtung aus. »Gut so?«

Sie warf einen Blick aufs Bett. »Perfekt.« Sie errötete wieder. »Ich sollte mich vorher vielleicht noch ein bißchen frisch machen.« Ohne eine Antwort abzuwarten, verschwand sie ins Bad. Was ziemlich blöd war, weil es mir Zeit zum Nachdenken ließ.

Nach einigem Hin und Her war ich fast soweit, etwas Geld fürs Taxi aufs Bett zu werfen und zu gehen. Die Flucht zu ergreifen. Überstürzt den Rückzug anzutreten, wie ich das unter ähnlichen Umständen schon mehr als einmal getan habe, nicht daß die Ähnlichkeit besonders stark war. Aber irgendwie war es nicht richtig. Es war auch nicht ganz falsch, aber trotz Ellens resolut abgebrühtem Auftreten hing der Geruch der Verzweiflung im Raum, ein Hauch von Ersatzekstase, das Prickeln eines billigen Kitzels.

Da ich selbst allein lebte, konnte ich Ellens fleischliche Gelüste durchaus nachvollziehen und war auch genug von mir eingenommen, die Wahl ihrer Partner gutzuheißen. Probleme hatte ich eher damit, daß es, damit es richtig würde, für sie mehr als ein körperliches Erlebnis werden mußte, und dazu mußte es transzendierende Züge bekommen. Soweit ich wußte, hatte ich schon jahrelang keine Offenbarungen mehr ausgelöst, weder innerhalb noch außerhalb eines Bettes, und ich wollte mein Versagen bei dieser Gelegenheit nicht in Ellens postkoitalen Augen widergespiegelt sehen. Doch als die Badezimmertür aufging und Ellen nackt in der Öffnung erschien, ihre Wölbungen und Höhlungen vom Gegenlicht zum Glühen gebracht, als würde sie, frisch glasiert, in einem makellosen Brennofen gebrannt, verflüchtigten sich meine Vorbehalte im Labyrinth der Möglichkeiten, und nichts anderes zählte mehr, schon gar nicht die Unmenge halbgarer Moralvorstellungen, die niemandes Bedürfnisse befriedigten.

»Du hast es dir anders überlegt«, sagte sie, als sie sah, daß mein Status in puncto Kleidung quo geblieben war.

»Eigentlich nicht.«

»Du bist zu der Überzeugung gelangt, daß ich eine Schlampe bin.«

»Keineswegs.«

»Du hast Mitleid mit mir. Du glaubst, ich bin eine Nervensäge. Du glaubst, ich bin eine Nymphomanin.«

»Nichts von alldem. Ich möchte nur sichergehen, daß du es immer noch willst.«

Sie stellte eine Hüfte aus und hob einen Arm. »Na, was glaubst du?«

Ich zerrte an meinem Gürtel und was sonst noch im Weg war.

Als ich ihr, was ihre legere Aufmachung betraf, in nichts

mehr nachstand und meinen Abstecher ins Bad hinter mir hatte, blieb ich am Fußende des Betts vor ihr stehen. Im eingeengten Licht aus der Badezimmertür war ihr Körper wie eine weiche Skulptur, eine Venus, vollkommen in den Proportionen, makellos in der Oberfläche, unerschöpflich in den Möglichkeiten. Mit einem Unterschied: dieses spezielle Meisterwerk gehörte ganz mir, zumindest für die Nacht.

Ihre Haut war unbehelligt von der Sonne, ihr Gesicht noch verschont vom Stichel der Zeit, ihre Brüste wie angekündigt. Einen Augenblick lang verharrte ihre Hand, um den Zusammenlauf ihrer Schenkel zu verdecken, dann wurde auch diese Barriere beiseite gewischt, und sie wartete, daß ich den Ritus begann. Ich griff nach ihrer Hand und zog sie an mich. Ich versuchte, nicht zu merken, daß die Hand eiskalt war.

Auf ihr Drängen hin war die Umarmung kurz. »Ich möchte dich erst streicheln«, sagte sie und tat das, zärtlich, aber so ganz und gar, als wäre ihr einziges überlebendes Wahrnehmungsorgan der Tastsinn. »So wird er doch durch das Blut, oder?«

»Durch das Blut und die Stimulation.«

»Wie es scheint, kriegst du von beidem die erforderliche Menge.«

»Keine Frage.«

Sie hielt inne. »Manche Frauen machen... so Sachen damit, nicht wahr?«

»Ja.«

Sie hielt wieder inne. »Ich glaube, das kann ich nicht.«

»Mußt du ja auch nicht.«

»Lieber nur das Standardprogramm, wenn es dir recht ist.«

»Das Standardprogramm ist völlig in Ordnung.«

»Wir können ja erst mal ein bißchen... schmusen, wie findest du das? Als ich mit Tom zusammen war, haben wir uns nicht die Zeit genommen –« Sie unterbrach sich selbst und setzte eine reuige Miene auf. »Entschuldige. Ich werde bestimmt nicht mehr damit anfangen. Das ist nicht damals, das ist jetzt.«

»Miss Simmons und Mr. Tanner.«

Ihr Lächeln war endlich ungebremst. »Genau.«

»Wir werden ein bißchen schmusen, und dann werden wir etwas mehr als schmusen, und dann werden wir wieder ein bißchen schmusen.« Ich beugte mich über sie und küßte eine Brust.

Sie zuckte zurück, als hätte ich sie verbrannt, die Reaktion so elektrisch, daß unmöglich festzustellen war, ob der Reflex auf Lust oder Schmerz beruhte. Ich ließ von der einen Brust ab und küßte die andere. Diesmal umklammerte sie meinen Kopf und drückte mich gegen sie.

»Sie sind doch schön, oder nicht?« sagte sie nach einer Weile.

Behutsam drückte ich Ellen Simmons auf das Bett nieder und versuchte zu werden, was sie wollte, daß ich sei: die Reinkarnation von Tom Crandall.

27

Es war vorbei, bevor es das hätte sein sollen – wenn man ein so unbeständiges Sexualleben hat wie ich, ist die Ejakulation notgedrungen frühzeitig. Aber Ellen war noch ausgehungerter als ich, und so ließ sie sich von der Welle mittragen und kam mit mir zum Höhepunkt.

Als wir fertig waren und sauber und zurück auf dem Bett, allerdings nicht in unseren Kleidern, drehte sich Ellen auf die Seite, um besser sehen zu können. »Ein ganz schöner Unterschied. Zwischen vorher und nachher.«

»Tja.«

»Ein erstaunlicher Mechanismus. Fast hydraulisch.«

»Ein Vergleich so gut wie jeder andere.«

»Ist dir schon mal passiert, daß du... keinen hochgekriegt hast? So sagt man doch?«

»Unter anderem.«

»Und?«

»Ein paarmal.«

»Was ist passiert?«

»Ich entschuldigte mich, wir versicherten uns gegenseitig, es sei nicht weiter schlimm, wir verabschiedeten uns in aller Höflichkeit. Und sahen nie wieder etwas voneinander.«

»Was ich eigentlich gemeint habe: Warum, glaubst du, hat es an diesen Abenden nicht geklappt?«

Ich zuckte mit den Achseln. »Schuldgefühle. Übermüdung. Hoher Alkoholspiegel. Langeweile. Mehr als eins davon, aber weniger als alles, würde ich mal sagen.«

»Ich kann mir Sex schwer als langweilig vorstellen. Beängstigend, ja. Peinlich. Sogar enttäuschend. Aber nicht langweilig.«

Ich hielt nach Anzeichen Ausschau, ob Ellen damit unausgesprochene Kritik an meiner Leistung üben wollte, aber offensichtlich war das nicht der Fall. »Um die Wahrheit zu gestehen, Miß Simmons, die Details meines Sexuallebens würden einen Schlaflosen nicht am Einschlafen hindern. Warum sprechen wir nicht lieber über dich?«

Ihr Körper spannte sich an, und sie wälzte sich auf den Bauch. »Das Quid pro quo. Ich hatte gehofft, du hättest es vergessen.«

»Privatdetektive dürfen nichts vergessen. Dagegen gibt es sogar ein Gesetz.«

Sie rollte sich von mir fort. »Da jetzt der Spaß vorbei zu sein scheint, werde ich mich lieber mal anziehen.«

Sie verschwand ins Bad. Bis sie zurückkam, war ich ebenfalls angezogen und gab mir Mühe, in dem Stuhl neben dem zerwühlten Bett einen geschäftsmäßigen Eindruck zu machen. Da der Stuhl neben dem Bett der einzige Stuhl im Zimmer war, strich Ellen das Laken glatt, schüttelte die Kissen auf und lehnte sich gegen sie zurück, die Lippen zu einem unvergleichlichen Schmollen gespitzt, die Arme gegen mein Ansinnen verschränkt. Ihre Miene war nicht dazu angetan, ein Gefühl von Triumph oder auch nur Anständigkeit in mir zu wecken.

»Hör zu«, begann ich, »ich kann verstehen, daß du verärgert bist. Der Übergang war zu abrupt; nächstes Mal werde ich es besser machen.«

Der letzte Satz stand bereits im Raum, bevor er seine volle

Tragweite entfaltete. Als das der Fall war, betrachteten wir uns mit neuentdeckter Scheu. »Dann tu das«, sagte Ellen schließlich, auf dem besten Weg, in ihre alte Sprödigkeit zurückzufallen.

»Wann, denkst du, wird dieses nächste Mal sein?«

»Wie wär's mit nächster Woche? Sollen wir Freitagabend essen gehen?«

Sie sah auf ihre Uhr. »Ich hatte dabei eigentlich in Zeiträumen von zwanzig Minuten gerechnet.«

Ich lachte. »Wie du weißt, bin ich nicht mehr der jüngste. Wir können es natürlich auf einen Versuch ankommen lassen, aber möglicherweise mußt du dazu erst ein bißchen... unanständig werden. Um die Hydraulik in Gang zu bringen.«

»Das kann ich«, sagte sie zuversichtlich, aber im selben Augenblick kamen ihr Bedenken. »Oder nicht?«

»Man ist immer nur so unanständig, wie man sich fühlt.«

»Dann sehe ich überhaupt kein Problem.«

Ich stand auf und ging zur Kommode und sah Ellens Reflexion im Spiegel an. »Laß uns über dich und Nicky Crandall sprechen.«

Ihre Lüsternheit verflog. Verletzt, dann verdrossen, wandte sie sich wieder von mir ab und rollte sich zu einer Kugel ein, die Knie an die Brust gedrückt, grollende Embryonalstellung. Als sie sprach, prallten die Worte vom Plastikkopfende zurück und erreichten mich in einem spröden Timbre.

»Du hast natürlich recht«, murmelte sie leise. »Da war etwas mit Nicky.«

»Wann?«

»Etwa sechs Monate, nachdem Tom nach Vietnam kam.«

»Und Nicky bildete sich ein, du hättest ein Auge auf ihn geworfen.«

»Ja.«

»Wie kam er auf diese Idee? Weißt du das?«

»Nicht so richtig. Unter Berücksichtigung von Nickys Geisteszustand könnte es alles mögliche gewesen sein – ein Lächeln, ein Gruß – keine Ahnung, wie er darauf kam. In diesem

Alter kommen sogar ganz *normale* Jungen auf dumme Gedanken.«

Um es mal gelinde auszudrücken.

Ellen verstummte, ganz von der Aufgabe in Anspruch genommen, die Vergangenheit möglichst getreu wiedererstehen zu lassen und ihren Teil der Abmachung zu erfüllen – die ganze Wahrheit und nichts als die Wahrheit. Nach meiner Erfahrung machten sich nicht viele Leute diese Mühe, und ich fühlte mich geschmeichelt, daß sie sie sich für mich machte, bis ich zu der Einsicht gelangte, daß sie sich wie bei der Übung, die wir gerade hinter uns hatten, für Tom verausgabte.

»Kann sein, daß Tom Nicky gebeten hat, sich um mich zu kümmern, während er weg war«, fuhr sie nach langem Schweigen fort. »Und Nicky hat das falsch verstanden. Mein Gott, war das eine schreckliche Zeit«, schloß sie, das Elend lebendig in ihren Augen.

»Was genau ist zwischen dir und Nicky vorgefallen?«

Sie antwortete nicht.

»War es Vergewaltigung?«

Mit der Lethargie einer Schlange in der Sonne bewegten sich ihre Augen in meine Richtung. »Das war, was alle *dachten*.«

»Warum?«

»Weil ich sie in dem Glauben ließ.«

»Warum?«

»Weil ich dachte, daß das Tom am meisten verletzen würde, wenn er davon erfuhr – daß es die schlimmste Strafe dafür sein würde, daß er mich verlassen hatte.«

»Aber es war nicht Vergewaltigung?«

Sie schüttelte den Kopf.

»Was dann?«

Aufgewühlt sah sie mich an. »Warum willst du das unbedingt wissen? Warum mußt du diese alte Geschichte mit Nicky wieder aufwärmen?«

»Weil ich glaube, daß Nicky Crandall möglicherweise seinen Bruder getötet hat.«

Statt der Überraschung, die ich erwartete, war ihre Reaktion gelassen. »Dann wird es dich vielleicht interessieren zu hören, daß Nicky vor zwanzig Jahren versucht hat, *mich* zu töten.«

An diesem Punkt war es an mir, überrascht zu sein. »Erzähl bitte – wenn es dir nichts ausmacht.«

Ihr Blick war zerbrechlich und abwesend. »Oh, es macht mir etwas aus. Eine ganze *Menge* sogar. Ich habe mit allen Mitteln versucht, diese Nacht aus meinem Gedächtnis zu tilgen. Aber es ging nicht. Also werde ich dir erzählen, was du wissen willst. Auf diese Weise werde ich mir den Abend verdienen.«

»So war das nicht gemeint, Ellen. Du weißt ganz genau, daß es nicht so gemeint war.«

»Wenn du das sagst, John.«

Schon jahrelang hatte mich niemand mehr John genannt. Daß Ellen Simmons das nicht wußte, stimmte mich traurig.

Sie sprach mit beängstigender Gleichgültigkeit, als wären wir Touristen, die Anekdoten austauschten. »Mal sehen. Tom kam im Juni zum Militär. Etwa zur gleichen Zeit wurde Nick in Dr. Marlins Klinik eingeliefert. Er kam – warte mal – im September wieder raus. Ungefähr jedenfalls. Aber sein Zustand hatte sich nicht gebessert. Wenn überhaupt etwas, ging es ihm eher schlechter – die Tiraden, die Selbstgespräche, das seltsame Verhalten: Die ganze Stadt hat sich gefragt, wann er gewalttätig werden würde und warum niemand etwas unternahm, daß es nicht so weit kam.«

»Hat er davor schon etwas angestellt?«

Sie schüttelte den Kopf. »Nicht daß ich wüßte. Aber die Anzeichen waren unverkennbar. Zumindest für manche Leute. Ich persönlich fand ihn gar nicht so schlimm – eigenartig, ja, aber nicht gefährlich. Bis ich eines anderen belehrt wurde.«

»Was ist passiert?«

Sie begann zu reden, bevor ich die Frage beendet hatte, als ob sie es jetzt, da der Würfel gefallen war, nicht mehr erwarten könnte, den Albtraum zu exorzieren.

»Eines Abends sah ich Nicky in der Stadt. Es war schon spät – ich war im Kino gewesen und hatte eine Freundin nach Hause gebracht. Wir winkten uns zu, und ich hielt an und fragte ihn, ob ich ihn mitnehmen solle. Ich dachte mir nichts dabei; ich meine, ich hatte schon zigmal mit ihm zu tun, ohne daß es irgendwelche Probleme gab. Aber dieses Mal wollte er zur High School rausfahren. Er sagte, er hätte auf dem Tennisplatz ein paar Bücher vergessen, die er übers Wochenende dringend brauchte. Es war nicht weit, also fuhr ich ihn hin. Als wir auf dem Parkplatz waren und er sah, daß niemand in der Nähe war, fiel er über mich her.«

»Hatte er eine Waffe?«

»Nein.«

»Ein Messer, ein Seil – irgendwas?«

Ihre Augen sprühten. »Was soll da für ein Unterschied sein? Er hatte seine Hände um meinen *Hals*. Ich bekam keine Luft, und er erzählte mir ständig, ich müßte sterben. Ich hatte Angst, er würde mir die *Augen* herausreißen, ich –«

Ich ging zum Bett und setzte mich neben sie und nahm ihre Hände in meine. »Damit wollte ich keineswegs andeuten, es wäre keine lebensbedrohliche Situation gewesen. Ich habe dabei nur an Tom gedacht. In seinem Fall war die Mordwaffe ziemlich ungewöhnlich – eine Spritze. Wenn Nicky also bei dir eine unkonventionelle Waffe benutzt hätte, könnte das auf ein bestimmtes Schema hindeuten.«

Ellen schloß die Augen und schüttelte den Kopf. »Keine Waffe. Nur Nicky.«

»Bist du sicher, daß es ein Mordversuch war? Keine Vergewaltigung?«

»Absolut. Nicky wollte mich umbringen.«

»Warum?«

»Das weiß ich nicht. Heute ebensowenig wie damals. In gewisser Hinsicht wußte es, glaube ich, nicht mal Nicky selbst.«

»Wie hast du ihn dazu gebracht, daß er damit aufgehört hat.«

»Erst habe ich versucht, vernünftig mit ihm zu reden. Dann habe ich ihn... angebettelt. Ich habe ihn angebettelt...«

»Um was?«

Ich mußte mich anstrengen, um sie hören zu können. »Daß

er mich nett zu ihm sein ließ.« Sie hob die Augen. »Ich habe Nicky angebettelt, wie ich dich angebettelt habe.«

»Mit mir hast du nichts Derartiges getan. Wir –«

Sie schüttelte den Kopf, um mich zum Schweigen zu bringen. »Du wolltest über Nicky Bescheid wissen. Also stell deine Fragen.«

Es gab eine Menge Gründe, sie zu trösten, statt sie zu verhören, aber ich tat, wozu sie mich aufforderte. »Was geschah, als du der Polizei davon erzählt hast?«

»Nichts.«

»Willst du damit sagen, sie haben ihn nicht verhaftet?«

»Damit will ich sagen, ich habe ihnen nichts erzählt.«

»Warum nicht?«

»Weil mir alle davon abgeraten haben.«

»Wer sind alle?«

»Meine Eltern. Mrs. Crandall. Dr. Marlin.«

»Warum wollten sie nicht, daß du zur Polizei gehst?«

»Meine Eltern wollten jedes Aufsehen vermeiden; Mrs. Crandall wollte, daß sich das Ganze in Wohlgefallen auflöst, wie es das zuvor immer getan hat; und Dr. Marlin meinte, Nicky würde im Gefängnis vor die Hunde gehen, weil er dort nicht die ärztliche Behandlung bekäme, die er brauchte, und außerdem wäre er dort wegen seines seltsamen Verhaltens allen möglichen Schikanen ausgesetzt. Für den Fall, daß ich mitspielte, versprach er mir, Nicky unter Dauerbehandlung zu stellen, damit er so etwas nie wieder tun würde. Nicht mit mir oder sonst irgend jemandem.«

Ihr Blick wurde gequält, als sie mir das Ganze begreiflich zu machen versuchte. »Mir wurde erst ganz zum Schluß klar, was eigentlich los war. Als er über mich herfiel, dachte ich, er wäre einfach nur... geil; daß er schon aufhören würde, sobald er merkte, daß ich ihn nicht *so* mochte, wie er sich das dachte. Nicky war so sonderbar, daß alle Mädchen vor ihm Angst hatten. Er hatte keine Freundin, und deshalb... versuchte ich, es ihm schonend beizubringen, ich meine, ihm klarzumachen, daß ich nichts von ihm wollte, ohne ihn zu sehr zu verletzen, und plötzlich fing er an, mich zu würgen. Deshalb sagte ich, ich würde tun, was ich dachte, daß er wollte. Ich habe mich absolut unmißverständlich ausgedrückt, so unmißverständlich jedenfalls, wie ich konnte. Ich versuchte, es ihm richtig schmackhaft zu machen. Aber wie sich herausstellte, war das nicht, was er wollte. Zum Schluß war mir völlig klar, daß er mich umbringen wollte.«

»Es war also gar nicht dein... Angebot, das ihn davon abgebracht hat.«

Sie schüttelte den Kopf. »Jemand fuhr auf den Parkplatz. Als Nicky den Wagen kommen sah, rannte er weg.«

Sie hielt ihre Hände vor die Augen und begann zu weinen. Ich wollte sie umarmen, aber sie schüttelte den Kopf. »Laß mich. Bitte. Was willst du sonst noch wissen?«

»Hat er dir gesagt, warum er dich angegriffen hat?«

Ellen schaute mich mit etwas an, das wie Dankbarkeit aussah. »Nein. Aber es hatte nichts mit mir zu tun. Nicht wirklich. In Wirklichkeit war die Person, gegen die das Ganze gerichtet war, Tom.«

»Wie kommst du darauf?«

»Weil das letzte, was er sagte, bevor er wegrannte, war, daß ich Tom alles erzählen sollte. ›Sag ihm, was ich getan habe‹, sagte er. ›Sag ihm, das ist es, was passiert, wenn man jemanden im Stich läßt, so daß er dem Feind in die Hände fällt. Sag ihm, das ist es, wozu sie einen bringen.‹«

»Hört sich fast so an, als dachte er, von irgendwelchen fremden Kräften kontrolliert zu werden.«

Sie nickte. »Das sagte er immer wieder. Tom würde ihn im Stich lassen, ihn schutzlos in den Händen des Feindes zurücklassen. Es war, als wäre nicht in Vietnam Krieg, sondern hier, mitten in San Ramon, und als wäre der Feind nicht die Kommunisten, sondern irgendwelche geheimnisvollen Außerirdischen.« Sie seufzte. »Ich glaube, für Nicky war es tatsächlich so.«

»Hat er dich verletzt?«

Sie schüttelte den Kopf.

»Wie hat Tom reagiert, als er davon erfuhr?«

Sie sah mich mit einem Ausdruck an, so trostlos wie das Zimmer. »Noch in derselben Nacht schrieb ich Tom einen Brief und stellte es so hin, als hätte er mich vergewaltigen wollen. Daraufhin habe ich nie mehr etwas von ihm gehört. Zwölf Jahre nicht.«

Sie begann wieder zu schluchzen. Diesmal schloß ich sie in die Arme und tat, was ich konnte, um sie zu beruhigen. »Sicher hat er die Schuld an dem Vorfall nicht *dir* gegeben.«

Sie zuckte mit den Achseln. »Ich bin sicher, daß er die Schuld bei sich selbst gesucht hat. Aber statt sich oder seinen Bruder zu bestrafen, hat er die Schuld auf mich geschoben und mich bestraft. Das Verhältnis der beiden war äußerst kompliziert; ich glaube nicht, daß irgend jemand verstanden hat, was zwischen den beiden ablief. Auch Dr. Marlin nicht.«

Ich seufzte und schüttelte den Kopf. »Als ich deine Brust küßte, dachte ich, du würdest vor Lust erschaudern.«

Sie lächelte tapfer. »Erst nicht.«

»Aber später?«

»Ja.«

»Das war ein Hausmittel, das du dir zusammengebraut hast, nicht wahr? Es hatte nichts mit Tom zu tun.«

Sie sah mich an. »Bist du jetzt sauer?«

Ich schüttelte den Kopf. »Bereust du es?«

Sie wälzte sich zu mir herum, gab mir einen flüchtigen Kuß und griff dann nach dem Knopf ihrer Bluse. »Deine zwanzig Minuten sind um. Aber ich werde ein paar Tips in puncto Unanständigkeit brauchen, Mr. Tanner.«

»Davon habe ich eine Million auf Lager, Miss Simmons.«

28

Die meisten Anwälte, die ich kenne, haben kein Testament. Die meisten Ärzte, die ich kenne, lassen sich nicht untersuchen. Die meisten Mechaniker, die ich kenne, fahren Schrottmühlen. Was als Erklärung dafür gelten könnte, warum ein

Kind mit einer Blechschaufel in meine Wohnung einbrechen könnte.

Ich war müde und ein bißchen neben der Mütze und in Gedanken mit anderen Dingen beschäftigt. Ein Teil von mir schlug sich immer noch mit der moralischen Vertretbarkeit meiner Teilnahme an Ellen Simmons' Selbsthilfeübung herum. Ein anderer Teil machte sich Sorgen, daß Richard Sands seine Drohung wahrmachen könnte, meine Existenz zu zerstören, wenn ich weiter nach einem Grund für Toms Tod sondierte, und daß ich von irgendeinem Paragraphenreiter, bewaffnet mit einer raffiniert formulierten Verdächtigung, vor Gericht zitiert und in ein bürokratisches Verfahren verwickelt würde, dem zu entkommen mich das letzte Hemd kosten würde: Heutzutage bedarf es nicht viel, einen Unschuldigen zu ruinieren; nur zu bereitwillig stellen sich Gerichte und Medien als Beihelfer für so ein Komplott zur Verfügung. Doch trotz dieser und anderer Ansprüche an meine Aufmerksamkeit wußte ich von dem Moment an, in dem ich die Tür öffnete, daß jemand in meiner Wohnung gewesen war.

Der Geruch in der Luft – ranzig und beißend – stammte nicht von mir. Der Tisch in der Diele stand nicht genau dort, wo er sonst stand, und der Staub auf seiner Oberfläche war verwischt. Die Tür von der Diele zum Wohnzimmer war offen, obwohl ich sie, um die Zentralheizung zu schonen, immer geschlossen halte. Bei mir war eingebrochen worden.

Die erste Frage war, ob mein Besucher noch zu Besuch war. Ich lehnte mich gegen den Türstock und versuchte mich zu erinnern, ob meine Waffe, die sich, Tausende von Meilen entfernt, im Schlafzimmer befand, geladen war. Als mir einfiel, daß sie das nicht war, wurde mir klar, daß es ohnehin egal war – im Augenblick waren die einzigen Waffen, die mir zur Verfügung standen, meine Ohren.

Der Kühlschrank summte. Der Verkehr mühte sich noch immer ab, den Telegraph Hill zu erklimmen. Der Nachbar unter mir hörte Marvin Gaye; der Nachbar über mir sah *Nightline*. Mein Herz spielte Himmel-und-Hölle, und mein Körper brauchte mehr Luft, als ich ihm geben konnte. Soweit ich das beurteilen konnte, lag niemand auf der Lauer.

Ich tat einen Schritt, machte, ohne es zu wollen, ein Geräusch, wartete auf eine Reaktion, bekam aber keine. Ich streckte die Hand nach dem Schalter aus und machte das Licht an. Nichts explodierte, niemand schrie auf, alles verhielt sich ruhig. Offensichtlich konnte ich nach Belieben gehen oder bleiben, weshalb ich mich für letzteres entschied.

Mein erster Rundgang durch die Wohnung bestätigte, daß ich ihr einziger Bewohner war. Mein zweiter diente einer raschen Bestandsaufnahme, ob nichts gestohlen war. Der dritte ergab, daß es nicht Sinn der Sache gewesen war, etwas zu stehlen; Sinn der Sache war, Geschenke zu bringen. Und was sie gebracht hatten, war Gift: Während ich mir in Walnut Creek die Zeit damit vertrieben hatte, Ellens Herzeleid ein Trostpflaster und meiner eigenen Libido eine Spezialbehandlung zu verpassen, hatte jemand alles Eßbare, das ich besaß, verseucht.

Die Zahl der giftigen Zusätze belief sich auf drei. Vorherrschend war ein weißes Pulver, das von Lauge bis Strychnin so ziemlich alles hätte sein können, aber mehr nach Comet-Scheuerpulver roch: Ich sollte wohl denken, es wäre irgendein Nervenkampfstoff. Es war vor allem dort besonders großzügig verstreut worden, wo es am besten sichtbar war – in einem Glas Spaghettisoße, über einer Scheibe Schokoladenkuchen, auf meinem geheimen Oreos-Kekse-Vorrat und in meiner Tüte mit French-Roast-Kaffeebohnen.

Die zweite Substanz war sogar noch beunruhigender. Eine gelbliche Paste, eine glutinöse Salbe, die mich an ein Senfpflaster erinnerte, war über ein Pfund Rinderhack geschmiert, auf einen Laib Brot geklatscht, in die offene Tülle eines Milchkartons gespachtelt und sogar über die Eiswürfelbehälter gestrichen. Als ich sie, ohne Ergebnis, untersuchte, lautete die unausweichliche Schlußfolgerung Eiter und Ansteckung.

Zu guter Letzt war bestimmten ausgesuchten Gegenständen als sadistische Soße eine Substanz beigefügt, die jemandes Blut hätte sein können. Über ein Stück Schinken gelöffelt, auf einen

Becher Margarine geträufelt und über einen halben Liter Heavenly Hash gegossen, war der Effekt der von Gemetzel und Verstümmelung – und grenzenloser Enthemmung. Galle brannte in meiner Kehle, als ich die Bestandsaufnahme abgeschlossen hatte. Falls hinter dieser Aktion die Absicht stand, mich das Fürchten zu lehren, war die Mission ein voller Erfolg.

Mein erster Gedanke war, Proben aller drei Substanzen zu Charley Sleet zu bringen, damit er sie im Polizeilabor untersuchen ließ, aber dann dachte ich, zum Teufel damit. Immerhin hatten sie nicht beabsichtigt, mir etwas anzutun – jedes Glas, jede Dose, jede Flasche, jede Schachtel, die sorgfältig und weithin sichtbar sabotiert worden war, war mit einem dieser kleinen Gift-Warnaufkleber versehen, einem Totenkopf mit überkreuzten Knochen, mit denen Eltern ihren Kindern beizubringen versuchen, von welchen Dingen im Schrank sie die Finger lassen sollen. Ich sollte nicht sterben oder auch nur krank werden, ich sollte bloß glauben, daß sie mich jederzeit umbringen konnten, und das mit Mitteln, die zu entdecken ich ohne einen Lebensmittelchemiker oder Vorkoster keine Chance gehabt hätte. Während ich mir ausmalte, wie die Healthways-Boys, im Vollgefühl ihrer Macht schwelgend, durch meine Wohnung streiften und ihre Schreckensaufkleber verteilten, beschloß ich, genau das zu glauben.

Ich sammelte meine Lebensmittelvorräte ein, nicht um sie untersuchen zu lassen, sondern um sie wegzuwerfen – sie hatten nicht einmal einen schlichten Kartoffelchip verschont, um das Ausmaß des Schreckens zu reduzieren. Als ich die letzten Konserven in eine Tüte packte und das Salz ausleerte, fragte ich mich, wie lange es dauern würde, bis ich mir wieder ein Sandwich machen konnte, ohne Angst haben zu müssen, es könnte mich das Leben kosten.

Dann schwor ich mir, daß Richard Sands auf irgendeine angemessene Weise für die neue Kerbe Angst zahlen würde, die er in mein Leben geschnitten hatte.

Dann versuchte ich mir darüber klarzuwerden, was ich herausbekommen hatte, das mich so gefährlich machte.

29

Bevor ich am nächsten Morgen ins Büro fuhr, rief ich meine Klientin an. Während ich wartete, daß ihr das Mädchen sagte, daß ich am Apparat war, wurde mir bewußt, daß die persönlichen und beruflichen Kontakte, die im Verlauf des Falles Crandall zum Vorschein gekommen waren, so unwahrscheinlich waren wie nur irgendwelche in meiner bisherigen Laufbahn.

»Mr. Tanner«, zwitscherte sie überschwenglich, als sie ans Telefon kam, so schwer atmend, als wäre sie gerannt. »Ich habe schon auf Ihren Anruf gewartet. Haben Sie irgendwelche Neuigkeiten?«

Was sie meinte, war, ob ich genügend über ihren Mann hatte, um rechtliche Schritte gegen ihn einzuleiten. »Eigentlich nicht«, beschied ich sie abschlägig. »Ich wollte nur ein paar Auskünfte von Ihnen.«

»Ich verstehe.« Ihr Enthusiasmus wich Berechnung. »Kann ich Sie gleich zurückrufen? In zehn Minuten?«

Die Verbindung wurde unterbrochen; die Frau verdächtigte ihren Mann, daß er ihr Telefon angezapft hatte.

In der Zwischenzeit machte ich einen anderen Anruf. Zu spät fiel mir ein, daß es zu früh war, um jemanden zu stören, dessen Arbeitstag um drei Uhr morgens zu Ende war, aber als sie abnahm, machte mir Clarissa Crandall keine Vorhaltungen; sie hörte sich nicht einmal verärgert an. Ich hoffte, sie möchte deshalb besser gelaunt sein, weil ihr Freund auf Spritztour nach Toronto war.

»Wie geht es Ihnen?« fragte ich.

»Danke, gut.« Sie machte eine Pause. »Na ja, eigentlich nicht so gut. Er fehlt mir. Sehr sogar. Meiner Haut scheint er am meisten zu fehlen – mir ist, als hätte ich Nesselfieber oder so was.«

»Wir sprechen doch hoffentlich von Tom.«

»Natürlich«, sagte sie steif.

»Das Gefühl hatte ich auch schon gelegentlich – überreizte Nervenenden. Eine Art emotionaler Kater.«

»Genau so ist es. Ich fühle mich, als ... ginge es unverdientermaßen bergab mit mir. Wie lange, glauben Sie, hält das an?«

»Ein Bekannter, der gerade geschieden wurde, hat mir erzählt, sein Therapeut hätte gesagt, es würde ein paar Jahre dauern, bis er darüber hinweg ist. Bei einem Todesfall dauert es vermutlich länger.«

Wir waren wieder still – zwischen Clarissa und mir war immer mehr Schweigen als Kommunikation –, und sie sprach erst wieder, als ihre Gefühle so fest angeschnallt waren, daß sie mit ihnen fertig wurde. »Haben Sie etwas in Erfahrung gebracht, das ich wissen sollte?« fragte sie, sichtlich bemüht, kein übermäßiges Interesse zu verraten.

»Nicht über Tom, leider. Ich habe ein paar Dinge über seinen Bruder herausgefunden.«

»Was für Dinge?«

»Ein paar gewalttätige Episoden aus seiner Vergangenheit.«

»Welche Art von Gewalt?«

»Es scheint auf versuchten Mord hinausgelaufen zu sein.«

Ihre Stimme wurde höher. »Im Ernst?«

»Leider ja.«

»Wen hat er zu ermorden versucht? Doch sicher nicht Tom.«

»Eine gewisse Ellen Simmons.«

»Ellen? O Gott. Warum wollte er ausgerechnet die arme Ellen umbringen?«

Ich unterdrückte meine Verstimmung über das Adjektiv. »Kennen Sie sie?«

»Nur vom Hörensagen – Tom hat im Lauf der Jahre ziemlich viel von ihr erzählt, und das ganz besonders, als ich anfing, mich mit Richard zu treffen. Vermutlich sollte es mir mit Ellen so ähnlich gehen wie Tom mit Mr. Sands. Ein weiterer Beweis für unsere gestörte Kommunikation.«

»Wenn ich Sie recht verstehe, sprechen wir von Eifersucht.«

Ihr Lachen war unattraktiv. »Ich glaube schon. Ich möchte ja nicht unhöflich sein, aber warum rufen Sie an, Mr. Tanner?«

Ich verkniff es mir, ebenfalls unhöflich zu werden. »Haben Sie nach Toms Tod etwas von Nicky gehört oder gesehen?«

»Nein. Warum sollte ich das?«

»Weil die Möglichkeit besteht, daß Ihnen von ihm Gefahr droht.«

»Weshalb sollte Nicky *mir* etwas antun wollen?«

»Ich weiß auch nicht; sein Verhalten läßt sich nicht nach rationalen Kriterien beurteilen, deshalb möchte ich nicht den Anschein erwecken, als könnte ich nachvollziehen, was in ihm vorgeht. Ich weiß nur, daß er sich in letzter Zeit noch eigenartiger benommen hat als sonst. Unter Berücksichtigung der speziellen Dynamik seiner Beziehung zu Tom ist nicht auszuschließen, daß ihn Toms Tod vollends zum Ausrasten gebracht hat. Es ist nicht einmal auszuschließen, daß er Tom *getötet* hat. Ich rate Ihnen, entsprechende Vorsichtsmaßnahmen zu treffen.«

»Sie glauben doch nicht im Ernst, Nicky ...«

»Ich weiß nicht, was ich glauben soll. Ich zähle nur Möglichkeiten auf.«

»Aber wieso sollte *ich* Probleme mit Nicky bekommen? Das verstehe ich immer noch nicht.«

»Vor fünfzehn Jahren hat Nicky die Frau zu töten versucht, die Tom am meisten bedeutet hat. Der Grund dafür scheint etwas damit zu tun gehabt zu haben, daß Tom gerade nach Vietnam gegangen war. Jetzt ist Tom wieder fortgegangen, und da im Augenblick Sie die Frau sind, die ihm am meisten bedeutet hat, ist durchaus vorstellbar, daß –«

Sie seufzte. »Den Rest können Sie sich gerne sparen. Welche Schritte sollte ich Ihrer Meinung nach unternehmen?«

»Bitten Sie Sands, dafür zu sorgen, daß in nächster Zeit immer ein paar seiner starken Jungs in Ihrer Nähe sind.«

»Die kleben sowieso schon an mir wie Magneten an einer Eisschranktür.«

»Im Moment ist Ihre Intimsphäre von eher untergeordneter Bedeutung. Ich spreche von einer Überwachung rund um die Uhr, zumindest für eine Weile.«

»Bis was passiert?«

»Bis ich herausgefunden habe, wer Tom ermordet hat und warum.«

»Würde das noch etwas ändern?« murmelte sie nachdenklich. »Vor allem für den armen Nicky?«

»Möglicherweise gar nichts. Vermutlich würde es nicht mal für Tom was ändern.«

Ihr Lachen war spröde. »Ich habe schon lange aufgehört, über theologische Fragen zu diskutieren, Mr. Tanner; dieses Thema hat mir Tom mit seiner Besessenheit gründlich verleidet. Wenn auf diesem Gebiet etwas über den geistigen Horizont von ›Ach, bleib mit deiner Gnade‹ hinausgeht, lasse ich den Laden runter.«

»Da sind Sie mir schon mal einen Schritt voraus – ich schlage mich immer noch mit ›Jesus liebt mich‹ herum.«

»Tom hätte für uns beide nur Mitleid übrig gehabt.«

Das fand ich nicht, aber ich sah keinen Grund, ihr das unter die Nase zu reiben. »Noch ein letztes«, sagte ich statt dessen. »Ich möchte Sie bitten, ein bißchen über Ihren Freund Mr. Sands nachzudenken.«

Ihr Tonfall war so abwehrend wie immer, wenn sein Name fiel. »Was soll mit ihm sein?«

»Ich möchte Sie bitten, sich darüber klarzuwerden, was Sie wirklich für ihn empfinden.«

»Ich wüßte nicht, was Sie das angeht. Und wie kommen Sie darauf, daß ich mir darüber nicht schon seit Wochen meine Gedanken mache?«

»Es könnte sich als nötig erweisen, daß Sie sich klar darüber werden, was Sie notfalls tun würden, um herauszufinden, was für ein Mensch er tatsächlich ist.«

»Warum sollte ich dazu *überhaupt* etwas tun?«

»Weil die Möglichkeit besteht, daß Sands ein Ungeheuer ist. Die Machenschaften, mit denen er sein Imperium zu retten versucht, könnten für wesentlich mehr Menschen als Ihren Mann schwerwiegende Folgen haben. Ich –«

»Moment mal. Wollen Sie etwa sagen, *Richard* hat Tom umgebracht? Ist Ihnen klar, wie *absurd* das ist?«

»Das habe ich nicht gesagt«, unterbrach ich sie.

»Was wollen Sie dann sagen?«

»Daß ich vielleicht auf Ihre Hilfe angewiesen sein werde, um herauszufinden, was mit Tom passiert ist und ob Sands etwas damit zu tun hat. Ich möchte Sie bitten, sich zu überlegen, ob Sie mir, wenn nötig, helfen werden.«

Ihr Atem war ein leises Rauschen in der Leitung. »Sie hören sich an, als würde etwas Schreckliches passieren.«

»Möglicherweise *ist* bereits etwas Schreckliches passiert. Die Frage ist, wie dem Ganzen ein Ende machen.«

»Was müßte ich dabei tun?«

»Sorgen Sie dafür, daß Sands allein ist und ohne seine sauberen Freunde, damit ich ihn zur Rede stellen kann.«

»Wann?«

»Wann kommt er aus Toronto zurück?«

»Heute abend. Spät.«

»Wie schwer wäre es, dafür zu sorgen, daß er allein mit Ihnen im Club ist?«

»Nicht besonders.«

»Hören Sie heute abend Ihren Anrufbeantworter ab. Ich gebe Ihnen Bescheid, wenn es so weit ist.«

Mit meinen Gedanken bereits bei Ränken und Rankünen, hängte ich mitten in ihrer nächsten Frage ein.

Eine Minute später rief mich Deirdre Sands zurück. »Es wird gemunkelt, daß Ihr Mann finanziell auf der Kippe steht«, sagte ich. »Stimmt das?«

Ihre Stimme fiel in den Keller. »Daß Sie das aber schön brav für sich behalten, ja? Es wäre nicht gerade zu meinem Vorteil, wenn diese Geschichte Richard das letzte Hemd kosten würde. Die Hälfte von diesem Hemd gehört schließlich mir.«

»Das alles bleibt selbstverständlich unter uns.«

»Also schön. Ja, Richard ist in Schwierigkeiten.«

»Wie großen?«

»Den denkbar größten. Bankrott. Vielleicht Schlimmeres.«

»Er ist in Toronto, um sich um ein Darlehen zu bemühen.«

»Ja. Er kommt heute abend zurück.«

»Wenn er den Kredit nicht bekommt, fällt dann das Kartenhaus zusammen?«

»Ja, mit ziemlicher Sicherheit. Kleine graue Männer in kleinen grauen Anzügen werden Richard nach ihrer Pfeife tanzen lassen. Und das kann er auf den Tod nicht ausstehen.«

»Warum haben Sie mir das nicht gleich erzählt? Warum haben Sie mir weiszumachen versucht, er stünde finanziell bestens da?«

Sie zögerte. »Ich bin es gewöhnt, daß mir die Leute allein aufgrund dessen, wer und was mein Mann ist, zu Diensten sind. Ich hatte Angst, Sie würden den Fall nicht übernehmen, wenn Sie wüßten, daß mein Mann in der Bredouille steckt.«

»Nur unter uns: Das ist doch Unsinn.«

»Nett von Ihnen, daß Sie das sagen.«

Einen Augenblick lang genoß ich die Wärme ihrer Bemerkung. »Es gibt etwas, was noch schlimmer ist als ein Bankrott: ein Strafverfahren. Ermittelt die Bundesanwaltschaft gegen Ihren Mann?«

Sie atmete hörbar ein. »Wie kommen Sie darauf, so etwas zu fragen? Wissen Sie darüber Näheres?«

»Absolut nichts. Aber jeder, der schon so viele und vor allem auch so einträgliche Geschäfte gemacht hat wie Ihr Mann, muß dabei mindestens gegen ein halbes Hundert Gesetze verstoßen haben. Deshalb würde es mich nicht wundern, wenn sich früher oder später das FBI einschalten wird. Wer ist sein Anwalt?«

»Barrett Noland.«

»Wer ist Ihrer?«

Sie zögerte. »Wie kommen Sie darauf, ich könnte bei einem Anwalt gewesen sein?«

»Sie wissen besser über das Scheidungsrecht Bescheid als ich. Ich nehme an, Sie treffen bereits Vorkehrungen für eine Trennung, auf privater wie auf geschäftlicher Ebene. Außerdem nehme ich an, bei einigen Steuertricks Ihres Mannes waren Trusts und Briefkastenfirmen im Spiel, bei denen Sie als Teilhaberin aufgeführt sind. Das könnte auch Sie zum Gegenstand dieser Untersuchungen machen, und das sollten Sie lieber nicht auf die leichte Schulter nehmen.«

Die Bestätigung war in ihrem Timbre. »Jake Hattie«, murmelte sie, und das war mehr als genug, um meinen Verdacht zu erhärten.

»Glaubt Jake, daß Sie Schwierigkeiten bekommen?«

»Jake meint, er wird das schon regeln. Ich sollte nur dafür sorgen, daß immer so viel auf dem Konto ist, daß die Schecks gedeckt sind.«

Jakes ungebrochene Geldgier brachte mich zum Lachen, was wiederum meine Klientin in Rage brachte. Bevor sie mich zurechtweisen konnte, stellte ich die nächste Frage. »Und wie nimmt Ihr Mann das alles auf?«

»Wie meinen Sie das?«

»Verhält er sich irrational? Benimmt er sich eigenartig?«

»Sie meinen, außer mit seiner Nachtigall? Er ist nicht unzurechnungsfähig, das nicht, aber mit Sicherheit paranoid. Ich habe bereits die entsprechenden Schritte eingeleitet, um sicherzugehen, daß ich nicht beschattet werde.«

»Unternimmt er sonst etwas, um die bevorstehende Katastrophe abzuwenden?«

»Meine Ausgaben werden überwacht – jeder Betrag über fünfhundert Dollar muß von seinem Sekretär genehmigt werden. Mein Schmuck wird versteigert – das heißt ein Teil davon und selbstverständlich diskret, um keine Panik auszulösen. Zwei unserer Häuser stehen zum Verkauf.« Sie seufzte verzagt. »Ich glaube, man kann ohne Übertreibung sagen, das Wasser steht uns bis zum Hals. In Anbetracht Ihrer populistischen Neigungen nehme ich an, daß Sie das freuen wird.«

»Nicht wirklich«, sagte ich wahrheitsgemäß, aber nur, weil ich nie gegen einen Klienten Partei ergreife. »Erzählen Sie mir, was Sie über Tom Crandall wissen.«

Sie wiederholte den Namen. »Nichts.«

»Ich meine es ernst, Mrs. Sands. Ich muß unbedingt wissen, was Sie wissen.«

»Ich weiß, daß er ihr Mann war, und ich weiß, daß er tot ist. Punkt.«

»Hat ihn Sands in Ihrer Gegenwart je erwähnt?«

»Nein.«

»Und wie steht es mit Nick? Nicholas Crandall?«

»Ich habe nie von ihm gehört.«

»Falls Sie etwas von ihm hören, oder über ihn, geben Sie mir unverzüglich Bescheid.«

»Warum?«

»Nick ist Toms Bruder. Er ist schon lange Zeit psychisch extrem labil, und das vermutlich in verstärktem Maß, seit sein Bruder tot ist. Jeder, der in diese Geschichte in irgendeiner Weise verwickelt ist, könnte sich in Gefahr befinden.«

»Ich bin nicht in diese Geschichte verwickelt, Mr. Tanner.«

»Das sind Sie sehr wohl – Sie bezahlen den Kerl, der Dreck aufwirbelt, darunter auch Dreck aus der Vergangenheit, der sich nicht mehr länger unter Verschluß halten läßt. Bedeutet die Tatsache, daß Ihre Ausgaben kontrolliert werden, daß Ihr Mann weiß, daß Sie mich engagiert haben?«

»Nein. Ich habe im Lauf der Jahre etwas Geld beiseitegebracht – ein Bestechungsfonds, wenn Sie so wollen. Richard weiß nichts davon.«

»*Hoffen* Sie.«

»*Weiß* ich. Wenn es sein muß, kann ich ganz schön clever sein. Ist das alles, Mr. Tanner? Ich habe gleich eine Verabredung zum Mittagessen.«

»Was wissen Sie über Healthways?« fragte ich.

»Was soll damit sein?«

»Kommt dieses Thema häufig zur Sprache?«

»Ständig.«

»Warum?«

»Das weiß ich nicht, aber Richard hängt deswegen ständig mit Lex am Telefon. Lex Chadwick ist der Präsident von Healthways.«

»Sie wissen nicht, worum es bei diesen Gesprächen geht?«

»Nicht genau. Ich weiß nur, daß sie sich von Healthways die Rettung von Sandstone erhoffen.«

»Wie soll das passieren?«

»Ich habe keine Ahnung.«

»*Wann* soll es passieren?«

»Sobald das Gesundheitsamt seinen Befund bekanntgibt.«
»Befund über was? Ein neues Medikament?«
»Ich glaube«, sagte sie lebhaft. »Ich glaube, bei Healthways haben sie eine wichtige Entdeckung gemacht.«

30

Als ich ins Büro kam, blockierte schon wieder eine Limousine die Durchfahrt – ich begann mich wie ein Rockstar zu fühlen, bis mir einfiel, daß ich weder Geld noch Fans hatte.

Der Besucher, der im Vorzimmer wartete, bedeutete keinen Geschäftszuwachs – Lex Chadwick war schon mal hiergewesen. Gefallen hatte es ihm damals nicht, und es gefiel ihm auch jetzt nicht. Als ich den Raum betrat, wirbelte er herum, als fürchtete er, ich könnte mit etwas anderem als Bedeutungslosigkeit bewaffnet sein. Bei der Healthways Corporation stand man wohl unter Hochspannung.

Ein Stirnrunzeln legte sein Gesicht in Falten. »Bürozeiten wie eine Bank«, knurrte er, als ich die Post auf dem Schreibtisch durchging. Wie ein Paar Miniaturkammerdiener machten sich seine Hände unablässig an seiner Kleidung zu schaffen, rückten seine Krawatte und seinen Kragen zurecht, strichen sein Revers glatt und betatschten seine Taschen, um dafür zu sorgen, daß der Gesamteindruck des Ensembles nicht gestört wurde. In seinem importierten Tuch und dem italienischen Schnitt sah er so piekfein aus, daß ich mir in meinem schlichten Tweed wie ein Einwanderer vorkam.

Als ich die Post durch hatte, bedachte ich ihn mit einem herzhaften Grinsen. »Ich schlucke brav meine Medizin – Alkohol ist ja bekanntlich die beste –, ich habe mich vor drei Jahren auf Herz und Nieren untersuchen lassen, ich nehme jeden Morgen mein Quantum, und trotzdem komme ich nicht von Healthways los. Was mache ich falsch?«

Chadwick fand das nicht witzig. »Warum sagen Sie mir das nicht selbst?«

»Gut, werde ich. Bisher dachte ich, Ihren tollen Mr. Sands würde mein Interesse an Clarissa stören. Aber mittlerweile glaube ich, daß es ihm vor allem darum geht, daß ich Nicky nicht zu nahe komme.«

»Welchem Nicky?«

»Nicholas Crandall. Toms jüngerem Bruder. Clarissas verrücktem Schwager.«

Chadwick zuckte mit den Achseln. »Nie gehört.«

»Irgend jemand bei Healthways hat das aber.«

»Wer?«

»Dr. Marlin zum einen. Ein paar Krankenwagenfahrer zum anderen.«

Ich wartete auf einen Kommentar, aber Chadwick hatte keinen, den er mir unter die Nase reiben wollte.

»Ich glaube, das ist der Punkt, an dem Sie mir sagen, ich soll die Finger von Healthways lassen«, half ich ihm nach. »Sonst werden die Jungs, die meine cornflakes und meinen White Label ruiniert haben, wiederkommen und ernst machen.«

Seine Antwort war weniger eine Drohung als eine Rezitation. »Mr. Sands hat mich gebeten, Sie darauf aufmerksam zu machen, daß Ihre fortgesetzte Einmischung in die Angelegenheiten von Healthways...« Er suchte nach einem Wort.

»Ungesund werden könnte?«

Er überkreuzte die Arme. »Ja.«

»Sagen Sie mir eines, Chadwick«, fuhr ich fort, in der Hoffnung, mein Auftreten möchte unverschämt genug sein, um ihn aus der Fassung zu bringen. »Als was führen Sie diese Art von Tätigkeit in Ihrem Lebenslauf auf – als Public Relations oder Präventivmedizin?«

Er beantwortete die Frage mit einem Fluch und einem Motto: »Motivation.«

»Ach ja, stimmt. Ihre Spezialität. Dann kann ich nur hoffen, Sie haben Ihre alte Firmenphilosophie den neuesten Anforderungen angepaßt – es wird geredet, Sandstone sei auf dem besten Weg zu zerbröseln wie ein Croissant bei einem Wettessen.«

»Alles Blödsinn«, verkündete Chadwick.

»Hat's in Toronto geklappt?«

»Das geht Sie nichts an. Ich weiß nichts von einem Schwager oder einem Dr. Marlin oder sonst jemandem. Ich bin hier, um Ihnen ein Angebot zu machen.«

»Für was?«

»Ihre Diskretion.«

»Die ist nicht käuflich.«

Angewidert knurrte Chadwick. »Alles ist käuflich.«

»Nur in Ihrer Welt, Lex.«

Große Fische mögen es nicht, wenn man ihre Werte in Frage stellt – das verunsichert sie, und die einzigen Leute, die sowohl reich als auch unsicher sind, findet man im Showgeschäft. »Wenn Sie klug sind, hören Sie sich an, was ich Ihnen zu sagen habe«, brummte er.

Ich zuckte mit den Achseln. »Na schön. Was ist Sache?«

Chadwick nahm seine Aktentasche vom Boden, holte etwas heraus, das wie ein Vertrag aussah, und begann daraus vorzulesen. »Wir – damit sind Mr. Sands und die Sandstone Corporation gemeint – stellen bestimmte Sicherheitsanforderungen, die unter den gegenwärtigen Verhältnissen nicht erfüllt werden. Jemand mit Ihrer Erfahrung könnte sich als außerordentlich wertvoll erweisen, ein Konzept zu entwickeln, das eine optimale Koordinierung ermöglicht zwischen, auf der einen Seite, der Notwendigkeit, sowohl innere als auch äußere Bedrohungen von unseren betrieblichen Einrichtungen und Projekten abzuwenden, und, auf der anderen Seite, dem Anrecht unserer Mitarbeiter, sich in ihrer persönlichen Freiheit und in ihrer Arbeit nicht eingeschränkt fühlen zu müssen.«

Er brauchte etwas Zeit, um wieder zu Atem zu kommen. »Auf Beraterbasis oder full time?« fragte ich, um die Pause zu überbrücken.

»Das bleibt ganz Ihnen überlassen.«

»Ich glaube, lieber auf Beraterbasis. Wie sieht es mit der Bezahlung aus?«

»Was immer Sie für angemessen halten.«

Ich lachte. »Ich wette, das ist das erste Mal, daß Sie es auf *die* Tour versuchen.«

Er gelangte zu der Überzeugung, meine Sorglosigkeit würde am ehesten weggehen, wenn er sie ignorierte. »Ich kann Ihnen für einen Zeitraum von einhundertachtzig Tagen tausend Dollar pro Tag bieten. Das müßte genügen, um ein entsprechendes Konzept auszuarbeiten und in die Praxis umzusetzen.«

»Zahlbar in Ramsch-Aktien, nehme ich an.«

»Ich kann Ihnen in zwanzig Minuten einen beglaubigten Scheck vorlegen. Wann können Sie anfangen?«

Unsere Blicke balgten sich über dem Couchtisch. »Sobald Tom Crandalls Mörder hinter Gittern ist.«

Er war über den abschlägigen Bescheid mehr erstaunt als über die Bedingung. Er brauchte eine Weile, um mit dem unvermeidlichen Klischee anzukommen. »Das werden Sie bereuen, Mr. Tanner.«

»Falls Healthways wirklich so böse ist, wie ich glaube, werden Sie es bereuen, in der Sonntagsschule nicht besser aufgepaßt zu haben.«

»Ich weiß nicht, wovon Sie reden.«

»Um Ihretwillen kann ich nur hoffen, daß das wahr ist. Wieviel zahlen Sie Dracula, daß er für die Blutbank den Zuhälter spielt?«

Chadwick versuchte ahnungslos zu wirken. »Was faseln Sie da? Vielleicht sollten Sie sich mal in einer unserer Einrichtungen untersuchen lassen.«

Ich schüttelte den Kopf. »Sparen Sie sich die Mühe, mir was vorzumachen, Chadwick. Ich habe Sie beide auf dem Parkplatz gesehen. Ich weiß, daß Dracula im Tenderloin Blutspender für das Fremont Memorial anwirbt. Ich bin auch ziemlich sicher, daß er ihnen unter der Hand etwas zahlt, obwohl man in keiner anderen Blutbank Geld bekommt. Was ich *nicht* weiß, ist, warum. Aber auch das werde ich noch herausfinden; darauf können Sie Gift nehmen.«

Schon lange bevor ich ans Ende meiner Exegese kam, begann Chadwick den Kopf zu schütteln. »Healthways hat nichts mit der Beschaffung oder Verteilung von Blut zu tun. Selbstverständlich stützen sich unsere Krankenhäuser zur Gewährleistung einer sicheren und kontinuierlichen Versorgung mit Vollblut und Blutpräparaten auf das Rote Kreuz und andere Blutspendedienste, aber damit hat es sich auch schon.« Chadwicks Blick bekam fast etwas Verklärtes. »Die Blutspendedienste sind in letzter Zeit ziemlich ins Gerede gekommen – die Leute haben Angst zu spenden; die Lagerbestände sind auf ein bedenkliches Maß geschrumpft. Aus irgendeinem Grund scheinen Sie fest entschlossen, dieser Fehleinschätzung noch weiter Vorschub zu leisten. Um der Gesundheit und des Wohlergehens der Bewohner dieser Stadt willen hoffe ich, Sie werden Ihre Hirngespinste für sich behalten.«

Ich war von seiner selbstlosen Bitte so gerührt, daß ich beschloß, ihm etwas Trost zu spenden. »Ich habe gehört, bei Healthways Pharmaceuticals arbeitet man an einem neuen Produkt, das demnächst auf den Markt kommen soll.«

Er blinzelte. »Und?«

»Wenn ich recht informiert bin, erhofft man sich davon die finanzielle Rettung des Unternehmens.«

»Und?« sagte er noch einmal.

Ich machte mich daran, nach jedem Muskelzucken Ausschau zu halten, das sich bemerkbar machte, sobald ich meinen Verdacht ausspielte. »Dabei handelt es sich doch nicht zufällig um einen Aids-Impfstoff? Der ohne Wissen und Zustimmung des Gesundheitsamts an Menschen getestet wurde? Und auch ohne Wissen und Zustimmung der Versuchskaninchen selbst?«

Einzige Reaktion war ein stählernes Schweigen.

»Sie wären keineswegs die ersten«, fuhr ich leichthin fort. »Vor nicht allzu langer Zeit wurden in Zaire Kinder mit einem Serum geimpft, ohne daß sie oder ihre Eltern ihre Einwilligung dazu erteilt hatten, und das alles geschah angeblich auf Veranlassung eines weltweit anerkannten Aids-Forschers. Dann wäre da noch dieser Aids-Patient, der in Mexiko starb, nachdem ihm zwecks Hitzebehandlung sein ganzes Blut aus dem Körper gepumpt worden war, und zwar von einem Arzt, der seine Forschungseinrichtungen südlich der Grenze verlegte, als ihm das FBI die Durchführung dieses speziellen Verfahrens in *diesem* Land untersagte. Illegale Aids-Experimente scheinen gerade im Trend zu sein – Healthways schwimmt nur auf dieser Welle mit. So ist es doch, Lex? Wir sind hier schließlich in Amerika, dem Land der unbegrenzten Möglichkeiten.«

Chadwick machte zwei Schritte auf mich zu. Sein Eau de Cologne ließ mich um ein Haar den Rückzug antreten. »Falls ich eine Meldung diesen Inhalts in der Presse finden sollte«, verkündete er mit ungespielter Brutalität, »sind Sie ein toter Mann.«

»Genau wie Tom Crandall«, erinnerte ich ihn, aber ich glaube nicht, daß er das nötig hatte.

31

Mir war bei meinem Duell mit Chadwick der Gaul durchgegangen, und ich hatte mich mehr oder weniger nur auf Vermutungen gestützt, als ich ihn und seine Organisation beschuldigte, in den Healthways-Ambulatorien illegale Tests für einen Aids-Impfstoff vorzunehmen. Aber ich konnte Charley Sleet nicht bloß mit Vermutungen kommen, wenn ich nicht wollte, daß er mich auslachte. Allerdings kamen diese Vermutungen nicht von ungefähr; sie basierten auf der Tatsache, daß Healthways etwas Wichtiges zu verbergen hatte und Sandstone etwas Wichtiges an der Hand hatte, mit dem es den drohenden Ruin abzuwenden hoffte, und Tom Crandalls Zimmer voll gewesen war von Literatur zu diesem Thema. Deshalb wurde es langsam Zeit, Beweise zu finden.

Wenn mir so etwas wie eine ›wohlunterrichtete Quelle‹ zur Verfügung stand, dann am ehesten Dr. Marlin. Als ich in der Zentrale von Healthways anrief, teilte man mir mit, daß er an diesem Vormittag in der Turk Street Clinic Dienst hatte. Bevor ich mich auf den Weg in den Tenderloin machte, ließ ich noch ein Gespräch zu Clay Oerter durchstellen.

»Tut mir leid, dich stören zu müssen, obwohl die Börse noch aufhat«, sagte ich, als er an den Apparat kam.

»Schon gut, aber faß dich kurz«, ermahnte er mich gutgelaunt. »Ich schreibe gerade Orders für Kunden aus, von denen ich seit dem Crash nichts mehr gehört habe.«

»Wenn du mich fragst, stehen die nur für die nächste kalte Dusche an.«

Clay lachte. »Du hast völlig recht, die Finger von der Börse zu lassen, Tanner. Das ist kein Spiel für Pessimisten.«

»Was ist das schon?«

»Russisch Roulette«, sagte Clay und fragte mich, was ich wollte.

»Du hast mal erwähnt, daß Healthways Pharmaceuticals ein paar neue Medikamente auf den Markt bringen will.«

»Richtig.«

»Was sind das für Medikamente?«

»Das kann ich dir aus dem Stegreif nicht sagen. Aber ich kann mal sehen, was unser Computer zu diesem Thema zu sagen hat.«

Ich hörte das leise Klicken eines Keyboards, gefolgt von einigen Momenten der Stille, die bedeuteten, daß Clay die aufgerufenen Daten studierte. »Mal sehen – ein Arthritis-Schmerzmittel zur äußeren Anwendung, ein Medikament gegen Herzrhythmusstörungen, verschiedene Mittel gegen Pilzerkrankungen, künstliches Blut, Fettersatz, Alzheimer-Therapie, Antidepressiva – ziemlich genau das gleiche, womit auch die anderen rumexperimentieren, wie es aussieht.«

»Steht da nichts von einem Aids-Impfstoff? Oder einem neuen Mittel gegen opportunistische Infektionen?«

»Zumindest nicht hier, aber diese Unterlagen erheben keinen Anspruch auf Vollständigkeit. Da ich die Aktie nicht persönlich handle, kann ich dir nicht mehr sagen, als hier auf dem Bildschirm steht; ich müßte einen unserer Spezialisten fragen.«

»Könntest du das? Bis heute abend? Ich melde mich gegen fünf wieder bei dir.«

»Ist das alles, was du wissen willst – ob Healthways an einem Aids-Mittel arbeitet?«

»Richtig«, sagte ich.

Durch und durch ein Profi, witterte Clay eine Chance, sich auf die Schnelle ein paar Dollar zu verdienen. »Besteht denn Grund zu der Annahme, daß sie was an der Hand haben? Allein in San Francisco leben dreißigtausend HIV-Positive; weltweit sind es zehn Millionen. Falls Healthways als erste einen wirksamen Aids-Impfstoff auf den Markt bringt, käme das einer Genehmigung gleich, selbst Geldscheine zu drucken – allein der jährliche AZT-Bedarf einer einzigen Person bringt nach Adam Riese einen Bruttogewinn von nahezu fünf Mille, und das ist nur ein Palliativum.« Clays Begeisterung ließ eine Spur nach. »Natürlich könnte sich jemand, der sich solche Insiderinformationen an der Börse zunutze macht, ganz schöne Schwierigkeiten einhandeln.«

Ich lachte über seinen Verweis auf die gesetzlichen Bestimmungen. »Wann hat in *deiner* Branche schon jemand wegen ein paar Insiderinformationen kalte Füße gekriegt? Aber keine Sorge; ich habe keine Ahnung, ob Healthways ein Aids-Mittel an der Hand hat oder nicht. Wenn es so wäre, würde das nur ein paar Dinge erklären.«

»Wie zum Beispiel?«

»*Das* wären jetzt Insiderinformationen.«

Clay lachte. »Na schön. Ich werde mein Bestes tun, dir ein bißchen Hintergrundmaterial zu beschaffen, aber in letzter Zeit ist bei uns der Teufel los. Wenn der Trend von letztem Monat anhält und wir demnächst ein paar Bomben auf Bagdad schmeißen, wird der Dow-Jones auf fünftausend steigen.«

Ich kehrte der Welt der Aktien und Anleihen den Rücken zu und machte mich auf den Weg in die Welt von Speed und Crack. Bevor ich dort ankam, legte ich einen Zwischenstopp in der Bibliothek des Hastings College of Law ein und verbrachte eine Stunde damit, nach einem Punkt zu suchen, an dem ich den Hebel ansetzen konnte.

Die Frage war einfach: Wenn eine Körperschaft ein Verbrechen begeht – wenn zum Beispiel Healthways bestimmten Personen ohne deren Wissen ein nicht zugelassenes Medikament verabreicht, um dessen Wirksamkeit zu testen, und wenn dabei jemand zu Tode kommt –, wer trägt dafür die Verantwortung und wer wird dafür bestraft? Mit anderen Worten, wie standen die Aussichten, daß Richard Sands strafrechtliche Konsequenzen für die Vergehen gewärtigen mußte, deren er und seine Mitarbeiter, wie ich immer fester überzeugt war, sich schuldig gemacht hatten? Die Antwort war ebenso vorhersehbar wie entmutigend.

Zivilrechtlich kann eine Körperschaft nicht für kriminelle Vergehen ihrer Angestellten verantwortlich gemacht werden, und zwar basierend auf dem Grundsatz, daß eine Körperschaft als fiktive Person keine mens rea haben kann, die kriminelle Absicht, die Grundvoraussetzung dafür ist, daß man überhaupt von einem Verbrechen sprechen kann. Die Repräsentanten einer Körperschaft sind zwar *theoretisch* für ihr Verhalten verantwortlich, wenn sie in offizieller Funktion handeln, aber in der Praxis haben sie normalerweise kaum strafrechtliche Konsequenzen zu befürchten, weil es extrem schwierig ist, ihnen nachzuweisen, daß sie tatsächliche oder zurechenbare Kenntnis vom gesetzwidrigen Charakter der fraglichen körperschaftlichen Aktivitäten hatten; mit anderen Worten: Sie ziehen den Kopf aus der Schlinge, indem sie sich hinter einem organisatorischen Labyrinth verschanzen, ähnlich dem sorgfältig gestrickten Deckmantel aus Nicht-Wissen, der es Reagan ermöglichte, jede Kenntnis von dem Tausch Waffen gegen Geiseln oder von der illegalen Unterstützung der Contras zu leugnen.

Auch Jahrhunderte nach ihrer Formulierung haben die zivilrechtlichen Bestimmungen ihre Gültigkeit keineswegs verloren. Nach gängiger Rechtsprechung muß, wenn eine Körperschaft ein Verbrechen begeht, das Wissen von einem solchen Verstoß an einem bestimmten Individuum festgemacht werden, um die betreffende Person strafrechtlich belangen zu können. Nun kann sich freilich besagtes Individuum zu seiner Verteidigung auf »objektive Unmöglichkeit« berufen, das heißt, daß es ihm nicht möglich war, den Gesetzesverstoß entweder festzustellen oder zu verhindern. Angesichts dieser Anforderungen an die Beweislast erweist sich eine Verurteilung wegen körperschaftlicher Gesetzesverstöße schon seit Jahren als außerordentlich schwierig; zusätzlich erschwerend wirkt sich in diesem Zusammenhang das Phänomen der sogenannten »jury nullification« aus – die Tendenz von Geschworenen, Wirtschaftsverbrecher ungeachtet aller Beweise für ihr Fehlverhalten freizusprechen.

Alles in allem machte mir das Strafrecht nicht allzuviel Mut, daß Sands oder einer seiner Lakaien, unter zusätzlicher Berücksichtigung der mächtigen Anwälte und einflußreichen Freunde, die sich vor sie stellen würden, hinter Gitter wandern würde, selbst wenn ich ihnen ihre Machenschaften bei Healthways hätte nachweisen können. Ebensowenig tat das die jüngste Entscheidung des Generalstaatsanwalts, von seiten des Justizministeriums die langjährige Unterstützung einer Empfehlung des Bundesstrafausschusses zurückzuziehen, härtere Urteile über Wirtschaftskriminelle zu verhängen, eine Maßnahme, bewirkt durch die intensiven Bemühungen einer Lobby aus Strafverteidigern, Ölgesellschaften und anderen maßgebenden Vertretern von Industrie und Wirtschaft – also genau den Leuten, die von solchen härteren Urteilen betroffen wären. Mit anderen Worten, was ich zutage gefördert hatte, war ein weiteres schlagendes Beispiel für das Laisser-faire, wie es gegenwärtig in Wirtschaftskreisen vorherrschend ist – die kleinen Fische werden am laufenden Band verknackt, während die fetten Katzen Amok laufen.

Niedergeschlagen und entmutigt, verbrachte ich ein paar Minuten über dem Benutzerhandbuch. Ich wollte gerade aufgeben, als ich über einen Verweis auf Kaliforniens nagelneuen Corporate Criminal Liability Act stolperte. Dann stieß ich auf Paragraph 331 des Food, Drug and Cosmetic Act. Nach intensiver Beschäftigung mit seiner Geschichte und Anwendungspraxis hatte ich beim Verlassen der Bibliothek etwas auf den Lippen, was einem Lächeln ziemlich nahe kam.

Meine Glückssträhne hielt an, als ich im Tenderloin ankam.

Anstatt mich dem zeitraubenden Anmeldeverfahren im Ambulatorium unterziehen zu müssen, um an mein Opfer heranzukommen, lief ich ihm vor dem Glide Memorial über den Weg, als er gerade in seinen Lincoln steigen und nach Hause fahren wollte.

Ich beeilte mich, ihn abzufangen, bevor er in seiner Limousine verschwinden konnte. »Dr. Marlin, mein Name ist Tanner. Wir haben erst kürzlich miteinander gesprochen. Über Nicky Crandall.«

Seine Kleidung war auch diesmal sehr auf Wirkung bedacht, und er wirkte auch diesmal heiter und gelassen, wenn auch in Eile, doch gespannt, was ich zu sagen hatte. »Ich weiß. Haben Sie ihn gefunden?«

»Noch nicht.«

»Was wollen Sie dann von mir?«

»Ihnen sagen, warum Sie mich belogen haben.« Ich sah die Straße hinauf und hinunter. »Gibt es hier irgendwo einen Ort, wo wir uns ungestört unterhalten können?«

Sein Lachen war ruhig und väterlich. »Nicht in diesem Viertel. Und ganz unabhängig davon habe ich keine Zeit.«

»Dann sollten Sie sich lieber die Zeit nehmen, Herr Doktor.«

Mein Affront ließ ihn die Stacheln ausfahren. »Das kommt überhaupt nicht in Frage. Ich habe in zwanzig Minuten eine Besprechung.«

»Mit Chadwick?«

Er hob eine Braue. »Sie kennen Lex?«

»Er ist einer der Gründe, weshalb ich hier bin.«

Marlin sah mich einen langen Augenblick an, kam zu einem Entschluß und entriegelte die Wagentüren durch einen Druck auf einen elektronischen Schnickschnack, den er aus seiner Tasche holte. Ich dachte, er würde gleich losfahren und mich auf der Straße stehenlassen, aber er öffnete die Beifahrertür und winkte mir einzusteigen. »Fünf Minuten kann ich Ihnen geben.«

Nachdem er mir in das luxuriöse Innere seiner Karosse gefolgt war, wandten wir uns, so gut es ging, einander zu, während hinter den getönten Barrieren, die für die Außenwelt so verschlossen blieben wie nur irgend möglich, Verkehr und Passanten vorbeiströmten. Meine Nase weidete sich am Geruch von Leder.

»Welcher Art ist Ihre Beziehung zu Mr. Chadwick?« fragte Dr. Marlin, als ich keine Anstalten machte, die Diskussion zu eröffnen.

»Sagen wir mal, sie hat mich veranlaßt, bestimmte Schlußfolgerungen über das Forschungsprogramm von Healthways Pharmaceuticals zu ziehen.«

Marlin atmete sichtlich auf. »Wenn da Ihre Interessen liegen, sind Sie bei mir an der falschen Adresse – mit der Pharmafirma habe ich nichts zu tun.«

»Das mag vielleicht in den betrieblichen Unterlagen nicht in Erscheinung treten«, gab ich zu, »aber trotzdem glaube ich, daß Sie bei den Forschungsvorhaben eine entscheidende Rolle spielen.«

Er hätte Kurse in Teilnahmslosigkeit geben können. »Wie das?«

»Vielleicht ist es das beste, ich erzähle Ihnen, was meiner Meinung nach bei Healthways vor sich geht.«

Er zuckte mit den Achseln und sah auf seine Uhr. »Wenn Sie meinen.«

Ich wartete, bis ich seine Aufmerksamkeit hatte. »Wenn mich nicht alles täuscht, werden Sie sich aufgrund der Rolle, die Sie dabei spielen, wegen verschiedener strafrechtlicher Verstöße zu verantworten haben, Herr Doktor. Unter anderem wegen Verstoßes gegen das Nahrungsmittel- und Drogengesetz, was meines Wissens der einzige strafrechtliche Bereich ist, in dem ein Geschäftsmann mit einer Haftstrafe rechnen muß, wenn er es mit den Sicherheitsbestimmungen nicht so genau nimmt. Außerdem gibt es ein neues Gesetz, das auch die Verheimlichung von Produktrisiken unter Strafe stellt. Mit anderen Worten, Herr Doktor: Wenn ich an Ihrer Stelle wäre, würde ich lieber zuhören. Und dann würde ich anfangen, mir Gedanken zu machen, wie ich mich am besten von den *wirklichen* Bösewichtern distanzieren kann, wenn das FBI anrückt.«

Marlin sah in den Rückspiegel. »Haben Sie das außer mir schon jemandem erzählt?«

»Nur Chadwick.«

»Nicht der Polizei, nicht dem Gesundheitsamt, nicht der Ärztekammer?«

Ich schüttelte den Kopf. »Noch nicht.«

Seine Braue begann zu glänzen. Er sah aus dem Fenster, warf wieder einen Blick auf seine Uhr und versuchte dann gleichzeitig unschuldig und verärgert auszusehen. »Ich hoffe, Ihre Geschichte nimmt keine epischen Dimensionen an, Mr. Tanner. In zwei Minuten muß ich los.«

Ich lehnte mich gegen die Tür und sprach mit allem mir zu Gebote stehenden Nachdruck. »Aus der Presse wissen wir, daß unter den Obdachlosen der Stadt, von denen ein hoher Prozentsatz hier im Tenderloin lebt, die Aidsrate sprunghaft angestiegen ist. Wir wissen auch, daß in diesem Land über hunderttausend Menschen an Aids gestorben sind und weltweit Tausende mehr. Die Zahl der mit dem Virus infizierten Personen beläuft sich amtlichen Schätzungen zufolge bereits in Zehnmillionenhöhe.«

»Das Ausmaß der Tragödie ist bestens dokumentiert, Mr. Tanner. Worauf wollen Sie hinaus?«

»Wir wissen auch, daß ein Präventivimpfstoff noch nicht annähernd in Sicht ist – allerfrühestens am Ende des Jahrhunderts. Medikamente wie AZT, die das Voranschreiten der Krankheit hemmen, sind nicht nur teuer, sondern auch von begrenzter Wirksamkeit und ziehen unangenehme Nebenwirkungen nach sich. Das heißt, die Firma, die einen Impfstoff entdeckt, der gegen das Virus immun macht oder Antikörper produziert, die das Virus nach einer Ansteckung wirksam bekämpfen, wäre auf eine Goldgrube gestoßen. Stimmen Sie so weit mit mir überein, Herr Doktor?«

Sein Achzelzucken war teilnahmslos. »Das liegt doch auf der Hand. Aber was hat das mit Healthways zu tun?« Der Doktor begann sich zu langweilen – mehr, als gut für ihn war.

»Angesichts der hohen Aidsrate in den unteren Gesellschaftsschichten«, sagte ich rasch, »hat Healthways in seinen Ambulatorien schon allein aus statistischen Gründen mit einer Menge HIV-Infizierter zu tun. Die meisten von ihnen sind alleinstehend, ohne Familie oder Freunde oder Kollegen – mit anderen Worten, ohne einen Menschen, der aufgrund dessen, was ihnen dort angetan wird, Stunk machen könnte.«

»Was *wird* ihnen denn dort angetan? Außer daß sie kostenlos ärztlich behandelt werden, was Sie aus irgendeinem Grund zu stören scheint?«

Ich versuchte so gefaßt zu wirken wie mein Gegenüber. »Irgendwann hat jemand bei Healthways gemerkt, daß ihnen hier ein unbezahlbarer Fundus an Versuchskaninchen zur Verfügung stand – ideales Versuchsmaterial, um unter Umgehung der gesundheitsbehördlichen Bestimmungen illegale pharmazeutische Tests durchführen zu können. Vermutlich läuft das Ganze so ab: Sie sichten einen aussichtsreichen Kandidaten für einen Virusbefall, unterziehen ihn zur Sicherheit einem Aids-Test und jubeln ihm dann ein noch im Erprobungsstadium befindliches Medikament unter, wenn er sich aus irgendeinem anderen Grund in einem Ihrer Ambulatorien behandeln läßt. Später machen Sie sich die allgemeinen Fürsorgevorkehrungen und Kontrolluntersuchungen, auf die Healthways so stolz ist, zunutze, um diese Patienten weiter im Auge zu behalten und die Wirksamkeit des Mittels zu untersuchen – ob es zum Beispiel hinreichend Killerzellen zur Bekämpfung des Virus produziert –, und auch, um sich über die dadurch hervorgerufenen Nebenwirkungen Klarheit zu verschaffen. Alles ohne Wissen und Zustimmung des Gesundheitsamts und auch ohne Wissen und Zustimmung der Patienten. Und alles, ohne ernsthaft fürchten zu müssen, daß jemand auf die Barrikaden geht, wenn sich die Nebenwirkungen als tödlich erweisen sollten.«

Ich sah Marlin an. Was ich erwartete, war ein umfassendes Geständnis. Was ich bekam, war ein kunstvoll gedrechseltes Lächeln, das das genaue Gegenteil der Reaktion war, die ich hervorzurufen gehofft hatte. Mir blieb nichts anderes übrig, als meinen letzten Trumpf auszuspielen, in der Hoffnung, ihm einen gehörigen Schreck einzujagen.

»Soviel ich gelesen habe«, fuhr ich fort, »passiert so etwas gerade ziemlich häufig, wenn auch vorwiegend in der Dritten Welt – um der Konkurrenz eine Nasenlänge voraus zu sein und um im Patentamt möglichst vorne zu stehen – benutzen multinationale Pharmakonzerne nichtsahnende Eingeborene wie Laborratten. Nun hat Amerika neuerdings seine eigene Dritte Welt; in San Francisco nennt sie sich Tenderloin, und Healthways ist in diesem speziellen Teil der Stadt die einzige Organisation, die für so etwas in Frage kommt. Das heißt, sobald sich das FBI einschaltet, dürfte es nicht mehr allzu schwierig sein, Beweise zu finden, was hier vor sich geht.«

Mit synthetischem Mitgefühl schüttelte Marlin den Kopf. Ich kam mir vor wie ein kleiner Junge bei der Beichte, dem es beim besten Willen nicht gelingen will, die gewünschte Schockwirkung hervorzurufen. Ich versuchte es mit einer Erhöhung des Einsatzes.

»Ich habe einiges zu diesem Thema gelesen, Herr Doktor. Ich weiß, daß der Ruf nach neuen Aidsmitteln laut ist und daß einige dieser Mittel gerade Gegenstand klinischer Untersuchungen sind und andere die Testphase bereits hinter sich haben und nur noch auf die Genehmigung durch das Gesundheitsamt warten. An Mitteln wie ddI, die das Knochenmark nicht angreifen und längerfristig wirksam sind als AZT, werden sich die Hersteller eine goldene Nase verdienen, falls und wenn sie zugelassen werden.«

Marlin schüttelte den Kopf. »Ich weiß noch immer nicht, was Sie eigentlich wollen.«

»Wenn ein Pharmaunternehmen ein neues Medikament entwickelt, werden die für seine Zulassung erforderlichen Tests in der Regel von ihm selbst durchgeführt, in den firmeneigenen Labors. Healthways allerdings verfügt über keine derartigen Einrichtungen – es ist auf die zuständigen Regierungsstellen angewiesen. Das Problem ist, daß sich die amtlichen Zulassungsverfahren oft ewig in die Länge ziehen, obwohl man versucht hat, den Genehmigungsprozeß durch die Einrichtung einer klinischen Aids-Versuchsgruppe und andere schnellere Verfahren zu beschleunigen. Da gilt es, sich mit einem Wust von bürokratischen Bestimmungen herumzuschlagen, und in der Zwischenzeit greift die Krankheit immer rascher um sich. Und Sie haben nicht ewig Zeit, Herr Doktor. Aber nicht, weil so viele Menschen sterben, sondern weil Sandstone das Wasser bis zum Hals steht. Deshalb führen Sie Ihre *eigenen* Tests durch, und anschließend schleusen Sie Ihre Versuchspersonen durch die Auswahlverfahren der Blutbank, damit diese Ihnen den unabhängigen Beweis liefern, daß das Virus eliminiert worden ist. Wenn Sie genügend solcher Beweise vorliegen haben, um sich eine reelle Chance ausrechnen zu können, gehen Sie damit vermutlich an die Öffentlichkeit. Allerdings nicht zum Gesundheitsamt, sondern zu den Medien.«

»Absoluter Unsinn.« Marlin ließ den Wagen an.

»Vermutlich glauben Sie, ein neues Pentamidin entdeckt zu haben. Mit diesem Mittel wurden schon lange, bevor es vom Gesundheitsamt zugelassen wurde, Tausende von Patienten behandelt, weil alle außer dem Gesundheitsamt wußten, daß es bei in Zusammenhang mit Aids auftretenden Lungenentzündungen gute Wirkungen zeigte. Aber was ist, wenn es sich dabei um ein neues Suranim handelt – ein Medikament, das zu Beginn ganz hervorragend zu wirken schien, bis sich herausstellte, daß es schwerwiegende und bleibende Schäden an lebenswichtigen Organen verursachte? Macht es Ihnen *nichts* aus, daß der Wettlauf gegen die Zeit, mit dem sich Sandstone aus den roten Zahlen bringen will, unzählige Menschen das Leben kosten könnte, Dr. Marlin?«

Da Marlin nichts erwiderte, beantwortete ich mir meine Frage selbst.

»Anscheinend nicht. Alles, was Sie vermutlich sehen, sind Dollarzeichen. Wenn das Mittel etwas taugt und wenn Sie an die Öffentlichkeit dringen lassen, was Sie da entdeckt haben, werden die Schwulen-Gruppen wie ACT UP und Queer Nation solchen Druck auf das Gesundheitsamt ausüben, das Mittel freizugeben, daß es die üblichen Testverfahren nicht mehr zu durchlaufen braucht und bei Ihnen sofort die Kassen zu klingeln anfangen. Selbst wenn das Gesundheitsamt seiner Pflicht nachkommen und Ihnen auferlegen sollte, das Mittel in einem regulären Verfahren zu testen, könnte sich Sandstone allein durch die Schwarzmarktverkäufe in Afrika schnellstens aller finanziellen Sorgen entledigen.«

Ich schluckte und holte Luft. »Wie gefällt Ihnen das bis jetzt, Herr Doktor?«

Marlin war so kühl wie Schneematsch. »Ihre Paranoia ist ziemlich weit fortgeschritten. Es wundert mich, daß noch niemand einen Antrag gestellt hat, Sie einweisen zu lassen.«

»Weil wir gerade bei diesem Thema sind – an diesem Punkt kommt Nicky Crandall ins Spiel.«

Der Doktor blieb gelassen. »Tut mir leid; da sehe ich keinen Zusammenhang.«

»Der Zusammenhang ist, daß Sie schon lange bei illegalen Medikamentengeschäften mitmischen. Schon damals, als Nicky zum erstenmal zu Ihnen kam, draußen in Walnut Creek, haben Sie vermutlich unter dem Tisch Schmiergelder von Pharmafirmen dafür eingesteckt, daß Sie Ihren psychiatrischen Patienten nicht zugelassene Medikamente verabreicht haben, vermutlich ganz ähnlich wie jetzt, bloß nicht in so großem Stil. Ich gehe mal davon aus, daß das der Grund war, weshalb Healthways Sie angestellt hat – weil Sie in bestimmten Randgruppen des Ärztestandes bereits hinreichend dafür bekannt waren, daß Sie hinsichtlich der geltenden Bestimmungen wenig Skrupel kennen.«

Marlin brachte den Motor auf Touren und rauchte stumm vor sich hin.

»Kommen Sie, Doc. Die Pharmaindustrie arbeitet doch mit allen Tricks. Da ist es gängige Praxis, die Zulassungsanträge nach Lust und Laune zu frisieren – über hundert gängigen Medikamenten wurde die Marktzulassung nur dank getürkter Testergebnisse erteilt. Ein Kongreßabgeordneter hat gesagt, er hätte noch keinen Wirtschaftszweig gesehen, der so korrupt ist wie die Pharmaindustrie. Ich nehme an, Sie haben in diesem Geschäft schon eine ganze Weile kräftig abgesahnt, Herr Doktor. Auch schon, bevor Sie Ihre Geldgier bei Healthways ein neues reiches Betätigungsfeld wittern ließ.«

»Sie sind tatsächlich verrückt, Mr. Tanner«, sagte Marlin mit beeindruckender Unverschämtheit. »Wenn Sie erlauben, kann ich Sie gern an einen Kollegen weiterempfehlen, der Ihnen helfen wird.«

»Sie haben Tom überredet, Ihnen zu helfen, daß Nicky in Ihre Klinik eingewiesen wurde, bevor Tom nach Vietnam ging. Während Nickys Klinikaufenthalt behandelten Sie ihn mit einem noch in der Erprobung befindlichen Mittel, das allerdings unerwünschte Nebenwirkungen zeigte, darunter auch, daß Nicky nach seiner Entlassung um ein Haar Ellen Simmons umgebracht hätte.«

»Vielleicht können Sie mir ja die Namen Ihrer Zeugen nennen. Oder mir die entsprechenden Unterlagen vorlegen. Oder irgendeine *andere* Möglichkeit vorschlagen, mit der Sie Ihre Anschuldigungen zu beweisen gedenken.«

Seine Selbstbeherrschung war aufreizend. »Dafür habe ich keine Beweise, muß ich zugeben. Möglicherweise könnte ich aber welche beschaffen, wenn ich die richtigen Stellen in Kenntnis setzen würde und diese dann die richtigen Unterlagen zu Rate ziehen würden, aber vielleicht auch nicht – zweifellos haben Sie alle Spuren sorgfältig verwischt. Aber wenn Sie die Sache richtig anpacken, wird sich damit auch niemand mehr befassen.«

Der Doktor spitzte die Lippen. »Welch ein Jammer. Nicht, daß ich damit zugebe, daß irgend etwas Derartiges vorgefallen ist – damit wir uns da klar sind –, aber es gäbe eine fantastische Story ab, finden Sie nicht auch? Geradezu exemplarisch für unsere Zeit.«

»Sie sind erstaunlich gelassen, Herr Doktor; das muß ich Ihnen neidlos zugestehen. Aber vergessen Sie nicht, daß in Zusammenhang mit dieser Geschichte Mordanklagen erhoben werden könnten.«

»Wie das?«

»Ich glaube, daß Tom Crandall ahnte, was passiert war, als Nicky zum erstenmal bei Ihnen in Behandlung war. Als er erfuhr, daß Nicky wieder in Ihren Klauen war, begann er der Sache auf den Grund zu gehen und bekam Wind von den illegalen Aids-Experimenten in den Ambulatorien – vermutlich brauchte er sich dazu nur ein bißchen unter seinen Kollegen beim Healthways-Rettungsdienst umzuhören. Und deshalb ließ ihn Sands aus dem Weg räumen.« Um des Effekts willen machte ich eine Pause. »Sie sollten sich wirklich überlegen, ob Sie sich nicht auf einen Handel mit der Bundesanwaltschaft einlassen wollen, bevor das alles herauskommt, Herr Doktor. Ich habe es in erster Linie auf Sands abgesehen.«

Marlin legte den Gang ein. »Falls Sie eine dieser Anschuldigungen gegen eine der genannten Personen, mich eingeschlossen, erheben sollten, kann ich Ihnen bereits jetzt versichern, daß üble Nachrede das *Allermindeste* sein wird, weswegen Sie verklagt werden.«

Ich rang mir ein Lächeln ab. »Das sagen sie alle, Herr Doktor. Nur scheint keiner damit Ernst zu machen, sobald ihm sein Anwalt erst mal erklärt hat, daß die Wahrheit die beste Verteidigung ist.«

Der Doktor ließ sein Fenster herunter und betrachtete mich mit etwas, das wie Sympathie aussah. »Darf ich Ihnen einen Vorschlag machen?«

»Sicher.«

»Ein Mann wie Sie muß Freunde bei der Polizei haben. Oder bei der Ärztekammer.«

»Bei beiden, um genau zu sein.«

»Schön. Dann würde ich Ihnen vorschlagen, zu veranlassen, daß einer von ihnen eines dieser... *Versuchskaninchen*, wie Sie sie nennen, untersucht. Am besten gleich Nicholas Crandall, falls Sie ihn finden können. Oder noch besser, lassen Sie an einem gerade verstorbenen Aidsopfer, das in einem unserer Ambulatorien behandelt wurde, eine Autopsie vornehmen – ich könnte Ihnen jederzeit Namen nennen, die mit den Unterlagen des Leichenschauhauses korrespondieren: mit dem Tod des Patienten erlischt bekanntlich die ärztliche Schweigepflicht.«

Marlin vergewisserte sich, ob die Straße frei war. »Falls Sie sich diese Mühe wirklich machen wollen, werden Sie feststellen, daß keine Substanz, die auch nur *annähernd* Ähnlichkeiten mit einem Medikament aufweist, wie Sie es eben beschrieben haben, im Blut oder im Gewebe der von Ihnen ausgesuchten Personen gefunden werden wird.«

»Sie sind sich Ihrer Sache wohl sehr sicher, Herr Doktor.«

Sein Blick war arrogant und geringschätzig. »Und ob ich das bin. Genauso sicher, wie ich mir bin, daß Ihr Ruf als Ermittler und Prognostikant einer Revision unterzogen werden wird. Zu Ihrem Nachteil, fürchte ich.« Er schaffte tatsächlich ein Lachen. »Sehen Sie sich gut um hier, Mr. Tanner. Könnte gut sein, daß das Ihre neue Heimat wird.«

32

Manchmal liegt man richtig, und manchmal liegt man falsch, und manchmal weiß man nicht, wo oben und unten ist. Diesmal hatte ich falsch gelegen, nicht in einem nebensächlichen Detail, sondern mit der ganzen Theorie, die ich mir zur Erklärung von Tom Crandalls Tod ausgedacht hatte. Das hatte Dr. Marlins Gelassenheit angesichts meiner Anschuldigungen ebensosehr bestätigt wie sein Vorschlag, an ehemaligen Healthways-Aidspatienten eine Autopsie vornehmen zu lassen, um das Vorhandensein unerlaubter Substanzen in ihrem Organismus festzustellen. Da seine Aufforderung alle Züge einer entschiedenen Entkräftung meiner Anschuldigungen trug, bluffte Marlin entweder, oder er hatte nichts mit den dunklen Machenschaften in den Healthways-Ambulatorien zu tun. Weil ich keine dieser beiden Hypothesen akzeptieren konnte, blieb mir nichts anderes übrig, als noch einmal von vorne anzufangen und das Ganze ein zweites Mal durchzuspielen.

Genau das tat ich, während ich die Eddy Street hinunter zu meinem Wagen schlenderte und mir klarzuwerden versuchte, wo ich mich getäuscht hatte. Plötzlich spürte ich einen Schmerz in meiner Seite – scharf, stechend, anhaltend. Verspannung, Krampf, Herzinfarkt – durch meinen Kopf schossen eine Reihe von organischen Kalamitäten, bevor ich das Stechen, durchdringender als zuvor, ein zweites Mal spürte und merkte, daß es durch äußere Einwirkung hervorgerufen wurde. Als ich mich umdrehte, um zu sehen, wer und was mich gepiekst hatte, krallte sich eine Hand in meine Schulter, eine Messerspitze bohrte sich weiter meinen Innereien entgegen, und eine Stimme forderte mich auf, weiterzugehen und mich nicht umzuschauen. Ich tat, was sie sagte, aber nicht ohne vorher einen Blick auf meinen Angreifer zu erhaschen.

Vermutlich hatte er sich an mich gehängt, als ich das Büro verließ, hatte sich, während ich in Gedanken versunken war, von hinten an mich herangeschlichen und hatte mir aus vorerst unbekannten Gründen etwa auf Höhe der Nieren ein Messer in die Seite gedrückt. Dracula hatte mich in seinem Bann; ich kam mir vor wie ein Nebendarsteller in einem Splatterstreifen, und in dieser Sorte Film haben Nebendarsteller in der Regel nichts zu lachen.

»Hab gehört, du suchst nach mir«, fauchte es in meinem Ohr, Stimme und Ausdrucksweise ein Amalgam aller Actionfilme, die er mal gesehen hatte. Er kam sich zweifellos wie Robocop vor; mir eher wie der glücklose Lustknabe in *Die Spur des Falken*.

»Und jetzt habe ich dich gefunden«, sagte ich in dem Bemühen, meine bösen Vorahnungen hinter betonter Gelassenheit zu verbergen. »Kein Wunder, daß ich so gut bezahlt werde.«

Es gefiel Dracula nicht, daß ich keine Angst hatte. »Geh einfach weiter, bis ich was sage«, befahl er barsch und versetzte mir einen weiteren Stich in die Seite. Zum Glück war sein Messer so stumpf wie sein Einfühlungsvermögen – ich hatte die Hosen ganz schön voll.

»Ich mag's nicht, wenn einer hinter mir herschnüffelt«, fuhr er fort, als wir im Tangoschritt die Straße runterstelzten. »Wenn hier einer auf Pirsch geht, dann *ich*.«

Ich war so stinkfreundlich wie ein Trickbetrüger, der ein Opfer am Haken hat. »Genau darüber wollte ich mit dir reden.«

»Über was?«

»Deinen Job.«

Der Druck über meiner Niere ließ nach; Dracula witterte ein Geschäft. »Willst du Blut spenden?«

Ich lachte.

»Oder willst du mich vielleicht ausbooten?« Er gackste wie ein Schakal. »Der letzte, der das probiert hat, hat *selber* Blut gebraucht, als ich mit ihm fertig war.« Mit unangenehmem Nachdruck kehrte das Messer zurück.

»Mich interessiert mehr die finanzielle Seite«, sagte ich.

»So? Warum?«

»Ich arbeite mich gerade in eine verwandte Branche ein und könnte ein paar Tips brauchen.«

»Wie zum Beispiel?«

»Wer bezahlt dich?«

Er zögerte. »Sie mögen nicht, daß ich darüber rede.«

»Wirst du stundenweise bezahlt oder auf Provisionsbasis?«

»Äh...«

Er wußte nicht, was eine Provision war. »Kriegst du mehr gezahlt, wenn du mehr Leute anschleppst?«

»Ja.«

»Haust du jeden an, oder hast du eine Liste?«

»Ich hab eine Liste.«

»Von wem kriegst du die?«

»Von Don und Ron.«

»Den Sanitätern.«

»Ja.«

»Wieviel zahlst du den Leuten, die du anhaust?«

Wie jeder Unternehmer hielt sich Dracula etwas auf seine Preispolitik zugute. »Jedenfalls mehr als die Weiber im *Plasma-Zentrum*.«

»Wieviel, fünfzehn für den halben Liter?«

»Für Vollblut zwanzig. Das sind sechsundsechzig Prozent mehr, als du für Plasma kriegst.«

Ich fragte mich, wer ihm beim Rechnen geholfen hatte. »Zahlst du im voraus oder erst, wenn sie das Auswahlverfahren bestanden haben?«

»Halbe-halbe«, prahlte er, seine Stimme aufgeblasen vor Stolz: Dracula war einsame Spitze.

»Wirbst du für alle Blutbanken Spender an oder bloß für die Fremont Memorial?«

Ich hatte genug aus ihm herausgekitzelt. »Wo ich die Leute hinschicke, ist meine Sache«, knurrte er. »Klar?«

Dracula packte mich am Arm und zerrte mich in einen Durchgang, eng und feucht und übersät von einem Schlauch von Abfällen, die aussahen, als wären sie schon von mehreren Dutzend Pennern nach ein paar Gramm Eßbarem durchwühlt worden. Ein Ausflug in diese Richtung konnte nichts Gutes bedeuten, aber noch immer biß sich die Messerspitze wie ein Mungo in meine Haut. Was ich brauchte, war eine Ablenkung.

Während ich noch nach einer Ausschau hielt, riß Dracula mit einem heftigen Ruck an meinem Arm und ließ mich vor einer vorhängeschloßgesicherten Tür unter einem windschiefen Schild mit der Aufschrift VINNY'S VIDEO anhalten; wie es aussah, war Vinny schon genauso lange nicht mehr im Geschäft wie das Betamax-System. Das Plakat im Fenster rührte für *Sodbrennen* die Werbetrommel; angesichts von Jack Nicholsons Gesichtsausdruck fragte ich mich unwillkürlich, ob er ein Klon von Dracula war.

»Rühr dich nicht von der Stelle«, befahl Dracula. »Hände auf den Kopf. Los, hoch damit und verschränken.«

Ich tat, was er sagte, und währenddessen gab er der Tür einen Stoß. Das Vorhängeschloß hielt, aber nicht die Angeln, und die Tür schwang unter durchdringendem Quietschen verkehrt herum auf. Einen Augenblick später bohrte sich das Messer wieder in meinen Rücken, und Dracula schob mich nach drinnen. Ich duckte mich und betrat das Verlies. Als ich mir an der schiefhängenden Tür den Kopf anschlug, schien meine Psyche zu finden, daß mir das recht geschah.

Dem Aussehen des Lochs nach zu schließen, war Dracula der letzte in einer langen Reihe von Banditen, die hier Unterschlupf gesucht hatten – die festen Einbauten waren herausgerissen und in einer Ecke zu einer Art Fort aufgetürmt; Essensreste übersäten den Boden; eine löchrige Decke und ein paar durchnäßte Kissen mußten als jemandes Bett herhalten. Weitere Plakate flatterten durch den Raum wie Relikte eines Filmfestivals in der Hölle; eine lebensgroße Pappfigur des Terminators verlieh dem Ganzen einen verrückten Zusammenhang. Das Licht, das durch das Fenster fiel, war so dünn und gespenstisch wie mein jugendlicher Widersacher – wie jedesmal bisher, wenn ich im Tenderloin war, wünschte ich mir, ich hätte meinen Revolver dabei.

»An die Wand«, befahl Dracula und piekste mich wieder, diesmal in den Bauch – wenn er das noch mal machte, mußte ich etwas Tollkühnes versuchen. Ich wich an die Wand zurück und fragte mich, wie dabei etwas Gescheites herauskommen sollte.

»Verschiedene Leute sehen es nicht gern, daß du hier rumschnüffelst«, sagte Dracula, als ich weit genug von ihm entfernt war, um meine Nemesis ins Auge fassen zu können.

Sein Grinsen brachte schiefe und gelbsüchtige Zähne zum Vorschein. Seine Poren hatten ein Rinnsal galliger Säure ausgeschieden, lange genug, um seine Wangen zu zerfressen und zu verkrusten; sein Haar hing herunter, so schlaff wie ein Mop, der gerade das Männerklo ausgewischt hatte. Seine winzigen Augen leuchteten zu hell, um unter Normalspannung zu stehen.

»Ich mache nur einen Job«, sagte ich erklärungshalber. »Genau wie du.«

»Kann schon sein. Bloß kommt dein Job meinem in die Quere.« Jetzt, da wir uns Auge in Auge gegenüberstanden, schien es fast, als wolle er sich rechtfertigen. »Ich muß dich kaltmachen.«

»Das wäre ein großer Fehler. Wegen Mord kannst du ganz schön was aufgebrummt kriegen.«

Das beeindruckte ihn nicht. »Dagegen bin ich maximal abgesichert; ich hab nur was zu verlieren, wenn ich dich leben lasse.«

Das einzige, was mir an diesem Punkt noch einfiel, war, mich auf ihn zu stürzen oder Zeit zu schinden. Unter Berücksichtigung meines Alters und der Geschicklichkeit, mit der Dracula sein Messer handhabte, entschied ich mich für letzteres. »Wieviel zahlen sie dir, damit du mich abstichst?«

Er zögerte, dann entschied er, was soll's. »Fünfhundert. Im Scanlon's gibt's Kerle, die es für fünfzig machen würden. Aber bei mir wissen sie, ich ziehe den Job durch und halte hinterher das Maul.«

»Bist du schon mal auf die Idee gekommen, daß sie ein bißchen nachhelfen könnten – beim Maulhalten, meine ich?«

Der Hinweis hinterließ keine Wirkung. Dracula fluchte bloß und wischte das Messer an seinem Ärmel ab, wie ein Metzger, der sich daranmachte, die nächste Rinderhälfte zu vierteln. Obwohl er vorhatte, mich wie eine Färse auszunehmen, wollte er nicht, daß ich mich infizierte.

»Fünfhundert sind nicht übel«, sagte ich, »aber ich biete mehr.«

»Wieviel mehr?« fragte er ohne großes Interesse.

»Tausend.«

»Damit ich *was* tue?«

»Damit du hier abziehst und mir eine halbe Stunde Zeit läßt, um zu verschwinden.«

Dracula sah mich so durchdringend an, wie sein Namensvetter die geschmeidigen Hälse seiner Opfer inspiziert hatte. »Du hast keinen Riesen«, konstatierte er.

»Natürlich nicht hier, nein.«

»Auch sonst nirgendwo.«

»Ich kann bis heute abend einen beschaffen. Wo du willst. Was kostet es dich schon, mir ein paar Minuten Aufschub zu geben. In der Zwischenzeit kannst du Chadwick erzählen, daß du mich nicht gefunden hast.«

Er blinzelte. »Wer hat hier was von Chadwick gesagt?«

»Ich.«

»Da sieht man's wieder, daß du keine Ahnung hast. Na schön, ich kriege also von dir fünfhundert mehr; aber wenn die merken, daß ich Scheiße gebaut hab, dann kann gut sein, daß die mir den Blutjob nehmen.«

Ich wühlte nach einer Antwort. »Ich kann dir einen besseren Job vermitteln.«

»Zum Beispiel?«

»Körperteile.«

Das war das erste, was mir einfiel, und wie die meisten Dinge, die mir unzensiert durch den Kopf schießen, ergab es keinen rechten Sinn. Aber Dracula schien ganz angetan von der Idee.

»Körperteile? Wie Arme und Beine und so ne Scheiße?«

»Eher wie Augen und Lebern und Nieren. Dafür besteht eine Riesennachfrage; Tausende von Leuten, die auf Transplantate warten. Lebern und Nieren können nicht eingefroren werden, deshalb gibt es keine Möglichkeit, sie auf Vorrat zu lagern. Das heißt, es besteht ständig Nachfrage, und das wiederum heißt, daß das Geschäft mit Teilen wesentlich besser läuft als mit Blut. In Ägypten kriegst du für eine Niere zehn Mille.«

Das versuchte Dracula auszuloten. »Und wie läuft so was?«

»Wie mit Autos – wir erteilen dir einen Auftrag, und du lieferst. Wir stellen keine Fragen, du besorgst die Ware, wo und wie du willst. Du bleibst, was du jetzt bist – selbständiger Unternehmer.«

Seine Hühnerbrust schwoll unter der Resonanz dieses Titels. »Selbständiger Unternehmer. Schön. Aber was ist mit Ron und Don?«

»Die werden schon bald nichts mehr zu melden haben.«

»Wieso?«

»Weil sie die Bullen demnächst dichter auf der Pelle haben werden als einen Leichensack.« Das war das erste wahre Wort, das ich seit Betreten des Durchgangs gesprochen hatte. Wahr, wenn es mir gelang, am Leben zu bleiben.

Dracula schien meinen Vorschlag zu überdenken, was mehr war, als ich hoffen konnte. Während er das tat, hielt ich nach etwas Ausschau, das meinem Angriff den nötigen Nachdruck verleihen könnte, aber es gab weit und breit nichts als Gerümpel. Sogar der Terminator hielt sich diesmal raus.

»Weißt du was«, sagte ich, als Dracula nicht reagierte. Ich gab mir redlich Mühe, mich mehr als Freund denn als Feind darzustellen. »Laß dir das Ganze noch mal in Ruhe durch den Kopf gehen. Nur, um dir die Entscheidung zu erleichtern: allein für Augen zahlen meine Leute tausend Dollar.«

Er blinzelte. »Für eins oder zwei?«

»Eins.«

»Nicht übel, Mann.«

»Um auf so einen Schnitt zu kommen, müßtest du hundert Liter Blut umsetzen.«

Dracula nickte nachdenklich; vermutlich ergötzte er sich an der Aussicht, jemandem die Augen auszustechen und für dieses Vergnügen bezahlt zu werden. Aber nach einer Minute begann sich seine Miene zu verdüstern. »Geht bloß nicht«, sagte er.

»Warum nicht?«

»Hier unten im Loin legt man sich lieber nicht mit Healthways an. Wenn die rauskriegen, daß ich dich hab laufenlassen, bin *ich* derjenige, der in irgend so einem Scheißhinterhof landet, und einer verhökert *meine* Leber.«

»Ich hab dir doch gesagt: Don und Ron haben nichts mehr zu melden.«

Er zuckte mit den Achseln. »Die haben noch genügend andere von der Sorte. Ich muß dich abstechen, Mann; daran führt kein Weg vorbei. Nichts für ungut. Ich hab schon vorher Leute abgestochen, obwohl ich nichts gegen sie hatte, aber Geschäft ist Geschäft.« Seine Braue hob sich. »Da fällt mir ein, du hast sicher ein paar Teile, die deine Leute brauchen können. Weißt du was – *du* sagst mir, wie ich an sie rankomme, und *ich* mach's dafür kurz und schmerzlos.«

Der Schuß war nach hinten losgegangen, und die Situation wurde grotesk hoch zwei.

Mir blieb nur noch eines übrig, also sagte ich ihm, was das war. »Ich werde dir das Ding da jetzt wegnehmen, Dracula.«

Seine crackgeputschten Augen spielten verrückt. »Nenn mich nicht noch mal so; ich *hasse* diesen Scheiß.«

»Was hast du gegen Dracula? Wäre dir Vampir lieber? Oder Blutegel? Oder Zecke? Alles Blutsauger wie du.«

Er war wütend, aber nicht wütend genug. »Jetzt reicht's aber, Mann.« Er ging in eine Bruce-Lee-Hocke und kam in eindeutiger Absicht auf mich zu, bloß daß Bruce Lee nicht mit einem Messer rumfuchtelte und sich meine Karatekenntnisse auf einen Tritt in die Eier beschränkten. Und genau das war es, was ich im Sinn hatte, als die Tür zu Vinny's Video in ihren herausgerissenen Angeln quietschte.

Dracula drehte sich nach dem Geräusch um, blinzelte gegen den Speer Sonnenlicht an, der den Raum durchbohrte, und hob die Hand mit dem Messer, um seine Augen zu beschatten. Selbst halb geblendet, stürzte ich mich auf ihn und hieb, hoffte ich zumindest, auf eine Stelle direkt über seinem Ellbogen. Was ich traf, war harter und unnachgiebiger Knochen. Meine Schulter pochte, meine Hand wurde taub, das Messer schepperte zu Boden.

Wir beide bückten uns, um danach zu greifen, aber alles, was wir zu fassen bekamen, waren wir selbst. Schwer atmend, in einer widerwärtigen und obszönen Umarmung mit mir vereint, das Gesicht wegen der Schmerzen im Arm zu einer Grimasse verzerrt, bekam Dracula plötzlich eine Hand frei und stieß damit nach meinen Augen, um sie mir herauszureißen. »Du hast mir gerade zu tausend Dollar verholfen, du Wichser.« Die Aussicht, mit meinen Organen zu dealen, machte ihn leichtsinnig.

Ich packte sein Handgelenk und versuchte ihn von mir zu wälzen. Mit einiger Mühe gelang mir das auch, aber ich blieb nur kurz obenauf – der Schwung trug uns quer durch den Raum. Als wir gegen die Wand stießen, kämpften wir ächzend weiter, kamen aber nicht von der Stelle, bis er mir ins Gesicht spuckte. Diese Ablenkung genügte ihm, um mir seine Hand zu entwinden, nach einem Gegenstand auf dem Boden zu greifen und ihn hochzureißen. Die Messerklinge fing das Licht ein und hielt es fest – das Feuer des Jüngsten Gerichts.

Das Messer senkte sich. Ich parierte mit einem Unterarm. Wir gerieten wieder ins Rollen, diesmal fort von der Wand und zur Mitte des Raums. Für einen Moment verlor ich das Messer aus den Augen, und im nächsten spürte ich, wie es meine Schulter aufschlitzte. Aus einem Bad aus Schmerzen heraus mobilisierte ich meine letzten Kräfte, um ihn von mir zu stoßen.

»Sind Sie mein Kontaktmann, häh?«

Die Worte ließen Dracula erstarren, und das war die Chance, die ich brauchte. So fest ich konnte, drückte ich meine Arme und Beine durch. Als er in die Luft flog, rollte ich unter ihm hervor und war bereits auf den Beinen, bevor er sich so weit gefangen hatte, um wieder anzugreifen. Als er seine Kräfte sammelte, um sich auf mich zu stürzen, trat ich ihn gegen den Kopf und setzte mit einem Handkantenschlag an seinen Hals und einer Faust an sein Kinn nach. Diese Kombination gab ihm den Rest.

»Dachte ich mir's doch, daß sie vergessen haben, Sie loszuschicken«, sagte hinter mir eine Stimme. »Die sind einfach zu nichts zu gebrauchen.«

33

Er war aus den Schatten an der Tür hervorgekommen und schaute auf Dracula hinab wie ein Bussard auf ein totgefahrenes Tier. Über die grauen, ausgezehrten Konturen seines Gesichts wetterleuchtete tiefes Vergnügen. Die Bewegungen ruckartig und unablässig, die Augen leuchtend vor kindlicher Schadenfreude, das Äußere vernachlässigt und absurd, war Nicky Crandall die Verkörperung einer gequälten Seele, gefangen in seinem verwirrten Geist, unfähig, dem Albtraum zu entrinnen.

Nachdem wir uns überzeugt hatten, daß Dracula auf dem schmutzigen Boden liegenbleiben und keinen Schaden mehr anrichten würde, betrachteten wir uns einen Moment der Verbündung und Taxierung lang. »Den hat's erwischt«, sagte Nicky und hüpfte wie ein Leichtgewichtler, der mit einem unsichtbaren Seil trainierte, auf den Zehen. »Häh? Den hat's erwischt.« Sein Verfolgungswahn war so greifbar, daß auch ich mich auf Schlimmes gefaßt machte.

»Die Bluttype hat's erwischt«, wiederholte Nicky, immer noch fasziniert über meine Glanztat.

Als er wieder mich ansah, war es, als wäre ihm nachträglich ein Gedanke gekommen. Als er sprach, kamen die Worte überstürzt, als stünde jede Silbe allen anderen im Weg. »*Sie* wollen sie wohl auch ausschalten«, spintisierte er. »Häh? Seien Sie bloß vorsichtig. Dracula ist ein Agent auf der Einstiegsebene, aber jetzt, wo er ausgeschaltet ist, werden die Anforderungen höher. Häh? Jetzt wird es happig – sie sehen es nicht gern, wenn ein Agent ins Gras beißt. Ist Ihnen klar, was das bedeutet? Häh? Der Kampf tobt auf einer höheren Ebene.«

Zufrieden, daß er mich gewarnt hatte, begann Nicky den Raum zu durchstöbern, wie ein Setter ein Gebüsch mit einem Vogel darin durchstöbert. Während ich mir den Schmutz von den Kleidern klopfte, überlegte ich, wie ich mich mit jemandem verständigen sollte, der in einer anderen Welt lebte und eine andere Sprache sprach. »Ich hatte keine Ahnung, daß sie mir schon so dicht auf den Fersen waren«, begann ich in der Hoffnung, bei seinem Kreuzzug mitmachen zu können, was auch immer das für ein Kreuzzug sein mochte. »Vielen Dank für Ihre Hilfe.«

»Zu früh«, sagte Nicky schroff, als er den Müll durchwühlte. »Häh? Schlacht gewonnen; Krieg verloren. Die finden es gut, wenn man denkt, man hätte ihnen eins ausgewischt – damit man aus der Deckung vorkommt. Häh? Und, zack, kommen sie von der anderen Seite.«

»Jedenfalls bin ich froh, daß Sie genau im richtigen Moment aufgetaucht sind. Mein Name ist Tanner. Ich war ein Freund –«

»*Mensch und Übermensch*«, unterbrach er mich – Nicky konnte die Sprache immer nur für kurze Momente unter Verschluß halten; ich begann mich zu fragen, ob ich noch dazu kommen würde, einen Satz zu Ende zu sprechen. »Was sind Sie? Häh?«

Sein Verweis auf Shaws Werk überraschte mich. »Ich –«

»Vielleicht beides. Häh? Mehrfach orientiert. Doppelt identifiziert.«

»Ich bin nicht –«

»Ein guter Trick. Ich werde mir eine ähnliche Taktik ausdenken.« Er sah mich an und lächelte, als hätte er mich bei dem Versuch ertappt, ihn zu überlisten. »Häh? Oder eine Variante.«

»Ich war ein Freund von Tom«, platzte ich heraus, als ich eine Gelegenheit fand.

Nicks Blick wurde verschlagen. »Das war ich auch«, sagte er. »Bis er mich verraten hat und mein Feind wurde.«

»Inwiefern hat er Sie verraten?«

Wie ein Sproß eines alten Adelsgeschlechts bedachte er mich mit einem Blick, zugleich herrschaftlich und vom Wahnsinn gezeichnet. »Tom unterstützte ihre Pläne. Häh? Er machte sie auf mich aufmerksam, und dann half er ihnen, mich zu infiltrieren?«

»Das hört sich nicht nach Tom an.« Aber es hörte sich nach *Dr. Seltsam* an.

»Ich hatte gehofft, er wäre so vernünftig, sich nicht auf so etwas einzulassen. Häh? Als ich merkte, daß er das nicht war, hatte ich nur noch Mitleid für ihn übrig, aber ich habe auch entsprechende Vorsichtsmaßnahmen getroffen.«

»Und die waren?« fragte ich in der Annahme, es könnte vielleicht doch so einfach gewesen sein, daß Tom einer paranoiden Anwandlung seines Bruders zum Opfer gefallen war, ein Sachverhalt, den kein Mensch je begreifen oder bestrafen würde.

»Ich bin auf Abstand gegangen«, sagte Nicky. »Häh? Ich habe den Kontakt abgebrochen, das Spezimen entfernt, das Forschungsvorhaben torpediert. Häh?« An diesem Punkt nahm Nickys Zustand ekstatische Züge an.

»Haben Sie sonst noch etwas getan?«

Er riß ein paar Möglichkeiten an. »Die Leitungen kappen? Die eindringenden Agenten vernichten? Die Hardware außer

Betrieb setzen? Häh?« Er lachte beißend. »Noch nicht. Aber die entsprechenden Vorkehrungen werden bereits getroffen.«

»Ich dachte nur, ob Sie vielleicht auch irgendwelche Schritte gegen Tom unternommen haben. Um ihn daran zu hindern, Sie noch einmal zu verraten.«

Nicky schüttelte den Kopf. »Negativ. Er ist mein Bruder. Häh? Ich bin sein Beschützer. Häh? Eines Tages wird er die Wahrheit erkennen.«

Vorerst diente uns beiden das als hinreichende Erklärung, obwohl es alles, was ich über die Struktur ihrer Beziehung gehört hatte, auf den Kopf stellte.

Es gab einen Punkt, in dem ich mir bisher sicher gewesen war: daß Nicky von Toms Tod wußte. Jetzt schien sogar das fraglich. »Leider habe ich schlechte Nachrichten«, sagte ich.

Sein Verstand zappelte so hektisch wie seine Glieder. »Gute Nachrichten sind keine Nachrichten, schlechte Nachrichten sind frohe Nachrichten, gekauft und bezahlt, um mich abzuschrecken. Häh?«

Sein Gezucke und Gezapple, seine rätselhaften Andeutungen, sein eindringlicher Singsang, seine kehlige Hervorhebung, all das war so weit entfernt von der präzisen Art seines Bruders, daß ich Schwierigkeiten hatte, mir die verwandtschaftlichen Bande in Erinnerung zu halten. »Tom ist tot«, sagte ich. »Es tut mir leid, Ihnen das mitteilen zu müssen.«

Ich weiß nicht, was ich erwartete, daß er tun würde; jedenfalls erwartete ich, daß er etwas tun würde. Statt dessen schienen die Neuigkeiten, wenn es denn welche waren, kaum zu ihm durchzudringen. »Sie wollen, daß ich bestimmte Ideen übernehme. Also werde ich ihnen entgegenkommen und mich zurückziehen«, sagte er mild, zufrieden über seine Einsicht. »Selbstauslöschung ist, worauf sie aus sind. Häh? Komisch, daß Sie das nicht begreifen. Wenn Sie sind, wer Sie zu sein behaupten«, fügte er rätselhaft hinzu. »Häh?«

Ich konnte mich nicht erinnern, gesagt zu haben, irgend jemand zu sein.

Daraus zog ich den Schluß, daß Nicky zwar von Toms Tod

wußte, es aber nicht wahrhaben wollte. »Tom wurde letzten Sonntag beerdigt«, sagte ich in dem Bemühen, wenigstens schon mal soviel zu ihm durchdringen zu lassen.

»Sie scheinen sich keine Vorstellung zu machen, wozu sie in der Lage sind. Häh? Sie können alles vortäuschen – Geburt, Tod, Gesundheit, Reichtum. Ein Loch ist ein Loch ist ein Loch, ganz gleich, wie sie es nennen. Häh?«

»Was ist, wenn jemand einen Altar daraus macht?«

Die Bemerkung bezog sich auf die Gegenstände, die Nicky auf Toms Sarg gelegt hatte – ich hielt es für möglich, daß Nicky seinen Bruder sowohl ermordet als auch in allen Ehren bestattet hatte –, aber Nickys Gedanken kreisten um seine Feinde. »Wenn es mir in den Kram paßt, spiele ich das Spiel mit. Häh? So bekommen sie nicht mit, was ich weiß.«

»Wer sind ›sie‹?« fragte ich. »Wer verfügt über all diese Macht? Ich muß das wissen, damit ich mich gegen sie zur Wehr setzen kann.«

Sein Blick wurde wieder verschlagen. »Eine gute Frage – wer ist an der Spitze der Pyramide? Häh?« Um sich zu vergewissern, daß wir unbeobachtet waren, sah er sich im Raum um. »Die Außendienstagenten kennen Sie ja sicher.«

Ich schüttelte den Kopf.

Meine Unwissenheit machte ihn wütend. »Sie haben nicht aufgepaßt. Häh? Jeder von uns hat eine Nemesis. Mein Gegenspieler ist Marlin – als Arzt getarnt. Häh? Er wurde mir vor vielen Jahren zugeteilt; er hat mich mehrmals infiltriert.«

»Worauf hat er es abgesehen?«

»Erst auf mein Blut, dann auf mein Leben. Häh?«

»Wie kommen Sie darauf, daß er –«

Bevor ich den Satz beenden konnte, schien Nicky draußen vor dem Gebäude etwas zu hören. Eine Mischung aus Freude und Tücke verzog sein Gesicht, als er zum Fenster schaute – Nicky hatte Angst, und er schwelgte darin.

Nach einem letzten Blick auf Dracula ging er in Richtung Tür los. »Sie haben mir einen Sender eingesetzt«, sagte er erklärungshalber. »Häh? Sie können mich in wenigen Sekunden anpeilen, über Empfänger auf den Brückenpylonen und auf dem Mount Sutro. Ich muß jetzt los. Häh?«

Ich versuchte ein Joint venture anzuleiern. »Hinter mir sind sie auch her. Gott sei Dank nehmen Sie sich sonntags frei.«

Nicky blieb an der Tür stehen. Ein langer Augenblick verstrich, während ich einer komplexen Bewertung unterzogen wurde. Ich weiß nicht, ob ich bestand oder nicht; alles, was er sagte, war: »Ja.«

»Es erleichtert ihnen die Sache, wenn sie für gläubig gehalten werden«, fuhr ich fort. »Religiosität unterstützt Subversion.«

»Sie wissen mehr, als ich dachte. Häh? Wir können uns gegenseitig helfen.«

Aber anstatt sich mir weiter anzuvertrauen, zwängte er sich durch die kaputte Tür und entfernte sich in einem affenartigen Schlenkergang den Durchgang hinunter. Ich wollte ihm gerade folgen, doch dann fiel mir etwas ein, und ich kehrte stattdessen zu Dracula zurück. Bis ich fand, was ich suchte, und es in meine Tasche steckte, kam er langsam wieder zu Bewußtsein. Als seine Augenlider zu flattern begannen und sein Kehlkopf sich abmühte, ein Wort zu formen, huschte ich nach draußen und rannte hinter Nicky her.

Als ich ihn einholte, tat er nichts, um meine Anwesenheit zu ermutigen oder entmutigen. Gemeinsam trabten wir eine Weile dahin, ein Rennen, bei dem ein Preis auf Unbeholfenheit ausgesetzt war. Als wir die Straße erreichten, blieb er stehen. »Es ist besser, wenn wir uns trennen«, sagte er. »Häh?«

»Wir sollten uns später treffen.«

»Wo und wann?«

Ich dachte nach. »Mitternacht. Auf der Treppe des Glide Memorial.«

»In aller Öffentlichkeit. Häh? Gute Taktik. Von den Glide-Leuten haben wir nichts zu befürchten.« Er schaute die Straße hinauf und hinunter, bereit, wieder weiterzulaufen.

»Noch eines«, sagte ich. »Welcher Methoden bedienen sie sich gegen Sie? Wie greifen sie an?«

Zweifelnd runzelte er die Stirn, als überdächte er sein früheres Urteil. »Ansteckung. Häh?« verkündete er schließlich.

»Richtig. Ansteckung. Hab ich mir auch gedacht.« Ich wandte mich in die Richtung, in der mein Wagen stand, und schaute mich noch einmal um. »Ihr Bruder war keiner von ihnen«, sagte ich. »Er hat mit mir zusammengearbeitet. Wir hatten sie schon so weit, daß sie für Gegenmaßnahmen anfällig waren. Aber er wurde getötet, weil er zu viel wußte.«

»Zu viel ist nie genug. Häh?«

Nicholas Crandall sah mich mit etwas an, das aussah wie eine Mischung aus Skepsis und Hoffnung, dann rannte er in das lärmende Chaos des Tenderloin davon. Als ich ihm nachschaute, hatte ich keine Ahnung, was wir zueinander gesagt hatten oder ob wir überhaupt etwas gesagt hatten. Aber dann mußte ich an Toms letzte telefonische Nachricht denken, und ich gelangte zu der Überzeugung, daß Nickys fixe Idee nicht völlig aus der Luft gegriffen war, daß an diesem paranoiden Gefasel ein Fünkchen Wahrheit war, das den Tod seines Bruders ausgelöst hatte.

34

Zurück im Büro, rief ich im Scanlon's an und bat Gary, den Barmann, Jan auszurichten, sie solle mich anrufen, sobald sie Gelegenheit dazu fand. Nachdem ich meinen Namen gesagt hatte, fragte er, ob ich Nicky Crandall schon gefunden hätte. Als ich das bejahte, erkundigte er sich, wann Nickys Erbschaft fällig würde. Ich sagte, das hinge von den Gerichten ab. Das fand er nicht ermutigend.

Mein nächster Anruf ging an Clay Oerter. Der Markt schraubte sich noch immer an den unbefleckten Nachrichten vom Luftkrieg in die Höhe, so daß er nur eine Sekunde Zeit für mich hatte.

»Keinerlei Aids-Forschungsprojekte bei Healthways, Marsh«, sagte er hastig. »Zumindest nichts, was ganz gezielt in diese Richtung geht. Natürlich könnte bei anderen Projekten ein Nebenprodukt abfallen, aber aus dem Stegreif wußte unser Experte von nichts. Möchtest du, daß ich weiterbohre?«

»Ich glaube nicht«, sagte ich.

Die Sackgasse in Clays Firma machte einen weiteren Anruf erforderlich, diesmal bei Dr. Lodge, dem Mann, dessen Frau dank der Tapferkeit von Tom Crandall, Gott hab ihn selig, aus den Trümmern ihres eingestürzten Hauses befreit worden war.

Zehn Minuten später rief mich der Doktor zurück. »Ich möchte ein paar Dinge über Blut wissen«, sagte ich, als ich ihn am Apparat hatte. »Da dachte ich, Sie könnten mir vielleicht weiterhelfen.«

»Hat es etwas mit Tom zu tun?«

»Ja.«

»Dann werde ich Ihnen alles sagen, was ich kann.« Er räusperte sich. »Blut ist ein faszinierendes Thema: die Ägypter badeten darin, die Römer tranken es bei Orgien, und schon 1667 kam jemand auf die Idee, kranken Menschen das Blut von Schafen zu injizieren – seitdem sind Transfusionen aus der ärztlichen Praxis nicht mehr wegzudenken. Was ist es, das Sie an diesem Thema interessiert, Mr. Tanner?«

»Das mit den Transfusionen. Blutbanken, Plasmazentren und was da so alles dazugehört.«

»Die Blutversorgung; ist es das, wovon wir reden?«

»Ich glaube schon.«

»Was wollen Sie darüber wissen? Das ist ein ziemlich umfangreiches Thema.«

»Zuallererst, was ist der Unterschied zwischen Blutbanken und dem Roten Kreuz und den Plasmazentren, die man überall sieht?«

»Blutbanken und das Rote Kreuz sind mehr oder weniger das gleiche – gemeinnützige Organisationen, die von freiwilligen Spendern unentgeltlich Blut sammeln und dann das Blut beziehungsweise seine Nebenprodukte an Krankenhäuser verkaufen, wo es für Transfusionen verwendet wird. Das Rote Kreuz deckt etwa die Hälfte des gesamten amerikanischen

Blutbedarfs; der Rest kommt von den anderen Blutbanken. Allein der Blutspendedienst des Roten Kreuzes hat einen Jahresumsatz von einer halben Milliarde Dollar.«

»Aber bei keiner dieser Einrichtungen wird den Spendern etwas gezahlt?«

»Nicht mehr.«

»Warum?«

»Anfang der siebziger Jahre gelangten die Krankenhäuser und andere zu der Ansicht, daß Blutvorräte, die sich auf Spenden von Personen stützen, die ihr Blut *verkaufen*, mit zu großen Risiken verbunden seien. Dahinter stand die Befürchtung, daß Arme, die Geld brauchten, falsche Angaben über ihren Gesundheitszustand machen würden, um das Auswahlverfahren zu bestehen, und daß dadurch die Blutvorräte verseucht würden. Obwohl diese Ängste in meinen Augen etwas übertrieben waren, kauften die meisten Krankenhäuser kein Blut mehr von bezahlten Spendern, weshalb das Rote Kreuz und die Blutbanken gezwungen waren, nur noch auf unentgeltliche Spenden zurückzugreifen. Seit dem Aufkommen von Aids ist es in Kalifornien sogar gesetzlich untersagt, für Transfusionen Blut oder Blutpräparate von bezahlten Spendern zu verwenden.«

»Aber Plasma nicht.«

»Auch bezahltes Plasma zu verwenden, ist in Kalifornien verboten, aber es gibt immer noch Blutspendedienste, die den Spendern etwas zahlen und ihre Vorräte in anderen Bundesstaaten verkaufen.«

»Was ist Plasma genau?«

»Mehr als fünfzig Prozent des menschlichen Bluts besteht aus Plasma. Weitere wichtige Bestandteile sind rote Blutkörperchen und Blutplättchen, die ebenfalls gesammelt und separat verkauft werden. In der Regel ist es so, daß Plasma in Plasmapherese-Zentren gesammelt wird und dann von pharmazeutischen Firmen mit Hilfe eines Verfahrens, das sich Fraktionierung nennt, in Plasmaderivate aufgespalten wird, zum Beispiel Albumin, Immunglobuline, das Gerinnungsagens Faktor VIII und dergleichen mehr. Häufig handelt es sich bei gängig so genannten Bluttransfusionen in Wirklichkeit nur um eine Transfusion eines dieser Derivate und nicht um eine Transfusion von Vollblut. Gegenwärtig machen die Vollblut-Transfusionen einen Anteil von weniger als zehn Prozent aus.«

»Wie *sicher* ist die Blutversorgung, Herr Doktor? Vor Verseuchung, meine ich.«

Lodge zögerte, dann wiederholte er die Litanei von Schwester Glad. »Die Blutversorgung in diesem Land ist so sicher wie nur irgend möglich.«

Ich lachte. »Ich war mal Anwalt und weiß, wann ich es mit einer ausweichenden Antwort zu tun habe. Die Sorte Antwort kriegt man von Leuten, die Angst haben, daß sie jemand verklagt.«

»In letzter Zeit sind gegen die Pharmaindustrie in der Tat eine ganze Reihe von Verfahren wegen verseuchter Blutkonserven anhängig«, erwiderte Lodge. »Mehrere hundert, um genau zu sein: Irwin Memorial zahlt im Jahr allein eine halbe Million an Haftpflichtversicherungsbeiträgen. Viele Blutbanken stehen vor dem Ruin.«

»Meinen Sie, wegen Patienten, die von einer Infusion Aids bekommen haben? Und dann die Blutbank verklagen, von der das Blut stammt?«

»Und den Arzt und das Krankenhaus und wer ihnen sonst noch einfällt«, antwortete Lodge.

»Aber wenn ich Sie recht verstehe, ist diesen Klagen kein Erfolg beschieden.«

»Zumindest in den meisten Fällen. Allerdings ist es erst vor kurzem zu ein paar folgenschweren Urteilen gekommen – ein Gericht in Boston hat zum Beispiel einem Soldaten, der sich bei einer Transfusion mit Aids infiziert hat, fast drei Millionen Schadenersatz zugesprochen. Weshalb die gesetzgebenden Organe in zahlreichen Staaten Gesetze verabschiedet haben, in denen die Schadenersatzforderungen bei infiziertem Blut genauso auf einen bestimmten Höchstbetrag beschränkt werden, wie das bereits bei ärztlichen Kunstfehlern geschehen ist. Darüber hinaus gibt es gesetzliche Regelungen, denenzufolge es sich nicht um den Verkauf einer Ware, sondern um eine Dienstleistung handelt, wenn ein Blutspendedienst ein Krankenhaus mit Blut beliefert.«

»Das heißt, daß in diesem Fall die üblichen Produkthaftungsbestimmungen nicht gelten – die Blutspendedienste haften nicht in vollem Umfang für den Verkauf mangelhafter Ware oder für eine Verletzung der Gewährleistungspflichten.«

»Richtig. Das einzige, was der Kläger geltend machen kann, ist Fahrlässigkeit, aber das ist unter diesen Umständen nicht einfach, da er dazu eine Nachlässigkeit bei den Auswahl- und Testverfahren nachweisen müßte.«

»Trotzdem kommt es immer wieder zu solchen Fahrlässigkeiten, oder nicht?«

»Leider ja«, bestätigte Lodge. »Jüngste gesundheitsamtliche Untersuchungen der Praktiken des Roten Kreuzes und privater Blutspendedienste förderten eine Reihe von Mängeln bei der Verarbeitung zutage, die gewisse Leute unter anderem zu dem Schluß verleitet haben, daß das Risiko, sich bei einer Transfusion mit Aids zu infizieren, ganz enorm heruntergespielt wurde. Andere zweifeln das an, wobei diesen Tatbestand nachzuweisen ziemlich schwierig ist. Zufälligerweise ist das Rote Kreuz gerade dabei, eine tiefgreifende Umstrukturierung seiner Blutspendedienste vorzunehmen, um Irrtümer und Widersprüchlichkeiten, wie sie das Gesundheitsamt aufgedeckt hat, künftig auszuschalten. Dahinter steht die Absicht, den in der Öffentlichkeit immer mehr um sich greifenden Bedenken hinsichtlich der Sicherheit der Blutversorgung entgegenzuwirken.«

»Gehen wir noch mal kurz zurück«, sagte ich. »Ist Aids die einzige Krankheit, die man durch eine Transfusion bekommen kann?«

»Keineswegs. In den vergangenen Jahren war das Risiko einer Hepatitisansteckung, die zu Leberzirrhose führen kann, wesentlich größer als das einer Aidsinfizierung. Allerdings werden die Blutkonserven schon seit einer Weile auf Hepatitis-A- und -B-Erreger untersucht, und durch ein neues Testverfahren für die sogenannte Hepatitis C wird das Restrisiko noch einmal erheblich reduziert werden. Darüber hinaus können jedoch bei einer Transfusion noch eine Vielzahl anderer Viren – von Epstein-Barr über Malaria bis zur Lymekrankheit – übertragen werden. Die vielversprechendste Lösung für *diese* Probleme ist eine Blutreinigungsmethode, bei der die Viren mittels Laser und chemischer Hitzebehandlungsverfahren abgetötet werden, bevor das Blut bei einer Transfusion verwendet wird.«

»Gegen Aids wirken diese Blutbäder nicht?«

»Bisher nicht.«

»Demnach ist die Blutversorgung also *nicht* sicher.«

»Nicht hundertprozentig, aber was *ist* das schon? Nur die wenigsten Verfahren der heutigen Medizin sind nicht mit irgendwelchen Risiken verbunden. Die Ironie dabei ist, daß das Aidsvirus möglicherweise erst auf die menschliche Population übergriff, als sich Wissenschaftler, um der Wirkweise des Malariavirus auf die Spur zu kommen, das Blut von Mangaben-Affen injizierten, um festzustellen, ob der Parasit auf diese Weise übertragen werden kann. Beste Absichten; katastrophale Folgen.«

»Ich dachte, es gäbe einen HIV-Test, mit dem sich infiziertes Blut aussondern läßt.«

»Das ist durchaus richtig. Aber das Verfahren ist nicht hundertprozentig sicher.«

»Weil die Labors manchmal Murks machen.«

»Das ist mit Sicherheit das größte Risiko, aber eine zweite Schwierigkeit liegt in der Natur des Testverfahrens selbst verankert – es nennt sich ELISA: Enzyme Linked Immunosorbent Assay. Dabei wird unter anderem ein von Ziegen produzierter Antikörper mit menschlichem Immunglobulin in Verbindung gebracht, das mit Meerrettich-Peroxidase versetzt wird, und dann –« Lodge bremste sich selbst und lachte. »Ich werde Sie nicht mit diesen wissenschaftlichen Spitzfindigkeiten langweilen. Das Problem ist, bei diesem Testverfahren stellt man nicht das Vorhandensein des Virus selbst fest, sondern bloß die Antikörper, die der Körper produziert, um das Virus zu *bekämp-*

fen. Selbst wenn noch zusätzlich der sogenannte Western-Blot-Test angewendet wird, ist das ELISA-Verfahren zur Identifizierung HIV-verseuchter Blutspenden nicht hundertprozentig zuverlässig.«

»Man kann also, mit anderen Worten, das Virus im Blut haben, aber nicht den Antikörper.«

»Ganz richtig. Ursprünglich nahm man an, daß sich die Antikörper zwischen zwei und vierzehn Wochen nach der Ansteckung zu bilden beginnen. Spätere Untersuchungen haben jedoch ergeben, daß dieser Zeitraum bis zu sechs Monate betragen kann. Einer kürzlich erschienenen Studie der University of California in Los Angeles zufolge besteht sogar die Möglichkeit, daß selbst bis zu drei *Jahren* nach der Infizierung nicht notwendig Antikörper im Blut auftreten müssen, obwohl diese These in Wissenschaftskreisen auf breiten Widerstand stößt.«

»Über diesen Zeitraum hinweg würde also das Blut solcher Spender trotz eingehender Untersuchungen als unbedenklich gelten.«

»Ja. Aber vergessen Sie bitte nicht, daß bereits im Vorfeld alle Angehörigen von Risikogruppen einem strengen Auswahlverfahren unterzogen werden. Die Gefahr, sich bei einer Transfusion mit Aids oder einem anderen Virus anzustecken, ist wirklich sehr gering.«

»Wie gering?«

»Gegenwärtigen Schätzungen der Seuchenämter zufolge ist die Wahrscheinlichkeit, bei einer Transfusion mit Aids infiziert zu werden, eins zu vierzigtausend. Andere Stimmen behaupten, das Risiko sei größer – mehr im Bereich von eins zu achttausend –, weil bei einer normalen Transfusion Blut von mehr als nur einem Spender verwendet wird und somit die Ansteckungsgefahr höher ist. Wieder andere gehen von einem Risiko von eins zu *hundert*tausend aus.«

»Gibt es keine Möglichkeit, das Vorhandensein des Virus selbst festzustellen – nur das der Antikörper?«

»Auch einen solchen Test gibt es – ein DNS-Polymerase-Kettenreaktionsverfahren. Es ist jedoch zu aufwendig und zu teuer, um es auf breiter Basis anwenden zu können. Andere Möglichkeiten, das Virus direkt nachzuweisen, müssen erst noch auf ihre Tauglichkeit überprüft werden.«

Ich überdachte, was ich gerade erfahren hatte. »Von all dem hört man nicht allzu viel, Herr Doktor. Alles, was ich bisher zu diesem Thema gelesen habe, scheint darauf hinauszulaufen, daß die Blutversorgung in Ordnung ist.«

»Die Blutversorgung *ist* auch in Ordnung, im großen und ganzen; allein in diesem Land werden jährlich fünfzehn Millionen Transfusionen vorgenommen, und die meisten Menschen ziehen keinerlei Schaden daraus.«

»Das ist eine Menge Blut.«

»Wir reden hier von einer Branche mit Jahresumsätzen um die zwei Milliarden Dollar, Mr. Tanner. Alle größeren Pharma-Unternehmen haben auf die eine oder andere Weise mit Blut zu tun.«

»Das heißt, sie haben alle ein Interesse daran, die in diesem Zusammenhang auftretenden Probleme herunterzuspielen.«

»Es steht völlig außer Zweifel, daß die Branche Konsequenzen aus den Verlusten gezogen hat, die sie aufgrund der Aidspanik seitens Spendern wie Empfängern erlitten hat. Wegen der Sicherheitsbedenken sind in manchen Regionen die Blutvorräte auf ein alarmierendes Maß geschrumpft. Die größte Blutbank des Landes bezieht fünfundzwanzig Prozent ihres Bluts aus dem Ausland.«

»Weitere Probleme mit der Außenhandelsbilanz.«

»Unter anderem. Und wenn sich der Golfkrieg so entwikkelt, wie viele Leute befürchten, wird die Nachfrage nach Blutkonserven um ein Vielfaches steigen. Das könnte sich zu einer ernsthaften Krise auswachsen.«

»Wie lange hält Blut? Ich meine, nachdem es aus dem Körper entfernt worden ist?«

»Gekühltes Vollblut hält etwas über vierzig Tage, obwohl erst kürzlich eine Empfehlung ergangen ist, die Lagerung auf die Hälfte dieses Zeitraums zu beschränken, da man befürchtet, eine längere Lagerung könnte zu bakteriellen Verunreinigungen führen. Rote Blutkörperchen und Plasma werden in der Regel unmittelbar nach der Entnahme eingefroren, das heißt, sie können wesentlich länger gelagert werden.«

»Noch eine letzte Frage, Herr Doktor. Wie sieht es eigentlich mit *künstlichem* Blut aus?«

»Das ist selbstverständlich der letzte Schrei auf diesem Gebiet, wobei die Meinungen darüber geteilt sind. Obwohl Dutzende von pharmazeutischen Unternehmen daran arbeiten, gibt es bisher noch keinen vom Gesundheitsamt zugelassenen Blutersatz. In den siebziger Jahren durchgeführte Experimente mit einem Stoff auf Fluorkarbonbasis und mit künstlichem Hämoglobin haben sich als wenig erfolgversprechend erwiesen, obwohl ein Fluorkarbonmittel bei Zeugen Jehovas zur Anwendung freigegeben ist, da sie aus religiösen Gründen Transfusionen mit menschlichem Blut verweigern. Jüngste Versuche mit genmanipulierten Gerinnungsproteinen geben Anlaß zu berechtigten Hoffnungen, die Bluter aus ihrer Abhängigkeit von dem aus Plasma gewonnenen Faktor VIII zu befreien, der bisher die Hauptursache für die Verbreitung von Aids unter Blutern war. Erst vor ein paar Wochen wurde Hemopure – das ist ein gereinigtes Rinder-Hämoglobin – für die Erprobung an Menschen freigegeben, obwohl sich zu diesem frühen Zeitpunkt noch nicht sagen läßt, ob die Gegenreaktionen nicht zu massiv sein werden, um darin eine gangbare Alternative sehen zu können.«

»Blut von *Kühen*, Herr Doktor?«

Lodge lachte. »Das hat durchaus seine Vorteile. Einer ist, daß gereinigtes Hämoglobin ohne die äußere Hülle, die das rote Blutkörperchen umgibt, gewonnen werden kann; das heißt, die Unterteilung in Blutgruppen erübrigt sich und die Gegenreaktionen sind schwächer. Ein weiteres Plus ist – zumindest in den Augen der Öffentlichkeit –, daß Kühe kein Aids haben.«

»Kühe haben bloß Milzbrand«, sagte ich, und nachdem wir beide einen Moment der Morbidität geteilt hatten, legten wir auf.

Zwei Minuten später rief Jan an. »Haben Sie ihn gefunden?« fragte sie außer Atem, im Hintergrund verschwommener Kneipenlärm.

»Vorübergehend.«

»Ist er okay?«

»Sieht so aus.«

»Was macht er? Wann kommt er heim?«

»Ich bin nicht sicher, *was* er macht – der anderen Seite immer einen Schritt voraus sein, wie es sich anhört. Wir hatten nicht viel Zeit zum Reden.«

»Wenn Sie ihn wieder sehen, würden Sie ihm bitte sagen, er soll mich im Scanlon's anrufen?«

Das versprach ich ihr. »Hören Sie zu, Jan. Das Zeug, das Nicky im Kühlschrank aufgehoben hat – das Zeug, das zu eklig war, um darüber zu sprechen?«

Sie zögerte. »Was soll damit sein?«

»Ist es noch da?«

»... Zum Teil.«

»Wieviel?«

»Ich ... wieso?«

»Mehrere Beutel?«

Ihre Stimme war bleiern, als würde das Thema Bilder heraufbeschwören, die sie lieber vergessen hätte. »Ja. Was ist damit?«

»Erst vor kurzem haben Sie doch Tom ein paar davon gegeben, ist das richtig?«

»Ja. Was wollte er übrigens damit?«

»Ihren Inhalt untersuchen lassen.«

»Worauf?«

Ich überging ihre Frage. »Ich werde auch ein paar brauchen. Nehmen Sie drei oder vier Beutel aus dem Eisfach und lassen Sie sie auftauen. Aber stellen Sie sie nicht in die Mikrowelle oder sonst wohin, sie sollen bloß Zimmertemperatur haben. Ich komme heute abend vorbei, um sie abzuholen.«

»Ist das Ihr Ernst?«

»Mein voller. Sehen Sie zu, daß Sie mitkommen können,

wenn es irgendwie geht. Es wird spät werden. Und es könnte auch gefährlich werden. Sind Sie dabei?«

»Wenn Nicky damit geholfen ist?«

Ich konnte ihr nicht sagen, was ich wirklich dachte, deshalb behalf ich mir mit einer Ausflucht. »Ich weiß nur, daß es die einzige Möglichkeit ist herauszubekommen, was mit seinem Bruder passiert ist.«

35

Guy Heskett hatte die einfachste Aufgabe – wach und in der Nähe eines Telefons zu bleiben. Weil er eine gute Story witterte und die Exklusivrechte haben wollte, hatte er Kaffee aufgesetzt, während er mich nach weiteren Details ausquetschte. Ich vertröstete ihn mit dem Versprechen, daß er als erster bekommen würde, was ich bis Redaktionsschluß herausfand.

Jan hatte mitgemacht, weil sie für Nicky alles getan hätte und ich angedeutet hatte, daß ihm meine Scharade zumindest im weitesten Sinne zugute kommen würde, obwohl mir klar war, daß ich ihr möglicherweise, noch bevor die Nacht zu Ende war, würde sagen müssen, daß dem Mann, den sie liebte, nicht mehr zu helfen war. Ich hatte gehofft, sie wenigstens zu ihm bringen zu können, aber wie aufgrund seiner nomadischen Lebensweise nicht anders zu erwarten, erschien Nicky Crandall nicht zu unserem Treffen vor dem Glide Memorial, so daß er nicht an der ganzen Geschichte beteiligt war. Was vermutlich genauso gut war.

Clarissa war für das Gelingen meines Plans von entscheidender Bedeutung; ich erreichte sie, als sie gerade zum Hotel aufbrechen wollte. Wie üblich ging es nicht ohne unseren anfänglichen Schlagabtausch ab, aber schließlich erklärte sie sich doch bereit mitzumachen, und sei es auch nur, weil ich ihr versicherte, daß die Sache damit für sie endgültig erledigt wäre, so oder so, und sie danach nichts mehr von mir hören und sehen würde. Ich versprach ihr auch, daß niemand zu Schaden kommen würde, was einer der vielen Strohhalme war, an die ich mich klammerte.

Am schwersten war Tony zu überzeugen gewesen. Ich begann damit, an seine freundschaftlichen Gefühle für seinen gefallenen Partner zu appellieren, aber zum Schluß mußte ich ihm damit drohen, die unschöneren Aspekte seiner Zeit als Healthways-Sanitäter an die große Glocke zu hängen, um ihn zum Mitmachen zu bewegen. Ich mußte auch den Hunderter berappen, mit dem er den Atlas-Einsatzleiter dazu brachte, seinen Wagen für ein paar Stunden aus dem Verkehr zu ziehen, angeblich, damit Tony in der Zwischenzeit »eine Krankenschwester vögeln« konnte.

Als Tony schließlich vor meiner Wohnung nach mir hupte, schien er kaum erwarten zu können, daß es losging, getrieben von einer Abenteuerlust, die seine Berufswahl erklärte, und einer kriminellen Energie, die seine Bereitschaft erklärte, einen Krankenwagen zu stehlen und die nötigen Apparaturen für ein einaktiges Drama zur Verfügung zu stellen, das, hoffte ich, nicht länger als eine Stunde dauern würde. Als wir durch den Tenderloin fuhren, um Jan abzuholen, unterhielt er mich mit Schauermärchen von Mord und Verstümmelung, von deren lebenden Abbildern wir ringsum umgeben waren. Bis wir vor Pluto's Porn Palace anhielten, kam ich mir vor wie auf einer Stadtrundfahrt durch Sodom mit dem Marquis de Sade als Reiseleiter.

Als der Rettungswagen behaglich am Straßenrand stand, warf Tony einen Blick aus dem Fenster. »Das Pluto's, hm? Kannte mal ne Braut, die hier Peepshow gemacht hat. Ihre Spezialität war diese Puddingnummer. Schob sich eine Ladung Tapioka die Möse hoch, ließ das Zeug dann in einen Bierkrug tropfen und verlangte zwanzig Eier für einmal probieren. Sandra hat sie geheißen. Mann, o Mann.«

Ich bat Tony zu hupen.

Ein paar Sekunden später kam Jan aus der Tür links vom Eingang des Pluto's. Sie hatte einen Jeans-Minirock und ein oranges Top an und trug eine MACY's-Einkaufstüte, in deren

Innern es wabbelte und schwabbelte, als enthielte sie eine Brut wuselnder Reptilien.

Ich stieg aus dem Krankenwagen und dankte Jan für ihr Kommen. Dann nahm ich ihr die Tüte ab und deutete nach links. »Das ist Tony. Tony, Jan.«

Als Tribut an den Minirock ließ Tony sein Lächeln aufblitzen. »Na, Mädchen. Das ist n Ding, was? Ist sicher deine erste Party in nem Rettungswagen, oder?«

Blaß und verängstigt, fühlte sich Jan selbst von der höflichen Geste eines Lächelns überfordert.

»Würde es Ihnen was ausmachen, hinten zu sitzen?« fragte ich sie. »Es ist nicht weit.«

Sie schüttelte den Kopf, stieg ohne ein Wort vorne ein, zwängte sich zwischen den Sitzen durch nach hinten und setzte sich neben der Bahre auf den Boden. Als auch ich wieder Platz genommen hatte, stellte ich die Einkaufstüte zwischen meinen Beinen auf den Boden und sagte Tony, er solle in die Cleveland Street fahren. Ich warf einen letzten Blick auf Jan. Als wir losfuhren, streckte sie die Hände nach der Sauerstoffflasche neben ihr aus und klammerte sich daran, als würde sie sie vor dem retten, was als nächstes kam. Wenn ich mit meiner Theorie auch nur annähernd richtig lag, war dafür einiges mehr erforderlich als Sauerstoff.

Ich sagte Tony, er solle in der Seventh Street in Sichtweite des Eingangs zum Sandstone Club parken und abwarten, wie sich die Dinge weiter entwickelten. Das Warten zog sich lange genug hin, um mir ausreichend Gelegenheit zu bieten, mehr über Tonys sexuelle Großtaten zu erfahren, als mir lieb war, und mir Sorgen zu machen, Jan könnte es sich noch mal anders überlegen.

Als ihre Befürchtungen in Flucht zu eskalieren drohten, erklärte ich ihr, daß sie die einzige war, die meinem Vorhaben die Wahrscheinlichkeit verleihen konnte, die dafür nötig war, und daß es ihr spätestens in einer Stunde freistehen würde, in ihrer Suche nach Nicky fortzufahren. Als ich mit meinem Sermon zu Ende war, ließ sie ihren Kopf auf die Bahre sinken und nickte widerstrebend – Jan war quijotisches Verhalten gewöhnt. Ein paar Minuten später fragte sie Tony, wie das Wiederbelebungsgerät funktionierte, und leitete damit ein Seminar ein, das uns die Minuten vertrieb, bis die RS-1 in die Cleveland Street bog, wie einst die Yorktown in Hunter's Point einlief.

Es kam alles wie gehabt. Die Limousine hielt am Vordach an; Lex Chadwick stieg aus und half Clarissa Crandall aus dem Wagen; die Limousine verschwand um die Ecke; und Lex und Clarissa eilten in den Club. Als Tony die Hand nach der Zündung ausstreckte, bat ich ihn zu warten. Dann stieg ich aus dem Krankenwagen und ging an die Ecke. Der Escort stand etwa da, wo ich mit ihm gerechnet hatte; ich ging darauf zu und klopfte ans Fenster.

Erwartungsgemäß schlief Garth Standish bereits – es waren drei Klopfer gegen das Fenster und ein Hieb aufs Dach nötig, um ihn zu wecken. In einem Anfall von Panik riß er am Gurt seines Schulterholsters, bevor er mich endlich erkannte. Ich lächelte und winkte und schnitt ein Gesicht.

Brummend kurbelte Standish das Fenster nach unten. »Was wollen Sie?«

»Ich löse Sie wieder ab.«

»Von wegen – letztes Mal haben Sie mich ganz schön hängenlassen, Arschloch.«

»Das tut mir wirklich leid – ich habe ihr gesagt, daß es nicht Ihre Schuld war.«

»Richtig.«

»Sie haben den Job doch noch, oder nicht?«

»Das will ich auch hoffen.« In Nachahmung von Nachdenklichkeit furchte sich seine Stirn. »Warum? Wollen Sie mich loswerden?«

Ich ließ mir eine Antwort einfallen, die Standish verstehen konnte. »Ich muß über meine Stunden genau Buch führen, und Deirdre sähe es bestimmt nicht gern, wenn wir gleichzeitig im Dienst wären.«

»Und Sie wollen das ganze Honorar einstreichen, so ist es doch.«

»Ich mache halbe-halbe mit Ihnen.«

Er machte den Eindruck, als wollte er noch ein bißchen rummosern, aber die Aussicht auf Schlaf war zu verlockend, um sie sich entgehen zu lassen. »Wenn sie Ärger macht, werde ich ihr aber sagen, daß Sie mich heimgeschickt haben«, drohte er tapfer.

»Sagen Sie ihr doch noch was, wenn Sie gerade dabei sind.«

»Was?«

»Daß das eine gute Gelegenheit wäre, ihre Ehe auf den Müll zu schmeißen.«

Ich ließ Standish gen Schlummerland ziehen und ging zum Krankenwagen zurück und hörte Tony und Jan über eine Reihe von medizinischen Eingriffen sprechen, von denen mir halb übel wurde, bevor sie damit fertig waren.

Eine halbe Stunde später materialisierten sich zwei Limousinen unter der Sandstone-Markise. Sechs Minuten danach kamen fünf Personen aus dem Club und wurden stilgerecht wegchauffiert – zwei Paare und mein alter Freund Lex. Einen Augenblick später gingen die Kutschenlampen aus und wieder an.

»Es kann losgehen«, sagte ich zu Tony. »Ziehen Sie Maske und Handschuhe an und halten Sie vor dem Eingang.«

Macho bis ins Mark, sträubte sich Tony gegen die Verkleidung. »Hat jemand die Pest, oder was?«

»Sollte etwas schiefgehen, kann Sie der Kerl da drinnen im Handumdrehen hinter Gitter bringen, wenn er weiß, wer Sie sind.«

»Und warum verkleiden *Sie* sich dann nicht wie ein Bandit?«

»Weil er bereits weiß, wer ich bin.«

Tony zuckte mit den Achseln. »Na ja, ist schließlich Ihre Show, Mann; aber machen Sie keine Oper draus – bis um vier muß ich die Karre wieder zurückbringen.«

Tony und Jan legten ihre Masken und Gummihandschuhe an, und Tony bog um die Ecke in die Cleveland Street und hielt vor dem Club. Während der Motor im Leerlauf vor sich hin schnurrte, sah er mich in Erwartung weiterer Anweisungen an.

»Wo ist das IV-Zeug?«

Tony griff unter den Sitz und zog ein längliches, in ein Handtuch gewickeltes Päckchen heraus. »Wissen Sie, wie man damit umgeht?« fragte er.

»Eigentlich nicht.«

»Dann übernehme ich das lieber.«

»Das gilt als Tätlichkeit, Tony. Das mache ich lieber selber.«

»Solange es kein Mord ist. Lassen Sie ruhig mich machen.«

Ich nickte, dann deutete ich hinter mich. Als Tony nach hinten kletterte, um die Heckklappe aufzumachen, griff ich nach der MACY's-Tüte zwischen meinen Beinen; sie war warm wie Muttermilch.

Nachdem die Hecktür quietschend aufgegangen war und Tony die Bahre auf den Gehsteig gezogen hatte, gesellte ich mich unter der Markise zu ihnen. »Immer mir nach«, sagte ich. »Das Reden übernehme ich, bis ich an Jan übergebe.«

Ihre Augen waren Monde böser Vorahnung. »Was soll ich denn *tun?*«

»Die Wahrheit sagen.«

»Worüber?«

»Über das da.« Ich hielt ihr Mitbringsel für die Party hoch. »Alles klar, Jungs und Mädels?«

Ihr Nicken war bestenfalls zaghaft. Ich ging auf die Tür zu und drehte am Knopf. Sie ließ sich ohne Widerstand öffnen. Ich erwies Clarissa Crandall eine stumme Hommage und winkte den anderen, mir zu folgen. Als Tony und seine Bahre auf die Bibliothek zurollten, war es drei Uhr fünfzehn. Ich war müde, Jan war verängstigt, und Tony war Tony.

Ich holte meine Knarre heraus. Als ich die Tür erreichte, öffnete ich sie. Die Beleuchtung war gedämpft; das Feuer war auf dem besten Weg zu Kohle. Die Musik war Sinatra, und die Atmosphäre wie geschaffen für das Spiel, das auf der Couch ablief.

Richard Sands war strumpfsockig und hemdsärmelig; das war schon mal nicht schlecht – ohne ihre Brogans fühlen sich Geschäftsmänner verwundbar. Die Spaghettiträger von Clarissas Abendkleid waren von ihren Schultern gerutscht, und nur die Wölbung ihrer schweren Brüste hinderte das Oberteil, in ihren Schoß zu gleiten. Ihre Frisur war so aufgelöst wie ihr Kleid, aber ihre Augen schienen weniger vor Lust als vor Tücke zu leuchten. Sands war so mit Verführung beschäftigt, daß er mich nicht hörte, aber Clarissa wußte Bescheid, sobald ich durch die Tür kam. Der Gesichtsausdruck, der als Erleichterung über mein rechtzeitiges Kommen begann, wandelte sich in Besorgnis, als sie die maskierten Banditen in meinem Gefolge sah.

Ihr geräuschvolles Atemholen alarmierte ihren Romeo. Frustriert, dann beunruhigt, spähte Sands über die Rückenlehne der Couch. »Tanner«, sagte er, nachdem er mich blinzelnd ins Auge gefaßt hatte. »Wer hat Sie hier reingelassen? Was zum Teufel bilden Sie sich ein –«

Als Tony die Bahre hinter meinem Rücken hervorrollte, verlor Sands den Faden.

»Tut mir leid wegen des Kussus interruptus«, sagte ich. »Aber ich hätte dringend was mit Ihnen zu besprechen.«

Mit einer Promptheit, die sie aus der Fassung brachte, ließ Sands von Clarissa und bückte sich, um in seine Schuhe zu schlüpfen. »Hier führe ich keine geschäftlichen Verhandlungen. Rufen Sie in meinem Sekretariat an, und lassen Sie sich einen Termin geben.«

Als seine Wing Tips gebunden und seine Aufmerksamkeiten wieder auf mich gerichtet waren, hielt ich meinen Revolver so, daß er ihn sehen konnte. »Wie wär's mit ein bißchen mehr Spontaneität heute abend?«

Seine Augen zuckten zum Schreibtisch.

Ich wackelte mit der Hand, in der ich die Waffe hielt. »Ich bin sicher, daß Sie ein Dutzend Alarmanlagen in Reichweite haben, aber lassen Sie die Finger davon, bis Sie mich angehört haben. Ich werde niemandem etwas zuleide tun oder etwas stehlen; ich werde Ihnen bloß eine Geschichte erzählen und ein paar Fragen stellen. Wenn Sie sie beantworten, ist die Sache für mich erledigt.«

»Und wenn ich Ihnen sage, Sie sollen sich zum Teufel scheren?« Das kam salopp und sorglos.

»Mein Assistent wird einen winzigen medizinischen Eingriff vornehmen.« Ich sah Tony an. »Nur zu Ihrer Information, der Herr ist dafür ausgebildet.«

»*Was* für einen Eingriff?« Sands' Stimme ging hoch wie ein Feuerwerkskörper.

»Zu den Einzelheiten kommen wir gleich. Legen Sie sich bitte erst auf die Bahre.«

Sands' Braue wurde eine Gewitterwolke. »Von wegen.«

Ich schlenkerte wieder den Revolver. »Zwingen Sie mich nicht, Ihnen eine überzuziehen – das wäre für uns beide nicht vorteilhaft.«

Sands hatte seinen Ärger kaum mehr unter Kontrolle. »Sie sehen zu viel fern. Ist Ihnen eigentlich klar, was ich Ihnen dafür *anhängen* kann?«

Vermutlich aus Angst, ihr Freund könnte einen Schlaganfall bekommen, flüsterte ihm Clarissa etwas ins Ohr. Sands qualmte noch einen Moment länger vor sich hin, bevor er mich wieder ansah. »Was passiert, wenn ich auf der Bahre liege?«

»Wir schnallen Sie fest.«

»Und was weiter?«

Ich sah Jan an. »Sie erzählt Ihnen eine Geschichte.«

»Was für eine Geschichte?«

»Eine wahre Geschichte.«

»Worüber?«

»Über Nicky Crandall und die Healthways Corporation.«

Sein hämisches Grinsen fiel etwas in sich zusammen. »Ich weiß alles über die Healthways Corporation. Sie *gehört* mir.«

»Deshalb sind wir hier.«

Er versuchte es auf die sanfte Tour. »Jetzt hören Sie mal gut zu. Ich weiß nicht, was Sie vorhaben, aber Sie sind eindeutig einer Fehlinformation aufgesessen. Es gibt eine Menge Leute, die mich auf den Tod nicht ausstehen können. Tag für Tag setzen sie Dutzende neuer Gerüchte in Umlauf, um mich zu ruinieren, indem sie mich wie einen Verbrecher hinstellen. Wenn es also so etwas ist, dann beruhigen Sie sich erst mal, und dann lassen Sie uns in aller Ruhe darüber reden. Ich bin sicher, daß wir alle Mißverständnisse –«

Ich schüttelte den Kopf. »Keine Diskussionen. Das ist ein Monolog. Ausnahmsweise sind Sie heute mal nicht die Hauptperson.«

Sands errötete wie eine Rhabarberstange. »Wenn das so was wie eine *Entführung* werden soll, ich warne Sie, ich –«

Ich war schon so gewöhnt an seine Drohungen, daß ich sie für ihn zu Ende sprach. »Sie verfügen über eine ganze Armee von Leuten, die mich bis ans Ende der Welt jagen werden, und ich werde auf keinen Fall ungestraft davonkommen. Bloß handelt es sich hier nicht um eine Entführung – sobald Sie uns angehört haben, können Sie gern wieder mit der Beschäftigung weitermachen, bei der wir Sie gerade unterbrochen haben.« Ich zwinkerte Clarissa zu. »Falls Ihrer Partnerin noch danach ist.«

Jetzt erst kam Sands' Hirn richtig auf Touren, und ihm ging ein Licht auf. »Du steckst da mit drin«, sagte er zu Clarissa. »So *muß* es sein. Es geht gar nicht anders.«

Seine Anschuldigung hatte sie so gekränkt, daß ich ihr zu Hilfe kam. »Sie hat nicht die leiseste Ahnung, worum es hier geht. Genausowenig wie die anderen. Ich bin der einzige, der das Drehbuch kennt, aus dem einfachen Grund, weil ich es geschrieben habe.« Ich sah auf meine Uhr, dann zückte ich wieder den Revolver. »Bahre, bitte.«

»Sie müssen verrückt sein.«

Eine Wut, die schon lange in mir geschwelt hatte, schon lange vor Toms Tod, kam ohne Warnung zum Ausbruch. »Wissen Sie, was ich an Kerlen wie Ihnen am meisten hasse?« fragte ich, um mir meine Frage gleich selbst zu beantworten. »Sie haben nicht den Mut, die Drecksarbeit selbst zu machen. Dafür heuern Sie Leute wie Chadwick an – um irgendeinen armen Schlucker um seinen Job oder seine Rente oder seine gesamten Ersparnisse zu bringen –, und Sie verschanzen sich währenddessen in Ihrem Penthouse oder in Ihrem Büro, damit Sie so tun können, als wüßten Sie von nichts, wenn jemand

Stunk macht. Mag sein, daß Sie damit bei der Regierung – oder vor Gericht – durchkommen, aber nicht bei mir. Sie sind verantwortlich für jede Schweinerei, die die Chadwicks aus Ihrem Dunstkreis begangen haben, Sands, weil Sie sie nur für eines angestellt haben – rücksichtsloses Durchgreifen. Das wissen Sie genausogut wie sie. Sie wollen von ihnen nur eines: daß sie ohne Rücksicht auf Verluste durchgreifen, wenn es hart auf hart geht, und dementsprechend langen sie dann auch hin. Bloß diesmal sind Sie zu weit gegangen.« Ich ließ meinen Ausbruch noch ein bißchen sieden, bevor ich zum Ende kam. »Und jetzt legen Sie sich auf diese verdammte Bahre.« Mein Revolver war auf sein Brustbein gerichtet.

Sands überlegte es sich so lange, daß ich schon dachte, ich müßte rabiat werden. Während ich mich jedoch zu erinnern versuchte, wie hart man zulangen mußte, um jemand vorübergehend bewußtlos zu schlagen, ging Sands zur Bahre und legte sich darauf. »Machen Sie lieber schnell. Und hoffentlich wissen Sie, was Sie tun, weil ich Ihnen nämlich ganz schön die Hölle heiß machen werde, sobald wir hier fertig sind.«

Ich sah Tony an. »Schnallen Sie ihn fest.«

Mit vollkommener Gelassenheit schnippte Tony die Riemen über Sands' Glieder und Oberkörper. Als mir Tony »alles in Ordnung« signalisierte, stellte ich die Einkaufstüte auf den Boden und nahm einen der kleineren Beutel heraus. Er fühlte sich so widerlich glitschig und wabbelig an, daß ich am liebsten einen Rückzieher gemacht hätte.

Ich sah Jan an. »Sagen Sie ihm, was das ist.«

Sie blinzelte und räusperte sich, so daß sich ihre Schutzmaske zu einem weißen Ballon aufblies. »Blut.« Das Wort war von brutaler Direktheit und ominös.

»Wessen Blut?«

»Nickys.«

»Wer ist Nicky?« grummelte Sands von seinem Lager, den Blick auf die schwabbelnde Masse Blut geheftet, die ich in meiner Hand wiegte.

»Mein Freund. Er ist... er hat da so eine Macke mit seinem

Körper. Er hebt zum Beispiel seine Fingernägel auf und seine Haare und seine Pisse und Zeug.«

»Und das«, half ich ihr nach und ließ den Beutel wie Götterspeise schlackern.

Sie nickte. »Das Eisfach ist voll davon.«

»Von wann stammt der Inhalt dieses speziellen Beutels?«

»Das steht auf dem Etikett. Es ist ein paar Wochen alt, glaube ich.«

Ich nickte bestätigend. »Erzählen Sie Mr. Sands noch etwas mehr über Nicky, damit ihm klar wird, inwiefern ihn diese Sache betrifft. Unter anderem hat Nicky psychische Probleme, oder nicht?«

»Er ist n Schizo«, sagte Jan nüchtern.

»Hat er einen Job?«

Sie schüttelte den Kopf.

»Ihr habt also nicht viel Geld?«

»Wenn wir die Miete und die Medikamente bezahlt haben, bleibt nicht mehr viel übrig. Clozapin kostet ein Vermögen.«

»Aber Nicky hat einen Arzt, oder nicht?«

Sie zuckte mit den Achseln. »So könnte man's nennen. Ich weiß, daß er mal bei Dr. Marlin war, seit wir wieder zurück in der Stadt sind.«

Ich begann mich für die Rolle zu erwärmen, die ich mal vor Gericht gespielt hatte. »Dr. Marlin ist Psychiater bei Healthways, ist das richtig?«

Jan zuckte mit den Achseln. »Soviel ich weiß.«

»Wann war Nicky bei ihm?«

»Vor etwa drei Monaten.«

»Was hielt Nicky von Dr. Marlin?«

»Er mochte ihn nicht.«

»Warum nicht?«

»Er *sagte*, der Doktor wollte ihn vergiften. Ihn mit Mikroben und Zeug vollpumpen. Ob das stimmt, weiß ich nicht«, schloß Jan treuherzig. »Es ist nicht immer so recht nachzuvollziehen, was Nicky meint.«

Sands' Lachen war gallig. »Sie sind *alle* zusammen verrückt.

Herr im Himmel. Warum gehen wir nicht lieber gleich zu Langley-Porter über?«

Ich sah wieder Jan an. »Dr. Marlin hat verschiedene Kontrolluntersuchungen bei Nicky durchgeführt, stimmt das?«

»Er hat Ron und Don vorbeigeschickt, um nach ihm zu sehen, wenn Sie das meinen.«

»Zwei Healthways-Sanitäter.«

Jan nickte. »Sie waren schwer hinter Nicky her, aber ich glaube nicht, daß sie ihn erwischt haben. Wenn es sein muß, ist Nicky ganz schön auf Draht«, fügte sie stolz hinzu.

»Aber da war noch jemand, der sich für Nicky interessiert hat, ist das richtig?«

Jan runzelte die Stirn, doch dann erhellte sich ihre Miene, froh, richtig geschaltet zu haben. »Dracula war auch hinter ihm her.«

Ich griff mit meiner freien Hand in meine Hosentasche und sah dann Sands an. »Kann sein, daß Ihnen dieser Spitzname nichts sagt. Aber vielleicht tut er das, wenn ich Ihnen sage, daß Dracula der junge Mann ist, der im Tenderloin im Auftrag von Healthways Blutspender für die Fremont-Memorial-Blutbank anwirbt. Aber er tut das nicht mit jedem; er geht nach einer Liste vor, die er von Lex Chadwick bekommt. Hier ist die jüngste Auswahl an Kandidaten.« Ich zeigte Sands den Zettel, den ich Dracula abgenommen hatte, als er bewußtlos in Vinny's Video lag. »Sehen Sie? Hier ist Nicky, ziemlich weit oben.«

Sands überflog den Zettel und sah dann Clarissa an. »Wie kommt es, daß du diese Type kennst?«

Die Worte waren zitronig in ihrem Mund. »Er ist mein Schwager.«

»Und was hat es mit ihm auf sich?«

»Das weiß ich nicht.«

Sands sah wieder mich an. »Sollte ich wissen, worum es bei dieser Blutgeschichte geht?«

»Ja.«

»Tue ich aber leider nicht.« Die Worte kamen undeutlich und nur zu glaubhaft.

»Ich glaube, das wird sich erst noch zeigen müssen«, sagte ich und hielt den Beutel mit Blut hoch. Tony griff in sein Hemd und holte zwei Plastikbeutel heraus. Nachdem er sie aufgerissen hatte, nahm er Schläuche und Klammern und Nadeln und einen zweiten Plastikbeutel heraus.

Als das Zubehör auf dem Couchtisch aufgereiht lag, reichte ich Tony den Beutel mit Nickys Blut, und er begann es in den Beutel umzufüllen, den er mitgebracht hatte. »Das ist ein IV-Set«, sagte ich zu Sands. »Wenn er fertig ist, wird er Ihnen eine Nadel in den Arm stecken und Sie an das IV-Set hängen. Wenn es so weit ist, werde ich an diesem kleinen blauen Ventil drehen, und dann wird sich *dieses* Blut – Nicky Crandalls Blut – mit *Ihrem* Blut vermischen. Eine ganz besondere Transfusion, nur für Sie.«

Sands geriet so weit aus der Fassung, daß er sich unter den Riemen aufbäumte. »Tun Sie das, und ich sorge dafür, daß Sie den Rest Ihres Lebens hinter Gittern verbringen.«

»Eines habe ich noch zu sagen vergessen«, unterbrach ich ihn freundlich. »Das Ventil bleibt zu, wenn Sie mir alles erzählen.«

Verzweifelt und ungläubig verdrehten sich seine Augen. »Wenn ich Ihnen *worüber* alles erzähle?«

»Über dieses Horrorszenario, das Sie sich bei Healthways ausgedacht haben. Über den Plan, mit dem Sie Ihre Firma vor dem Ruin retten wollen.« Ich ließ meinen Ärger im Raum stehen. »Über das Komplott, das Tom Crandall zum Verhängnis wurde.«

»*Was* für ein Plan?« Die Angst sprang ihn frontal an. »*Was* für ein Komplott? Ich weiß nichts von –«

Ich fuhr mit dem Revolver durch die Luft. »Die Sensation auf dem Pharmasektor. Das neue Medikament, das Sandstone mit einem Schlag aller Probleme entledigen soll.«

»Die *Alzheimer*-Geschichte? Damit werden sich gewisse Verbesserungen des Erinnerungsvermögens erzielen lassen, gewiß, aber eine *Heilung* ist davon nicht im entferntesten zu erwarten.«

Ich schüttelte den Kopf. »Nicht Alzheimer.«

»Aber das ist das einzige neue Mittel, von dem ich *weiß*.«

»Dann muß ich mit Ihnen machen, was Sie mit diesen armen Teufeln im Tenderloin gemacht haben.«

Ich nickte Tony zu. Er nahm ein paar Gegenstände vom Tisch und ging zur Bahre und betupfte Sands' Handrücken mit Desinfektionsmittel. Dann schlang er eine Aderpresse um seinen Unterarm. Nachdem er die Schutzkappe von der Nadel entfernt hatte, stach er sie in eine angeschwollene Vene unmittelbar über Sands' linkem Handgelenk und nahm ihm dann die Aderpresse wieder ab. Nachdem er an der Nadel einen Adapter befestigt hatte, brachte er daran eine Kanüle an, die zu dem kleinen Plastikventil führte, das unter dem wabbelnden Beutel mit Nickys Blut baumelte, den Tony in die Höhe hielt.

»Sie können nicht einfach eine Bluttransfusion vornehmen, Sie Trottel«, schrie Sands. »Erst muß die Blutgruppe festgestellt werden und die Verträglichkeit geprüft –«

»Sie werden nicht alles abkriegen. Nur ein bißchen. Gerade genug, um die gewünschte Wirkung zu erzielen. Aber selbstverständlich werde ich es nicht tun, wenn Sie mir sagen, was genau bei Healthways vor sich geht, und wenn Sie zugeben, daß Sie Tom Crandalls Tod angeordnet haben, damit nichts davon an die Öffentlichkeit dringt.«

Sands qualmte stumm vor sich hin und suchte nach einem Ausweg – Typen wie Sands sind felsenfest davon überzeugt, daß ihnen nichts passieren kann; sie würden nie zugeben, daß es nicht doch eine Bestechungsmöglichkeit – oder eine Drohung – gibt, die das Schlamassel, das sie aus Geldgier angerichtet haben, ungeschehen machen wird. Was ich nicht verstehe, ist, warum wir Kerle wie Sands unsere neuen Götter haben werden lassen.

Die Zeit war so zähflüssig und träge wie das Blut. Sands schloß die Augen und schien zu schlafen. Als er sie wieder öffnete, sah er Clarissa an, weniger verschlagen als gequält. »Ist es das, was *du* denkst? Daß ich deinen Mann habe umbringen lassen? Wegen etwas *Geschäftlichem*?«

Außer der Träne, die über ihre Wange wanderte, war Clarissa Crandall so reglos wie ein Stein.

Sands schniefte und blinzelte und sah mich an. »Sie sagen also, die einzige Möglichkeit zu beweisen, daß ich nichts von diesen Vorgängen wußte, besteht darin, Sie diese Transfusion an mir vornehmen zu lassen.«

»Darauf läuft es mehr oder weniger hinaus.«

Er betrachtete mich mit einer Überlegenheit, die ich selbst an einem guten Tag nicht im Kreuz gehabt hätte. »Dann machen Sie schon zu.« Er spannte seinen Arm, dann sein Kinn. »Aber nicht Ihretwegen, Sie Schwein. Wegen ihr.«

Ich legte meine Hand an das kleine blaue Ventil.

Statt entsetzt zurückzuschrecken, schien sich Sands an dem Moment zu weiden. »Sie dachten wohl, ich würde klein beigeben, oder? Sie dachten, Sie könnten mich bluffen. Nun, *ich* bluffe nicht, Tanner. Wenn Sie gegen *mich* gewinnen wollen, müssen Sie Ihre Karten offen auf den Tisch legen.«

Ich drehte am Ventil. Eine Schlange Rot glitt aus dem Beutel und kroch auf die Hand zu, die nackt und durchbohrt auf seiner Brust lag. Clarissa begann zu schluchzen; Tony gab ein sarkastisches Lachen von sich. Sands und ich fixierten uns gegenseitig.

»Ich hatte einen Freund, der letztes Jahr an Aids gestorben ist«, sagte ich leise. »Pilzerkrankungen, Fieber, Sarkome, Blindheit. Und ungeheure Schmerzen. Ich habe schon einige Menschen sterben gesehen, aber noch nie eines so schrecklichen Todes. Nur damit Sie wissen, warum ich das tue.«

Sands sagte kein Wort. Clarissa Crandall sprach ein Gebet. Ich schaute auf die länger werdende Natter aus Blut.

Als sie zwei Zentimeter von seiner Hand entfernt war, drückte ich sie ab, dann zog ich den Schlauch von der Nadel und die Nadel aus seiner Vene. Sorgsam darauf achtend, nichts auf den Teppich tropfen zu lassen, nahm ich sämtliche Utensilien und warf sie ins Feuer. Als das Blut und der Gummi und das Plastik zu qualmen und zu stinken begannen, sagte ich zu Tony, er solle ihn losbinden.

Clarissas Augen waren feucht, und ihre Brust wogte vor Erleichterung. »Ich mußte einfach wissen, ob er das Monster ist, für das ihn Tom hielt«, sagte ich zu ihr, »und das war die einzige Möglichkeit, die mir einfiel, um es herauszufinden. Wie es aussieht, war das Monster jemand anderes. Tut mir leid.«

Nach einem Moment des Nachdenkens sah sie Richard Sands an. »Ich glaube, es wird alles wieder gut«, sagte sie.

Obwohl sie nicht mit mir sprach, sagte ich ihr, daß ich das hoffte.

Ich würde zu gern glauben, daß ich das meinte. Ich würde zu gern glauben, daß das auch Tom Crandall gemeint hätte.

36

»Wozu der Umweg?« fragte Guy Heskett, seine Gereiztheit stachelig vor Schlafmangel.

»Das ist kein Umweg, das ist eine Pilgerfahrt. Ich habe Sands gesagt, ich lasse ihm vierundzwanzig Stunden Zeit, um an die Öffentlichkeit zu treten und reinen Tisch zu machen«, fügte ich hinzu, als ich mich in den Morgenverkehr auf der Brücke einordnete. »So lange werden Sie brauchen, um Ihre Recherchen zu machen und Ihre Story zu schreiben. Wenn Sie Glück haben, kommt sie fünf Minuten nach seiner Pressekonferenz heraus.«

»Fünf Stunden vorher wäre mir lieber.«

»Das hätten Sie haben können, wenn Sands getan hätte, was ich dachte. Aber da das nicht der Fall war, mußte ich ihm etwas Zeit lassen, um seine schmutzige Wäsche selbst zu waschen.«

»Wann erfahre ich, was das für Wäsche ist?«

»Wenn wir ankommen, wo wir hinfahren.«

»Und das wäre?«

»Ein kleines Haus in Danville.«

»Und wer wohnt in diesem Haus?«

»Die Frau, die Ihnen erzählen kann, wie alles angefangen hat.«

Besagte Frau stand am Highway und wartete auf ihren Bus und versuchte ihre Bankkleidung in Ordnung zu halten, während ein nicht abreißender Strom von Wagen mit überhöhter Geschwindigkeit an ihr vorbeirauschte. Sie trug flache Schuhe und einen schlichten grünen Mantel, aber sie hatte eine Blume im Haar stecken und ein Lächeln auf den Lippen, als sie mich sah. Ein bißchen hielt ich mir beides zugute.

»Mr. Tanner!« rief sie aus. »Was machen *Sie* denn hier?«

»Ich bin hier, um dich zu einem Telefon zu bringen.«

»Warum?«

»Damit du dich krank melden kannst.«

»Aber ich bin nicht –«

»Und ob du das bist. Die Symptome sind wunderlich – Halluzinationen von bester Gesundheit. So etwas kann sehr ernste Folgen haben, wenn man nicht rechtzeitig etwas dagegen unternimmt. Dr. Tanner rät dringend, den Tag freizunehmen.«

»Warum?« fragte sie noch einmal.

Ich deutete auf meinen Wagen. »Damit du diesem Mann von Tom und Nicky erzählen kannst. Und von ihnen und dir, wenn du willst.«

»Warum sollte ich das?«

»Weil ich weiß, warum Tom umgebracht wurde, und das hat zum Teil mit früher zu tun. Nicht sehr viel, aber ein bißchen.«

Sie legte eine Hand auf meinen Arm. »Du siehst schrecklich aus«, sagte sie. »Als ob du ein Gespenst gesehen hättest.«

»Vorerst sind sie noch keine Gespenster, aber ich fürchte, sie werden bald welche.«

Sie runzelte die Stirn. »Sollte ich das verstehen können?«

Ich schüttelte den Kopf. »Noch nicht.«

Sie blinzelte in die Morgensonne. »Wer ist der Mann im Wagen?«

»Ein Reporter der *Chronicle*.«

Sie sah genauer hin. »Er macht einen netten Eindruck.«

»Das ist ein Punkt, der euch gemeinsam ist. Ein weiterer ist, daß auch er ein großer Bewunderer von Tom ist.«

In diesem Augenblick kam ihr Bus. Ich sah Ellen an, und sie

sah mich an. Als die Tür zischend aufging, trat sie darauf zu. Ich wollte schon die Hand ausstrecken und sie zurückhalten, als sie zum Fahrer hochlächelte und mit Sesamstraßennettigkeit sagte: »Ich glaube, ich kriege eine Grippe; vielleicht bleibe ich heute besser zu Hause. Tut mir leid, daß ich Sie umsonst angehalten habe.«

Der Fahrer zuckte mit den Achseln; die Tür ging zu; der Bus brummte in Richtung Oakland davon, und Ellen Simmons ergriff meine Hand. »Ich weiß zwar nicht, worum es geht, aber besser als in der Bank ist es auf jeden Fall.«

Ich half Ellen auf den Rücksitz und übernahm das Vorstellen. Sowohl sie wie Heskett schien darin etwas mehr zu sehen als eine reine Formsache.

Nachdem wir losgefahren waren, rückte ich mit meiner Geschichte heraus. »Ich werde mit dem Ende beginnen. Wenn ich fertig bin, kann Ihnen Ellen den Anfang erzählen.«

»Umgekehrt funktioniert es normalerweise besser«, warf Heskett ein.

Ich schenkte ihm keine Beachtung.

»Es endet mit Richard Sands. Oder genauer, mit seiner Holding-Gesellschaft, der Sandstone Corporation. Zusammen mit einer Reihe anderer Senkrechtstarter aus den achtziger Jahren begann Sandstone unter seiner Schuldenlast zusammenzubrechen.« Heskett wollte mich unterbrechen. »Dafür kann ich Ihnen verschiedene Quellen nennen«, sagte ich. »Rufen Sie mich deswegen kurz an, wenn Sie anfangen, alles zusammenzuschreiben.«

»Wenn es um Richard Sands geht, würde ich mich lieber rückversichern, *bevor* ich mit dem Schreiben anfange.«

»Wir machen es so, wie ich will, oder gar nicht.«

»Wie ich schon sagte«, brummte Heskett. »Ich rufe Sie wegen der Quellen später an.«

Ellens Lachen über diese Berichtigung erschien mir eine Spur übertrieben.

»Als sich der Konzern aufzulösen begann«, fuhr ich fort, »ließ sich jemand was einfallen, wie er noch zu retten wäre.

Dieser Jemand war Lex Chadwick, Präsident der Healthways Corporation, einer der Tochtergesellschaften von Sandstone. Was Sandstone brauchte, waren große Mengen Bargeld, um seine Schulden begleichen zu können; andernfalls hätte das Unternehmen seine stillen Reserven abstoßen und Konkurs anmelden müssen. Nun wußte Chadwick allerdings, daß man in der Pharmafirma von Healthways an einem brandheißen neuen Produkt arbeitete, einem Medikament, so revolutionär, daß man damit unter den richtigen Marktbedingungen in kürzester Zeit die Gewinne hätte erzielen können, die nötig waren, um Sandstone wieder auf eine solide Basis zu stellen.«

»Was war das für ein Mittel?« fragte Heskett.

»Erst dachte ich, sie hätten einen Aids-Impfstoff entdeckt und die Healthways-Ambulatorien dazu benutzt, um ihn ohne Genehmigung des Gesundheitsamts an Menschen zu testen.«

»Mein Gott«, entfuhr es Heskett. »Ist das wahr?«

Ich schüttelte den Kopf. »Das war es nicht ganz.«

»Was war es dann?«

»Man hat bei Healthways künstliches Blut entwickelt. Was das wissenschaftliche Drumherum angeht, kann ich Ihnen nicht viel sagen – anscheinend handelt es sich dabei um eine Mischung aus sogenannten Perfluorchemikalien, zusammen mit oberflächenaktiven Substanzen und irgendwelchen Molekülen, die aus Eigelb gewonnen werden. Aufgrund seiner Zusammensetzung erfüllt synthetisches Blut alle wesentlichen Funktionen von richtigem Blut, das heißt, es versorgt den Körper mit Sauerstoff; gleichzeitig bestehen bei einer Transfusion jedoch keinerlei Unverträglichkeits- oder Ansteckungsrisiken wie im Fall von richtigem Blut. Um es kurz zu machen: Möglicherweise hat Healthways den ersten Blutersatz entwickelt, der wirklich etwas taugt.«

»Ich weiß, daß Blut eine Riesenindustrie ist«, sagte Heskett mit mehr als nur ein bißchen Besserwisserei, »aber ich muß Ihnen sagen, daß ich darin keinen Stoff für eine Story sehe, wenn und solange Sandstone mit seinem neuen Wundermittel nicht an die Öffentlichkeit tritt. Vielleicht eine Notiz auf der

Wissenschaftsseite, ja; ich kann Sie gern an unseren zuständigen Redakteur verweisen.«

»Warum warten Sie nicht ab, bis Sie die ganze Geschichte gehört haben?«

Heskett zuckte mit den Achseln. »Was anderes scheint mir ja auch gar nicht übrigzubleiben.« Er sah die Frau auf dem Rücksitz an. »Nicht, daß mir das unangenehm wäre.«

Als Hesketts Blick wieder auf die Straße gerichtet war, grinste mich Ellen im Rückspiegel an. Ich beeilte mich, die Sache zu Ende zu bringen.

»Obwohl diese Entdeckung für Healthways einen Riesenerfolg bedeutete, hatte die Sache auch einen Haken. Sandstone konnte nicht so lange warten, bis der Blutersatz die langwierige Test- und Zulassungsphase durch das Gesundheitsamt durchlaufen hatte – das konnte Jahre dauern, und Sandstone brauchte das Geld auf der Stelle. Um also den Verfahrensweg abzukürzen, kam Chadwick auf die Idee, eine so enorme Nachfrage nach dem Produkt zu erzeugen, daß man auf die üblichen Testverfahren verzichten würde, selbst wenn herauskommen sollte, daß Healthways versäumt hatte, sie durchzuführen.«

»Wie sollte plötzlich so eine ungeheure Nachfrage entstehen?«

»Wegen der Leute, die normalerweise Blut brauchen – Krankenhäuser und ihre Patienten. Ist dieser Bedarf schon unter normalen Verhältnissen beträchtlich, könnte er schon in wenigen Wochen Ausmaße annehmen, die bisher nicht vorauszusehen waren – falls der Golfkrieg zu einem Gemetzel ausartet, wird die Nachfrage nach Blut dramatisch in die Höhe schnellen. Wenn der Blutersatz von Healthways etwas taugt, können sie jeden Preis dafür verlangen.«

»Aber warum *künstliches* Blut? Warum nimmt man nicht einfach richtiges?«

Um des Effekts willen machte ich eine Pause. »Weil Healthways die Blutversorgung sabotiert. Nicht die ganze, nur genug, um in der Bay Area eine solche Panik auszulösen, daß den Krankenhäusern *jede* Alternative zur kommunalen Versorgung recht sein wird, um den Bedarf zu decken, sogar ein nicht zugelassenes Kunstblut.«

Hesketts Kopf zuckte nach links. »Was meinen Sie mit ›sabotieren‹?«

Ich holte tief Luft. Das Adrenalin des Abends hatte sich verflüchtigt – Müdigkeit fiel über mich wie Schnee. »Wie Sie sicher wissen, wird jede Blutspende – ganz gleich, ob bei einer Blutbank oder beim Roten Kreuz – auf Erreger untersucht, unter anderem auch auf das HIV-Virus. Die Sache hat nur einen Haken – der Aidstest spricht nicht auf das Virus an, sondern nur auf die Antikörper, die der Körper produziert, um das Virus zu *bekämpfen*. Zwischen dem Zeitpunkt, zu dem sich jemand das Virus zuzieht, und dem Zeitpunkt, zu dem sich die Antikörper bilden, vergehen mindestens ein paar Wochen, wenn nicht sogar ein paar Monate. Nun hat Healthways folgendes gemacht: Sie haben eine Reihe speziell für diesen Zweck ausgesuchter Blutspender, die das Virus, aber keine Antikörper hatten, in die Fremont-Memorial-Blutbank geschickt, also Leute mit HIV, die nicht durch das Auswahlverfahren ausgesondert werden konnten und durch ihr infiziertes Spenderblut die gesamte Blutversorgung der Bay Area kompromittiert haben.«

»Das haben sie *absichtlich* gemacht?« fragte Ellen.

»Ja.«

»Dieser *Sands?*«

»Es ist zwar seine Gesellschaft, die das alles zu verantworten hat, aber ich glaube nicht, daß er von diesen Vorgängen wußte«, sagte ich. Dann nahmen die Ereignisse des Abends in meinem Kopf neue Gestalt an, und ich beschloß, meine Antwort auszuweiten. »Entweder das, oder ich war bei unserer kleinen Mutprobe der Verlierer. Aber ganz unabhängig davon, wie viel Sands wußte, seine Leute wußten mit Sicherheit Bescheid, was für mich auf dasselbe hinausläuft.«

Ellens Stimme war hohl. »Wußte diese *Frau* Bescheid?«

»Ganz sicher nicht.«

»Und was ist passiert, als die Blutbank das schlechte Blut bekam?« wollte Heskett wissen, den Notizblock im Schoß.

»Sandstone streute Gerüchte aus, daß mit den Fremont-Vorräten etwas nicht in Ordnung sei. Das Gesundheitsamt beschloß, der Sache auf den Grund zu gehen; der Untersuchungsbericht ist jeden Tag fällig. Wenn er herauskommt, werden unter Umständen alle kommunalen Blutbanken ihre Bestände vernichten müssen, um zu verhindern, daß sie vom selben Problem betroffen werden. Wenn die Öffentlichkeit Wind von der Sache bekommt, wird niemand in fünfzig Meilen Umkreis von San Francisco Blut haben wollen, dessen Unbedenklichkeit nicht nachweislich garantiert ist. Wenn nun Healthways einen Blutersatz aus dem Hut zaubert, wird man sie mit offenen Armen aufnehmen.«

»Wie läßt sich verhindern, daß sich das zu einer landesweiten Krise auswächst?«

»Was ich *hoffe*, ist, daß man bei Healthways weiß, wessen Blut verseucht war, und daß diese Einheiten identifiziert und ausgesondert werden können.«

»Aber ein paar könnten bereits verwendet worden sein.«

»Durchaus möglich. Aber die Betroffenen müßten sich eigentlich feststellen lassen. Mit ein bißchen Glück wird sich das Ausmaß der Panik sowohl örtlich wie zeitlich begrenzen lassen.«

»*Hoffen* Sie«, wiederholte Heskett. Dann überdachte er, was er erfahren hatte. »Woher wußten sie bei Healthways, daß die Leute, die sie zum Blutspenden schickten, HIV-positiv waren?«

»Das ist nicht die Frage.«

»Was ist dann die Frage?«

»Die Frage ist, woher wußten sie, daß die Spender das Virus hatten, aber keine Antikörper?«

»Und? Woher?«

Ich sah ihn an. »An diesem Punkt wird es wirklich übel.«

»Hab ich mir fast gedacht.«

Ich hupte einen schlingernden Wagen an.

»Daß die Spender das Virus, aber nicht die Antikörper im Blut hatten, wußten sie bei Healthways aus dem einfachen Grund, weil sie es selbst waren, die ihnen das Virus verpaßt hatten. Hohe Dosen HIV, die man mittellosen Patienten injizierte, die wegen anderer Beschwerden ein Healthways-Ambulatorium aufsuchten und bei dieser Gelegenheit eine Spritze bekamen, durch die sich ihr Zustand angeblich bessern sollte, während in Wirklichkeit ihr Organismus mit dem Virus infiziert wurde. Ein paar Wochen später, nachdem sich das Virus kräftig vermehrt hatte, die Antikörper aber noch keine Zeit gehabt hatten, sich zu bilden, wurden diese Leute von einem Jungen mit dem bezeichnenden Namen Dracula zusammengetrommelt und dafür bezahlt, zum Fremont Memorial zu gehen und Blut zu spenden. Natürlich bestanden die Kandidaten das Auswahlverfahren, da sie keiner Risikogruppe angehörten – sie waren absichtlich mit dem Virus infiziert worden. Ich möchte ausdrücklich darauf hinweisen, daß die Spender keinerlei Schuld tragen, sie sind Opfer – sie hatten keine Ahnung, daß man sie zu HIV-Trägern gemacht hatte, und keine Ahnung, daß sie dazu benutzt wurden, einen lebenswichtigen Bestandteil des Gesundheitswesens lahmzulegen. Auch Fremont ist ein Opfer dieser Vorgänge.«

»Teuflisch«, murmelte Heskett.

»Fängt es jetzt langsam an, nach einer Story auszusehen?«

Heskett fluchte. »Können Sie das alles *beweisen?*«

»Ich rechne damit, daß Sands bis Ende des heutigen Tages alles offenlegen wird. Wenn nicht, kann ich Ihnen die Einzelheiten nennen, um das Ganze entsprechend auszuschmücken.«

Ellens Stimme auf dem Rücksitz war ätherisch. »Ich verstehe bloß nicht, was das mit Tom zu tun hat.«

Ich fand sie im Spiegel. »Tom wurde ermordet, weil er diesem Komplott auf die Spur gekommen war.«

»Von wem wurde er ermordet?«

»Von zwei Healthways-Sanitätern.«

»Wie hat er davon erfahren?«

»Nicky war eines der Versuchskaninchen. Tom bekam Wind von der Sache, weil Nicky trotz aller Wirrheit sehr wohl wußte, was man ihm angetan hatte, und es Tom auf seine eigene verquere Art beibrachte. Als Tom neugierig wurde und anfing,

Fragen zu stellen, brachten sie ihn um, um ihn zum Schweigen zu bringen.«

Für Heskett flocht ich erklärungshalber ein: »Tom Crandalls Bruder war eine der Personen, die das Aidsvirus injiziert bekamen. Der Mann, der es getan hat, war Dr. Marlin, ein Healthways-Psychiater. Nicky wurde dafür jedoch nicht wie die anderen zufällig ausgesucht – Marlin wollte ihn wegen einer alten Geschichte loswerden, die sich vor langer Zeit hier draußen im Valley zugetragen hat, als Marlin in einer psychiatrischen Klinik arbeitete und Nicky bei ihm in Behandlung war.«

»Ist Nicky noch am Leben?« fragte Ellen.

Ich nickte. »Ich habe ihn gestern gesehen.«

»Aber er hat Aids.«

»Er hat das Virus. Er wies keine Symptome auf, aber ich bin kein Arzt.«

»Bedeutet es nicht, daß man sterben muß, wenn man das Virus hat?«

»Das weiß ich nicht«, sagte ich wahrheitsgemäß. Doch dann fielen mir Leute ein, die ich gekannt, und Geschichten, die ich gehört hatte, über Acyclovir und Iscador, über ddI und ddC, über T-Helferzellen und PZ4. »Eine Menge Leute hoffen, daß es nicht so ist, und sie gehen durch die Hölle, um dagegen anzukämpfen. Manche Leute haben Jahre mit dem Virus gelebt. Harte Jahre, aber Jahre.«

»Nicky hat doch eine Freundin?«

Ich nickte. »Sie heißt Jan.«

»Dann hat sie das Virus auch.«

»Möglicherweise.«

»Weiß sie das?«

»Noch nicht.«

Ich hielt vor einem Coffee-Shop. »Das erste Kapitel kann Ihnen Ellen erzählen«, sagte ich zu Heskett. Dann stieg ich aus und wartete, daß er und Ellen mir folgten.

Ellen ergriff meine Hand. »Willst du nicht bleiben?«

Ich schüttelte den Kopf. »Ich muß mit ein paar Leuten reden.«

»Mit Jan.«

»Und mit meiner Klientin. Auch Toms Frau kennt noch nicht die ganze Wahrheit. Sie ist übrigens ganz in Ordnung. Sie und Tom haben einfach nur Murks gebaut in ihrer Ehe. Das passiert hin und wieder, sogar Leuten, die sich lieben.«

»He«, sagte Heskett mit etwas, das sich wie Besorgnis anhörte. »Ich hab keinen Wagen. Wie soll ich hier wieder *weg*kommen?«

Ich küßte Ellens Handrücken. »Wenn es Zeit zu gehen ist, wird sich schon eine Möglichkeit finden. Richtig, Miss Simmons?«

Ihr Lächeln machte die Sonne zu Hackfleisch. »Sicher, Mr. Tanner.«

Dann fuhr ich über die Brücke zurück.

Stephen Greenleaf hat - wie sein Held Tanner - eine juristische Karriere hinter sich. Er arbeitete als praktizierender Anwalt in Monterey und San Francisco und war außerordentlicher Professor für Strafverteidigung, bevor er sein Leben in Seattle settelte und sich vornahm, sein Geld fürderhin auf anständige Weise zu verdienen. Mit *Blutgruppe* hat er seinen bisher besten John-Marshall-Tanner-Krimi geschrieben. Weitere Bände sind in Vorbereitung.

PHILIP K. DICK

Autofab

Sämtliche SF-Geschichten in Einzelbänden, Band 7. Aus dem Amerikanischen von Thomas Mohr. Umschlagbild von Nikolaus Heidelbach. Deutsche Erstausgabe.

Der Metaphysiker unter den SF-Autoren: kein anderer hat so ziemlich alle philosophischen Grundprobleme von der Erkenntniskritik bis zur Moraltheologie in unvergeßlich spannende Handlung gebracht.

Blade Runner

Science-Fiction-Roman. Aus dem Amerikanischen von Norbert Wölfl, durchgesehen und ergänzt von Jacqueline Dougoud. Umschlagbild von Klaus Dill. Erweiterte Neuausgabe.

Der Roman diente als Vorlage für Ridley Scotts Kultfilm, mit dem Harrison Ford als *Blade Runner* zum Weltstar wurde.

AARON ELKINS

Fluch!

Ein Gideon-Oliver-Krimi. Aus dem Amerikanischen von Jürgen Bürger. Umschlagbild von Nikolaus Heidelbach. Deutsche Erstausgabe.

Der Anthropologe Gideon Oliver auf Ausgrabung und als Knochen-Detektiv auf der Suche nach dem Mörder eines sehr alten Maya.

KINKY FRIEDMAN

Lone Star

Ein Kinky-Krimi. Aus dem Amerikanischen von Hans-Michael Bock. Umschlagbild von Nikolaus Heidelbach. Deutsche Erstausgabe.

Ein Serienkiller legt nacheinander sämtliche Sänger um, die in New Yorks Country-Music-Club »Lone Star« auftreten; auch Kinky von den Texas Jewboys soll wieder einmal vorsingen.

Wenn die Katze weg ist ...

Ein Kinky-Krimi. Aus dem Amerikanischen von Hen Hermanns. Umschlagbild von Nikolaus Heidelbach. Deutsche Erstausgabe.

... tanzen die Mäuse auf dem Tisch. Ein haariger Fall für den »Texas Jewboy«: der Kinkster wird von einer Raubkatze in Menschengestalt wie Großwild niedergestreckt. Doch damit geht der Tanz erst los ...

ROBERT GERNHARDT
Die Falle

Eine Weihnachtsgeschichte. Erste, durchgesehene und vom Verfasser bebilderte Einzelveröffentlichung in Buchform.

Fröhlich kommt der Weihnachtsmann, von den Kindern seligen Blickes erwartet, für die Eltern allerdings beileibe nicht nur gnadenbringend.

MAX GOLDT
Quitten für die Menschen zwischen Emden und Zittau

Aus Onkel Max' Kulturtagebuch. Mit vielen Fotos. Umschlagbild von Michael Sowa. Erstausgabe.

Die komische Kulturgeschichte der Jetztzeit eines seriösen Humoristen.

Die Radiotrinkerin

Ausgesuchte schöne Texte. Mit einem Vorwort von Robert Gernhardt. Umschlagbild von Michael Sowa. Neuausgabe.

»Ein reines Goldt-Konzentrat.« *Robert Gernhardt*

ECKHARD HENSCHEID
Über die Wibblinger

Geschichten und Bagatellen. Umschlagbild von F.W. Bernstein. Neuausgabe eines Teilklassikers.

Vereint, abzüglich der Erzählungen, alle Bagatellen aus dem lang vergriffenen Sammelband *Ein scharmanter Bauer* von 1980. Möge Gott dem Werke ein erquickendes Wohlwollen überwölben!

HEN HERMANNS
Maximum Trouble

Ein Max-Reinartz-Krimi. Umschlagbild von Nikolaus Heidelbach. Erstausgabe.

Ein neuer Fall für Kölns einzigen taoistischen Investigator. Diesmal dabei: Wohnungssuchende, Werbende, Liebende, Makler- und ganz frische Stasi-Opfer.

DAN KAVANAGH
Schieber-City

Ein Duffy-Krimi. Aus dem Englischen von Michel Bodmer. Umschlagbild von Nikolaus Heidelbach. Neuübersetzung.

Die heißeste Ware, die schmierigsten Schmuggler und härtesten Schieberringe am Londoner Heathrow Airport legen sich um Duffy.

MONTY PYTHON
Der Sinn des Lebens

Vollständiges Drehbuch mit vielen Fotos und zusätzlichen Szenen. Aus dem Englischen von Bernd Eilert. Umschlagbild von Terry Gilliam. Deutsche Erstausgabe.

Die ultimative Lebenshilfe: Wem das nicht hilft, dem ist nicht zu helfen.

EUGEN NETER
Paarungen für eine Hand

Scharfe Geschichten. Mit einer Umschlagvignette von Félicien Rops. Erstausgabe.

Pralle und spritzige Ereignisse, strotzend und protzend von Lebenskraft und -saft.

ELLIOT PAUL
Mickey Finn

Ein Homer-Evans-Krimi. Aus dem Amerikanischen von Michael Schulte. Umschlagbild von Nikolaus Heidelbach. Deutsche Erstausgabe.

Ein reicher Amerikaner im Paris der zwanziger Jahre gerät in einen Strudel von Steuerhinterziehung, Kunstfälschung, Raub und Mord.

DAVID M. PIERCE
Rosen lieben Sonne

Ein Vic-Daniel-Discount-Krimi. Aus dem Amerikanischen von Ulrich Hoffmann. Umschlagbild von Nikolaus Heidelbach. Deutsche Erstausgabe.

Für einen butterweichen Job ist Discount-Detektiv Vic Daniel mit seinem knochenharten Witz genau der Richtige.